BFL 총서 ⑯

상장회사법의 쟁점

BFL 총서 ⑯

상장회사법의 쟁점

김건식 선생 정년기념논문집

小花

■ 일러두기

이 책의 논문들은 필자들이 소속된 기관과는 관계없는 개인의 의견임을 밝혀 둔다.

머리말

김건식 선생님께서 서울대학교에서의 34년여의 교직을 마치고 올해 2월 영예롭게 정년퇴임을 하셨습니다. 나이는 단지 숫자에 불과하다는 요샛말처럼 선생님께서는 여전히 젊고 왕성하게 활동하실 것이라, 저희들이 정년퇴임이라고 괜히 특별하게 떠드는 것이 오히려 누가 되지나 않을지 걱정됩니다. 하지만 저희 제자들에게는 선생님으로부터 받은 은혜에 감사하는 마음을 나타낼 수 있는 좋은 기회가 될 수 있을 것 같았습니다. 선생님께서는 재직 기간 내내 제자들의 울타리가 되어 주시고 학문적 영감을 제공해 주신 진정한 스승이셨습니다. 많은 제자가 현재 우리나라 상법학계와 실무계에서 중추적 역할을 하고 있는 것도 선생님의 학은이 아니었으면 있을 수 없는 일이었을 것입니다. 지난해 그런 제자들 몇몇이 모여 그 은혜를 기리는 작은 작업을 해보는 것이 어떻겠느냐는 의견이 모아졌고, 결과물이 이 논문집입니다.

저희가 이렇게 상장회사법을 주제로 하여 BFL 총서로 논문집을 내는 것은, 이것이 선생님께서 평소 학자로서 실천하신 것을 기리는 의미가 있다고 생각했기 때문입니다. 선생님께서는 늘 이론을 위한 이론이나 탁상

공론을 경계하셨습니다. 문제의 성격을 정확하게 이해하는 데에서 출발하여, 구체성 있고 현실에 적용 가능한 논증을 늘 강조하셨습니다. 제자들이 모여 그런 주제로 적당한 것이 무엇일까 생각하다가 거의 만장일치로 상장회사법이 결정되었습니다. 이 논문집에서 다루는 대부분의 주제는 실제로 상장회사 실무에서 많이 문제가 되는 것들입니다. 이 논문집의 발간으로 조금이나마 현실의 개선에 도움이 된다면, 아마도 그것이 선생님께서 가장 원하시는 일이 아닐까 생각합니다.

논문집의 형태를 BFL 총서로 한 것은 BFL을 창간하신 선생님의 업적을 기리기 위함입니다. 제자들은 BFL의 창간이 선생님의 가장 큰 업적이라고 감히 생각하곤 합니다. 실무에서 일어나는 다양한 문제를 소개하고 깊이 분석하는 이런 저널은 심지어 지금도 엄두를 내지 못하는 일입니다. 법학의 어느 분야에서도 BFL의 위상과 같은 저널은 아직 없습니다. 이렇게 어려운 일을 선생님께서는 20여 년 전 40대의 나이에 과감하게 시작하셨습니다. 창간 당시 회의적인 시각도 있었지만 이 저널은 이제 제100호를 발간했고, 기업법무에 있어서는 실무가들이 가장 먼저 찾는 저널로 성장했습니다. 선생님의 학자로서의 사명감과 헌신이 아니었으면 불가능했을 일입니다. 저희 제자들은 이런 업적을 기리는 한 방법으로, 이 논문집을 다른 독립된 책이 아닌, 기존의 BFL 총서의 한 권으로 출간하기로 의견을 모았습니다.

선생님으로부터 받은 학은에 비하면 이 논문집은 너무나 보잘것없습니다. 게다가 선생님께서는 정년퇴임 기념논문집처럼 제자들에게 폐가 되는 일은 절대 하지 않으시겠다고 수차례 말씀하셨습니다. 그래서 이 논문집도 원칙적으로 제자들이 미리 다른 저널에 출간한 글들을 모아서 내는 것으로 하였습니다. 그 학은을 갚을 길은 전혀 없지만, 그래도 이 논문집을 통해서 제자들이 입은 학은을 기억하고 깊이 감사하고 있다는 것만은 선생님께 알려드릴 수 있을 것 같습니다. 선생님께서는 정년 이후에도 오히려 더 왕성하게 활동하고 이 학계와 사회에 많은 기여를 하실 것으로 믿어 의심치 않습니다. 늘 건강하고 즐겁게 지내시길 기원하면서, 이 작은 논문집을 선생님께 드립니다.

2020년 5월

제자 일동

차례

제4장 주주행동주의의 순기능 강화를 위한 몇 가지 논의 안수현

제5장 상장회사 특례규정과 소수주주권 행사요건 천경훈

01

상장주식의 전자등록 및 거래*

—상법상 쟁점을 중심으로—

노혁준**

I. 서론

전자증권제도란 실물증권을 발행하지 아니하고 전자등록업무를 담당하는 기관이 관리하는 전자적 등록부에 의해 증권을 둘러싼 일체의 권리관계를 나타내도록 하는 제도를 가리킨다.[1] 그 개념은 2011년 상법 개정 시에 제356조의2(주식의 전자등록) 등에서 도입된 데 이어, "주식 · 사채 등의 전자등록에 관한 법률"(법률 제14096호. 이하 '전자증권법')이 2016년

---

* 이 글은 2017년 11월『비교사법』제24권 제4호에 게재되었던 "전자증권법의 상법상 쟁점에 관한 연구"를 수정 · 보완한 것이다.

** 서울대학교 법학전문대학원 교수

1) 전자등록된 권리를 증권 또는 유가증권으로 볼 수 있는지에 관하여 논란이 있고, 이에 따라 전자증권제도보다는 전자등록제도, 증권무권화제도 등 용어가 정확하다는 견해도 제기될 수 있다. 다만 2016년 3월 22일 제정된 주식, 사채 등의 전자등록에 관한 법률은 그 공식약칭으로서 '전자증권법'이라는 용어를 사용하고 있으므로 이 글에서도 '전자증권'이라는 용어를 쓰기로 한다.

3월 22일 제정되고 2019년 9월 16일 시행됨으로써 우리 법제에 수용되었다.[2] 전자증권제도는 실물증권 발행비용을 절감할 수 있고, 실물증권의 보관·관리에 따른 위험을 제거하며, 조세회피 및 자금세탁 등 음성적 거래를 원천적으로 차단함은 물론, 발행·유통정보의 신속한 제공을 통해 투자자 보호 및 공정거래 질서 확립에 기여하는 등 긍정적 효과가 있는 것으로 알려져 왔다.[3] 이에 따라 일찍이 2000년대 초반부터 관련 연구가 이루어졌다.[4] 다만 이러한 연구들은 전자증권제도의 도입필요성 및 도입형태에 많은 부분을 할애하고 있는바, 이제는 실제 도입된 구체적인 전자증권법을 전제로 개별 쟁점들을 상세히 살펴볼 필요가 있다.

이 글은 전자증권법 도입이 상법에 미치는 영향을 검토하기 위한 것이다. 원래 전자증권법의 적용대상인 "주식 등"은 주식, 사채, 수익권 등 다양한 권리 내지 증권[5]을 포함한다(제2조 제1호). 논의의 집중을 위해 이

---

2) 다만 단기사채에 관하여는 전자증권법 제정 이전인 2011년 '전자단기사채 등의 발행 및 유통에 관한 법률'이 제정되어 무권화가 진행된 바 있다. 후술하듯이 위 법은 전자증권법의 시행으로 인해 폐지되었다(동법 부칙 제2조 제2항). 이하에서는 위 폐지 이전의 법률을 '구 전단채법'이라고 부르기로 한다.

3) 위 전자증권법의 제안문 참조.

4) 초기 연구로서, 정찬형, "전자증권제도 도입에 따른 법적 문제 및 해결방안", 증권예탁 제40호 (2001); 송치승, "전자증권제도 도입에 관한 연구", 한국증권연구원 보고서 (2001); 정승화, "전자투자증권의 법적 과제", 전자금융의 법적 과제(I): 전자유가증권을 중심으로 (한국법제연구원, 2002); 손진화, "주식 등의 전자등록제도의 도입방안", 상사법연구 제22권 제3호 (2003); 정경영, "전자증권의 법적 성질과 전자등록제도에 관한 고찰", 상사법연구 제22권 제3호 (2003); 김순석, "주식 등의 전자등록제도 도입에 따른 주주보호방안", 상사법연구 제22권 제3호 (2003); 안성포, "전자등록제도의 도입을 위한 입법론적 고찰", 중앙법학 제7집 제2호 (2005); 김재범, "2007년 상법개정안의 주식 전자등록제도", IT와 법연구 제2집 (2008) 등 참조.

5) 전자증권법은 '주식 등'의 개념을 '... 에 표시되어야 할 권리', '... 권리로서 대통령령으로 정하는 권리' 등 기본적으로 권리로 구성하고 있다. 이는 전자등록의 대상이 되는 것은 권리라는 점에 착안한 것으로 보인다. 이에 대하여 '주식 등' 중 특히 주식, 사채 그 자체를 (주주권, 사채권과 별도의 용어로서) 권리로 부르는 것이 어색하고, 자본시장과 금융투자업에 관한 법률(이하 '자본시장법') 제4조 제9항은 "... 증권에 표시될 수

글에서는 그중 주식에 관한 법리에 초점을 맞추기로 한다. 우리와 유사한 예탁결제제도로부터 2009년 "社債, 株式等の振替に關する法律(이하 '일본 대체법')"을 통해 무권화(dematerialization)제도로 전면 전환된 일본 사례가 참조될 수 있을 것이다.[6)]

이하의 논의는 다음과 같이 진행한다. 제II장은 본격적인 논의에 앞서 전자증권제도의 일반법리를 개관한다. 제III~V장에서는 권리의 발생, 승계, 행사에 관한 쟁점들을 순차로 살펴본다. 제VI장은 그 밖의 문제로서 초과등록분 처리, 담보권에 관한 문제를 다룬다.

II. 우리나라 전자증권제도의 작동원리

1. 기본구조

전자증권제도는 실물증권 없이 계좌상으로만 증권 발행 및 거래를 실행하는 무권화를 이루기 위한 것이다. 무권화방식은 여러 유형으로 구분될 수 있다. 그 유형을 살펴보고 우리 전자증권법이 어떠한 방식을 채택하였는지를 검토하는 것은 전자증권제도의 기본구조를 이해하는 데 도움이 된다.

있거나 표시되어야 할 권리는 그 증권이 발행되지 아니한 경우에도 그 증권으로 본다"고 하고 있으므로, 이를 권리 대신에 증권으로 규정하여도 무방하다는 반론이 제기될 수 있다. 다만 전자증권법은 전자증권법의 적용대상이 자본시장법상 증권에 국한되지 않는다는 점을 고려하여 의도적으로 증권이라는 용어를 배제한 것으로 보인다.

6) 일본은 2002년 단기사채를, 2003년 일반사채 등을 무권화한 바 있다. 이어 2004년 무권화의 범위에 주식 등을 포함하는 내용의 "社債, 株式等の振替に關する法律"이 통과되어 2009년에 그 시행에 이른 것이다. 이하 '일본 대체법'이라고 하면 2014년 6월 27일 법률 제91호로 개정된 현행법을 가리킨다.

첫째로 중앙등록기관(우리나라의 전자등록기관)이 개별투자자의 권리상황을 파악하는지 여부에 따른 구분이다.[7] ① 통합관리방식인 경우 중앙등록기관은 계좌관리기관별 투자종목의 합계만을 관리할 뿐이고, 개별투자자의 보유상황은 기준일 등 일정한 경우에 계좌관리기관으로부터 자료를 제공받은 경우에야 취합 가능하다. ② 개별관리방식[8]하에서 중앙등록기관은 개별투자자들의 보유상황 정보를 실시간으로 관리하게 된다. 개별투자자가 직접 중앙등록기관에 계좌를 개설하는 방식은 물론이고, 하위 계좌관리기관에 계좌를 개설하더라도 개별 계좌 내용이 그대로 중앙등록기관에 전달 · 보고 · 등록된다면 개별관리방식이라고 할 수 있다.[9] 거래투명성 측면에서는 개별관리방식이 나을 수 있으나, 통합관리방식은 시스템 과부하 방지, 고객정보의 보호 측면에서 강점이 있다. 전자증권법은 통합관리방식에 의한다. 즉 계좌관리기관은 개별투자자별 정보가 아닌 총수량 또는 총금액을 전자등록기관에 통지하고 전자등록기관은 계좌관리기관별로 고객관리계좌부를 관리한다(전자증권법 제22조 제3~4항).

둘째로 중앙등록기관, 계좌관리기관 등 중개기관(intermediary)[10]이 몇

7) 중앙등록기관이 개별투자자의 보유상황을 파악하지 않는 형태를 투자자지분관리방식, 예탁자명의등록방식, 그 반대의 경우를 총량관리방식, 실질소유자명의등록방식 등으로 부르는 경우도 있으나(정경영, 앞의 논문 각주 4, 136면 등), 이 글에서는 명확한 개념 전달을 위하여 '통합관리방식', '개별관리방식'이라는 용어를 쓰기로 한다.

8) 이는 투명한 증권보유 시스템(transparent system)으로 불리기도 한다. Unidroit Committee of Governmental Experts for the Preparation of a Draft Convention on Substantive Rules Regarding Intermediated Securities, Study LXXVIII Doc. 44 (2006), 2면.

9) 개별관리방식에는 계좌관리기관에서 전자등록이 이루어진 다음 그 내용이 중앙등록기관에 보고되는 형태(즉 등록의 효력은 계좌관리기관에서 발생함)와 계좌관리기관은 단지 중앙등록기관의 대리인이고 실제 전자등록은 중앙등록기관에서 이루어지는 형태가 있을 수 있다.

10) 증권발행인과 실제 투자자 사이에 존재하는 기관을 가리키며 중앙등록기관 역시 중개기관이다.

층으로 존재하는지에 따른 구분이다. 개별관리방식하에서는 계좌관리기관의 역할이 크지 않으므로 이러한 구분이 문제 되는 것은 주로 통합관리방식에서이다. ① 복층식은 중앙등록기관 이외에 계좌관리기관이 한 층만 존재하는 경우이다. 즉 중앙등록기관-계좌관리기관-개별투자자의 구조로 증권 내지 권리가 보유된다. 우리나라 및 일본의 기존 예탁결제제도가 택하고 있던 방식이다.[11] ② 다층식은 계좌관리기관이 두 개 이상의 층으로 존재하는 경우이다(예컨대 중앙등록기관-상위계좌관리기관-하위계좌관리기관-개별투자자). 일본 대체법이 채택한 방식이다.[12] 다층식은 감독이 복잡하게 될 수 있지만, 외국투자자가 국내중개기관 및 외국중개기관을 이용하여 투자하는 등 탄력적 활용이 가능하다는 장점이 있다.[13] 우리 전자증권법은 복층식에 의한다.[14]

셋째로 개별투자자가 직접 중앙등록기관에 계좌를 개설할 것을 허용할 것인지에 따른 구분이다. 개설이 인정된 경우, 앞에서 언급한 바와 같이 해당 계좌는 자동적으로 개별관리방식에 의하게 된다. 직접 개설이 허용되는 경우 중앙등록기관의 업무는 번잡하게 되지만 공신력 높은 중앙등록기관을 직접 상대방으로 하려는 투자자의 요청에 부합할 수 있다는 장점이 있다. 우리나라의 기존 예탁결제제도는 개별투자자에 의한 예탁결제원에의 직접 예탁을 허용하지 않았으나, 전자증권법은 그 가능성을 열어 두고 있다.[15]

---

11) 자본시장법 제309조 및 제320조 참조.

12) 모리시타 데쓰오 / 김이수 (역), "일본 사채, 주식 등 대체제도의 개요와 과제", BFL 제33호 (2009), 83면.

13) 김이수, "UNIDROIT 간접보유증권조약안과 전자증권 간접보유제도의 법적 과제", 인터넷법률 통권 제45호 (2009), 45면.

14) 전자증권법 제22조 제3항에 따르면 계좌관리기관은 '전자등록기관'에 고객관리계좌를 개설해야 한다.

15) 전자증권법 제23조 제1항은 "계좌관리기관, 법률에 따라 설립된 기금, 그 밖에 전자등

마지막으로 개별투자자가 갖는 권리에 따른 구분이다. 전자증권제도 하에서 증권발행인과 투자자 사이에는 필연적으로 중앙등록기관, 계좌관리기관 등 중개기관이 개입하게 되는바, 이때 투자자가 갖는 권리는 여러 가지 형태로 나타날 수 있다. ① 미국의 경우 투자자는 증권권리(security entitlement)를 갖는다. 증권권리란 투자자와 직접 계약관계에 있는 중개기관에 대한 특수한 권리로서, 다만 해당 중개기관이 파산한 경우에도 여전히 중개기관의 채권자에 우선하여 행사할 수 있다는 점에서 특징이 있다.[16] ② 영국은 신탁법리에 따라 투자자가 신탁수익권을 갖는다. ③ 우리나라의 예탁결제제도는 투자자의 공유권을 인정한다. 즉 자본시장법 제312조 제1항에 의하면 투자자는 투자자계좌부에 기재된 증권에 관하여 공유지분을 갖는 것으로 추정되며, 언제든지 예탁자에 대하여 공유지분에 해당하는 예탁증권의 반환을 구할 수 있다. ④ 일본 대체법은 투자자의 발행인에 대한 개별적·직접적인 권리를 인정한다. 굳이 실물에 대한 혼장임치, 공유 등 개념을 원용할 필요 없이 투자자의 명의로 등록된 분량에 관한 직접적 권리를 인정하는 것이다. 우리 전자증권법은 ④의 방식에 따라 투자자의 발행인에 대한 개별적·직접적 권리를 인정한다(제35조 참조). 한 가지 주목할 점은 전자증권법이 투자자의 권리를

록기관에 주식 등을 전자등록할 필요가 있는 자로서 대통령령으로 정하는 자"(밑줄 필자 추가. 이하 같음)인 경우 직접 전자등록기관에 계좌관리기관 등 자기계좌를 개설할 수 있도록 하고 있다. 이에 따른 시행령 제16조 제2호는 개별투자자(개인, 법인 또는 단체)도 일정 요건하에 전자등록기관에 계좌를 개설할 수 있도록 가능성을 열어 두었다.

16) 다만 투자자는 차상위 중개기관 또는 발행인에 대하여는 아무런 직접적인 권리를 갖지 않는다. Valerie Combs, "The Law of Intermediated Securities: U.C.C. Versus UNIDROIT", 58 Alabama Law Review. 399 (2006), 401면. 증권권리를 소개하는 국내 문헌으로서, 김이수, "UCC상 증권권리의 개념", 증권법연구 제5권 제1호 (2004) 참조.

주식 등에 대한 '소유권'으로 구성하고 있다는 점이다.[17] 예컨대 회사가 주식을 전자등록하였다면 전자증권법하에서 주주는 전자등록된 주식에 대하여 단독 '소유권'을 갖는 것이 된다. 본디 주권(株券)이 발행된 경우 주주는 추상적인 사원권으로서의 주주권 이외에 구체적인 주권에 대한 소유권을 갖는다. 주권이 발행되지 않는 전자증권 방식하에서 주주가 전자등록된 주식에 대하여 (주권에 대한 소유권에 대응하는) 소유권을 갖도록 함이 타당한지는 논란이 있을 수 있는 부분이다.

2. 등록대상과 계좌관리체계

(1) 등록대상

전자증권법은 ① '주식 등'이라는 개념을 두어 그 유형을 열거하고, ② 주식 등인 경우 배제사유에 해당하지 않는 이상 전자등록을 허용하며, ③ 일정한 주식 등인 경우 전자등록을 의무화하는 체제를 취하고 있다.

가. '주식 등'의 개념

'주식 등'의 개념에는 자본시장법상 증권 대부분이 열거되어 있다(전자증권법 제2조 제1호).[18] 다만 투자계약증권(자본시장법 제4조 제2항 제4호), 주식회사 이외의 출자지분(동법 제4조 제4항), 기업어음증권(CP. 동법 제4조

17) 예컨대 전자증권법 제2조 제5호는 권리자를 전자등록주식의 '소유자' 또는 질권자 등으로 규정하고, 같은 법 제37조 제1항은 해당 주식 등의 '소유자'의 성명 등을 기록한 '소유자'명세를 작성하도록 한다.

18) 자본시장법상 증권의 전자등록가능성에 관한 상세한 분석으로서, 정승화, "전자증권 발행 및 유통상의 주요이슈", BFL 제96호 (2019), 28면 이하.

제3항) 등은 유통가능성, 대체가능성[19]이 떨어진다고 보아 배제되어 있다.[20] 한편 전자증권법 제2조 제1호 거목은 대통령령에 의해 주식 등의 개념을 확대할 가능성을 열어 두었다. 이에 근거한 시행령 제2조 제3항[21]에 따르면, 양도성예금증서(CD) 등 자본시장법상 증권이 아닌 경우에도 전자증권법상 주식 등에 해당한다. 여기에서 보듯 전자증권법상 '주식 등'의 개념은 기존 예탁대상증권을 크게 벗어나지 않는 것으로 보인다. 즉 자본시장법령에 따르면 예탁대상증권에는 자본시장법상 증권, 원화표시 양도성예금증서 등이 포함되는바,[22] 이는 위 주식 등의 범위와 많이 다르지 않다.

전자증권법상 '주식 등'에 해당하지 않으면 전자등록제도를 이용하는 것이 원천적으로 불가능해진다. 이러한 점에서 볼 때, 자본시장법상 포괄주의 방식과 달리, '주식 등' 개념을 열거한 것에는 의문이 있다. 새로운 유형의 증권이 출현했을 때 전자등록 적격성을 심사할 수 있다는 장점이

---

19) 유통가능성과 대체가능성은 전자증권법 제25조 제6항 제1호, 전자증권법 시행령 제2조 제3항 제3호에도 언급되어 있는 개념이다. 기업어음증권은 자본시장법상 채무증권이기는 하지만, 어음법상 어음은 실물 발행이 전제되어 있고, 전자어음법상 어음은 전자문서방식에 의하므로 전자증권 제도의 대상에서 제외된 것이다. 정순섭, "전자증권제도의 구조와 범위", BFL 제96호 (2019), 9면.

20) 한편 전자증권법 제2조 제1호 타목은 파생결합증권 중 대통령령으로 정하는 것에 한하여 주식 등에 포함되는 것으로 규정하고 있는바, 시행령 제2조 제1항에 따르면 파생결합증권 가운데에서도 ELW, DLW 등 일부만 주식 등에 해당한다. 한편 ELB · DLB · ELS · DLS는 사채(전자증권법 제2조 제1호 나목)로서, ELT · DLT은 신탁수익권(전자증권법 제2조 제1호 사목)으로서 주식 등에 해당하는 것으로 볼 수 있다.

21) ③ 법 제2조 제1호 거목에서 "대통령령으로 정하는 권리"란 다음 각 호의 어느 하나에 해당하는 권리를 말한다.
1. 양도성 예금증서에 표시될 수 있거나 표시되어야 할 권리
2. 「은행법」 및 「금융지주회사법」에 따른 조건부자본증권에 표시되어야 할 권리
3. 그 밖에 해당 권리의 유통가능성 및 대체가능성 등을 고려하여 금융위원회가 정하여 고시하는 권리

22) 자본시장법 제294조 제1항, 시행령 제310조, 금융투자업규정 제8-2조 참조.

〈표 1〉 전자증권법상 주식 등의 범위*·[23]

자본시장법상 증권						다른 법상 유가증권	
채무증권 (CP)	지분증권	수익증권	파생결합증권	증권예탁증권	투자계약증권	CD 등	기타

* 진한 음영 표시 부분.

있으나, 이는 후술하는 배제사유를 통해 충분히 걸러질 수 있는 것이다. 원천적으로 주식 등의 개념을 좁혀 둘 필요성은 크지 않다고 하겠다.

나. 전자등록 배제사유

전자등록기관은 주식 등에 대하여 신규 전자등록신청이 이루어진 경우 원칙적으로 이를 거부할 수 없다(전자증권법 제25조 제6항). 다만 모든 주식 등을 무조건적으로 시스템에 수용할 수는 없으므로, 전자증권법은 일정한 배제사유를 규정하고 있다. 추상적 의미에서 전자등록적격은 "그 권리의 발생, 변경, 소멸을 전자등록하는 데에 적합할 것"으로 규정된다.[24] 구체적인 배제사유는 전자증권법 제25조 제6항 각 호에서 규정하는바,[25] 그중 이론적 측면에서 중요한 것은 제1호이다. 이에 따르면 ① 양도성이

---

23) 한국예탁결제원, 주식·사채 등의 전자등록에 관한 법률 및 동법 시행령 조문해설서(2019), 11면의 표를 보완한 것이다.

24) 상법 제65조 제2항은 "제1항의 유가증권으로서 그 권리의 발생, 변경, 소멸을 전자등록하는 데에 적합한 유가증권은 제356조의2 제1항의 전자등록기관의 전자등록부에 등록하여 발행할 수 있다. 이 경우 제356조의2 제2항부터 제4항까지의 규정을 준용한다"고 하고 있고, 전자증권법 제2조 제1호 거목은 "가목부터 하목까지의 규정에 따른 권리와 비슷한 권리로서 그 권리의 발생, 변경, 소멸이 전자등록계좌부에 전자등록되는 데에 적합한 것으로서 대통령령으로 정하는 권리"라고 규정한다.

25) 이에 따르면 법령위반(제2호), 공시최고절차의 진행(제3호), 전자등록신청서의 허위작성(제4호), 보완요구의 미이행(제5호) 등이 있다.

제한되는 경우[26] 또는 ② 대체가능성이 없는 경우[27] 전자등록 배제사유가 된다. 나아가 전자증권법 제25조 제6항 제1호 다목과 제6호는 대통령령으로 배제사유를 확대할 수 있도록 하였다. 대통령령상 배제사유로는 전자등록기관을 통한 권리행사가 곤란한 경우(시행령 제21조 제1항 제1호), 대체가능성, 유통가능성, 권리행사방법 등을 고려할 때 전자등록이 적절하지 않은 경우로서 금융위원회가 고시하는 경우(시행령 제21조 제1항 제3호) 등이 포함된다.[28]

문제는 양도성 제한, 대체가능성 결여를 전자등록 배제사유로 삼아야 하는지 여부이다. 전자등록제도 도입의 장점 중 하나가 간편하고 효율적인 권리 내지 증권 양도라는 점에서 볼 때, 양도성 및 대체가능성이 높을수록 전자등록의 기능이 충분히 발휘될 수 있음은 물론이다. 기존 예탁결제제도도 이를 고려하여 양도성 제한을 결격사유로 규정한다. 하지만 유통 활성화가 전자증권제도 도입의 유일한 목표는 아니다. 앞에서 언급한 바와 같이 실물증권 발행에 따른 비용, 위험을 절감하면서 음성적 거래를 억제한다는 목표는 양도성이 제한되거나 대체가능성이 결여된 경우에도 여전히 유효하다. 장기적으로 전자등록 배제사유를 축소하는 방향으로 운용함이 타당하다고 생각된다.[29]

---

26) 전자증권법 제25조 제6항 제1호 가목은 "해당 주식 등이 성질상 또는 법령에 따라 양도될 수 없거나 그 양도가 제한되는 경우"라고 규정한다.

27) 전자증권법 제25조 제6항 제1호 나목은 "같은 종류의 주식 등의 권리자 간에 그 주식 등의 권리 내용이 다르거나 그 밖에 해당 주식 등의 대체가능성이 없는 경우"라고 규정한다.

28) 참고로 증권 등 예탁업무규정 제7조는 예탁대상증권 지정요건으로서 통일규격증권을 사용할 것(제1항 제3호), 예탁결제원이 원리금 또는 상환금 확정 및 지급청구 등의 업무를 처리하는 데 지장이 없을 것(제2항 제3호) 등을 요구함으로써 '관리가능성'을 염두에 두고 있다.

29) 증권 등 예탁업무규정 제7조 제1항 제1호는 "정관(이와 유사한 조합계약 등을 포함한다)상 양도의 제한이 없을 것. 다만 그 양도의 제한에 기한이 있는 등 해당 증권의

다. 전자등록 의무화

주식 등에 해당한다고 하더라도 발행인이 반드시 전자등록을 신청해야 하는 것은 아니다. 주식에 관하여 보자면, 상법 제356조의2 제1항은 "정관으로 정하는 바에 따라", 즉 해당 주식회사의 선택으로 전자등록신청 여부를 결정할 수 있도록 하고 있다(이른바 opt-in 방식).[30] 이에 대한 예외로서 전자증권법 제25조 제1항은 의무적 전자등록을 규정한다. ① 자본시장법에 따라 증권시장에 상장하는 주식 등, ② 자본시장법에 따른 투자신탁의 수익권 또는 투자회사의 주식, ③ 그 밖에 대통령령으로 정하는 주식 등은 반드시 전자등록되어야 한다.[31]

상장주식 등에 관하여 전자등록이 강제되는 이유는, 전전유통될 가능성이 높고 다수인이 관여되므로 전자등록 및 무권화를 통해 향상되는 국가경제적 효율성의 정도가 높다고 보기 때문이다.[32] 다만 증권예탁 제도에서의 상장증권, 집합투자증권 등인 경우 발행인의 지정신청 없이 '지정간주'가 됨에 반하여,[33] 전자증권법상 의무대상인 경우 이러한 간주는 없으

예탁 및 계좌대체 등의 업무수행에 지장이 없다고 인정하는 경우에는 그러하지 아니하다"는 것을 지분증권에 관한 예탁대상 지정요건으로 규정한다. 다만 위 단서조항에 근거하여 양도제한 주식 예탁도 널리 이루어지고 있다. 이러한 점을 고려할 때 전자등록제도 운용 시에도 양도제한 주식 등이 널리 수용될 가능성이 높다는 분석으로 정순섭, 앞의 논문 각주 19, 10면.

30) 어떤 회사가 특정 종류나 종목의 주식에 한정하여 전자등록방식을 채택할 수 있는지에 관하여 2019년 개정 상장회사 표준정관은 이를 허용하지 않는다. 관련 논의로서 정순섭, 앞의 논문 각주 19, 8면; 안수현, "전자증권법과 회사법의 관계", BFL 제96호 (2019), 44면 참조.

31) 대통령령의 규정 대상으로는 현재 일괄예탁결제제도에 의해 발행되는 자본시장법상 조건부자본증권, 주택저당증권(MBS), 전자등록기관만이 발행기관으로 규정되어 있는 증권예탁증권(자본시장법 제298조) 등을 들 수 있을 것이다.

32) 김이수, "주권불발행제도와 관련된 회사법상 문제점에 관한 고찰", 상사판례연구 제18집 제3권 (2005), 70면.

33) 증권 등 예탁업무규정 제6조 제3항.

므로 발행인은 전자등록을 신청해야 한다. 이를 게을리할 경우 과태료를 부과함으로써 의무이행을 담보하고 있다(전자증권법 제75조 제1항 제3호).

(2) 계좌관리체계

전자증권제도는 주식 등 발행인과 실제 주식 등에 투자하는 투자자 사이에 전자등록기관과 계좌관리기관이 개입하게 된다. 전자등록기관은 최상위 중앙등록기관으로서 금융위원회 및 법무부장관으로부터 하나의 전자등록업허가를 받아 전자등록업을[34] 영위한다(전자증권법 제5조 제1항). 계좌관리기관은 전자등록기관의 하위에 위치하며 직접 투자자들을 상대하는바, 전자증권법은 별도의 허가요건을 규정하지 않고 자본시장법상 투자매매업자 · 투자중개업자, 은행법상 은행, 보험법상 보험회사 등인 경우 계좌관리기관이 될 수 있도록 하고 있다(제19조).

구체적인 작동원리는 다음의 〔그림 1〕과 같다. 주식 등 발행인인 경우 전자등록기관만 접하면 된다. 발행인이 신규 주식 등을 전자등록할 때에 전자등록기관에 발행인관리계좌를 개설하면(전자증권법 제21조 제1항) 전자등록기관은 발행인별로 발행인관리계좌부를 작성 · 관리한다(동법 동조 제2항). 주식 등 발행사항에 변동이 발생한 경우, ① 발행인이 전자등록기관에 통지하면 전자등록기관은 발행인관리계좌부의 기록을 변경하고(전자증권법 제21조 제4항), ② 이어 전자등록기관은 후술하는 고객관리계좌부에 위 변경을 반영하는 한편[35] 변경사항을 계좌관리기관에 통지하고(전자증권법 제21조 제5항), ③ 계좌관리기관은 이를 후술하는 고객계좌부

34) 전자등록기관의 업무에 관하여는 전자증권법 제14조 제1항 참조.
35) 이때 계좌관리기관 등 자기계좌부가 있는 경우 해당 전자등록도 변경하여야 한다(전자증권법 제21조 제5항 제2호).

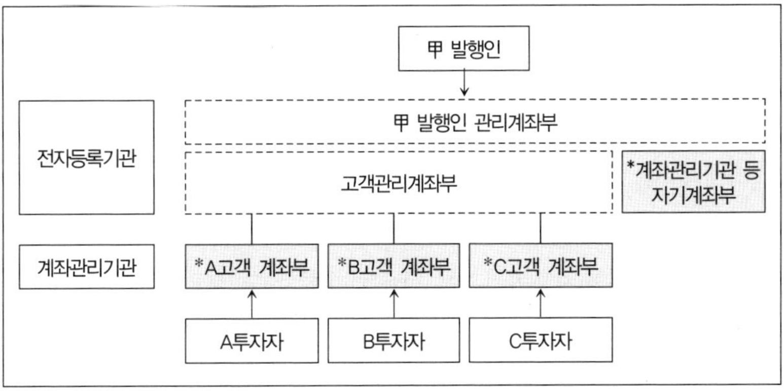

〔그림 1〕 계좌관리 체계

* 음영표시: 전자등록계좌(고객계좌부+계좌관리기관 등 자기계좌부)

에 반영하게 된다(동법 제21조 제6항). 전자등록기관이 관리하는 발행인관리계좌부에는 주식 등의 발행내역 등이 상세하게 나타나지만, 이는 단순히 증거자료로서의 의미를 가질 뿐 별도의 법적 효력이 부여되지는 않다. 또한 발행인관리계좌부와 발행인이 관리하는 장부(주주명부 · 수익자명부 등)상 수량, 금액에 차이가 발생하는 경우 후자의 수치가 기준이 된다(전자증권법 제21조 제3항).[36)]

다음으로 투자자의 입장에서 본다. 앞에서 언급한 바와 같이 투자자가 직접 전자등록기관에 계좌를 개설하는 길이 열려 있기는 하지만, 이하에서는 계좌관리기관에 고객계좌를 개설하는 일반적 사안을 중심으로 살펴본다. 고객계좌가 개설된 경우 계좌관리기관은 권리자별로 고객계좌부를 작성하고(전자증권법 제22조 제2항), 나아가 전자등록기관에 고객관리계좌

---

36) 이 조항이 적용되는 법적 장부는 신규전자등록 시점의 장부에 한하고, 전자등록 이후의 권리변경이나 추가발행 등의 사유를 반영한 장부로는 이 조항에 따라 발행인관리계좌부를 수정할 수 없다는 견해로서, 김연미, "전자증권의 오류와 법적 과제", BFL 제96호 (2019), 18면.

를 개설해야 한다(동법 제22조 제3항). 이때 고객관리계좌에는 고객계좌부에 전자등록된 전자등록주식 등의 총수량 및 총금액이 기록된다(통합관리방식 · 전자증권법 제22조 제3항). 전자등록기관은 계좌관리기관별로 고객관리계좌부를 작성, 관리하게 된다. 계좌관리기관이 직접 투자자로서 자기명의와 계산으로 주식 등을 보유하는 경우는 어떠한가? 이러한 경우 계좌관리기관은 전자등록기관에 계좌를 개설할 수 있으며 이를 계좌관리기관등 자기계좌라고 부른다(전자증권법 제23조 제1항).[37] 이러한 계좌관리기관 등 자기계좌에 대하여 전자등록기관은 계좌관리기관 등 자기계좌부를 작성 · 관리하게 된다. 위 고객계좌부와 계좌관리기관 등 자기계좌부를 합쳐서 '전자등록계좌부'라고 부른다(전자증권법 제2조 제3호). 전자등록계좌부에는 권리추정력 등 법적 장부로서의 효력이 인정된다는 점(전자증권법 제35조 참조)에서 발행인관리계좌부와 큰 차이가 있다.[38]

3. 기존 법제 내지 제도와의 관계

(1) 예탁결제제도

전자증권제도는 원래 실물로 발행되고 유통되던 증권이 단지 전자적인 등록, 이체를 통하여 거래됨으로써 발행비용, 관리비용, 사고위험을 획기적으로 줄일 수 있다는 장점을 갖는다. 이러한 실물폐지가 곧 무권화인 것이다. 실제로는 실물의 완전한 폐지 이전 단계로서 집중예탁제도가 있

37) 그 밖에 개별투자자 등이 직접 전자등록기관에 계좌를 개설하는 경우도 마찬가지로 취급된다. 같은 항 참조.

38) 전자증권법은 전자등록계좌부에는 기재사항을 '전자등록'한다고 하여, 각종 관리계좌부에 기재사항을 '기록한다'와 표현상 차이를 둔다.

다. 이는 실물의 존재를 전제로 이를 중앙예탁기관에 집중예탁하면서, 실제 발행 및 유통은 계좌대차방식에 의해 실물 이전을 의제하는 것이다. 이는 실물의 완전한 폐지는 아니지만 실물 이전을 불필요하게 한다는 점에서 부동화(immobilization)라고 할 수 있다. 이러한 부동화방식이 자본시장법 제294조 이하에 근거를 둔 기존 예탁결제제도이다.

실물 이전이 없다는 점에서 공통되지만, 전자증권제도는 예탁결제제도와 몇 가지 중요한 차이점을 갖는다. ① 투자자의 권리보유 형태에 관하여, 예탁결제제도하에서 투자자들이 예탁한 증권들은 혼장임치되고[39] 투자자는 전체 증권에 관하여 공유지분을 가짐에 반하여(자본시장법 제312조 제1항 참조), 전자증권제도하에서 투자자들은 등록된 권리를 단독으로 갖는다(전자증권법 제35조 제1항 참조). ② 권리이전에 관하여, 예탁결제제도는 법적 장부인 계좌부상 기재를 점유로 의제하고 이에 대한 대체기재를 증권실물의 교부로 의제한다(자본시장법 제311조 제1~2항). 즉 실물증권의 존재 및 그 점유를 전제로 대체기제를 점유이전으로 간주하는 형태이다. 반면 전자증권제도는 별도의 의제조항 없이 대체등록 자체를 권리이전의 효력발생요건으로 삼고 있다(전자증권법 제35조 제2항). ③ 실물반환에 관하여 예탁결제제도하의 투자자는 언제든지 공유지분에 해당하는 실물의 반환을 요청할 수 있다(자본시장법 제312조 제2항). 반면 전자증권제도하에서는 실물 자체가 존재하지 않으므로 투자자에 의한 반환요청은 불가능하다.

전자증권법에 따르면 발행인은 전자등록주식 등에 대하여 증권 또는 증서를 발행할 수 없다(제36조 제1항).[40] 발행인이 더 이상 전자등록제도

---

39) 자본시장법 제309조 제4항, 김건식 / 정순섭, 자본시장법 (제3판, 2013), 648면.

40) 이 조항은 주식회사의 주권발행의무에 관한 상법 제355조 제1항, 제358조의2 제4항에 우선한다고 할 것이다.

를 이용하지 않기로 하는 경우이거나 이용할 수 없게 된 경우 등[41] 발행인의 증권발행 및 보유시스템 자체가 바뀌는 경우에야 비로소 실물증권제도로 전환할 수 있는 것이다. 따라서 동일한 주식 등에 관하여 실물을 전제로 하는 예탁방식과 실물폐지를 전제로 하는 전자등록방식을 동시에 실행할 수 없음은 물론이다. 전자등록주식 등과 병행하여 발행된 실물 증권, 증서는 무효이므로(전자증권법 제36조 제2항)[42] 이에 대한 선의취득도 인정될 수 없다.

전자등록이 강제되는 주식 등이 아닌 경우 발행인은 전자증권제도 도입 후 세 가지 선택지를 갖는다. 즉 ① 전자증권제도를 도입하거나, ② 기존 예탁결제제도에 의하거나, ③ 실물증권제도에 의하는 것이다. 향후 ①과 ②를 일원화하여 전자증권제도로 통합하는 것이 타당할 것이다. 전자증권제도를 도입하는 이상 그와 유사하며 (실물증권을 전제로 하는 탓에) 효율성이 떨어지는 기존 예탁결제제도를 굳이 존속시킬 필요성은 크지 않다.[43]

(2) 상법 및 자본시장법과의 관계

전자증권법 제3조는 "전자등록주식 등에 관하여 다른 법률에 특별한

41) 발행인이 전자등록제도를 이용하지 않기로 한 경우로서 정관 변경 등을 통해 전자등록주식 등을 주권 등으로 전환하기로 한 것을 들 수 있고(전자증권법 제33조 제1항 제2호), 발행인이 전자등록제도를 이용할 수 없게 된 경우로서 발행인의 해산, 청산 등으로 인해 전자등록기관 또는 계좌관리기관이 직권으로 전자등록주식 등을 변경 · 말소한 것을 들 수 있다(동법 제33조 제3항).

42) 구 전단채법 제14조도 실물증권 발행을 금지하고 있으나 위반 시의 사법적 효력은 규정하지 않아 실물증권이 병행적으로 유통되는 때의 법적 문제에 대한 불확실성이 있었다.

43) 권종호 / 김병연 / 김순석 / 김이수 / 안성포 / 임재연, 전자증권제도 법제화방안 (증권예탁결제원 연구용역보고서, 2006), 15면도 시스템의 이원적 운영에 따른 비효율의 문제점을 지적하고 있다.

규정이 있는 경우를 제외하고는 이 법에서 정하는 바에 따른다"고 규정한다. 전자증권법은 주식 등 전자등록에 관한 일반법이다. 따라서 상법과 자본시장법에 규정되지 않은 증권 내지 권리인 경우에도 앞에서 살펴본 전자등록 대상으로서의 적격을 갖추면 전자등록이 가능한 것이다. 상법 또는 자본시장법에 해당 주식 등의 전자등록 효력 등에 관한 별도의 조항이 있으면 그 조항이 우선할 것이다.

특히 상법에는 이미 주식 기타 유가증권의 전자등록에 관한 조문들이 다수 도입되어 있다. ① 유가증권의 전자등록 일반에 관한 상법 제65조 제2항, ② 주식 전자등록에 관한 상법 제356조의2, ③ 구체적 신주인수권의 전자등록에 관한 상법 제420조의4, ④ 전자등록방식에 의한 사채발행시 사채청약서에 관한 상법 제474조 제2항 제10의2호, ⑤ 사채 전자등록에 관한 상법 제478조, ⑥ 사채원부 기재사항에 관한 상법 제488조 제5호, ⑦ 전환사채 전자등록에 관한 상법 제515조 제1항, ⑧ 신주인수권 전자등록에 관한 상법 제516조의7, ⑨ 전자등록된 신주인수권의 행사에 관한 상법 제516조의9 제2항이 그것이다. 다만 전자증권법 조항은 대부분 위 상법조항을 반영하고 있으므로 두 법제 사이에 직접적인 조문상 충돌은 크지 않다.[44] 문제 되는 것은 후술하듯이 전자증권법 도입에 따른 기존 상법 제도(예컨대 주주명부제도)의 정합적 해석의 문제이다.

(3) 전자단기사채 등의 발행 및 유통에 관한 법률 및 공사채 등록법

전자증권법은 주식 등 전자등록에 관한 전반적인 사항을 규율하는 것

---

44) 예컨대 주식 전자등록의 효력에 관한 상법 제356조의2는 전자등록의 일반적 효력에 관한 전자증권법 제35조와 유사하다.

이므로 그 시행 이후에는 특정분야의 전자등록을 규율하는 구 전단채법, 구 공사채 등록법은 폐지된다(전자증권법 부칙 제2조). 엄밀히 보자면 구 전단채법은 전적으로 전자등록방식에 의하므로 완전한 무권화제도였지만, 구 공사채등록법인 경우 채권자가 채권등록 말소를 청구하여 실물을 발행받을 가능성을 열어 두었다는 점에서(제4조 제5항) 완전한 실물폐지라고 보기는 어렵다. 어느 쪽이나 전자증권법 시행부터는 완전한 무권화 방식인 전자증권제도로 포섭된다.

주목할 것은 구 전단채법의 기존 조항들이다. 구 전단채법은 1억 원 이상의 사채 중 만기가 1년 이내 등 요건을[45] 갖추고 전자적 방식으로 등록되는 전자단기사채의 발행과 유통을 규율하기 위한 법이다. 2011년 제정되어 2013년 1월 15일부터 시행되었다. 전자증권법의 용어 및 구성은 구 전단채법의 그것과 유사하다. 소유자명세서(전자증권법 제37조), 전자등록업 허가(동법 제5조 이하), 초과분해소에 관한 연대책임(동법 제42조 제3항) 등 조문들과 일부 표현에 차이가 있을 뿐이다. 전자증권법의 해석, 적용, 나아가 시행령 제정에 있어서 구 전단채법 및 그 시행령상 요건과의 비교는 도움이 된다.

III. 권리의 발생에 관한 문제

1. 신규 전자등록의 절차

주식에 대하여 신규 전자등록이 이루어지는 경우로서 ① 처음부터 전

45) 구 전단채법의 적용을 받는 전자단기사채의 요건에 관하여는 구 전단채법 제2조 제1호 참조.

자증권으로 발행하는 경우 이외에, ② 실물주권이 발행되었던 주식을 전자등록방식으로 전환하는 경우가 있다. ②인 경우 발행인의 사전 공고 및 통지 절차가 필요하고, 일정한 기준일에 기존 주권의 효력이 일률적으로 실효되는 등 몇 가지 특징이 있다(전자증권법 제27조 및 제36조 제3항). 이하에서는 ①을 중심으로 살펴본다.

신규 전자등록을 주도하는 것은 주식을 발행한 회사(발행인)이다. 발행인이 전자등록기관에 전자등록신청서 또는 사전심사신청서를 제출하고(전자증권법 제25조 제3항), 전자등록기관은 이를 검토하여 별 문제가 없으면 계좌관리기관에 전자등록내역을 통지하고(동법 제26조 제1항), 계좌관리기관은 이를 고객계좌부에 전자등록한다(동조 제2항). 위 절차를 고려할 때, 발행인이 전자등록기관에 제출하는 신청서에는 주주로 되는 자 및 그가 거래하는 계좌관리기관이 명시되어야 할 것이다.[46]

한편 상법은 신규 신주인수권, 사채 등 전자등록의 근거조항을 두고 있다(상법 제420조의4, 제474조 제2항 제10의2 및 제516조의7). 그 구체적인 절차는 위 전자증권법 조항에 따르게 될 것이다.

2. 신규 전자등록의 효력

신규 전자등록이 경료되는 시점은 전자등록계좌부, 즉 고객계좌부 또는 계좌관리기관 등 자기계좌부에 권리내역이 등록된 때이다. 이러한 전자등록의 효력은 다음 두 가지 측면에서 검토될 필요가 있다.

첫 번째로 회사설립 또는 신주납입기일의 경과로서 주식이 발행되었으나, 아직 전자등록은 이루어지지 않은 경우이다. 전자등록은 주식의 효력

46) 일본 대체법 제150조 제4항, 제130조 제1항은 이를 명시하고 있다.

발생요건인가? 이를 긍정한다면 전자등록이 경료되기 이전이라면 아직 주식으로서 성립하지 못한 것이 된다. 그러나 전자등록은 단지 '주권 발행'을 갈음하는 것이지(상법 제356조의2 제1항) 그 자체를 주식의 효력발생요건으로 볼 수는 없다. 전자증권법 제35조 제2~3항도 전자등록을 (주식발행이 아니라) 주식양도 및 질권의 효력발생요건으로 규정할 뿐이다. 기존 상법 법리대로 주식은 회사설립시 또는 신주납입기일 다음날 효력이 발한다고 보아야 한다.

두 번째로 실제 주식이 발행되지 않았으나 전자등록이 이루어진 경우이다. 이러한 전자등록은 권리를 창설하는가? 전자등록은 기존 권리상태를 보여 주기 위한 제도일 뿐 그 등록 내지 기재가 권리를 의제한다고 보기는 어렵다.[47] 전자증권법도 전자등록된 자가 전자등록된 권리를 적법하게 가지는 것으로 '추정'할 뿐이다(제35조 제1항). 실제 주식이 발행되지 않았다는 점이 입증되면 이러한 추정은 깨진다. 전자증권법 제35조 제5항은 전자등록주식의 선의취득을 규정하나, 발행등록으로 인한 선의취득은 인정되지 않는다고 보아야 한다.[48] 위 조항상 선의취득의 요건은 '전자등록계좌부'의 권리내용을 신뢰하는 것인바, 신주인수인의 신주취득인 경우 아직 신뢰할 전자등록계좌부의 기재가 없었기 때문이다. 다만 이후 해당 전자등록계좌부를 신뢰한 양수인은 전자증권법상 선의취득의 보호를 받을 수 있을 것이다. 이 부분은 후술하는 초과등록분의 처리 법리에서 다시 다루기로 한다.

---

47) 심인숙, "주식 및 사채의 전자등록제 도입에 관한 상법개정안 고찰", 상사법연구 제28권 제3호 (2009), 225면은 향후 입법적으로 발행의제가 인정되려면 전자등록기관의 엄격심사, 부실등록에 대한 이사의 자본충실책임 등 보완장치가 선행되어야 한다고 본다.

48) 같은 취지로, 심인숙, 앞의 논문 각주 47, 231면.

IV. 권리의 승계에 관한 문제

1. 개관

전자증권법 제35조 제2항은 계좌 간 대체의 전자등록을 양도의 효력발생요건으로 정하고 있다. 물론 전자등록만으로 유효한 양도가 되는 것은 아니고 양도인과 양수인 간 양도합의가 있어야 함은 당연하다. 실물주권의 양도에 관해 주권 교부를 요건으로 정하고 있는 상법 제336조는 적용되지 않는다. 기존 예탁결제제도하에서도 대체기재는 주식양도의 효력발생요건이었다.[49] 주식양도의 전자등록 절차는 다음과 같이 이루어진다. 전자등록 신청주체는 원칙적으로 양도인이다(전자증권법 제30조 제1항).[50] 양도인은 계좌관리기관 A에 대체 전자등록신청을 하고, 계좌관리기관 A는 이에 따른 감액등록을 한 다음 거래내용을 전자등록기관에 통지한다. 전자등록기관은 양도인 측 계좌관리기관 A의 고객관리계좌부에 감액기록, 양수인 측 계좌관리기관 B에 증액기록을 한 다음 그 사실을 양수인 측 계좌관리기관 B에 알린다. 이에 따라 양수인 측 계좌관리기관이 고객계좌부에 증액등록하면 대체등록이 마무리되는 것이다. 양도인이 대체등록 신청한 것만으로는 부족하고 위 양수인 측 증액등록이 마무리되어야 비로소 양도의 효력이 발생한다고 볼 것이다.[51]

---

49) 다만 앞에서 언급한 바와 같이 그 구성법리는 주주에 의한 주권 점유 간주를 전제한다는 점에서 다소 차이가 있다. 즉 상법 제336조를 전제로 하여 대체기재가 있으면 주식교부가 있었던 것으로 간주하고 있다(자본시장법 제311조 제2항).

50) 다만 양수인의 경우에도 양도인의 동의를 얻은 경우에는 대체신청을 할 수 있다고 볼 것이다. 구 전단채법 시행령 제9조 제1항은 이 취지를 명시하고 있다.

51) 일본 대체법 제140조는 "대체주식의 양도는 대체의 신청에 의하여 양수인이 그 계좌에 있어서의 보유란에 당해 양도와 관련된 수의 증가의 기재 또는 기록이 되지 않으면 그 효력이 발생하지 아니한다"고 명시하고 있다.

한편 포괄승계의 경우, 즉 기존 주주의 사망 또는 합병에 따른 승계라면 포괄승계 원인사실이 발생한 시점에서 권리승계가 이루어진다고 볼 것이다.[52] 전자증권법 제35조 제2항은 '양도'에 한정하여 적용되는 조항이기 때문이다. 다만 포괄승계를 받은 자가 이를 다시 제3자에게 처분하기 위해서는 본인 명의로의 대체등록이 필요할 것이다. 전자증권법 제30조 제1항 제2호도 포괄승계인이 자기 전자등록계좌로 전자등록주식을 이전하는 경우에 관해 규정하고 있다.

전자증권법의 도입은 주식의 이전을 둘러싼 기존 법리에 몇 가지 의문을 던지고 있다. 특히 주식양도에 관하여는 상법상 주권발행 전 주식양도, 주주명부, 선의취득 등 기존 법리와의 조화가 문제 된다. 이하에서 차례로 살펴본다.

2. 발행의 신규 전자등록 전 주식 양도

전자증권제도하에서도 아직 주식으로서 성립되기 전, 즉 회사설립 이전이나 신주납입기일 다음날 이전의 이른바 '권리주'인 상태에서 주주가 될 지위를 이전한 경우 상법 제319조가 그대로 적용된다고 할 것이다. 권리주를 규제하는 입법적 취지는 전자증권제도 도입을 전후하여 동일하기 때문이다. 따라서 당사자들 간의 채권적 효력은 별론으로 하고, 회사에 대한 효력은 없다.

문제는 주식으로서 성립은 되었으나 아직 주식의 신규 전자등록이 이루어지지 않은 경우이다. 회사 정관에 주식 전자등록의 근거가 있다고 하여 반드시 주식을 전자등록방식으로 발행해야 하는 것은 아니다. 그러나

---

52) 심인숙, 앞의 논문 각주 47, 226면.

이미 전자등록방식으로 발행한 상태에서 신주를 추가발행하는 경우[53] 또는 회사를 설립하면서 전자등록방식에 의하기로 결의한 경우라면 대표이사는 주식발행 효력이 발생한 후 지체 없이 신규 전자등록절차를 밟을 의무가 있다고 할 것이다.[54] 상법 또는 전자증권법에 명문의 의무조항은 없으나, 전자증권제도하에서 전자등록은 주식양도의 전제요건이기 때문이다.

그럼에도 불구하고 전자등록이 지연되고 있는 경우 주식양도가 가능할 것인가? 이러한 경우 지명채권양도방식에 의하여 양도인과 양수인 사이에 채권적 효력을 갖는 주식양도만 가능할 뿐이다. 만약 회사성립 후 또는 신주 납입기일 후 6월이 경과할 때까지도 전자등록이 이루어지지 않았다면, 상법 제335조 제3항 단서를 유추하여 회사에 대하여 효력 있는 양도를 할 수 있는가?

두 가지 견해가 가능하다. ① 긍정설은 전자등록을 해야 하는 주식이더라도 아직 전자등록이 이루어지지 않았다면 실물주권에 관한 상법 법리가 적용된다고 본다. 전자증권법 제35조 제2항에서 대체 전자등록을 양도의 효력발생요건으로 한 것은 이미 전자등록이 이루어진 주식을 전제한 것이라고 본다.[55] ② 부정설은 전자등록대상으로 발행된 경우 실제 전자등록 여부를 떠나 실물주권에 관한 법리가 적용되어서는 안 된다고 본다. 이에 따르면 실물주권에 관한 상법 제335조 제3항을 전자증권에 쉽게 유추적용할 수 없게 된다. 부정설에 의하게 되는 경우, 회사 성립

53) 동일한 종류의 주식에 대하여 일부를 전자등록방식으로 나머지는 실물주권 방식으로 발행하는 것은 허용되지 않는다고 할 것이다.

54) 일본 대체법 제130조 제1항은 발행인으로 하여금 대체주식을 발행한 날 이후 지체 없이 대체기관(우리나라의 전자등록기관)에 대하여 해당 발행내역 및 주주명단 등을 통지하도록 규정한다.

55) 심인숙, 앞의 논문 각주 47, 228면.

또는 신주 납입기일 후 6월이 경과한 후 지명채권양도방식에 의하여 주식의 이중양도가 이루어졌을 때 이러한 양도들은 확정일자를 불문하고 회사에 대하여 아무런 효력이 없다.[56)]

긍정설은 발행회사의 등록지연으로 인한 주주의 불이익을 구제할 수 있다는 장점이 있기는 하지만, 전자증권제도의 통일적 운영을 저해할 위험성이 있다. 어떤 회사의 보통주식이 전자등록방식으로 발행되어 있는 상태에서 추가 신주발행이 이루어졌으나 회사가 신주의 추가전자등록을 지연하고 있다고 가정한다. 이때 상법 제335조 제3항의 단서에 따라 6개월 후에 주주가 지명채권양도방식에 의해 주식을 적법하게 양도할 수 있다면 한 회사의 보통주식에 대하여 두 가지 적법한 양도방식이 공존하게 된다.

이러한 결과는 전자증권제도의 도입취지를 퇴색시킬 가능성이 있다. 상법 제335조 제3항은 "주권발행 전에 한 주식의 양도는"이라고 하여 실물주권 발행을 전제로 한 것이므로, 이를 근거로 쉽게 긍정설을 수용하기는 어렵다. 입법적 보완이 필요하다고 생각된다. 구체적으로, 전자등록대상인 경우 그 등록이 지연되더라도 전자등록 이외의 방식으로 양도할 수 없도록 명시하고, 발행회사의 등록지연으로부터 주주를 보호하기 위한 입법적 보호장치는 별도로 마련되어야 할 것이다.[57)]

---

56) 기존 판례는 6개월이 경과한 후에는 이러한 양도가 회사에 효력이 있음을 전제로(상법 제335조 제3항) 주권발행 전의 주식양도의 제3자에 대한 대항요건으로는 지명채권의 양도와 마찬가지로 확정일자 있는 증서에 의한 양도통지 또는 회사의 승낙이라고 보고 있다. 대법원 2010. 4. 29. 선고 2009다88631 판결 등.

57) 지체 없이 전자등록을 신청하지 않은 대표이사에 대하여 엄격한 책임을 물리는 간접적인 방식과 함께, 일정한 요건하에서 발행회사 이외에 주주에게도 등록신청권을 부여하는 직접적인 방식을 고려해 볼 수 있을 것이다.

3. 주주명부와 명의개서

상법의 기존 법리는 주식양도의 성립요건과 회사에 대한 대항요건을 구분한다. 즉 ① 주식양도는 양도의 합의+주권 교부로 완성되지만(상법 제336조 제1항), ② 이를 회사에 대항하기 위해서는 주주명부에의 기재 즉 명의개서가 이루어져야 한다(동법 제337조 제1항). 명의개서는 주권을 점유하게 된 양수인이 이를 회사(또는 명의개서대리인)에 제시하여 단독으로 신청할 수 있다.[58] 반면 전자증권법하에서 ①은 양도의 합의+전자등록계좌부의 대체등록으로 갈음한다(제35조 제2항). 문제는 위 ②를 그대로 유지할지 여부이다. 이는 전자등록법하에서 주주명부제도를 그대로 유지할 것인지의 문제와도 잇닿아 있다.

(1) 주주명부제도의 존재의의

왜 상법은 주식양도의 성립요건 이외에 주주명부제도에 기반한 별도의 대항요건을 둔 것인가? 주주명부 열람권은 주주와 채권자에게 인정되므로(상법 제396조 제2항) 주주명부제도는 주주 및 채권자에게도 편익을 제공한다. 하지만 주주명부제도는 기본적으로 주식발행 회사를 위한 것이다. 회사로서는 실제 주주가 누구인지 일일이 파악할 필요 없이 주주명부상의 보유자를 주주로 취급하면 족하다(상법 제353조 제1항).[59] 판례도 주

---

58) 주권 미발행된 주식으로서 적법하게 양수가 가능한 경우라면(상법 제335조 제2항 단서 참조), 주권을 제시하지 않더라도, (i) 양도인의 통지나 회사의 승낙이 있거나 (ii) 적법한 주식양수 사실 증명을 갖추면 양수인이 단독으로 명의개서를 신청할 수 있다고 볼 것이다. 정동윤 (집필대표) / 권종호 (집필부분), 주석상법: 회사(II) (2014), 386면.

59) 이를 주주명부의 면책력이라고 부른다. 나아가 대법원 2017. 3. 23. 선고 2015다248342 전원합의체 판결에 의하면 회사는 명의개서되지 않은 양수인을 임의로 주주로

주명부제도의 취지에 관하여 "주식의 발행 및 양도에 따라 주주의 구성이 계속 변화하는 단체법적 법률관계의 특성상 회사가 다수의 주주와 관련된 법률관계를 외부적으로 용이하게 식별할 수 있는 형식적이고도 획일적인 기준에 의하여 처리할 수 있도록 하여 이와 관련된 사무처리의 효율성과 법적 안정성을 도모하기 위함이다"라고 보았다.[60] 한편 양수인 등 실제 주주 입장에서도 언제든지 단독으로 명의개서를 할 수 있으므로 주주명부제도가 번거롭기는 하지만 크게 불이익한 것은 아니다.

원래 회사가 주주들의 인적 사항을 파악할 필요가 있는 경우로 크게 두 가지가 있다. ① 주주총회 결의, 신주배정 등 일정 기준일에 모든 주주들의 명단을 확보해야 하는 경우(집단적 확인)와 ② 특정 주주가 소수주주권 등을 행사하는 때 과연 그가 주주인지 여부를 확인하려고 하는 경우(개별적 확인)이다. 주주명부제도는 어느 경우에나 회사의 업무부담을 감경시킨다.

(2) 기존 예탁결제제도에 있어서의 주주명부

주식을 예탁하는 경우 명의개서 및 주주명부에 관한 법리는 상법과 다소 차이가 있다. 즉 주주명부에 거래소에서의 거래가 반영되지 않는 것이 원칙이다.[61] 위 ①의 경우, 기준일이 정해진 때에 예탁결제원은 실질주주

취급할 수 없다(쌍방적 구속설 채택).

60) 위 각주 59 대법원 전원합의체 판결. 다만 이 판결도 회사의 편의가 유일한 목적은 아니라고 밝히고 있기는 하다("이는 회사가 주주에 대한 실질적인 권리관계를 따로 조사하지 않고 주주명부의 기재에 따라 주주권을 행사할 수 있는 자를 획일적으로 확정하려는 것으로서, 주주권의 행사가 회사와 주주를 둘러싼 다수의 이해관계인 사이의 법률관계에 중대한 영향을 줄 수 있음을 고려한 것이며, 단지 해당 주주의 회사에 대한 권리행사 사무의 처리에 관한 회사의 편의만을 위한 것이라고 볼 수 없다").

61) 명의개서를 하려면 양도인이 실물 주권 반환청구를 하여 실물 주권을 양수인에게 교

에 관한 사항을 취합하여 발행인(또는 명의개서대리인. 이하 같다)에게 통지하고(자본시장법 제315조 제3항), 이러한 통지를 받은 발행인은 실질주주명부를 작성한다(동법 제316조 제1항). 실질주주명부에의 기재는 주주명부 기재와 같은 효력을 갖는다(자본시장법 제316조 제2항). 한편 ②의 경우 권리를 행사하고자 하는 주주쪽에서 실질주주증명서를 제출하는 방식으로 주주지위를 입증하게 된다(자본시장법 제318조 제1항).

이러한 차이점은 어디에서 온 것인가? 여기에서 주목할 부분은 명의개서 및 주주명부제도는 개별 주권의 전전유통을 추적할 수 있다는 전제하에 시작되었다는 점이다. 실물주권이 발행되면 해당 주권에 고유번호를 기재한다. 양수인이 명의개서를 위해 주권을 제시하면 회사는 그 주권이 누구로부터 양도되었는지 확인할 수 있다. 반면 예탁결제제도하에서 주권 혼장임치 및 대체기재방식으로 주식이 거래되는 경우 양수인이 매수한 주식이 누구로부터 양도된 것인지 특정할 수 없다. 따라서 양수인이 단독으로 회사에 명의개서를 신청하는 상법상 원칙은 (별도의 실물주권 반환 및 회사 제시절차를 밟지 않는 이상) 실현하기 어려운 것이다.

(3) 전자등록제도하에서의 주주명부제도

가. 주주명부 및 대항력 폐지론의 검토

전자증권제도 도입을 계기로 주주명부 기재에 의한 별도 대항력 개념을 폐지하자는 주장이 가능하다. 즉 ① 양도의 합의+이체기재라는 양도의 성립요건과 ② 명의개서라는 회사에 대한 대항요건을 ①로 일원화하자는 것이다. 이에 따르면 양도가 적법하게 성립한 이상 당연히 회사에

부한 다음 양수인이 이를 이용하여 명의개서를 하는 번거로운 절차를 밟아야 한다.

대항할 수 있다. 주식이 활발하게 유통될수록 회사가 관리하는 주주명부는 형식적인 장식으로 전락할 수밖에 없다. 회사가 주주의 인적 사항을 파악할 필요가 있는 경우, 그것이 (i) 집단적 확인이든 (ii) 개별적 확인이든 전자등록기관의 도움을 받지 않을 수 없기 때문이다. 주주명부의 대항력 개념에 천착하는 것보다는, 이를 포기하고 전자등록기관으로부터 신속, 저렴하게 주주를 확인할 수 있도록 제도적 개선을 하는 것이 오히려 바람직하다는 것이 주주명부 폐지론이다. 한편 앞에서 살펴본 바와 같이 주주명부는 회사의 편의를 위한 것인바, 회사가 전자등록기관으로부터 간단히 주주의 인적 사항을 확인할 수 있다면 굳이 주주명부를 존속시킬 필요가 없다는 입론도 가능하다.

이러한 폐지론에는 몇 가지 문제점이 있다. 첫째로 모든 주식회사가 전자등록방식을 채택하지는 않는다는 점이다. 특히 소규모폐쇄회사인 경우 실물주권에 터 잡은 기존의 주주명부제도를 유지할 가능성도 많다. 주주명부제도의 적용을 받지 않는 회사와 받는 회사로 이원화되는 것보다는, 형식적이나마 주주명부제도를 유지하는 것이 현실적이라는 주장이 설득력을 얻게 된다. 둘째로 주주명부는 전자등록기관 등의 전자적 오류 등으로 인한 충격을 완화시키는 역할을 수행할 수 있다는 점이다. 주주명부의 관리주체는 (그것이 예탁방식에서의 실질주주명부라 할지라도) 회사이다. 만약 주주명부를 폐지하면 해당 회사 주주의 변동 관리는 오롯이 전자등록기관 및 계좌관리기관의 몫이 된다. 예컨대 후술하듯 전산오류 등으로 인해 실제발행분보다 많은 주식이 전자등록계좌부에 나타날 때 회사가 그 영향을 받을 우려가 있다. 회사가 별도로 관리하는 법적 장부인 주주명부는 초과분이 해소되기 이전의 혼돈상태에서 회사업무처리의 원칙을 제시해주는 장점을 가질 수 있다. 다만 앞에서 언급한 바와 같이 이러한 초과분은 전자등록계좌부의 기재에도 불구하고 당연 무효인 것이고 전산오류의 가능성이 높지 않다는 점을 고려하면, 과연 이러한 장점이 얼마나 큰 것인지에 관하여는 의문이 남는다.[62]

나. 주주명부제도를 유지할 경우 전자등록제도와의 조화

주주명부제도를 유지한다고 할 때, 가장 손쉬운 길로서 전자증권법하에서 상법의 전통적 명의개서 및 주주명부 법리를 그대로 따를 수 있는가? 이는 상법에 따라 주주명부를 운용하면서 개별 양수인이 이체기재를 통해 주식을 매수하였음을 회사에 소명하여 명의개서를 할 수 있도록 하는 방안이다. 그러나 앞에서 예탁주식에서 지적된 바와 같이 양수인이 누구로부터 주식을 매수하였는지 추적하기 어려운 이상 기술적으로 쉽지 않다.

주주명부제도를 유지한다는 전제하에 전자증권제도가 취할 수 있는 선택지는 다음의 세 가지 정도일 것이다. 즉 ① 전자등록계좌부를 주주명부로 간주하는 방안, ② 기존 예탁결제제도하의 방식을 확대하여 전자등록기관의 통지에 의해 작성된 실질주주명부(내지 후술하는 소유자명세)를 주주명부로 간주하는 방안, ③ 전자등록기관의 통지를 회사가 관리하는 주주명부에 반영하도록 하는 방안이다. 전자증권법은 ③ 방식에 의한다(제37조 제6항).

① 방식은 관념적으로 주주명부를 유지하는 것이지만 실제적 효과는 주주명부 및 대항력을 폐지하는 것과 큰 차이가 없을 것이다. 따라서 앞에서 주주명부 폐지론에 관한 비판이 그대로 적용될 수 있다.

② 방식은 전자증권제도의 법리와 아래 두 점에서 충돌한다. 첫 번째로 종래 예탁결제제도가 '실질 주주명부'제도를 택한 이유는 투자자들이

62) 그 밖에 약식질과 등록질의 구분을 위해서는 주주명부를 폐지하지 않는 것이 바람직하다는 견해로서 김지환, "주식의 전자등록제도에 있어서 주주 보호방안", 상사법연구 제34권 제1호 (2015), 85면.

개별 주식에 대한 주주가 아니라 공유 지분권자로서의 지위를 갖는다는 점을 고려한 것이다. 이에 따라 '실질주주'라는 개념이 적용되었다. 반면 전자증권법하에서 투자자들은 등록, 기재된 주식에 대하여 개별적인 주주권을 가지므로 투자자들은 '주주'이지 '실질주주'가 아니다. 두 번째로 종래 예탁결제제도하에서는 예탁결제제도를 통한 주주 이외에 실물주권을 보유하는 주주가 존재할 수 있으므로 그중 전자(前者)를 나타내는 명부로서 실질 주주명부를 채택한 것이다. 반면 전자증권법하에서 실물주권은 없으므로 굳이 실질 주주명부라는 별도의 명부를 둘 이유는 없다.[63] 차라리 주주명부로 일원화하는 ③ 방식이 나타나게 된 배경이다.

③ 방식은 그 효과에서 ② 방식과 큰 차이가 없으나 개념적으로는 기존의 주주명부 법리와 전자증권제도를 조화시키는 방안이라고 할 수 있다. 다만 ②~③이 공히 갖는 한계는 앞에서 언급한 (ii) 주주의 개별적 확인에 관하여는 별도 장치를 마련해야 한다는 것이다.[64] 반면 주주명부를 폐지하거나 ① 전자등록계좌부를 주주명부로 간주하는 방안을 택하는 경우, (i) 주주의 집단적 확인, (ii) 주주의 개별적 확인을 일률적으로 다룰 수 있게 된다. 전자증권법은 ③ 방식에 의하고 있으나, 위 연혁적인 두 충돌점을 논외로 할 때 ③보다는 ② 방식이 더 효율적이라고 생각된다. ③ 방식에서처럼 주주명부 반영을 위한 시간, 비용을 들일 필요가 있는지 의문이다. 향후 장기적으로는 주주명부제도 및 대항력 법리를 폐지하거나 ① 방식으로 나아가야 할 것으로 생각한다. 굳이 실제 거래를 제대로 반영할 수 없는 주주명부 개념을 유지할 필요성이 크지 않기 때문이다.[65]

---

63) 江頭憲治郎, 株式會社法 (제5판, 2014), 198면도 일본 대체법이 이러한 점들을 고려하여 실질주주명부를 폐지하였다고 한다.

64) 후술하는 소유내용통지(전자증권법 제40조), 소유자증명서(동법 제39조)가 그것이다.

65) 주주명부를 폐지하면 상법상 약식질, 등록질의 구분이 사라지게 되나, 약식질, 등록질

4. 전자등록계좌부의 추정력과 선의취득

마지막으로 주식의 원시취득이 이루어지는 선의취득에 관하여 살펴본다. 선의취득이란 원래 양도인이 무권리자임에도 그를 신뢰하여 권리를 취득한 양수인을 보호하기 위한 법제이다. 이를 전자등록주식에 대입하면 ① 실제 주식은 발행되어 있는 상태에서, 무권리자가 본인 명의 전자등록이 있음을 기화로 이를 매도한 경우 그 양수인을 어떻게 보호할 것인가의 문제가 된다(협의의 전자등록주식 선의취득). 나아가 ② 실제 주식이 발행되지도 않은 상태에서 전자등록이 이루어진 경우 이를 매수한 양수인은 어떻게 보호할 것인가(광의의 전자등록주식 선의취득)? ②의 문제는 초과등록주식의 처리문제로서 별도로 다루기로 하고 여기에서는 협의의 전자등록주식 선의취득을 중심으로 살펴본다.

(1) 전자증권법 도입 이전의 논의

전자증권법 도입 이전의 논의는 다음과 같다. 실물주권이 발행된 경우 상법 제359조에 의하여 수표법 제21조가 준용된다. 이에 따르면 무권리자로부터 주권을 교부받는 양수인은 악의, 중과실이 없는 이상 주식을 선의취득한다. 한편 예탁결제제도에 의한 경우 자본시장법에는 선의취득에 관한 별도의 조항이 없다. 학설로는 실물주권이 발행된 경우와 마찬가지로 수표법 제21조에 의한다는 견해가 있다. 투자자계좌부 또는 예탁자계좌부에 기재된 자의 증권 점유를 의제하고(자본시장법 제311조 제1항), 양도의 대체기제를 증권교부로 의제하는 이상(동법 동조 제2항), 주권의 선

의 존속을 위해 주주명부를 유지해야 한다는 주장은 수긍하기 어려울 것이다.

의취득에 관한 상법 제359조, 수표법 제21조 역시 준용된다고 보는 것이다.[66] 반면 상법 제359조 등은 개별 주권의 존재를 전제로 하고 있으므로 예탁결제제도에 이를 준용할 수 없고 공유지분의 선의취득에 대한 민법 제249조가 적용되어야 한다고 보는 입장도 있다.[67] 이에 따르면 선의, 무과실인 양수인만이 선의취득이 가능하다.[68]

(2) 전자증권법하에서의 선의취득

전자등록된 주식 등에 관하여 상법 및 전자증권법은 선의취득에 대한 명시적 조항을 두고 있다. 즉 상법 제356조의2 제3항은 "전자등록부에 주식을 등록한 자는 그 등록된 주식에 대한 권리를 적법하게 보유한 것으로 추정하며, 이러한 전자등록부를 선의로 그리고 중대한 과실 없이 신뢰하고 제2항의 등록에 따라 권리를 취득한 자는 그 권리를 적법하게 취득한다"고 규정하고, 전자증권법 제35조 제5항은 "선의로 중대한 과실 없이 전자등록계좌부의 권리 내용을 신뢰하고 소유자 또는 질권자로 전자등록된 자는 해당 전자등록주식 등에 대한 권리를 적법하게 취득한다"고 규정한다. 종래 전자증권에 관하여 선의취득 개념을 인정할 수 있는지에 관하여 논란이 있었으나,[69] 이를 입법적으로 해결한 것이다. 문제는 전자증권제도 하에서 양수인의 선의 내지 신뢰가 무엇에 관한 것인지 여부이다. 실물주권이 있는 경우 주권 점유자는 권리자로 추정되므로 신뢰의 대상은 해당 점유자가 적법한 권리자라는 점이다. 반면 특히 전자등록된 상장

---

66) 김순석, 앞의 논문 각주 4, 284면.

67) 임중호, "예탁유가증권에 대한 공유지분의 선의취득", 현대상사법의 제문제 (박상조 교수 화갑기념 논문집, 1998), 359면.

68) 또한 민법 제250조의 도품, 유실품에 대한 특례가 적용될 것이다.

69) 정경영, 앞의 논문 각주 4, 157, 160면.

주식인 경우 집중차감의 다자 간 결제시스템에 의하므로 거래 상대방을 특정하기도 어렵다.

양수인 자신의 계좌 기록이 신뢰의 대상이라는 입장도 있다. 실제 전자등록된 주식인 경우 양수인이 양도인의 계좌를 확인하고 이를 신뢰하는 것이 아니므로 결국 자신이 주문하면 자신의 계좌로 자신이 주문한 주식이 들어온다는 것을 신뢰한 것으로 보아야 한다는 입장이다.[70] 실제 거래방식에 착안한 견해이지만 상법, 전자증권법의 조문과는 맞지 않는 측면이 있다. 원래 선의취득은 일정 외관을 갖춘 보유자를 권리자로 믿은 거래상대방을 보호하기 위한 것이다. 법문에서 선의취득이라는 용어를 쓰고 있는 이상 가급적 이러한 구조에 맞추어 해석할 필요가 있다. 전자증권법하에서 외관에 대한 권리추정은 전자등록계좌부에 부여된다(제35조 제1항). 상법 제356조의2 제3항, 전자증권법 제35조 제5항의 문면상 신뢰의 대상은 '전자등록계좌부'로 보아야 할 것이다.[71] 이러한 해석은 전자증권 선의취득의 통일적 해석에도 도움이 된다. ① 전자증권법하에서도 양수인과 양도인 간 1대 1 개별적 거래가 이루어질 수 있는바 이때에 전통적인 방식, 즉 전자등록계좌부 기재에 대한 직접적인 신뢰를 보호하는 접근이 더 자연스럽다. ② 집중차감방식인 경우에도 신뢰대상을 전자등록계좌부로 보아 설명하는 것이 불가능하지는 않다. 예컨대 A가 소유한 100주가 전자등록계좌부에 B소유로 나타나 있다고 가정한다. X가 이를 양수한 것으로 판명된다면, 설사 전자등록계좌부를 직접 열람하지도 않고 중간 결제과정을 모른다 하더라도 선의취득을 인정할 필요가 있다. 전자등록 시스템에 의해 대체등록이 실행되는 과정에서 시스템이 B를

70) 김순석, "주식 등의 전자등록제도 도입의 필요성과 법적 검토과제", 상사법연구 제24권 제3호 (2005), 137면.

71) 심인숙, 앞의 논문 각주 47, 230면도 같은 취지.

소유자로 취급한 것을 결국 X의 전자등록계좌부에 대한 간접적인 신뢰라고 볼 수도 있기 때문이다.

다만 집중차감 시스템하에서 선의취득이 인정되는 경우 몇 가지 짚고 넘어갈 문제가 있다.

첫 번째로 선의, 무중과실의 입증이다. 입증책임의 면에서 볼 때, 선의취득을 부인하는 자가 양수인의 악의 또는 중과실을 입증해야 할 것이다(전자증권법 제35조 제5항). 그런데 집중차감 시스템하에서는 실제로 양수인의 악의 또는 중과실을 입증하기가 쉽지 않다. 애초에 누가 양도인이 될 것인지 불확실하기 때문이다. 그렇다면 신뢰의 대상에 관한 위 학설 대립이 가져오는 결과의 차이가 집중차감방식에서는 크지 않다고 할 수 있다.

두 번째로 선의취득한 주식이 누구와 누구 사이에서 거래된 것이냐에 관한 논의이다. 전자등록제도하에서 주식의 수량만이 문제 되고 특정성을 상실하게 되기 때문에 발생하는 문제이다. 앞의 예에서는 X가 B명의의 주식을 양수한 것을 전제하였다. 해당 회사의 다른 주주들이 X의 양수를 전후하여 아무런 거래를 하지 않았다면 이러한 전제가 타당할 수 있다. 그러나 활발하게 거래가 계속되었다면 양수인 및 양도인이 누구인지 논란이 될 수 있는 것이다.[72]

---

72) 먼저 ① 양수인 측면을 보자면, X뿐 아니라 비슷한 시기에 해당 주식을 매입한 Y, Z 등도 골고루 문제 된 주식을 양수한 것으로 인정될 수 있다. ② 양도인 측면을 보자면, 실제 B가 매각한 100주는 A에 감액기재된 100주로 한정되는 것이 아니라 다른 주주들인 C, D, E 등의 주식도 일부씩 매각한 것이라고 볼 여지가 있다. 이에 따라 일본에서는 만약 A, C, D, E가 동일 계좌관리기관하에 주식을 보유하고 있었으면 (위 X에 의한 100주 선의취득의 결과) A, C, D, E가 안분하여 권리를 상실한다는 견해 등이 제기되고 있다. 神田秀樹, "間接保有証券に關するユニドロア條約策定作業の狀況", 企業法の理論: 江頭憲治郎先生還曆記念 下巻 (2007), 589면 참조.

V. 권리의 행사에 관한 문제

1. 개관

전자증권법은 제5장에서 "전자등록주식 등에 대한 권리 행사"라는 제명으로 5개의 조문을 두고 있다(제37조 내지 제41조). 실제 권리 행사가 문제 되는 가장 중요한 쟁점은 주식에 관하여 발생한다. 상법은 주식에 관해 명의개서라는 회사에 대한 대항요건을 별도로 두고 있고, 앞에서 언급하였듯이 주주 권리 행사의 전제가 되는 주주들의 인적 사항 파악도 집단적 확인과 개별적 확인으로 구분될 수 있기 때문이다. 전자증권법 제5장에는 주주와 제3자에 대한 관계도 포함되어 있으나[73] 주된 내용은 주주와 회사와의 관계이다.

종래 예탁주식인 경우 실제 투자자들은 공유지분을 갖는 것으로 법리 구성되지만(자본시장법 제312조 제1항), 주주로서의 권리행사에 관해서는 공유지분에 상당하는 주식을 개별보유하는 것으로 간주된다(동법 제315조 제1항). 권리행사의 구체적 절차는 집단적 확인이 필요한 경우와 개별적 확인이 필요한 경우에 차이가 있다. 자본시장법은 상법 제354조에 따른 주주명부 폐쇄 또는 기준일 설정이 있는 때를 집단적 확인이 필요한 경우로 규정하는바, 이때에는 예탁결제원의 통지에 따라 발행인이 실질주주명부를 작성해야 한다(제315조 제3항 및 제316조 제1항). 실질주주명부에의 기재는 주주명부 기재와 동일한 효력이 부여된다(자본시장법 제316조 제2항). 이러한 간주조항이 있으므로 별도의 주주명부에의 반영은 불필요하다.

---

73) 예컨대 소유자증명서는 발행인 이외에 제3자에 대하여도 사용할 수 있다(전자증권법 제39조 제5항).

한편 소수주주권 행사 등 개별적 확인이 필요한 경우를 위하여는 예탁결제원으로부터 발급받는 실질주주증명서제도가 있다. 투자자가 실질주주증명서를 발급받은 경우 명의개서와 무관하게 발행인에게 그가 주주임을 주장할 수 있다(자본시장법 제318조 제3항).

전자증권법은 집단적 확인에 대하여는 소유자명세(제37조), 개별적 확인에 대하여 소유자증명서(제38조), 소유내용통지(제40조) 제도를 각기 규정하고 있다. 이 중 소유자명세는 기존의 실질주주명부제도, 소유자증명서는 기존의 실질주주증명서 제도와 비견될 수 있으나 구체적인 법리는 상당한 차이가 있다. 한편 소유내용통지는 자본시장법상 유사한 제도가 없고 구 전단채법 제17조에서 유래한 것이다. 이하에서는 위 세 제도에 관한 쟁점을 차례로 살펴본 다음, 나아가 권리입증 내지 주주명단 열람에 관하여 검토한다.

2. 소유자명세

(1) 의의

소유자명세는 발행인의 전자등록기관에의 신청에 따라 또는 전자등록기관의 직권으로 작성되는 명세로서 여기에는 일정한 날을 기준으로 주식 등 소유자들의 인적 사항, 각 소유자가 가진 주식 등의 종류, 종목, 수량 등이 기록된다. 원래 소유자명세는 주식에 한정된 것은 아니지만 이하에서는 주주를 중심으로 설명한다. 소유자명세는 주주의 인적 사항 및 소유상황에 관한 집단적 확인을 위한 장치이다. 일본 대체법도 집단적 확인을 위한 장치로서 총주주통지제도를 두고 있다(제151조).

상법 제354조는 주주를 확정하기 위한 제도로서 기준일 이외에 주주명부 폐쇄제도를 두고 있고, 자본시장법 제315조 제3항도 실질주주명부 작성과 관련하여 위 두 방식 전부를 수용하고 있다. 반면 전자증권법 제37조는 기준일 제도만을 전제로 한다. 후술하듯이 전자증권법하에서는 소유자명세에 의해 명의개서가 이루어지므로 실질적으로 주주명부 폐쇄가 큰 의미가 없기 때문이다.

소유자명세의 작성주체는 전자등록기관이지만 통합관리방식하에서 전자등록기관이 개별 주주의 자료를 관리하지는 않으므로, 전자등록기관은 계좌관리기관으로부터 자료를 취합하여 명세를 작성하게 된다(전자증권법 제37조 제4항).

(2) 소유자명세와 명의개서

발행인의 신청이든 전자등록기관의 직권이든 일단 소유자명세가 작성되어 발행인에게 통지되면, 발행인은 그 내용을 주주명부에 반영해야 한다(전자증권법 제37조 제6항).[74] 이러한 소유자명세를 통한 명의개서는 전자증권법하에서 인정되는 유일한 명의개서방식으로 보아야 한다.[75] 소유자명세제도는 전자증권법이 인정하는 유일한 집단적 확인방식이기 때문이다. 대체방식에 의해 주식을 취득한 양수인이 관련 증빙(예컨대 후술하는 소유자증명서)을 제시하여 회사에 별도로 명의개서를 청구하는 방식은 허용되지 않는다고 보아야 한다. 주식을 수량만으로 관리하고 특정성을

74) 나아가 일본 대체법 제152조 제1항 후단은 위 명의개서가 기준일에 이루어진 것으로 간주하도록 규정한다.

75) 일본 대체법의 해석상으로도 대체주식의 주주명부는 오로지 총주주통지에 의하여만 가능하고 이와 별개로 주주가 회사에 대하여 명의개서를 청구할 수는 없다고 본다. 有田浩規, "株劵電子化に伴う會社訴訟における留意事項について", 判例タイムズ No.1346 (2011), 68면.

상실시키는 전자증권제도하에서 누가 위 주식을 매도하였는지 특정하기 곤란하기 때문이다.[76] 나아가 거래가 거의 이루어지지 않는 폐쇄회사의 주식인 탓에 양도인이 누구인지 실제로 추정할 수 있는 경우에도 마찬가지로 보아야 할 것이다. 전자증권제도 도입에 따라 명의개서 제도 역시 일률적으로 전환되었다고 봄이 간명하다.

(3) 소유자명세 작성사유

소유자명세를 통하여만 주주들 인적 사항의 집단적 확인이 가능하고 명의개서가 이루어진다고 할 때, 소유자명세가 어떠한 경우에 작성되는지는 중요한 문제가 된다. 전자증권법 제37조에 따른 소유자명세 작성사유를 개관하면 〈표 2〉와 같다. 이 조문은 실제로 기명주식과 무기명주식을 구분하고 있으나,[77] 상법상 무기명주식은 폐지되었으므로 조문 중 무기명주식에 관한 부분은 큰 의미가 없다.

〈표 2〉 전자증권법 제37조의 소유자명세 작성사유

발행인의 요청에 의한 소유자명세 작성	의무적 요청	상법상 기준일 설정(제37조 제1항)
	임의적 요청	법령 또는 법원의 결정 등(제37조 제2항)
전자등록기관의 직권 소유자명세 작성		전자등록주식의 주권으로의 전환 등(제37조 제7항)

76) 江頭憲治郞, 앞의 책 각주 63, 201면은 대체주식에는 일본 회사법 제216조와 같은 주권번호가 없어서 누구의 주식인지 특정할 수 없다는 점을 지적한다.

77) 근본적으로 전자증권법하에서 무기명주식 등이 어떠한 의미를 갖는지 의문이 있다. 본디 무기명증권과 기명증권을 구분하는 실익은 전자의 권리입증방식은 실물 제시인 반면 후자의 권리입증은 명부기재라는 점이다. 이러한 차이가 전자등록체제하에서는 도드라지지 않는다. 전자증권법상 무기명주식 등과 기명주식 등을 구분하는 유일한 조문은 제37조이다.

한편 일본 대체법상 총주주통지가 이루어지는 사유는 다음과 같다. ① 법령에서 정한 경우에는 발행인의 별도 요청이 없더라도 대체기관(우리나라의 전자등록기관)이 발행인에게 총주주통지를 발한다. 구체적으로 (i) 발행인이 기준일을 정한 때, (ii) 주식의 병합 효력 발생일이 도래한 때, (iii) 대체주식 전부가 말소된 때, (iv) 사업연도가 1년인 회사에 6개월이 경과한 때, (v) 대체기관에 대한 주무대신의 지정이 취소된 때, (vi) 특정 종목의 대체주식이 대체기관에 의해 취급되지 않게 된 때, (vii) 기타 정령으로 정한 때이다(일본 대체법 제151조 제1항). 한편 ② 발행인은 정당한 사유가 있는 때에는 대체기관에 비용을 지불하고 일정한 날을 기준으로 한 총주주통지를 해줄 것을 요청할 수도 있다(일본 대체법 제151조 제8항). '정당한 사유'에 관하여는 법령상 명시적 조항은 없고 실무상 해석지침이 발표되어 있다.[78)·79)]

가. 발행인 요청에 의한 소유자명세 작성

발행인은 상법 제354조의 기준일을 설정해야 하는 경우, 즉 주주총회, 배당 등이 이루어지는 때에는 반드시 전자등록기관에 소유자명세 작성을

78) 齋藤 誠, "振替制度下の株式實務(1): 株劵電子化總論", 旬刊商事法務 No.1950 (2011), 22면. 해석지침(總株主通知等の請求・情報提供請求における正当な理由についての解釋指針)을 발표하는 곳은 証劵受渡・決濟制度改革懇談會인바, 가장 최근의 것은 2014년 11월 25일 개정된 것이다. 상세한 내용은 http://www.jsda.or.jp/katsudou/kaigi/chousa/kessai_kon/files/kaishakusisinn.pdf 참조.

79) 위 해석지침에 따르면 (i) 발행인이 법령, 상장규칙, 정관 그 밖의 규칙에 기하여 주주에 통지하기 위해 필요한 경우, (ii) 발행인이 법령에 기하여 주주에 관한 정보를 공표하거나 관공서 내지 거래소에 제공하기 위해 필요한 경우, (iii) 발행인이 주주에 대하여 주주우선제도의 실시 그 밖에 대체주식주주 전체의 이익을 위한 행위를 하려는 경우, (iv) 상장폐지, 면허취소 등 발행인 또는 주주에 손해가 발행할 우려가 있는 상황을 피하기 위해 필요한 경우, (v) 정관 내지 그 하위규정이 정한 사유가 발생한 경우 정당한 사유에 해당하게 된다.

요청해야 한다(의무적 요청사유).[80] 앞에서 보았듯이 일본 대체법은 이를 당연한 총주주통지 사유로 삼고 있는바, 일반적으로 기준일 설정 여부는 발행인이 알려 주어야 비로소 대체기관이 알게 되므로 양국 간 운용에 큰 차이는 없을 것이다.

관심을 가질 부분은 임의적 요청사유이다. 전자증권법 제37조 제2항은 그 사유로서 ① 발행인이 법령 또는 법원의 결정 등에 따라 주주를 파악하려는 경우, ② 발행인이 대통령령이 정하는 주기별로 주주를 파악하려는 경우, ③ 공개매수신고서가 제출된 주식의 발행인이 주주를 파악하려는 경우, ④ 기타 대통령령이 정하는 경우로 규정한다. 이러한 임의적 요청사유를 넓게 인정하여 적절한 비용을 지불하면 발행인이 쉽게 소유자명세 작성을 요구할 수 있도록 함이 타당한가? 나아가 요청주체에 관하여도 발행인 이외에 다른 투자자 등도 전자등록기관에 소유자명세를 작성하여 발행인에게 통지, 주주명부에 반영하도록 요청할 수 있도록 권한을 부여할 것인가?

소유자명세 작성사유를 넓히면 주주명부가 실제 거래 상황 및 주주명단을 반영할 가능성이 높아진다는 장점이 있다. 발행인이 실제 주주현황을 파악하려는 노력을 부정적으로 볼 이유는 없다. 반면 단점으로서 작성빈도가 높아질 경우 관련 비용이 많이 발생할 뿐 아니라 주주들의 보유현황이 수시로 알려진다는 문제가 제기될 수 있다. 앞에서 살펴본 일본 대체법 제151조 제8항의 '정당한 사유'에 관한 실무상 해석지침은 총주주통지 사유를 지나치게 넓히는 것은 적절하지 않다는 전제 위에 서 있다. 그러나 이러한 단점의 지적은 큰 설득력이 없다. 관련비용은 소유자명세

80) 전자증권법 제37조 제1항. 한편 동항 단서는 주식 등 중에서 투자신탁재산을 운용하는 집합투자업자가 집합투자기구의 결산에 따라 발생하는 분배금을 배분하기 위한 경우에는 소유자명세를 작성할 필요가 없도록 예외를 규정한다.

를 요청하는 발행인이 부담하도록 하면 되고, 주주들의 보유현황은 제3자가 아닌 발행인에게만 통지되기 때문이다. 임의적 요청사유인 경우 발행인이 반드시 소유자명세작성을 요청할 의무를 부담하는 것은 아니므로 탄력적으로 확장하여 규정하여도 무방할 것이다.

한편 소유자명세 요청 주체를 다른 투자자 등으로 넓히는 문제는 신중하게 접근해야 할 것이다. 소수주주권을 행사하려는 주주라면 후술하는 소유자증명서, 소유내용통지 제도를 이용하면 족하다. 일부 주주가 주주들 전체 현황을 파악하려는 경우에도 주주명부 열람제도를 활용하면 충분하고[81] 굳이 명의개서로 연결되는 소유자명세 작성을 신청할 권한을 부여할 필요는 없다고 생각된다.

나. 전자등록기관 직권에 의한 소유자명세 작성

전자증권법 제37조 제7항에 의하면 전자등록기관은 일정사유가 발생하면 발행인의 요청을 불문하고 소유자명세를 작성하여 발행인에 통지해야 한다. 그 사유로서 ① 실물주권방식으로의 전환, ② 발행인의 해산, 청산, ③ 그 밖에 전자등록기관이 주식 등에 관한 권리를 관리하기 곤란하다고 인정되는 경우로서 대통령령으로 정하는 경우가 규정되어 있다. 이러한 경우는 일본에서도 법령에 의한 총주주통지 사유에 해당하게 될 것이다.[82]

---

81) 주주명단을 확보하려는 이유는 주로 특정 기준일에 권리를 행사할 주주를 파악하고자 함이다. 예탁결제제도하에서 실질주주명부 열람권을 통해 이러한 목적을 달성할 수 있는 것처럼, 전자증권제도하에서는 주주명부 열람권을 통해 그 목적을 달성할 수 있을 것이다. 전자증권법 제37조 제6항에 의하여 특정 기준일을 중심으로 작성된 소유자명세가 곧 주주명부에 반영되기 때문이다. 다만 소유자명세가 주주명부에 반영될 때까지 시일이 오래 걸린다면 소수주주에게 (소유자명세 신청권이 아니라) 소유자명세 열람청구권을 부여하는 것을 입법적으로 고려해 봄 직하다.

82) 예컨대 일본 대체법 제151조 제1항 제6호의 '특정 종목의 대체주식이 대체기관에 의해

이러한 직권 작성사유를 얼마나 확장할 것인가? 임의적 요청사유와 달리 이는 제한적으로 보아야 할 것이다. 일단 전자등록기관이 직권으로 소유자명세를 작성하여 발행인에게 통지하면 이후의 명의개서가 뒤따른다. 관련 비용 부담 등을 고려할 때 발행인이 불필요하다고 생각하는 직권 작성은 최소화해야 할 것이다. 제37조 제7항 제3호는 권리의 관리곤란성을 들고 있는바, 이처럼 직권 작성사유는 더 이상 전자등록방식을 이용하기 어려운 경우에 한하여 인정된다고 봄이 타당하다.[83)]

3. 소유내용통지

(1) 의의

전자증권법상 주식의 소유내용통지란 주주의 신청에 따라 전자등록기관이 발행인에게 해당 주주의 주식보유내용을 통지하는 것이다(제40조 제1항 전단). 계좌관리기관에 고객계좌가 개설된 일반적인 경우, 주주들은 계좌관리기관을 거쳐서 그 신청을 한다(전자증권법 제40조 제1항 후단). 소유내용통지는 앞에서의 소유자명세와 달리 주주의 개별적 확인을 위한 제도이다.

구체적 통지사항은 대통령령 및 관련 규정으로 정한다. 이에 따르면 소유자가 상법 제542조의6에 따른 소수주주권을 행사하려고 하는 경우 계속 보유기간 충족 여부도 통지사항이다(주식 · 사채 등의 전자등록업무규

취급되지 않게 된 때'에 해당할 수 있을 것이다.

83) 예컨대 신주발행무효의 확정판결이 내려진 경우 직권 작성사유가 아니라 전자증권법 제37조 제2항 제1호(발행인이 법령 또는 법원의 결정 등에 따라 해당 전자등록주식등의 소유자를 파악하여야 하는 경우)의 임의적 요청사유로 봄이 타당하다.

정 제69조 제3항 제3호).[84] 또한 소유내용통지의 효력이 존속하는 유효기간도 기재되는바 해당 주주는 그 기간 동안 권리를 행사해야 한다(전자증권법 제40조 제3항 참조).[85]

종래 예탁결제제도하에서는 별도의 소유내용 통지제도가 없었는바, 구 전단채법 제17조가 도입했던 것을 전자증권법이 이어받은 것이다. 이와 유사한 개별적 주주확인을 위한 제도로서 일본 대체법은 이른바 "개별주주통지"제도를 두고 있다(제154조 제2항 내지 제5항).[86] 주주의 신청에 의하여 대체기관이 발행인에게 주식보유내역을 통지한다는 점에서 우리나라의 소유내용통지와 유사한 점이 있다. 일본에서는 개별주주통지에 의한 소수주주권 행사에 관하여 다수의 분쟁이 발생하여 관련 법리가 발전하여 왔다. 아래에서 보듯이 우리나라에서도 시사점을 제공해 줄 수 있을 것이다.

(2) 소유내용통지와 명의개서

전자증권법 제40조 제4항은 주주가 소유내용통지에 의해 발행인 등에 대하여 권리를 행사할 수 있다고 규정한다. 앞에서 언급하였듯이 소유내용통지를 하였다고 해당 내용이 주주명부에 반영되는 것은 아니다. 상법 제337조 제1항에도 불구하고 명의개서 없이도 회사를 상대로 주주권을

---

84) 일본 대체법 제129조 제3항 제6호, 제154조 제3항 제1호도 주식수의 증감 및 그 날짜를 개별주주통지의 내용으로 포함시키고 있다.

85) 일본 대체법 제154조 제2항, 동법 시행령 제40조에 의하면 개별주주통지가 된 주주는 4주 이내에 소수주주권 등을 행사하여야 한다.

86) 일본 대체법 제151조의 총주주통지와 달리 제154조는 명문으로 개별주주통지라는 용어를 사용하지는 않는다. 하지만 개별주주통지는 일본의 실무상, 강학상 널리 활용되는 용어이다. 有田浩規, 앞의 논문 각주 75, 69면.

주장할 수 있을 뿐이다. 결국 소유내용통지는 개별적 주주 확인의 측면에서는 주주명부에 우선하는 효과가 있다고 볼 수 있다. 이렇듯 소유내용통지를 주주명부에 우선시킨 것은 실제 권리관계를 정확히 나타내고 있기 때문이다.[87)]

문제는 이미 주주명부에 주주로 기재되어 있는 자인 경우에도 소수주주권 등을 행사하기 위해서는 별도의 소유내용통지(또는 후술하는 소유자증명서의 제시)가 필요한지 여부이다. 일본 최고재판소는 개별주주통지 자체가 회사에 대한 대항요건이라고 보아 기존 명의개서 여부를 불문하고 항상 개별주주통지가 필요하다고 본다.[88)] 이러한 해석은 일본 대체법 제154조 제1항이 대체주식에 대한 소수주주권 등의 행사에 대해서는 명의개서의 대항력을 원천적으로 배제한 것에 터잡고 있다. 이러한 조문이 없는 우리 전자증권법의 해석상 소유내용통지는 기존 주주명부에 우선하는 효력만 인정되는 것이고, 만약 소유내용통지가 없다면 상법상 원칙으로 돌아와 명의개서된 주주가 회사에 대항할 수 있다고 볼 것이다. 다만 향후 개별적 주주 확인의 방식을 (주주명부를 배제하고) 소유내용통지 내지 소유자증명서로 일원화하는 방안을 입법적으로 검토할 필요가 있다.[89)]

---

87) 일본 대체법도 개별주주통지를 명의개서에 갈음하는 것으로 해석되고 있는바, 그러한 입법취지에 대하여 (i) 실물주권 이전에 비해 대체주식인 경우 주식취득시기에 관한 다툼이 발생할 여지가 적어서 주주명부 기재시점이 아닌 실제 거래시점을 판단기준으로 하여도 무방한 점, (ii) 발행인 측도 원하면 총주주통지를 통해 주주명단을 확보할 수 있는 점, (iii) 주식 유통관계와 대회사 관계를 분리시키지 않는 것이 간명한 점이 제시되고 있다. 江頭憲治郎, 앞의 책 각주 63, 199면.

88) 最決 2010. 12. 7. 제64권 제8호 2003면.

89) 예컨대 동일한 주식에 관하여 소유자명세상 주주(주주명부상의 주주)와 그로부터의 주식양수인(소유내용통지상 주주)가 동시에 소수주주권을 행사하는 경우 혼선이 발생할 여지가 있다. 후자로 일원화하면 이러한 중복이 생길 여지가 없어지게 된다.

특히 소송에 의한 소수주주권 행사인 경우, 아직 명의개서가 되어 있지 않은 주주가 언제까지 소유내용통지를 해야 하는지 문제 된다. 일반적인 명의개서 법리에 준하여 처리하면 될 것이다.[90] 즉 명의개서를 원고적격 요건으로 보면 변론종결 시까지 소유내용통지가 이루어지면 된다.[91]

(3) 소유내용통지의 상대방과 사유

일본 대체법상 개별주주통지의 상대방은 발행인이다(제154조 제3항). 반면 우리나라는 발행인 이외에 대통령령이 정하는 자 역시 통지 상대방이 될 수 있다.[92] 향후 대통령령으로 정할 사항이지만, 예컨대 분쟁이 계류 중인 법원을 수령인으로 하는 통지의 가능성이 열려 있다.

누구를 통지상대방으로 하는가는 통지사유의 범위와도 관련된다. 일본의 개별주주통지는 회사를 수령인으로 하는 것이므로, 통지사유는 소수주주권 등의 행사를 위한 것이다(일본 대체법 제154조 제1항). 구체적으로 '소수주주권 등'은 일정 기준일을 정해 행사하는 주주권을[93] 제외한 나머지 주주권, 즉 주주제안권, 대표소송 등 각종 제소권,[94] 반대주주의 매수청구권 등을 넓게 포함하는 것으로 이해되고 있다.[95] 반면 우리나라의

90) 상세한 내용은 노혁준, "주주지위의 변동과 회사소송의 원고 적격", 기업법연구 제30권 제4호 (2016), 1819면.

91) 노혁준, 앞의 논문 각주 90, 18면 참조. 한편 일본 최고재판소도 개별주주통지가 구두변론종결 시까지 이루어지면 회사에 대항할 수 있다고 보았다. 最決 2010. 12. 7. 民集 제64권 제8호 2003면.

92) 전자증권법 제40조 제1항의 "발행인 등"은 제39조 제3항에 의해 발행인, 그 밖에 대통령령이 정하는 자로 정의되어 있다.

93) 이때에는 총주주통지의 대상일 것이다.

94) 다만 회사에 대한 주주권 확인의 소인 경우 소의 내용이 주주권 행사는 아니므로 여기에 해당하지 않는다고 본다. 有田浩規, 앞의 논문 각주 75, 69면.

95) 江頭憲治郎, 앞의 책 각주 63, 200면; 有田浩規, 앞의 논문 각주 75, 69면; 最決 2012.

소유내용통지 사유에는 별다른 제한이 없다.

생각건대 이 쟁점은 주주지위의 개별적 확인과 관련하여 소유내용통지를 어떻게 활용할 것인지의 문제이다. 기존 주주가 주주지위를 다투는 제3자를 통지수령인으로 한 소유내용통지를 신청할 수 있다고 가정한다. 이러한 통지가 분쟁을 줄이는 효과가 있다고 볼 여지도 있다. 반면 위 통지로 주주지위가 입증된 것은 아니고 위 통지는 단순히 증거자료에 불과하므로 별다른 실익이 없는 것이라는 견해도 가능하다. 위 통지에 신청인을 진정한 주주로 추정하거나 간주하는 법적 효과를 부여할 수 없는 이상 의미가 크지 않다는 것이다. 이는 통지수령인을 법원으로 하는 경우도 마찬가지이다. 전자등록계좌부에 등록된 자가 주주로 인정받는 이유는 위 통지 때문이 아니라 실제 주주인 점이 입증되었기 때문이다. 결국 소유내용통지의 가장 큰 실익은 명의개서 없이도 발행인에 대항력을 갖는다는 점이다. 일본의 개별주주통지는 이 부분을 명확히 하고 있다. 이렇게 볼 때 소유내용통지의 상대방은 발행인에 한정하는 것이 간명하지 않나 싶다. 앞에서 언급하였듯이 명의개서 여부를 불문하고 발행인에 대한 대항력을 갖는 것이 소유내용통지의 가장 중요한 목적이기 때문이다.[96] 다음으로 소유내용통지의 사유에 관하여는 발행인과의 사이에 분쟁 및 다툼의 형태는 다양할 수 있으므로 구체적인 통지사유를 제한할 필요는 없을 것이다.

---

3. 28. 民集 제66권 제5호 2344면; 大阪地判 2012. 2. 8. 金判 제1396호 56면 참조.

96) 또한 통지상대방을 법원 또는 제3자로 한 경우 이러한 통지를 회사에 대한 대항력의 근거로 삼을 수 있는지 혼란이 남게 된다. 앞에서 언급한 바와 같이 소송에 의한 소수주주권 행사인 경우 아직 명의개서를 하지 않은 주주라 하더라도 변론종결 시까지 발행인에게 소유내용통지를 하여 발행인에 대항할 수 있다. 나아가 발행인에 대한 통지가 아니라 법원 또는 제3자에게 이루어진 통지를 통하여서도 (소의 적법성을 인정받기 위해 필요한) 발행인에 대한 대항력을 확보할 수 있는지 의문이 있다.

(4) 소유내용통지의 효과

소유내용통지상 주주는 (주주명부에도 불구하고) 발행인에 대항력을 갖는다는 점은 앞에서 언급한 바와 같다. 전자증권법 제40조 제4항은 전자등록주식 등의 소유자는 통지내용에 대하여 발행인등에게 소유자로서의 권리를 행사할 수 있다고 되어 있다. 이 조항은 진정한 소유자임에도 불구하고 상법 제337조 제1항의 명의개서의 대항력 조항에 의하여 주주권을 행사하지 못하는 주주들을 위한 특례로서의 의미가 깊다. (회사와 주주간 관계가 아니라서) 상법 제337조 제1항이 적용되지 않는 제3자들인 경우, 위 조문은 단지 주주는 주주권을 행사할 수 있다는 의미에 불과하게 된다. 따라서 위 조문상 '발행인등'은 실제 발행인에 한정하는 것이 간명하다는 것도 앞에서 언급한 바와 같다.

소유내용통지의 효과와 관련하여 한 가지 더 문제 되는 것은 처분금지효이다. 앞에서 언급한 바와 같이 소유내용통지에는 유효기간을 기재하게 되는바, 이는 소유내용통지를 이유로 무한정 소수주주권 등을 행사하는 것을 견제하기 위한 것이다.[97] 전자증권법 제40조 제3항은 전자등록기관으로 하여금 위 유효기간동안 처분제한등록을 하도록 규정한다. 이는 기존 실질주주증명서에 주주권행사기간을 기재하고 해당 기간 동안 주식처분을 제한하는 것에서 유래한 것으로 보인다.[98] 반면 일본의 경우

---

97) 最決 2012. 3. 28. 民集 제66권 제5호 2344면은 개별주주통지의 행사기간을 둔 취지에 관하여 "개별주주통지가 된 후 해당 주주가 그 대체 주식을 다른 양도할 수 있기 때문에, 대체주식에 대한 소수주주권 등의 행사를 개별주주통지 후 일정 기간으로 제한할 필요가 있는 반면, 해당 주주가 소수 주주권 등을 실제로 행사하려면 상당한 시간을 요하고 그 권리 행사를 곤란하게 하지 않기 위해서는 개별주주통지에서 소수주주권 등을 행사하기까지 일정한 기간을 확보할 필요도 있는 것이므로, 이러한 필요성을 조화시키기 위한 상당한 기간을 설정"한 것이라고 설시하고 있다.

98) 자본시장법 시행규칙 제32조 제3항.

개별주주통지에 이러한 처분제한효가 수반되지는 않는다.[99] 특히 특정 주주가 보유주식 일부만으로도 소수주주권 행사요건을 충족하고 있는 경우에까지 나머지 주식의 처분을 금지하는 것은 과도한 의무 부과로 보인다.

4. 소유자증명서

주식에 관한 소유자증명서는 주주가 주주권을 행사하기 위하여 신청하는 경우에 전자등록기관이 발행하는 전자등록 내용을 증명하는 문서이다(전자증권법 제39조 제1항 전단). 통상 계좌관리기관을 거쳐서 그 신청해야 하는 것은 소유내용 통지와 마찬가지이다(전자증권법 제39조 제1항 후단). 예탁결제제도하의 실질주주증명서, 즉 주주가 주주권을 행사하기 위하여 예탁결제원으로부터 발급받는 문서에 연원하고 있다고 볼 수 있다.[100] 소유자증명서는 그 자체로 별도의 유가증권이 아니고 전자등록주식의 소유를 입증하는 증거증권일 뿐이다. 다만 상법 제337조 제1항에도 불구하고 명의개서 미필상태에서 발행인에 대하여 대항할 수 있도록 해준다는 점에서 특별한 효력이 부여되어 있다. 전자등록기관이 소유자증명서를

---

99) 즉 일본의 개별주주통지는 명의개서에 갈음하는 효력만이 있다. 주식 보유가 소송요건임에도 소수주주가 중도에 주식을 매각한 경우, 회사측에서 별도의 증명원을 발급받아 소 각하를 주장할 수 있으므로 주식의 처분이 간접적으로 제한받는다. 한편 일본의 개별주주통지에는 처분제한효가 수반되지 않는 반면, 앞에서 언급한 바와 같이 4주의 행사기간 제한이 있다(일본 대체법 제154조 제2항 및 동법 시행령 제40조).

100) 자본시장법 제318조 제1항 참조. 동조 제3항에 따르면 주주가 발행인에게 실질주주증명서를 제출한 경우 상법 제337조 제1항에도 불구하고 발행인에게 대항할 수 있다. 한편 구 전단채법 제16조도 채권자증명서를 규정하고 있다. 실질주주증명서 제도는 예탁결제제도하에서 소수주주권을 행사하려면 실물주권을 반환받아 명의개서를 해야 비로소 회사에 대항할 수 있는 불편함을 해소하기 위해 1997년 도입된 것이다.

발행한 때에는 지체 없이 이 사실을 발행인 등에게 통지한다(전자증권법 제39조 제3항).[101]

주주에 관한 개별적 확인방식이라는 점에서 소유내용통지와 유사하다. 신청인이 문서를 발급받는다는 점에서 전자등록기관의 통지방식과 차이가 있을 뿐이다. 따라서 그 작동원리는 소유내용통지와 유사한 점이 있다.

첫 번째로 명의개서 미필주주인 경우에도 소유자증명서로 발행인에 대항할 수 있다(전자증권법 제39조 제4항). 반면 이미 명의개서가 되어 있는 주주라면 발행인에 대한 권리행사를 위해 별도의 소유자증명서 또는 소유내용통지를 필요로 하지는 않는다고 볼 것이다. 이에 대하여 입법적 개선 여지가 있음은 소유내용통지에서 지적한 바와 같다. 두 번째로 발급사유에는 큰 제한이 없고 널리 주주가 자신의 권리를 행사하기 위한 경우에는 신청할 수 있다(전자증권법 제39조 제1항). 세 번째로 전자증권법 제39조 제5항은 소유자증명서를 "발행인이나 그 밖에 대통령령으로 정하는 자"에게 제출하여 소유자로서의 권리를 행사할 수 있다고 규정하나, 상법 제337조 제1항과 같은 별도의 대항력 조항이 없는 제3자인 경우 큰 의미가 있는지 의문이다. 마지막으로 소유자증명서가 발행된 경우 해당 주식의 처분 제한 전자등록이 이루어지며, 위 증명서가 반환되는 경우에 위 제한이 말소된다(전자증권법 제39조 제4항). 이러한 처분제한은 실질주주증명서 발급에도 적용되는 것이었는바(자본시장법 시행규칙 제32조 제3항), 재산권의 과도한 제한이라는 논란이 제기될 여지가 있다.

---

101) 이는 단순히 소유자증명서가 발행되었다는 사실만을 통지하는 것이므로 앞에서의 소유내용통지와 차이가 있다.

5. 관련문제: 권리의 입증방식과 주주명부 열람청구권

(1) 권리의 입증방식

주주권이 아닌 질권자 등인 경우 그 권리 입증에 관한 전자증권법상 규정이 복잡하지는 않다. 예컨대 질권자의 지위가 다투어지는 경우 질권자로 등록된 자는 해당 권리내용을 열람·출력·복사하여 상대방에게 제시할 수 있을 것이다. 앞에서 언급한 소유자명세, 소유자증명서, 소유내용의 통지는 모두 주주에 한정되는 것인 반면, 권리내용의 열람·출력·복사청구권을 규정한 전자증권법 제41조는 그 신청권자를 넓게 '권리자'로[102] 규정하고 있다.

반면에 주주 지위를 둘러싼 다툼인 경우, 개별적 주주 확인으로서 소유내용통지 등 전자증권법상 별도 조항이 있고 회사에 대한 관계에 상법상 명의개서의 대항력이 문제 될 소지가 있으므로 다소 복잡한 면이 있다. 이하 주주와 회사 간 다툼과 주주와 제3자 간 다툼으로 나누어 살펴본다.

가. 주주와 회사 간의 다툼

먼저 회사가 주주의 지위를 부인하는 경우이다. 이때에는 앞에서 살펴본 개별적 주주확인방식인 소유내용통지, 소유자증명서가 작동하게 될 것이다. 주주는 소유내용통지, 소유자증명서 제도를 이용하여 명의개서와 무관하게 주주임을 회사에 대항할 수 있다. 다만 소유내용통지, 소유

102) '권리자'의 개념에 관하여 전자증권법 제2조 제5호는 "전자등록주식 등의 소유자 또는 질권자, 그 밖에 전자등록주식 등에 이해관계가 있는 자로서 대통령령으로 정하는 자"로 정의하고 있다.

자증명서가 있다고 하여 그곳에 표시된 주주를 진정한 주주로 '간주'하는 것은 아니다. 소유내용통지, 소유자증명서의 근거인 전자등록계좌부에도 추정효만 있기 때문이다(전자증권법 제35조 제1항). 주주명부에 관한 면책력의 한계법리는 소유내용통지, 소유자증명서에도 마찬가지로 준용될 것이다. 즉 소유내용통지, 소유자증명서상 주주가 실제 무권리자라는 것을 알면서도 그를 주주로 취급한 회사는 면책을 주장할 수 없다고 하겠다. 결국 소유내용통지, 소유자증명서에는 주주명부의 효력에 관한 기존 법리, 즉 대항력 · 권리추정력 · 면책력 및 그 한계에 관한 논의가 그대로 유추적용된다고 볼 것이다.

회사에 대한 관계에서는 명의개서를 한 자만이 주주권을 행사할 수 있다고 본 최근의 대법원 전원합의체 판결[103)]은 전자등록주식에 어떻게 적용될 것인가? 실물주권을 타인명의로 인수한 경우 회사에 대하여 주주권을 주장할 수 있는 자는 명의인인바, 이는 전자등록주식인 경우에도 마찬가지이다.

흥미로운 것은 명의개서 미필주주의 경우이다. 실물주권인 경우 위 판례에 따라 주주명부상 주주인 주식양도인이 회사에 대한 주주권을 행사할 수 있다. 반면 전자등록주식인 경우 '명의개서 미필주주'라는 개념이 별도로 인정되지 않는다. 명의개서는 소유자명세가 작성된 경우 일괄하여 실행되고(전자증권법 제37조 제6항), 양수인에 의한 개별 명의개서 신청은 불가능하기 때문이다. 결국 전자등록계좌부상의 이체를 통해 주식양수도가 효력을 발하면 양수인은 언제든지 소유내용통지, 소유자증명서를 통해 회사에 주주권을 주장할 수 있는 상태가 된다.[104)]

---

103) 대법원 2017. 3. 23. 선고 2015다248342 판결.

104) 실물주권 양수인도 언제든지 단독으로 회사에 명의개서 신청을 하여 회사에 주주권을 주장할 수 있는 상태가 되는 것이므로 전자등록주식 양수인과 큰 차이가 있는

나. 주주와 제3자 간 다툼

예컨대 전자등록계좌부상 주주인 A에 대하여 B가 주주지위부존재확인의 소를 제기하였다고 가정한다. 이때 A는 어떻게 자신의 주주지위를 입증하는가? 우선 ① 법원을 수령인으로 하는 소유내용통지를 하거나 법원에 소유자증명서를 제출하는 방법을 생각해 볼 수 있다.[105] 또 다른 방식은 ② 주주의 권리내용 열람, 출력, 복사청구권(전자증권법 제41조 제1항)을 이용하여 자신의 권리내역을 기재한 복사본을 제출하는 것이다.

물론 ①은 통지 또는 증명서인 경우 발행 주체가 전자등록기관이므로 ②보다 신뢰성이 높다고 평가될 가능성이 있다. 하지만 주주와 회사 간 다툼에서와 달리 ①, ②의 차이가 결정적이라고 볼 수는 없다. 단지 소송법상 증거가치 내지 증명력을 둘러싼 차이가 발생할 여지가 있을 뿐이다.

반대로 제3자가 자신의 주장을 입증하기 위하여 ① 또는 ②의 신청을 할 수 있는가? 전자증권법은 어느 경우에나 신청권자는 전자등록계좌부상의 소유자 내지 권리자로 한정하고 있다. 한편 일본 대체법은 권리자뿐 아니라 해당 계좌에 이해관계를 가진 자도 정당한 사유가 있는 때에는 소정의 비용을 지불하고 기록사항을 증명한 서면 교부를 신청할 수 있도

것은 아니라는 견해도 있을 수 있다. 다만 실물주권에 관한 명의개서 미필주주인 경우 회사가 명의개서를 거절할 가능성을 배제할 수 없고(반면 전자등록주식인 경우 전자등록기관이 소유내용통지, 소유자증명서 발급을 거절한다는 것은 상정하기 어렵다), 명의개서지체 중의 배당금, 무상신주 등 귀속 문제가 발생할 수 있다는 점(반면 전자등록주식인 경우 위 배당금, 무상신주를 위한 기준일 산정 시 소유자명세를 통해 양수인이 주주명부에 반영되므로 위 귀속 문제가 발생하지 않는다) 등에 차이가 있다.

105) 소유자증명서에 관하여는 전자증권법 제39조 제5항에 근거한 대통령령에서 수령인의 범위를 법원 등으로 확장하지 않더라도 이를 하나의 증거서면으로 법원에 제출하는 것을 금지할 이유는 없다. 반면 소유내용통지에 관하여는 전자증권법 제40조 제1항 및 제4항, 제39조 제3항에 규정한 발행인 등의 범위에 법원의 포함시켜야 비로소 통지수령인을 법원으로 확장할 수 있다.

록 규정한다(제277조 후문).[106] 이렇듯 정당한 이유가 있는 경우에 발행인 등 제3자에게 ②의 열람권을 부여하는 문제는 향후 긍정적으로 검토할 문제라고 생각된다.[107]

(2) 주주명부 열람청구권

상법 제396조에 의하면 회사는 주주명부를 본점에 비치해야 하고 주주, 회사채권자는 영업시간 내에 언제든지 이를 열람·등사할 수 있다. 나아가 예탁결제제도하에서 실질주주명부에 관하여, 법원은 열람·등사 청구권의 인정 여부와 필요성에서 상법상 주주명부와 자본시장법상 실질주주명부를 달리 취급할 이유가 없다는 점을 들어 개인정보보호가 유출되지 않는 범위에서 실질주주명부의 열람, 등사도 허용하는 경우가 많다.[108] 전자증권제도하에서는 이러한 실질주주명부는 존재하지 않는다. 전자증권제도 도입 후에는 상법상 주주명부 열람권을 보완할 필요가 있는가? 이는 주주들 인적 사항의 집단적 확인을 어느 범위에서 허용할 것인지의 문제이다.

회사법상 주주명부 열람권은 소수주주가 전체 주주의 명단을 확보할 길을 열어주기 위한 것인바, 전자증권제도하에서도 소수주주의 이러한

106) 신청권자에는 발행인도 포함된다(시행규칙 제61조 제2호). 예컨대 주주가 소수주주권 행사종료 시까지 주식을 보유할 것이 법령상 요구되는 경우, 발행인은 해당 주주의 계속보유 여부를 확인해야 할 정당한 이유가 있다. 江頭憲治郎, 앞의 책 각주 63, 202면.

107) 전자증권법 제41조 제2항은 발행인에게 발행인관리계좌에 관한 사항을 열람·출력·복사할 권한을 규정하나, 위 조항을 근거로 특정 주주의 보유사항을 확인할 수는 없다. 제3자의 열람권이 일체 부인되는 경우 제3자는 관련 소송에서 법원에 (전자등록기관에 대한) 사실조회신청을 할 수밖에 없을 것이다.

108) 서울중앙지방법원 2014. 12. 11 선고 2014가합525955 판결 등.

권리가 실질적으로 보장될 수 있도록 조치할 필요가 있다는 주장도 제기되고 있다.[109] 실제로 발행인이 다양한 경우에 전자등록기관에 소유자명세를 요청하여 주주명단을 확보할 수 있다는 점을 고려하면 소수주주에게도 상응하는 권리를 부여하여야 한다는 접근도 가능하다.

소수주주의 집단적 확인권한 확대 여부를 검토하기 위해서는 전자증권법의 기본 구조를 염두에 둘 필요가 있다. 예탁결제제도하에서는 기준일이 설정되어 실질주주명부가 작성되더라도 회사가 관리하는 주주명부에 위 실질주주명부의 기재사항이 반영되지는 않는다. 주주 입장에서는 실질주주명부의 열람 없이 주주명부만 확인하는 것은 별다른 의미가 없다. 반면 전자증권법하에서 기준일이 설정되면 발행인은 의무적으로 전자등록기관에 소유자명세 작성을 요청해야 하고(제37조 제1항), 나아가 전달받은 소유자명세의 내용을 주주명부에 반영해야 한다(동조 제6항). 결국 전자등록주식의 주주 입장에서는 원칙적으로 주주명부를 열람하면 충분하게 된다. 다만 소유자명세가 주주명부에 반영될 때까지 오랜 시일이 걸린다면, 소수주주에게 소유자명세 열람청구권을 부여하는 방안을 도입할 수 있을 것이다.

다른 한편으로 일정 요건을 갖춘 주주들에게 발행인과 마찬가지로 전자등록기관에 대하여 소유자명세와 유사한 주주명단을 요구할 권리를 부여할지도 문제 된다. 소수주주의 주도이든 경영진 측의 주도이든 일단 기준일이 설정되면 소유자명세를 통해 주주명부에 반영하도록 되어 있다는 점을 고려하면 상법상 주주명부 열람청구권 이외에 별도의 열람청구권(예컨대 전자등록계좌부 열람청구권)을 추가적으로 부여할 필요가 큰지 의문이 남는다.

---

109) 江頭憲治郎, 앞의 책 각주 63, 192면.

VI. 그 밖의 문제

1. 초과등록분의 처리

(1) 문제의 소재

발행인이 발행한 실제 주식 수와 전자등록계좌부에 표시되는 주식 수가 달리 나타나는 경우 어떻게 처리할 것인지 문제 된다. 앞에서 다룬 협의의 선의취득은 전자등록계좌부상 발행주식 총량은 실제와 부합함을 전제로 하였다는 점에서 여기서 다루는 문제와 다소 차이가 있다. 한편 신주발행이 상법상 신주발행무효의 소에 의하여 무효화한 경우에 해당 무효 판결은 소급효가 없으므로(상법 제431조 제1항) 무효판결 이전까지의 거래는 유효하고 초과등록분의 거래가 아니다.[110)]

뒤의 〔그림 2〕는 앞 〔그림 1〕의 각 계좌부에 특정을 위해 숫자를 부여한 것이다. 전자등록기관과 계좌관리기관은 매 영업종료 시(또는 더 짧은 주기로) 주식총량에 문제가 없는지 점검하게 된다. 점검대상은 크게 두 가지이다. 첫 번째로 "발행인관리계좌부상 주식 수(①)＝고객관리계좌부상

---

110) 나아가 무효판결이 확정된 경우 상법 제432조에 따라 주금반환 및 주식 무효화가 이루어질 수 있는가? 신주발행 이후 인수인이 계속 주주지위를 갖는다면 가능할 수 있으나, 이후 거래가 이루어졌다면 실제로 쉽지 않다. 상법 제432조상 주금을 반환할 대상은 해당 신주의 최종 양수인(무효판결 당시의 주주)인바 전자등록체제하에서 누가 신주 양수인인지 특정하기 쉽지 않다. 예컨대 원래 발행주식총수가 100만 주인 회사에서 추가로 발행한 50만 주가 무효인 것으로 확정되었다면, 무효화한 50만 주는 후술하는 감소등록을 해야 할 것이다. 한편 회사는 50만 주 상당의 주금을 반환하여야 하는바, 그 상대방을 특정하기 쉽지 않다. 생각건대 위 반환의무 있는 주금을 재원으로 하여 초과분매입을 할 수 있도록 규정하는 등 입법적 보완조치가 필요하지 않나 싶다.

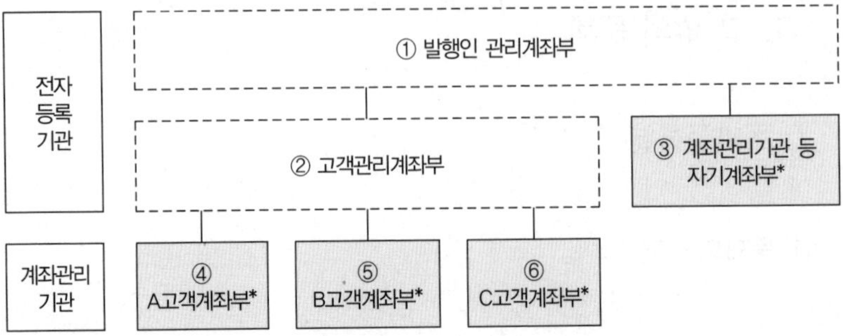

〔그림 2〕 계좌관리 체계: 초과등록분 처리 관련

* 음영 표시: 전자등록계좌부(고객계좌부＋계좌관리기관 등 자기계좌부)

주식 수(②)＋계좌관리기관 등 자기계좌부상 주식 수(③)"인지 여부이다. 두 번째는 "고객관리계좌부상 주식 수(②)＝A 고객계좌부(④)＋ B 고객계좌부(⑤)＋C 고객계좌부(⑥)"인지 여부이다.

전자등록계좌부상 주식 수가 실제보다 적은 과소기재는 과다기재에 비해 처리방식이 단순하다. 이러한 과소기재는 ① < ②+③이거나, ② > ④+⑤+⑥인 경우이다. 이때에는 어떤 고객계좌부 또는 계좌관리기관 등 자기계좌부에 과소기재가 발생하였는지 쉽게 파악할 수 있고 해당 계좌에 증가 기재하여 오류를 수정하면 족하다. 전자등록부상 주주도 주주권을 그대로 행사할 수 있는 것이므로 별다른 주주권 축소조치를 취할 필요도 없다. 전자증권법도 과소기재에 관하여는 별도 조항을 두지 않았다.

문제는 이른바 초과등록, 즉 전자등록계좌부상 주식 수가 실제 발행분보다 많은 경우이다. 이러한 과다기재는 ① < ②+③이거나 ② < ④+⑤+⑥임을 뜻한다. 나아가 발행인이 전자등록기관에 과다하게 등록신청하여 전자등록이 이루어진 경우도 과다기재에 해당한다고 볼 것이다.[111]

111) 다만 이러한 신규등록의 오류는 전자등록기관에 의한 전자등록신청서 검토 과정(전

예컨대 실제 발행된 신주가 150만 주임에도 불구하고 발행인의 신청오류로 200만 주가 등록된 경우이다. 전자등록이 권리발생을 의제하는 것은 아니므로 실제 신주발행은 150만 주이고 나머지 50만 주는 초과분이다. 결국 발행인관리계좌부상 주식 수(①)를 150만 주로 정정해야 하고 그렇다면 ① < ②+③ 상황으로서 취급하면 되지 않나 싶다.[112] 어떤 경우이든 초과분이 발생한 때에 이를 정상화하려면 기존 전자등록계좌부상 기재분을 일부 감액처리해야 한다. 그런데 과다기재가 어디에서 연원한 것인지 특정하기 어려운 경우도 많아서 미리 처리원칙을 법으로 정해 둘 필요가 있다. 또한 발행인의 주주총회 운영 등의 관점에서 볼 때, 초과등록이 있었다고 하여 실제 주식수가 늘어나는 것은 아니므로 감액처리 이전에도 주주권 행사의 일부 제한이 뒤따라야 한다. 이러한 점들을 고려하여 전자증권법 제42조는 초과분 해소에 관하여, 제43조는 초과분의 권리행사 제한에 관하여 규정한다.

(2) 초과분 해소

앞의 예에서 전자등록기관은 ① < ②+③임을 확인하는 경우 지체 없이 그 초과분을 해소해야 하고(전자증권법 제42조 제2항), 계좌관리기관은 ② < ④+⑤+⑥임을 확인하는 경우 지체 없이 그 초과분을 해소해야 한다(동법 제42조 제1항). 즉 전자증권법은 초과기재가 발생하는 경우를 계좌관리기관 등 자기계좌부(③)에서 발생하는 경우와 고객계좌부(④~⑥)에서 발생하는 경우로 구분하여, 전자의 해소의무자를 전자등록기관으로 후자

자증권법 제25조 제3~4항)에서 대부분 걸러질 수 있을 것이다.

112) 이렇게 보면 후술하듯이 일단 전자등록기관이 해소의무를 부담하고 나중에 발행인에게 구상하는 형태가 될 것이다(전자증권법 제42조 제2항 및 제5항).

의 해소의무자를 해당 계좌관리기관으로 각기 정하고 있다.[113]

해소의무가 전부 이행되지 않은 상태에서 초과분에 대한 배당 등이 이루어진다면 위 해소의무를 부담하는 전자등록기관 또는 계좌관리기관(이하 '해소의무기관')이 초과분에 대한 배당금 등 지급의무를 부담한다(전자증권법 제42조 제4항). 발행인이 위 초과분에 대한 배당금 추가지급의무를 부담할 수는 없기 때문이다. 해소의무 및 배당금 등 지급의무를 이행한 전자등록기관 또는 계좌관리기관은 초과분 발생에 책임이 있는 자에 대하여 구상권을 행사할 수 있다(전자증권법 제42조 제5항).[114] 상세한 초과분 해소방식은 대통령령에 맡겨져 있으나 다음 두 가지는 주목할 필요가 있다.

가. 해소의무에 대한 보충적 책임

먼저 해소의무기관이 그 의무를 제대로 다하지 못할 경우 어떻게 대처할 것인가? 예컨대 중소 계좌관리기관의 전산오류로 초과분이 발생한 경우 이를 수습할 재원이 부족할 수 있다. 이 경우 전자등록시스템 전반에 대한 신뢰를 떨어뜨리게 된다. 결국 (i) 귀책사유가 없는 전자등록기관 및 계좌관리기관에 대한 책임 분담을 최소화해야 한다는 자기책임의 원칙과 (ii) 전자등록시스템에 대한 신뢰 및 거래안전을 보호해야 한다는 요청을 어떻게 조화시킬지가 문제 된다. 일본 대체법은 제51조 이하에서

113) 즉 ① < ②+③이 발생하는 원인으로 ③이 과도한 것을 전제한다. 그 원인으로서 ②가 과도한 경우는 없는가? 이론상 ④+⑤+⑥이 과도한 상태에서 이를 ②가 그대로 등록한 경우 ②가 과도하게 되는 결과가 발생할 여지가 없지는 않지만, 전자증권법은 기본적으로 발행인관리계좌부와 고객관리계좌부는 적절하게 관리되고 있음을 전제로, 전자등록계좌부인 고객계좌부와 계좌관리기관 등 자기계좌부의 과다기재를 논하고 있다.

114) 만약 전자등록기관이 초과분 해소에 사용한 재원 중 구상되지 못한 부분이 있으면 이는 다른 계좌관리기관들이 분담하게 된다(전자증권법 시행령 제35조 제6항).

별도의 가입자보호신탁을 두고 있다.[115]

전자증권법 제42조 제3항은 초과분 해소의무를 부담하는 기관이 그 의무를 제대로 이행하지 못하는 경우 "계좌관리기관과 전자등록기관은 대통령령으로 정하는 방법 및 절차에 따라 그 초과분을 해소하여야 한다"고 규정한다.[116] 전자증권법 시행령은 구체적인 보충적 책임의 내용으로서, 1단계로서 전자등록기관이 적립한 재원을 사용하고, 그래도 부족한 경우 2단계로서 모든 계좌관리기관이 미리 고시된 비율에 따라 분담하도록 규정한다(제35조 제4항).

나. 초과분에 대한 거래와 해소의무 이행

다음으로 초과분에 대한 거래가 이미 이루어진 경우이다. 전자등록주식인 경우 초과등록분이 그대로 고객계좌부 또는 계좌관리기관 등 자기계좌부에 유지되는 경우보다는 이후에도 활발하게 거래되어 버린 경우가 많을 것이다. 이때에도 선의취득이 인정될 것인가? 엄밀히 말해 해당 초

---

115) 일본에서도 종래 주권보관대체제도하에서 초과기재에 의한 선의취득에 관하여 "보관대체기관 및 참가자"가 무과실 연대보상책임이 부과되었다(株券等の保管及び振替に關する法律 第25條). 그러나 대체제도의 도입 후에는 초과기재를 한 대체기관 또는 계좌관리기관이 소각의무를 지는 것으로 변경하였다(일본 대체법 제78조, 제79조, 제145조 및 제146조). 江頭憲治郎, 앞의 책 각주 63, 190면 참조.

116) 구 전단채법 제19조는 초과분 해소의무를 규정하나 전자증권법 제42조 제3항에 준하는 조항은 없다. 한편 기존의 예탁결제제도하에서 자본시장법 제313조는 예탁증권 부족분에 관하여 예탁결제원과 예탁자의 보전의무를 규정하는바, 다수설은 해당 문제가 발생한 예탁자가 아닌 모든 예탁자의 연대책임으로 해석하고 있다. 예컨대 한국증권법학회, 자본시장법 주석서 II (개정판, 2015), 606면은 부족분이 발생한 당시의 예탁자뿐 아니라 부족분이 발생된 이후 예탁자가 된 자도 보전의무자로 본다. 한편 자본시장법 제394조는 회원의 증권시장 또는 파생상품시장에서의 매매거래에 따른 채무 불이행책임을 이행하기 위하여 손해배상공동기금을 적립하도록 규정하고 있다.

과분은 원래부터 무효인 것이므로, 권리는 존재하나 무권리자가 보유하는 때에 적용되는 전통적인 선의취득(앞에서 언급한 협의의 전자등록주식 선의취득)과 다소 차이가 있다. 그러나 이때에도 전자증권법 제35조 제5항의 선의취득의 개념에 포함된다고 보아야 한다(광의의 전자등록주식 선의취득).[117] 위 조항은 단지 '전자등록계좌부의 권리 내용을 신뢰하였을 것'을 요건으로 하고 있을 뿐이기 때문이다. 이렇게 보면 개념상의 구분만이 있을 뿐 협의의 선의취득과 광의의 선의취득의 법적 효과에 차이는 없다.[118]

초과분에 대한 거래 이전이라면 해소의무기관은 문제 된 계좌를 확인하여 단순히 초과분을 말소하면 충분할 것이다. 이때에는 앞에서 언급한 배당금 등 추가지급의무, 다른 기관들의 보충적 책임이 발생할 여지가 없다. 반면 이미 초과분에 대한 거래가 이루어진 때에는 해당 초과분을 특정할 수도 없게 된다. 이 경우에는 해소의무기관이 초과분에 해당하는 전자주식을 매입하여 이를 말소하여야 한다(전자증권법 시행령 제35조 제3항).[119]

(3) 초과분 해소 이전의 권리제한

초과분에 대한 감소등록이 이루어지기 전까지는 실제보다 많은 전자주

117) 전자증권법 시행령 제35조 제3항, 구 전단채법 시행령 제16조 제2항이 "초과분 선의취득자"라는 용어를 쓰고 있는 것도 초과분에 대한 선의취득이 인정된다는 전제이다.

118) 한편 전자등록법상 선의취득이 전혀 존재하지 않는 권리를 존재하게 하는 것은 아니라는 전제하에 전혀 발행되지 않은 종목이 전자등록된 경우(예컨대 전환상환우선주가 전혀 발행되지 않았음에도 100주 전자등록), 이에 관한 선의취득은 부인된다는 견해로 김연미, 앞의 논문 각주 36, 21면.

119) 구 전단채법 시행령 제16조 제2항도 같은 취지이다.

식이 등록되어 있는 상태가 된다. 발행인의 입장에서는 실제 발행주식 수에 따라 회사의 법률관계를 처리하면 족하다.[120] 그 결과 해당 주식을 보유한 주주들의 전부 또는 일부에 관해 권리행사가 제한되는 것은 불가피하다.

전자증권법 제43조 제1~2항은 권리제한의 대상 및 범위를 규정한다. 구체적인 방법은 시행령 제36조에 의한다.[121] 첫 번째로 초과분에 관한 후속거래가 없어서 선의취득자가 발생하지 않은 경우 초과분 계좌의 주주만이 권리행사를 제한받는다.[122] 어찌 보면 당연한 것이다. 후속거래가 없는 경우 초과분 보유자가 특정되므로 다른 주주들의 권리를 제한할 이유가 없다. 두 번째로 선의취득자가 발생한 경우 (i) 계좌관리기관이 해소의무자인 상황, 즉 앞에서의 ② < ④+⑤+⑥인 상황이라면 '해당 계좌관리기관의 고객 중 초과분과 동일한 주식을 보유한 주주'들이 안분하여 권리제한을 받는다.[123] 예컨대 50 < 20(A주주)+30(B주주)+50(C주주) 이라면, A주주는 10주, B주주는 15주, C주주는 25주에 대하여만 주주권 행사가 가능하다.[124] (ii) 반면 전자등록기관이 해소의무자인 상황, 즉

120) 초과분 발생원인이 발행인의 신규등록 시의 오류신청에 의한 경우이더라도 마찬가지로 보아야 할 것이다. 초과분 발생원인에 따라 주주들의 권한제한 법리를 달리 적용한다는 또 다른 혼란과 악용가능성이 나타날 가능성이 있기 때문이다.

121) 기본적인 형태는 구 전단채법 시행령 제17조와 유사하다.

122) 전자증권법 시행령 제36조 제1항 제1호, 제3항 제1호.

123) 이를 산식으로 표시하면, 선의취득된 주식 수×(각 주주의 고객계좌부에 전자등록된 초과전자등록 종목의 주식 수/ 해당 계좌관리기관의 고객계좌부 전체에 전자등록된 초과전자등록 종목 주식 수 합계)에 관하여 제한을 받게 된다. 전자증권법 시행령 제36조 제2항 제2호 참조.

124) 이러한 결과는 갑 계좌관리기관에 초과분을 보유하던 주주가 을 계좌관리기관에 계좌를 갖는 양수인과 거래를 하더라도 마찬가지이다. 위 초과분 문제(즉 고객관리계좌부와 고객계좌부의 차이 문제)는 위 거래 이후에도 계속 갑 계좌관리기관에만 남게 되기 때문이다.

앞에서의 ① < ②+③ 상황이라면 '초과분과 동일한 주식을 보유한 주주' 전체가 안분하여 권리제한을 받는다. 이때에는 발행인관리계좌부와 직접 대조해야 하는 상황이기 때문에, 계좌관리기관 등 자기계좌부에서 일단 매도되어 버린 초과분 주식의 파급효과를 개별 계좌관리기관 단위로 한정할 수 없기 때문이다.[125)]

(4) 관련문제: 일본 대체법상 기술적 조항

일본 대체법은 초과등록분의 처리에 관하여 몇 가지 추가적인 기술적 조항들을 두고 있다. 향후 우리나라에서도 입법적 검토가 필요한 것들을 중심으로 살펴본다. (i) 일본의 대체기관이 발행인에게 총주주통지를 할 때에는 권리행사 제한분 관련 정보도 함께 알려야 한다(일본 대체법 제151조 제5항). 특히 기준일까지도 초과등록분이 해소되지 않은 경우, 회사가 보관 또는 확인할 수 있는 주주명부, 발행인관리계좌상 발행주식총수와 소유자명세상 발행주식총수가 달라서 혼란을 가져올 우려가 있다. 소유자명세에 초과등록분 발생에 관한 정보도 포함시키는 것이 바람직할 것이다.[126)] (ii) 초과분 해소 이전의 권리제한 대상임에도 발행인이 만연히 초과분을 포함하여 이익배당 등을 한 경우 이를 수령한 주주들은 반환의무가 없다(일본 대체법 제149조 제1~2항). 그 대신 발행인은 주주가 해

---

125) 이를 산식으로 표시하면 선의취득된 주식 수×(각 주주의 고객계좌부 또는 계좌관리기관 등 자기계좌부에 전자등록된 초과전자등록 종목의 주식 수/해당종목의 전체전자등록 주식 수)에 관하여 제한을 받게 된다. 전자증권법 시행령 제36조 제4항 제2호 참조.

126) 전자증권법은 초과분 발생 시 계좌관리기관이 전자등록기관에 지체 없이 알리고(제46조 제2항 제1호), 전자등록기관은 금융위원회에 지체 없이 보고하도록 하고 있을 뿐이다(제46조 제3항 제1호). 전자증권법 제37조 제1항 소유자명세의 기재사항에 관해 소유자의 인적 사항, 보유주식에 관한 사항만을 규정하고 있다.

소의무기관에 대해 가졌던 손해배상청구권[127]을 행사할 수 있게 된다(일본 대체법 제149조 제3항). 초과등록분이 문제 된 회사의 주주들을 두텁게 보호하기 위한 규정이다. 이러한 조항이 없는 우리나라에서는 발행인이 초과등록분을 포함하여 이익배당을 한 경우 그것이 유효인지, 주주들의 부당이득이 성립하는 것인지에 관하여 논란이 있을 수 있으므로 입법적 보완을 고려해 봄 직하다. (iii) 대체기관이 총주주통지를 한 후 2주 이내에 초과등록분이 해소된 때에는 초과등록분에 관한 권리제한이 적용되지 않는다(일본 대체법 제147조 제3항). 이미 초과등록분이 해소되었음에도 (초과등록분을 포함한) 기존의 총주주통지상 주주들을 기준으로 의결권 등이 산정됨으로써 주주들의 의결권 등이 감축될 우려가 있음을 고려한 것이다. 이러한 우려는 우리나라에서 소유자명세 통지 후에 초과등록분이 해소된 경우에도 마찬가지로 발생할 수 있다고 생각된다. (iv) 초과등록분이 해소된 경우, 소수주주권 행사요건 중 보유기간 요건을 적용함에 있어서는 초과등록분에 따른 권리제한기간 동안에도 전체 주식을 그대로 보유한 것으로 인정된다(일본 대체법 제147조 제4항 및 제148조 제4항). 이러한 조항이 없는 우리나라인 경우 설사 후에 초과등록분이 해소되었다 하더라도 초과등록분에 따른 권리제한이 이루어지는 기간 동안에는 제한분 주식은 소유하지 않은 것으로 법리구성될 가능성이 있다. 보다 근원적으로는, 일단 초과등록분이 해소된 경우에는 전자증권법 제43조에 따른 권리제한 효력이 소급적으로 소멸하는 것으로 규정하는 방안을 고려해 봄 직하다.[128]

---

127) 일본 대체법 제147조 제2항 및 제3항. 우리나라 전자증권법 제43조 제3항도 주주의 손해배상청구권을 규정한다.

128) 이 밖에도 일본 대체법 제153조는 (주주권 행사가 비례적으로 제한되는 결과 발생할 수 있는 주주권 감축에 관하여) 100분의 1주까지 주주권 행사를 허용하고 있으나, 이는 기본적으로 단원주제도를 운영하는 등 일본 회사법제의 특성을 반영한 것으로 보인다.

2. 전자등록주식에 대한 담보권

(1) 등록질권과 약식질권

가. 상법 및 자본시장법상의 질권 설정

상법은 주식에 대한 질권설정방식으로서 주권의 교부만으로 성립하는 약식질(제338조)과 주권 교부 이외에 질권자를 주주명부 및 주권에 기재하는 것을 요건으로 하는 등록질(제340조)의 두 방식을 규정한다. 등록질의 경우 이익배당충당권이 있고(상법 제340조),[129] 물상대위권을 행사함에 있어서 별도의 압류가 필요없다는[130] 점에서 약식질보다 강한 효력을 갖는 것으로 이해되고 있다.[131]

반면 예탁결제제도하에서 원칙적으로 등록질을 설정할 방법은 없다. 발행인의 주주명부에는 통상 예탁결제원이 주주로 명의개서되기 때문이다. 예외적으로 예탁결제원으로부터 실물을 인출하여 주권과 주주명부에 질권설정 관련사항을 기재한 다음 재예탁하는 방식이 가능할 뿐이다.[132] 한편 구체적인 질권설정의 실행방법으로서, 자본시장법은 예탁결제제도하에서의 (약식)질권 설정방식에 관하여 대체기재방식이 아닌 이른바 부

---

129) 반면 약식질은 이러한 권리가 없다고 보는 것이 통설, 판례이다. 대전고등법원 2003. 12. 17. 선고 2003나279 판결 등.

130) 반면 약식질은 압류가 필요하다고 보는 것이 판례의 입장으로 보인다. 대법원 2007. 12. 13. 선고 2007다50159 판결; 박형준, "주식의 약식질과 관련된 실무상 문제점", 민사재판의 제 문제 제17권 (민사실무연구회, 2008), 199면 참조.

131) 맹수석, "전자증권의 담보설정과 법적 과제", (충남대학교) 법학연구 제25권 제1호 (2014), 165-166면 참조.

132) 보호예수주식에 관한 주권인출, 등록질권 설정 및 재예수하는 실무에 관하여 박민영, 현행 의무보호예수제도의 개관과 법적 문제점 (증권법학회 발표문, 2003. http://ksla.org/sinye_another6/1268353747-1.pdf에서 다운로드 가능), 14면 참조.

기방식을 택하고 있다. 즉 자본시장법 제311조 제2항은 "투자자계좌부 또는 예탁자계좌부에 ... 질권설정을 목적으로 질물인 뜻과 질권자를 기재"하는 방식에 의하도록 한다. 대체기재방식은 해당 주식을 질권자의 계좌로 대체기재하는 것인바, 상법이 원래 상정하는 질권설정방식과 부합한다고 볼 수도 있다. 반면 부기방식은 해당 주식을 그대로 질권설정자의 계좌에 둔 채 질권설정 사항만을 부기하는 것으로서, 번거로운 계좌이체를 최소화하고 전산시스템에 대한 추가적 투자를 줄이는 장점이 있다고 하겠다.

나. 전자증권법상의 질권설정

① 부기방식 채택

일본 대체법은 전자등록제도로 전환하면서 질권설정에 관해 기존의 부기방식으로부터 대체기재방식으로 전환하였다.[133] 반면 우리나라는 기존 예탁결제제도상의 대체기재방식을 그대로 유지하였다. 실제 운영상 부기방식과 대체기재방식에 큰 차이가 없다고 보고 시스템의 급격한 변경을 초래하지 않는 기존 부기방식을 선호한 것으로 생각된다. 구체적으로는 다음과 같이 설정된다. 질권설정 또는 말소의 전자등록 신청은 질권설정자가 하여야 한다(전자증권법 제31조 제1항).[134] 부기방식에 의하므로 질권설정자의 전자등록계좌부에 해당 전자등록주식이 질물이라는 사실과 질권자가 전자등록된다(전자증권법 제31조 제2항). 전자증권법 제35조

---

133) 일본 대체법 제129조 제3항 제4호; 松井秀樹 / 小松岳志 / 武田彩香, "振替株式に對して設定された担保權による債權回收の留意点: 剩余金配当請求權の物上代位による差押えを中心に", 旬刊金融法務事情 제58호 (2010), 53면 참조.

134) 일본의 경우에도 질권설정자가 질권 전자등록 신청 주체이다(일본 대체법 제132조 제2항).

제3항에 의하면 질권 설정의 전자등록은 질권의 효력발생요건이다.[135)]

② 등록질의 실행

주주명부에의 기재를 통한 등록질 설정이 실질적으로 곤란하였던 예탁결제제도와 달리 전자증권법은 등록질을 실행하는 절차를 명시하고 있다. 원칙적으로 위 전자등록계좌부에의 등록을 통해 성립하는 것은 약식질이다. 등록질권자가 되려는 질권자는 (해당 계좌관리기관을 통하여[136)]) 전자등록기관에 질권 내용을 신고하고 전자등록기관은 이를 포함한 소유자명세를 발행인에게 통지하게 된다(전자증권법 제37조 제5항). 발행인의 소유자명세를 주주명부에 반영할 때 위 질권의 내용도 기재하여야 한다(전자증권법 제37조 제6항). 앞에서 논의한 명의개서도 그러하듯이 등록질권도 소유자명세를 통해 일괄적으로 주주명부에 반영되는 것이고 개별 질권자가 주주명부에의 반영을 신청할 수는 없다.[137)] 이러한 절차의 흐름은 일본 대체법의 경우에도 마찬가지이다.[138)] 등록질 실행과 관련하여 몇 가지 논란이 될 수 있는 부분을 지적하자면 아래와 같다.[139)]

첫 번째로 위 주주명부에 반영하기 위한 질권자의 신청시 질권설정자

---

135) 따라서 상법 제338조의 주권 교부 및 계속점유요건은 전자등록주식에 관하여는 적용이 배제된다.

136) 전자증권법 제37조 제5항. 여기의 해당 계좌관리기관이란 질권설정자가 질물인 전자등록주식을 관리하는 계좌관리기관을 의미한다.

137) 이에 따라서 질권설정자와 질권자 사이에 등록질을 설정하기로 합의하였다 하더라도 실제 주주명부에 질권이 기재될 때까지는 상당한 시일이 경과할 수 있다.

138) 일본 대체법상 원칙은 약식질이다. 江頭憲治郎, 앞의 논문 각주 63, 191면; 松井秀樹/小松岳志/武田彩香, 앞의 논문 각주 133, 49면. 하지만 질권자가 대체기관에 신청하는 경우(일본 대체법 제151조 제3~4항), 대체기관은 총주주통지 시에 발행인에게 본래의 주주인 질권설정자에 추가하여 질권자의 인적 사항을 통보하게 된다. 발행인은 위 질권자의 성명 등도 주주명부에 반영하여야 하므로(동법 제152조 제1항), 곧 등록질이 성립하는 것이다.

139) 그 밖에 복수의 질권설정 가능성에 관하여는 樋口孝夫, "振替株式に對する複數の質權設定", ジュリスト增刊 (2011) 참조.

의 승낙을 요건으로 할 필요가 없는지 여부이다. 질권자와 질권설정자는 상호 합의에 따라 질권 형태를 약식질로 할 것인지 등록질로 할 것인지 결정하게 된다. 전자증권법 제37조 제5항은 등록질권자가 되기 원하는 질권자의 단독신청으로 소유자명세에 질권내용이 포함되는 것을 규정하고 있을 뿐이다. 이에 따르면 원래 약식질로 합의한 질권자가 전자등록기관 또는 계좌관리기관에 대한 일방적인 통보에 의해 등록질권자가 될 수 있다. 위 통지에 질권설정자의 승낙서 등을 첨부하도록 할 필요가 있다.[140)]

두 번째로 이미 실물주권이 발행한 상태에서 전자등록시스템으로 전환한 경우 약식질 또는 등록질의 처리 문제이다. (i) 원래 등록질이었던 경우 전자등록 후에도 등록질이 될 것이다. 전자등록시스템 도입을 전후하여 계속 주주명부에 질권자로 나타나 있기 때문이다. 전자증권법 제27조 제1항 제3호도 주권발행 회사가 전자등록시스템을 도입하는 경우 기준일 직접 영업일에 주주명부에 기재된 권리자를 기준으로 신규 전자등록을 신청하도록 규정하고 있다. 위 권리자에 등록질권자가 포함됨은 물론이다. (ii) 한편 원래 약식질이었던 경우는 어떠한가? 전자증권법 제28조는 전자등록시스템으로의 전환되는 경우 종래 약식질권자였던 자가 일방적으로 등록질권자로의 전환을 요구할 수 있도록 허용한다. 이때 질권설정자의 승인은 얻을 필요는 없고 그에게 통지하면 족하다(전자증권법 제28조 제1항 및 제5항). 전자증권제도하에서도 약식질이 원칙이고 소유자명세에의 기재라는 별도의 절차를 통하여만 등록질이 성립하는 점에 비추어 볼 때, 단지 전자등록시스템으로 전환하였다고 하여 질권자로 하여금 일방

140) 일본 대체법에도 명시적으로 질권설정자의 승낙을 얻도록 하는 조문은 없으나, 일본 대체법 제151조 제3항의 질권자의 신청 시에는 질권설정자의 승인이 필요하다고 보는 견해가 많다. 松井秀樹 / 小松岳志 / 武田彩香, 앞의 논문 각주 133, 47면 참조.

적으로 등록질로 변환할 수 있는 신청권을 부여한 것에 대하여는 의문이 남는다.

(2) 전자등록주식에 대한 유치권과 양도담보권

전자증권법은 유치권에 대하여 별다른 특례를 두지 않는다. 원래 민사유치권은 타인의 물건, 유가증권을 점유하는 자가 해당 물건 등에 관하여 발생한 채권을 변제받을 때까지 이를 유치할 수 있는 권리이고(민법 제320조), 상사유치권은 상인인 채무자 소유의 물건, 유가증권을 점유하는 상인이 그 채무자에 대한 쌍방적 상행위로 인한 채권을 변제받을 때까지 이를 유치할 수 있는 권리이다(상법 제58조). 상사유치권인 경우, 유치목적물이 채무자 소유물로 제한되는 반면 피담보채권과 유치권과의 개별적 견련성은 필요 없다는 점에서 민사유치권과 차이가 있다. 전자등록주식에 대하여 민사유치권 또는 상사유치권이 성립할 것인가? 민사유치권이든 상사유치권이든, 물건 또는 유가증권이어야 하고, 유치권자가 이를 점유함으로써 유치해야 하는바, 전자등록주식인 경우 이러한 전통적인 유치권의 요건을 갖추기 쉽지 않다.[141] 전자등록주식을 유치권의 대상에 배제하는 것은 형평에도 맞지 않으므로 입법적 보완이 필요하다고 하겠다.[142]

전자증권법은 전자등록주식의 양도담보에 대하여도 별다른 조항을 두지 않는다. 반면 일본 대체법은 양도담보권 설정자와 양도담보권자 중 누

141) 일본에서도 입법론은 별론으로 하고 해석적으로 전자등록주식에 대한 유치권을 부인하는 견해가 일반적이다. 일본에서의 상세한 논의에 대하여는 金融法委員會, "振替株式等と商事留置權の成否について", 金融法務事情 No. 2052 (2016).

142) 반면 전자등록주식 담보거래의 신뢰와 안전성 관점에서 볼 때, 전자등록기관 및 계좌관리기관이 전자등록주식 권리자에 대하여 갖는 채권은 유치권 이외의 방법으로 보호함이 타당하다는 견해로서 정성구, "전자증권과 담보", BFL 제96호 (2019), 58면.

가 주주권을 행사할 수 있는지 등 별도의 조항을 두고 있다.[143] 그러나 가급적 명의와 실제 소유자를 일치시켜야 한다는 관점에서 볼 때 이러한 특별조항은 오히려 역행하는 측면이 있다. 담보의 목적은 앞에서 살펴본 질권설정에 의해 달성할 수 있을 것이다. 현행 전자증권법의 태도가 타당하다고 생각된다.

VII. 결론

전자증권법의 본격적인 실행은 우리나라의 증권거래를 더 투명하고 효율적으로 만드는 데 기여할 수 있을 것이다. 특히 주식의 전자등록 및 거래와 관련하여 기존 상법상 주식관련 법리가 일부 수정되는 것은 불가피하다. 이 글은 권리의 발생 · 승계 · 행사의 관점에서 전자증권법과 상법의 접점을 검토하였다. 향후 입법적 보완이 필요한 부분 내지 운영상 요망되는 부분을 정리하자면 다음과 같다.

전자등록법상 등록대상인 '주식 등'의 범위는 포괄적으로 정할 필요가 있다. 나아가 배제사유와 관련하여 양도성 또는 대체가능성이 없다고 하여 전자등록을 원천적으로 금지할 필요가 있는지 의문이 남는다.

대부분의 주식회사가 전자등록제도를 이용하게 된다면 주주명부제도 및 회사에 대한 대항력 법리는 폐지하여야 한다고 생각된다. 즉 양도합의+이체기재라는 양도의 성립요건을 갖추면 곧 회사에 대항할 수 있는 것으로 보는 것이 간명할 것이다.

---

143) 일본 대체법 제151조 제2항 제1호. 이에 따르면 양도담보가 설정된 경우 양도담보권자가 신청해 둔 경우 총주주통지시에 양도담보설정자(특별주주)가 주주로서 통지된다.

전자증권법은 주주의 집단적 확인에 관하여 소유자명세제도(제37조)를, 개별적 확인에 대하여 소유자증명서(제38조), 소유내용통지제도(제40조)를 규정한다. 소유자명세 작성은 통상 발행인의 신청에 따라 이루어지는 바 신청사유를 넓게 규정하여도 무방할 것이다. 한편 소유자증명서, 소유내용통지제도는 기존 주주명부제도와 양립하는 것으로 해석되나, 개별적 주주의 지위 확인방식을 위 소유자증명서, 소유내용통지제도로 일원화할 필요가 있다. 소유자증명서 및 소유내용통지의 행사 상대방 내지 수령인은 발행인에 한정하는 것이 간명해 보인다. 소유자증명서 및 소유내용통지가 이루어진 경우 수반되는 처분제한등록이 과도한 것은 아닌지 재검토할 필요가 있다.

마지막으로 초과등록분이 해소되기 이전에 이루어지는 주주권 제한이 큰 불이익을 초래하지 않도록 보완되어야 할 것이고, 전자등록주식에 대해 유치권을 행사할 수 있도록 근거조문을 도입할 필요가 있다.

오랜 산고를 거쳐 탄생한 전자등록제도가 기존 제도들과의 정합성을 유지하면서 탄탄한 이론적 · 실무적 토양 위에 뿌리내리기를 기대해 본다.

02

차등의결권 구조 회사의 상장과 비효율성 보완 장치에 대한 연구

윤영신*

I. 서론

차등의결권주식(dual-class shares)은 실정법에서 정의된 용어가 아니다 보니 여러 가지 의미로 사용되고 있다. ① 넓게는 주식에 대하여 의결권이 차이가 나는 경우를 모두 포괄하기도 하고,[1] ② 동일한 경제적 권리를 가지는 주식에 대하여 의결권의 내용에 차이가 있는 주식을 가리키는 것으로 보기도 한다.[2] 차등의결권 구조를 만드는 가장 단순한 방법이 복수

---

* 중앙대학교 법학전문대학원 교수

1) 이러한 입장에서는 무의결권 우선주도 차등의결권주식에 포함될 수 있다.

2) 이 경우에는 1주당 의결권의 수를 달리하는 복수의결권주식(multiple voting shares · super voting shares · weighted voting shares), 부분의결권주식(limited voting shares · inferior voting shares)이나 무의결권주식(non-voting shares)뿐 아니라 ① 보유기간에 따라 가중된 의결권을 인정하는 방식, 예를 들어 2년 이상 주식을 보유한 경우에는 1주 3의결권을 인정하는 장기보유 다수의결권 제도(tenure voting · time-phased voting plan · loyalty share), ② 감사선임 시 3%를 초과하는 주식에 대해서는 의결권을 인정하

의결권주식을 발행하는 것이다 보니 우리나라에서 차등의결권 주식 논의는 주로 복수의결권주식을 중심으로 이루어지고 있다.

차등의결권 구조(dual-class structure)가 사회적으로 효율적인가에 관해서는 견해가 일치하지 않는다. 그에 따라 회사법상 차등의결권주식 발행을 허용할 것인가와 차등의결권 구조 회사가 주식을 상장할 수 있도록 할 것인가에 대한 정책도 전 세계적으로 통일되어 있지는 않지만, 미국과 캐나다 기타 스웨덴 · 네덜란드 · 핀란드 등 유럽의 많은 국가들에서 차등의결권 구조 회사의 상장을 허용하고 있다는 것이 현실이다.

차등의결권 회사의 상장은 2000년대 이전에도 존재하였으나, 최근에는 경제환경이 변화함에 따라 상장의 지형에 변화가 일어나고 있다. 미국에서는 전통적으로 언론사에서 편집권의 독립성을 유지하면서도 주식을 공모하여 자금을 조달하기 위한 경우, 가족소유 기업 또는 강력한 내부자가 존재하는 회사에서 지배권을 유지하면서 자금을 조달하기 위한 경우에 차등의결권 구조로 상장하는 유형이 많았으나,[3] 최근에는 IT나 생명공학 등 테크놀로지 기업들의 급속한 성장에 따라 이러한 회사들의 차등의결

지 않는 것과 같이 일정 주주가 보유하는 주식 수에 따라 의결권을 제한하는 의결권 상한제도(caps on voting rights, capped voting plan)나 보유주식수의 증가에 따라 단계별로 의결권 수가 줄어드는 체감부의결권제(예를 들자면 1,000주까지는 1주 1의결권, 1,001~10,000주까지는 10주당 1의결권, 10,001주 이상에 대해서는 20주당 1의결권을 인정하는 것), ③ 일정 결의사항에 대하여 당해 종류의 주주총회의 승인을 요하는 거부권부주식, A종류주식과 B종류주식이 각각 임원을 선임할 권한이 있는 임원선임권부주식(class voting share), 결의사항 중 일부에 대해서 의결권이 제한되는 의결권 제한주식의 경우도 차등의결권주식에 포함된다.

3) David J. Berger / Laurie Simon Hodrick, Are Dual-Class Companies Harmful to Stockholders? A Preliminary Review of the Evidence, Harvard Law School Forum on Corporate Governance and Financial Regulations (2018. 4. 15. https://corpgov.law.harvard.edu/2018/04/15/are-dual-class-companies-harmful-to-stockholders-a-preliminary-review-of-the-evidence/).

권 구조 상장이 증가하였다. 2004년 Google(현재 지주회사체제로 변환하여 Alphabet으로 변경)이 1주 1의결권의 A종류주식과 1주 10의결권의 B종류주식을 발행하면서, B종류주식은 창업자인 Larry Page와 Sergei Brin 등 창업자가 보유하고, 1의결권의 A종류주식을 기업공개(Initial Public Offering. 이하 'IPO')하여 NASDAQ에 상장한 것이 이와 같은 테크놀로지 회사의 차등의결권 구조 상장의 흐름을 촉발하였고, 그 이후 SNAP · LinkedIn · Comcast · Facebook · Alibaba Group 등 많은 회사들이 차등의결권 구조로 상장하였다.

또한 상장회사에 대하여 비교적 엄격하게 1주 1의결권의 원칙을 유지하던 세계 주요 거래소가 유니콘 기업의 상장을 유치하기 위한 경쟁압력 때문에 차등의결권 회사의 상장을 허용하는 것으로 방향 전환을 한 것도 상장지형 변화에 영향을 미쳤다. 2014년 9월 중국 Alibaba사가 NYSE에서 역사상 최대규모의 IPO를 하였고 2012년 영국의 축구 클럽인 Manchester United States가 NYSE에서 IPO를 하게 되었는바[4] 이들 기업은 각각 홍콩거래소(HKSE)와 싱가포르거래소(SGX)에 상장할 것을 고려하였으나 양 거래소의 차등의결권 회사의 주식상장금지정책이 원인이 되어 미국에서 IPO를 하게 되었다. 이에 홍콩거래소와 싱가포르거래소는 2018년에 차등의결권 구조 회사의 신규상장을 허용하였고, 중국 상하이거래소(SSE)도 2019년에 마찬가지로 방향을 전환하였다.

이러한 지형 변화에 따라 차등의결권 구조 회사의 상장에 관한 논의도 기존과는 다른 차원에서 이루어지고 있다. 지금까지는 주로 차등의결권 구조가 사회적으로 효율적인가에 대한 물음에서 출발하여 상장의 가부를

4) A. Smith / P. J. Davies / S. Foley, Exchanges Divided by Dual-Class Shares, Financial Times (2013. 10. 3. http://www.ft.com/content/e18a6138-2b49-11e3-a1b7-00144feab7de).

판단하는 이분법적 접근을 하였는데, 최근에는 상장 허용을 전제로 하면서 차등의결권 구조가 회사의 가치증가에 기여하지 못할 위험성에 대한 보완장치를 두어야 할 것인가의 문제가 논의되고 있다. 미국에서는 이 부분에 대해 사적 질서 형성(private ordering)에 맡기고 있는 데 반하여, 1주 1의결권을 강제하다 최근 차등의결권 구조 회사의 상장을 허용하게 된 홍콩거래소나 싱가포르거래소는 상장규정에서 여러 가지 제한을 하고 있다.

우리나라 상법 제369조 제1항은 "의결권은 1주마다 1개로 한다"고 규정하고 있고, 판례[5]는 "위 규정은 강행규정이므로 법률에서 위 원칙에 대한 예외를 인정하는 경우를 제외하고, 정관의 규정이나 주주총회의 결의 등으로 위 원칙에 반하여 의결권을 제한하더라도 그 효력이 없다"고 해석하고 있으므로, 현행법상으로는 복수의결권주식을 발행할 수 없다. 그러나 우리나라에서도 2000년대 중반 시점부터 복수의결권주식의 도입이 논의되기 시작하였고, 복수의결권주식 발행을 허용하자는 다수의 법률개정안도 제출되었으며,[6] 최근 정부는 벤처기업의 복수의결권주식 발행 허용을 추진하겠다는 방침을 밝혔다.[7]

우리나라에서의 복수의결권주식에 대한 지금까지의 논의는 주로 상법 또는 벤처기업에 관한 특별법 등에서 복수의결권주식 발행을 허용할 것인가와 여기에서 더 나아가 복수의결권주식을 발행한 회사도 그 구조를 인정하고 상장을 허용할 것인가에 집중되어 있고,[8] 차등의결권 구조의

5) 대법원 2009. 11. 26. 선고 2009다51820 판결.
6) 「상법 일부개정법률안」으로서 정갑윤 의원안(2016. 11. 15. 발의, 의안번호 2003598), 권성동 의원안(2017. 11. 1. 발의, 의안번호 2009977), 윤상직 의원안(2018. 5. 15. 발의, 의안번호 2013575). 「벤처기업특별법 일부개정법률안」으로 최운열 의원안(2018. 8. 30. 발의, 의안번호 2015156), 김관영 의원안(2019. 11. 21 발의, 의안번호 23924).
7) 중소벤처기업부, 2020년 업무보고자료: 디지털 경제로의 대전환 '스마트 대한민국' 중소 · 벤처기업과 소상공인, 만들고 활용한다 (2020. 2. 17), 11면.
8) 경제개혁연대, "벤처기업 차등의결권제도, 왜 도입해선 안 되는가", 경제개혁이슈 2018-6

비효율성 완화 제도에 대한 연구는 많지 않은 상황이다. 그러나 복수의결권주식의 발행 허용은 궁극적으로 차등의결권 구조 회사의 상장 허용 여부에 대한 논의와 연결될 수밖에 없고, 상장의 가부는 비효율성 보완 제도와의 관계에서 같이 논의되지 않으면 결론을 내릴 수 없는 문제라고 생각한다. 차등의결권 구조 회사의 상장 가부에 대해서는 다수의 선행연구가 존재하므로 이 글에서는 그 부분에 대해서는 논의를 생략하고, 상장 허용을 전제로 하면서 그 부정적 효과를 어떻게 최소화할 것인가에 대해 선제적으로 살펴보기로 한다. II에서는 논의를 명확하게 하기 위해 용어를 정리하였다. 차등의결권주식이란 용어가 법령상 정의된 용어가 아니다 보니 용어 사용에 혼동이 있어 내용의 이해가 방해되는 측면이 있기 때문이다. III에서는 테크놀로지 회사의 차등의결권 구조 상장이 활발한 미국 시장의 실제 차등의결권 구조의 내용에 대해 살펴보고, 특히 비효율성을 완화하기 위한 장치들을 살펴보았다. IV에서는 최근 차등의결권 구조 회사의 신규상장을 허용한 아시아 거래소에서 차등의결권 구조의 남용을 방지하기 위해 어떠한 제도들을 상장규정상 요구하고 있는지를

(2018. 11. 7); 고창현, "차등의결권제도의 도입과 상장", 기업법연구 제29권 제3호 (2015); 김순석, "차등의결권주식의 도입에 관한 법적 쟁점", 기업법연구 제29권 제4호 (2015); 김정호, "차등의결권주식의 도입가능성에 대한 연구", 경영법률 제24권 제2호 (2014); 문준우, "의결권의 차등에 관한 종류주식을 상법에 테뉴어 보팅을 자본시장법에 규정하는 것에 관한 개정 의견", 경영법률 제26권 제2호 (2016); 유영일, "차등의결권주에 관한 연구", 상사판례연구 제21권 제4호 (2008); 송옥렬, "상장회사의 차등의결권주식에 대한 비판적 고찰", 법경제학연구 제12권 제1호 (2015); 송옥렬, "복수의결권주식 도입의 이론적 검토", 상사법연구 제34권 제2호 (2015); 윤영신, "1주 1의결권 원칙과 차등의결권원칙에 대한 검토", 상사법 연구 제28권 제1호 (2009); 윤영신, "비공개회사의 복수의결권주식 도입 방안 및 절차에 관한 연구", 법학논문집 Vol.43 No.3 (중앙대학교 법학연구소, 2019); 정윤모, 주요국의 M&A 규제 비교검토 및 한국제도의 발전방향 (한국증권연구원, 한국재무학회 주최 세미나 발표자료, 2006. 6. 13); 최한수, "재계의 경영권 방어수단 도입 주장에 대한 비판적 검토: 차등의결권과 포이즌 필의 도입 논의를 중심으로", 기업지배구조연구 Vol.26 (좋은기업지배구조연구소, 2008).

검토하였고, V에서는 우리나라에서 차등의결권구조 회사의 상장 허용을 전제로 하여, 그 비효율성을 완화하기 위한 제도 설계 시 고려하여야 할 점에 대해 고찰하였다.

II. 용어 정리

우선 복수의결권주식과 차등의결권주식이 동일한 의미로 사용될 수 있는가가 문제 된다. 그러나 동일한 경제적 권리를 가지는 주식에 대하여 의결권의 차이를 만들 수 있는 방식은 다양하고,[9] 그 모든 경우를 포괄하여 차등의결권주식이라고 한다면 복수의결권주식은 차등의결권주식의 일종이 된다. 그러므로 이하에서 차등의결권주식 용어는 복수의결권주식을 포괄하는 보다 넓은 개념으로 사용하기로 한다.

다음으로 차등의결권주식과 보통주식의 관계도 혼동스러운 측면이 있다. 미국에서는 1의결권의 A종류주식과 10의결권의 B종류주식 모두 보통주식(common shares)인데 그 안에서 종류가 다른 것으로 규정되어 있고, 양자를 차등의결권주식이라고 한다. 그에 따라 1의결권 주식과 10의결권 주식을 각각 지칭하여야 할 경우 보통주식과 복수의결권주식이라고 부르는 것은 위 개념구분과 맞지 않으므로 1의결권 주식은 일반주식(ordinary shares), 10의결권 주식은 복수의결권주식으로 구분하여 지칭한다.

그런데 우리나라에서는 미국과 달리 복수의결권주식은 보통주와 별개의 종류주식으로 생각하고, 차등의결권주식이란 복수의결권이나 부분의결권주식과 같은 종류주식만을 의미하고 보통주식은 포함되지 않는 것으

9) 각주 2 참조.

로 이해하는 경향이 있는 듯하다. 그러면서도 1의결권의 주식과 10의결권의 주식을 발행하여 복수의결권주식은 비상장으로 창업자가 소유하고 1의결권의 주식의 상장을 허용하는 경우에 '차등의결권주식의 상장이 허용된다'고 표현하기도 한다. 그러나 우리나라에서의 일반적 이해와 같이 보통주식은 차등의결권주식에 속하지 않는다고 하면 위의 표현에는 오류가 있게 된다. 혼동의 여지를 없애기 위해 이 글에서는 1의결권의 주식과 10의결권의 주식을 발행하여 차등의결권 구조가 된 경우에 1의결권의 주식을 일반주식으로 표현하고, 차등의결권주식의 상장이란 표현을 지양하고 차등의결권 구조 회사의 상장이라고 하기로 한다.

마지막으로 '의결권이 더 많은 주식'에 대해 살펴본다. 차등의결권 구조는 ① 일반주식과 복수의결권주식을 발행하는 방식뿐 아니라 ② 일반주식과 부분의결권주식, ③ 일반주식과 무의결권주식을 발행함으로써도 만들어 낼 수 있다. ①의 경우에는 복수의결권주식의 의결권이 더 많지만 ②와 ③의 경우에는 일반주식의 의결권이 더 많다. 따라서 의결권이 많은 주식을 무조건 복수의결권주식으로 지칭하는 것은 부정확하다. 상대적으로 더 많은 의결권이 인정되는 주식을 총칭하여야 할 경우에는 의결권이 많은 주식(high voting right), 반대의 경우에는 의결권이 적은(low voting shares) 주식으로 표현하는 것이 오해의 소지를 줄일 수 있을 것이다.

III. 미국의 차등의결권주식 제도 및 비효율성 완화 장치

1. 차등의결권 구조 회사의 상장 제도

미국의 주회사법은 정관에 규정함으로써 다양한 종류의 주식을 발행할 수 있도록 하고 있다. 의결권의 수에 관해서도 자유롭게 정할 수 있음을 명시함으로써 자유로운 종류주식의 설계가 가능하다.[10] 차등의결권 구조 회사의 상장 문제는 거래소의 상장규정에 의해 규율되는데, NYSE 상장규정(NYSE Listed Company Manual) 제313.00(A)은 주식을 상장한 회사가 더 많은 의결권을 가지는 종류의 주식을 신규로 발행하여 자본구조를 재편하는 것을 금지한다는 취지의 규정만을 두고 있다. 따라서 차등의결권 구조 회사가 IPO를 하여 주식을 신규상장하는 것은 금지되지 않는다.[11] NASDAQ 증권시장 규정(Stock Market Rules) 제5640조도 유사하게 규정하고 있다. 대부분의 차등의결권 구조 회사가 의결권이 적은 주식 또는 무의결권 주식만을 상장하여 일반투자자가 소유하도록 하고, 의결권이 많은 주식은 비상장으로 창업자나 기타 내부자가 소유하도록 하는 경우가 많지만, 거래소 규정상 제한은 없으므로 양 주식을 모두 상장하는 것도 가능하다.[12]

---

10) Delaware General Corporation Law § 151(a), § 212(a); New York Business Corporation Act § 501(a); Revised Model Corporation Act, § 6.01(a) 등.

11) NYSE 상장규정(NYSE Company Manual) § 313.00(A) 의결권 정책(Voting Rights Policy)에서는 "증권거래소법(Securites Exchange Act) 제12조에 따라 등록되어 공개거래되는 일반주식의 주주의 의결권은 회사의 행위 또는 주식의 발행으로 불비례하게 감축 또는 제한될 수 없다. 그러한 회사의 행위 또는 발행은 장기보유 다수의결권 제도(time phased voting plans), 의결권 상한제의 채택, 또는 복수의결권주식의 발행 또는 부분의결권 주식을 발행하여 기존주식과 교환청약하는 것이 포함되고, 이 방법으로 한정되는 것은 아니다"라고 규정하고 있다. NYSE 상장규정의 보완자료(supplementary material) § 313.10에서는 복수의결권주식의 발행 제한은 주로 새로운 종류의 주식을 발행하는 경우에 적용되는 것이고, 차등의결권 구조 회사가 기존의 복수의결권주식을 추가로 발행하는 것은 이 정책에 저촉되는 것은 아니라고 규정함으로써 기존 주식의 의결권을 희석시키지 않는 비례적 발행은 허용하고 있다.

12) Andrew William Winden, "Sunrise, Sunset: An Empirical and Theoretical Assessment of Dual-Class Stock Structures", Rock Center For Corporate Governance at Stanford University Working Paper No.228 (2017. 7. 14), 12면 (https://ssrn.com/abstract=3001574 or http://dx.doi.org/10.2139/ssrn.3001574)에 의하면 139개의 표본 회사 중

2. 차등의결권의 방식

CalPERS와 같은 연기금 등의 기관투자자들의 단체인 CII(The Council of Institutional Investors)는 2019년 9월 현재 시가총액 $ 200 million 이상인 회사 중 의결권이 서로 다른 주식을 발행한 258개사의 명단을 작성하였다.[13] 그 명단을 개인적으로 분석해 본 결과 미국에서는 다양한 방식으로 차등의결권 구조를 실현하고 있다.

① 대부분은 1주에 다수의 의결권이 인정되는 복수의결권주식과 1주 1의결권이 인정되는 일반주식을 발행하는 단순한 구조를 택하고 있었다. ② 일부 회사는 1주 1의결권의 일반주식과 부분의결권이 인정되는 주식을 발행하는 방식을 택하였는데, 대개 1970년대나 1980년대에 상장한 회사들이고 최근 부분의결권 주식을 이용하는 예는 많지 않은 것으로 보인다. ③ 또한 일반주식과 무의결권주식을 발행하여 의결권의 차이가 크지 않은 회사도 있다. ④ 극소수이기는 하지만 3개의 회사는 장기보유 다수의결권 제도를 택하고 있었다.[14]

⑤ 또한 복수의결권주식이 행사할 수 있는 의결권의 수를 확정해 놓는 것이 아니라 어느 한 종류의 주식이 총의결권의 일정비율에 해당하는 지배력을 유지할 수 있도록 하는 경우나[15] 일정한 공식에 따라 의결

15개사가 의결권이 많은 주식과 의결권이 적은 일반주식 양자를 모두 상장하였다.

13) https://www.cii.org/files/FINAL%20format%20Dual%20Class%20List%209-27-19.pdf.

14) Alfac은 1974년 IPO를 한 회사로서 소유기간 4년까지는 1의결권, 그 이후는 10의결권이 인정된다. Carlisle Companies는 1960년에 IPO를 한 회사로 4년까지는 1의결권, 그 이후는 5의결권을 인정한다. The J. M. Smucker Company는 2000년에 IPO를 하였는데, 4년까지 1의결권 그 이후는 10의결권이 인정된다.

15) BBX Capital(1997. IPO. 이하 괄호 안의 연도는 IPO를 한 시기를 표시한다)은 A종류주식이 총의결권의 22%를 지배하도록 함에 따라 B종류주식은 공식에 따라 현재 1주 16.2의 의결권이 인정된다. EVO Payment(2018)는 비상장의 B종류주식이 총의결권의

권의 수를 변동시키는 유형도 있다.[16] 예를 들어 1956년 상장한 Ford Motors는 A종류주식은 1주 1의결권을 가지고, B종류주식은 항상 의결권의 40%를 지배할 수 있도록 하고 있다. ⑥ 또한 의결권의 수는 동일하나 각 종류의 주식이 선임할 수 있는 이사 수를 규정한 이사선임권부 종류주식을 발행함으로써 차등의결권이 된 경우도 있는데, 주로 1960년대나 1970년대 상장된 회사들이 대부분이다.[17]

⑦ 일부 회사는 일반주식과 복수의결권주식 외에 무의결권주식을 발행하여 3중의 차등의결권 구조를 채택하기도 하였다. Google은 2004년 IPO 당시는 A종류주식과(1의결권)과 B종류주식(10의결권)의 2가지 종류의 차등의결권주식을 발행하고 그중 A종류주식을 상장하였는데, 2012년 새로운 종류의 C종류주식(무의결권)을 발행하여 기존의 A와 B종류주식 주주에게 배당으로 교부하고 이를 상장함으로써 10대 1대 0의 3중의 차등의결권 구조가 되었다.[18] 그 결과 B종류주식을 보유하고 있던 창업자

15.9%를 지배하도록 하면서, A종류주식과 D종류주식은 1의결권, C종류주식은 3.5의결권을 행사할 수 있도록 한다.

16) Charter Communications(2009, 공식에 따라 현재 7.21의결권 인정), Comcast(1972, A종류주식은 현재 0.1173 의결권, B종류주식은 15 의결권), Interactive Brokers Group(2007), Malibu Boats(2014), Medley Management(2014, B종류주식에 현재 2,333,333.30 의결권 인정, 총의결권의 97.57% 지배), PBF Energy, Inc.(2012), PJT Partners(2015)가 공식에 따라 의결권 수를 정하였다.

17) 예를 들어 Graham Holdings Company(1971)는 A종류주식이 이사의 70%, B종류주식이 30%를 선임할 수 있도록 하고 있다. 선임할 수 있는 이사의 비율은 회사마다 차이가 있지만 Liberty Tax(2012), Molson Coor Brewing Company(1978), The Madison Square Garden Co.(1978), New York Times(1967), Universal Health Services(1981)도 유사한 형태로 규정하고 있다. The Boston Beer Company(1995)는 전체 이사 중 소수(현재는 7명 중 3명)를 선임할 수 있는 A종류주식과 다수(현재는 7명 중 4명)를 선임할 수 있는 B종류주식을 발행하고 있다.

18) 1의결권의 A종류주식의 상장코드는 GOOGL이고, 무의결권의 C종류주식의 상장코드는 GOOG이다.

등의 내부자들이 지배력을 유지하면서도 회사의 자금을 조달하고, 또한 상장된 C종류주식을 매각하여 현금화를 시킬 기회도 가질 수 있었다. 이러한 구조는 지배력과 경제적 이익의 불비례적 차이가 더 커지는 결과가 된다는 점에서 반발에 직면하기도 하였다.[19] Google 사례 이후 많은 회사들이 Google과 같은 방식의 3중의 차등의결권 구조를 채택하였고,[20] Facebook도 Googel의 예를 따르려고 계획하였으나 투자자들의 반발로 포기하였다.[21] Snap은 2017년 무의결권의 A종류주식, 1의결권의 B종류

19) 일반주식인 A종류주식을 추가로 발행하여 증자를 하거나 창업자들이 자신이 보유하는 10의결권의 B종류주식을 매각하면 창업자들의 의결권이 희석화되어 지배력이 감소한다. 무의결권의 C종류주식의 발행은 창업자들의 지배력 감소 없이 회사의 자금조달을 하고 창업자들이 교부받은 C종류주식을 매각함으로써 현금화할 수 있는 효과가 있다. Google의 일반주주는 이러한 자본구조 재편이 일반주식인 A종류주식의 의결권을 희석하고 창업자의 지배를 공고히 하는 것으로 충실의무 위반임을 주장하면서 경영진에게 소를 제기하였다. 이 소송은 재판 직전에 화해가 이루어져 종결되었는데, C종류주식 발행 후 12개월간 A종류주식과 C종류주식 간의 거래량을 가중한 평균 거래가격의 차이에 따라 A종류주식의 가치를 산정하여 배상하기로 화해하였다. 결과적으로 무의결권의 C종류주식은 A종류주식에 비하여 2% 할인된 가격으로 거래되었고, Google은 원고에게 US$ 560 million을 배상하였다. CFA Institute, Dual-Class Shares: The Good, the Bad and the Ugly: A Review of the Debate Surrounding Dual-Class Shares and Their Emergence in Asia Pacific (2018. 8), 65-66면.

20) Central Garden & Pet Company(2007), CommerceHub(2016), Discovery Communications(2008), Entravision Communications(2000), Liberty Broadband(2014), Liberty Media(2014), Radio One(1999), Snap(2017), Townsquare Media(2014), Under Armour (2005), Zilow Group(2015).

21) Facebook의 설립자 Mark Zuckerberg와 그의 아내가 2015년에 그들이 보유하는 Facebook 주식의 99%를 Chan Zuckerberg Initiative에 기부할 것을 서약한 후 이러한 기부로 인해 Zuckerberg의 회사에 대한 지배력 약화 가능성이 문제 되었다. Facebook은 독립적인 비업무집행이사로 구성된 특별위원회를 구성하였고, 여기에서 무의결권의 C종류주식을 발행하여 1회적으로 배당하는 자본구조 재편안이 승인되었다. 원래의 계획에 따르면 기존의 A종류주식과 B종류주식의 주주는 1주당 2개의 C종류주식을 배당받게 된다. 이러한 계획에 대해 2인의 투자자(Eric McGinty와 Eric Levy)가 각각 Zuckerberg와 이사들이 충실의무(fiduciary duties of loyalty)와 신의성실의무(duty of good faith and candor)를 위반하였음을 주장하면서 집단소송을 제기하였고, 스웨덴

주식, 10의결권의 C종류주식을 발행하여 B종류주식은 회사 임원과 초기 투자자가, C종류주식은 공동창업자인 CEO Evan Spiegel과 CTO Bobby Murphy가 소유하도록 하고, 무의결권인 A종류주식만을 IPO를 하여 상장하였다.[22] 앞의 여타 3중의 차등의결권회사와 다른 점은 Google 등의 경우에는 1의결권의 일반주식과 무의결권 주식 양자가 상장되어 있는 데 반하여, Snap은 무의결권주식만이 상장되었다는 것이다. 그럼으로써 일반 투자자들로부터의 의결권 압력에서 완전히 벗어날 수 있다는 점에서 논란의 대상이 되었다.

3. 의결권 차등 비율

거래소의 상장규정에서는 차등의결권주식의 내용에 대해서는 별도의 규율을 하고 있지 않다. 그러다 보니 차등의결권주식을 발행한 경우 의결권의 차이도 회사마다 다양하게 정하고 있다.

Winden (2018)은 139개사의 미국 공개회사의 차등의결권 구조에 대해 분석하였다. 분석대상표본에는 2000년 전에 IPO한 회사 중 시가총액이 대규모 · 중규모인 회사(large- and mid-cap 회사; S & P 500, S & P 400, Russel 1000)만을 포함시켰고 2000년 이후 IPO를 한 회사는 소규모 회사(samll-

---

연금기금인 Sjunde AP-Fonden도 소를 제기하였다. 결국 Zuckerberg와 Facebook은 법원의 공판기일 직전에 그 계획을 철회하였다. 자본구조 재편안을 포기하였지만 결과적으로 Facebook의 주가가 올라서 자선 목적을 위하여 주식을 매각하여도 회사의 지배권을 유지하는 데 문제가 없게 되었다고 한다. CFA Institute, 앞의 보고서 각주 19, 66–67면.

22) Snap사의 IPO 공시서류에 의하면 공동창업자가 의결권의 88.5%를 보유한다. Kurt Wagner, One Way Snapchat's IPO Will Be Unique: The Shares Won't Come with Voting Rights (2017. 2. 21. https://www.vox.com/2017/2/21/14670314/snap-ipo-stock-voting-structure).

cap 회사; S & P 600, Russel 2000)와 회사가 설립된 지 오래되지 않아서 지수에 포함되지 않은 회사도 포함시켰다. 시대에 따라 표본 선정 기준을 달리한 것은 차등의결권구조의 혁신은 대개 지난 10~15년 사이에 이루어졌으므로, 차등의결권 구조의 비효율성을 완화하기 위한 새로운 내용의 조항들을 포괄하여 고찰하기 위해서는 최근에 IPO를 한 회사를 대상에 포함시켜야 한다는 이유였다.[23)]

Winden (2018)에 의하면 의결권의 차이는 10대 1인 경우가 가장 일반적이지만, 이보다 낮거나 더 높은 비율을 정한 회사들도 많고, 의결권의 수를 지정한 것이 아니라 일정한 공식에 의하도록 하여 의결권 차등 비율이 변동하는 경우도 있다.[24)] 최근에는 1대 10보다 더 큰 격차를 보이는 차등의결권 IPO가 증가하는 경향이 있다. 2019년 상장한 운동용 자전거 공급업체인 Peloton, 차량공유앱 Lyft와 소셜미디어 업체 Pinterest의 복수의결권주식은 1주 20개의 의결권을 인정하였고, 2018년 상장한 소프트웨어 업체인 Domo는 1주에 40개의 의결권이 인정되었다. 모바일 게임 제조업체인 Zynga는 1주에 70개의 의결권을 인정하였다.[25)] 2011년 IPO를 한 Groupon이 2016년 11월 단일의결권 회사로 전환하기 전에 의결권 차이는 150대 1이었다. 최근은 아니지만 1981년 IPO를 한 Universal Health Services는 1,000대 1이었고, 1990년 IPO를 한 Berkshire Hathaway는 1대 1만 분의 1의 비율을 정하였다.[26)] 이처럼 의결권 차등 비율은 회사마다 매우 다양하다.

---

23) Winden, 앞의 논문 각주 12, 6면.
24) 각주 16 참조.
25) CFA Institute, 앞의 보고서 각주 19, 61면.
26) Winden, 앞의 논문 각주 12, 11면 각주 28.

4. 사적 질서 형성(private ordering)에 의한 비효율성 완화 조항

미국에서는 IPO 시 회사가 자발적으로 차등의결권주식의 비효율을 완화하기 위한 조항을 두는 경우가 많다. 상장규정으로 강제하는 것이 아니라 사적 질서 형성에 의하다 보니 이러한 조항을 둘 것인지 여부와 그 내용이 회사마다 차이가 있고, 시대에 따라 유형이 변화하기도 하는 등 매우 다양한 형태와 내용의 조항이 이용되고 있다.

(1) 일몰조항

일몰조항(sunset clause)이란 일정 기간 또는 일정 사실이 발생하는 경우에 복수의결권주식이 일반주식으로 자동전환되도록 하는 조항이다. 즉 일반주식에 비하여 가중하여 인정된 의결권이 소멸하는 것이다. Winden (2018)에 의하면 표본회사 중 2000년 이전에 공개한 회사는 36%만이 일몰조항을 두었는데, 2000년 이후 공개한 회사에서는 64%가 이 조항을 두고 있었다.[27] 일몰조항의 유형도 매우 다양하다.

가. 기한부 일몰조항(time based sunset)

이 조항은 IPO 이후 일정 기간이 경과하면 원칙적으로 높은 의결권 주식이 낮은 의결권 주식으로 전환되는 유형이다. 대개는 기한이 도래하였을 때 높은 의결권 주식에 대해서도 일반주식과 동일한 수의 의결권만 행사하도록 한 주주총회의 승인을 얻으면 차등의결권 구조를 연장할 수 있게 한다. 차등의결권 구조의 연장 여부를 주주총회의 승인이 아니라 뒤

27) Winden, 앞의 논문 각주 12, 13면.

에서 살펴볼 것처럼 높은 의결권주식의 비율이 일정수준 이하로 희석화(dilution)되거나 높은 의결권 주식의 수가 IPO 당시보다 감소(divestment)하는 경우에 일몰조항이 발동되도록 설정한 경우도 있다.[28)]

Winden (2018)에 의하면 표본회사 139개사 중 기한부 일몰조항을 둔 회사는 25개사인데, 최근에 규정하는 예가 증가하는 추세이다. 2010년 전에는 표본회사 중 3%만이 규정하였으나, 2010~2017년 상장된 회사의 경우에는 35%, 2017년에는 41%가 이러한 조항을 두고 있다. Winden (2018)과는 다른 데이터세트를 이용한 CII의 통계에 의하면 2017년에 미국에서 IPO를 한 124개사 중에서 차등의결권 구조를 채택한 23개사였는데(19%) 이 중 6개사(26%)가 기한부 일몰조항을 도입하였고, 2018년은 140개사 중 15개사(11%)가 차등의결권 구조였는데, 그중 4개사(33%)가 기한부 일몰조항을 채택하였다.[29)]

Winden (2018)에 따르면 전환예정 기간은 5~25년까지로 다양한데, 2017년까지는 7년이 가장 일반적이었으나, 2017년 공개된 회사들은 10년으로 하는 경우가 많다고 한다.[30)] 2018년 IPO를 한 EVO Payments는 3년을 규정하기도 하였다. 기한부 일몰조항은 둔 회사 중 4개사(Rockwell Automation, Texas Roadhouse, Groupon과 MaxLinear)가 일몰조항이 발동되

28) Winden, 앞의 논문 각주 12, 14면에 의하면 2개사가 이러한 유형의 기한부 일몰조항을 두고 있다고 한다. Ironwood Pharmaceuticals의 기본정관은 2010년 상장된 날로부터 8년 경과 시 높은 의결권 주식이 수권주식의 20%, 발행주식총수의 25% 미만이 되는 경우에는 일반주식으로 전환되도록 하고 있다. 8년 당시에 위 조건이 충족되지 않으면 28년 경과 시 전환되도록 하였다. RingCentral은 IPO 이후 7년 경과 시에 높은 의결권 주식의 주주와 허용된 양수인(창업자의 주식을 양수하였으나 높은 의결권이 유지될 수 있는 예외)이 IPO 당시 보유하고 있던 주식 수의 50% 미만을 보유하는 경우에는 일반주식으로 자동전환되도록 하고 있다.

29) CII, Dual-Class IPO Sanpshot: 2017-2018 Statistics (https://www.cii.org/files/2018Y%20IPO%20Stats%20for%20Website.pdf).

30) Winden, 앞의 논문 각주 12, 14면.

어 단일의결권 구조 회사로 전환되었다.[31)]

나. 사건부 일몰조항(event based sunset)

사건부 일몰조항은 일정 사실이 발생한 경우에 1의결권 주식으로 자동 전환되도록 하는 것이다.

① 높은 의결권 주식 비율 희석화 일몰조항(dilution sunset)

높은 의결권 주식 수의 발행주식총수[32)]에 대한 비율이 일정 비율 아래로 감소하는 경우에 차등의결권이 소멸되도록 하는 규정이다. 높은 의결권 주식 수의 비율 감소는 높은 의결권 주식이 제3자에게 양도됨으로써 일반주식으로 전환된 경우, 종업원 보수, 다른 회사의 인수 또는 추가적 자금조달 등을 위해 낮은 의결권의 주식을 발행하는 경우 등에 발생한다. 표본 중 48개사(그중 8개사는 2000년 이전에 IPO)가 이 조항을 두고 있다. 48개사 중 54%가 비율을 10%로 정하고 있다. Yelp는 이 조항이 적용되어 2016년 단일의결권 구조로 전환되었다.[33)]

② 높은 의결권 주식수 감소 일몰조항(divestment sunset)

이 조항은 두 가지 유형이 있는데 (i) 높은 의결권의 주식의 수가 일정 수 아래로 감소하는 경우 또는 (ii) 창업자 주주가 소유한 높은 의결권 주식을 일정 비율 이상 매각한 경우 발동되는 조항이다. 위의 희석화 일몰조항은 일반주식에 대한 상대적 비율 감소의 경우에 발동되는 것인데 반하여, 주식수 감소 일몰조항은 높은 의결권 주식의 절대 수만을 기준으로 판단한다는 점에서 차이가 있다. 주식수 감소 일몰조항의 경우에는 일반주식이 많이 발행되어 창업자주주의 지분비율이 떨어지는 경우에도 자

31) Winden, 앞의 논문 각주 12, 14면.
32) 이는 outstanding share로 발행주식총수 중 금고주를 제외한 주식을 말한다. 이하 같다.
33) Winden, 앞의 논문 각주 12, 15면.

신의 높은 의결권 주식을 매각하지 않고 계속 보유하는 한 차등의결권의 소멸을 걱정할 필요가 없다.

이 조항은 표본 중 19개사가 채택하였고, 이 중 8개사는 2000년 이전에 IPO한 회사이다. 주식수 감소 일몰조항이 발동되는 기준은 회사마다 차이가 있는데, (i) 유형의 경우 가장 낮은 비율은 증권신고서 제출 당시 높은 의결권 주식 수의 2% 밑으로 감소한 경우이고(Forest City Enterprises), 가장 높은 비율은 47.5%(Ford Motor Company) 이다. 4개사는 (ii) 유형을 채택하였는데, 창업자 주주가 소유한 높은 의결권 주식이 IPO 당시 소유 주식 수에 비하여 0~40% 사이[34]로 정해진 비율로 감소하면 발동되는 것으로 하고 있다.[35]

③ 창업자의 사망 또는 직무능력상실(incapacity) 일몰조항

높은 의결권 주식의 소유자가 자연인인 경우 소유자의 사망 또는 직무능력 상실(incapicity) 시 낮은 의결권 주식으로 자동전환되는 조항이다. 이러한 조항은 2000년 이전에는 흔치 않았다. 2000년 이전에 상장을 한 44개사 중 2개사(5%)만이 이런 조항을 두고 있었는데, 2000년 이후 증가하여 2010년까지는 22%, 그후에는 57%의 회사가 이러한 조항을 두고 있다.[36] 이 조항을 규정한 회사는 대개 테크놀로지 회사이다.

④ 창업자의 경영관여중단(separation) 일몰조항

이 조항은 창업자 주주가 회사의 경영에 관여하지 않게 되는 경우에 차등의결권이 소멸되도록 하는 것이다. 표본 중 3개사에서 이 조항을 두고 있다.[37]

---

34) Bandwidth(40%); Fairway Group Holdings(0%); Nutanix(20%); Snap(30%).

35) Winden, 앞의 논문 각주 12, 16면.

36) Winden, 앞의 논문 각주 12, 17면.

37) Winden, 앞의 논문 각주 12, 19면.

⑤ 양도 시 일몰조항(transfer sunset)

높은 의결권주식을 양도하는 경우에는 그 주식이 일반주식으로 자동전환되도록 하는 조항이다. 2000년 이전에는 높은 의결권 주식의 양도에 별다른 제한을 하지 않는 것이 일반적이었다. 44개사 중 30개사에서 높은 의결권 주식 양도에 제한이 없었다.[38] 그러나 2004년 Google이 양도 시 일몰조항을 규정한 이후 이 조항을 규정하는 것이 일반적인 현상이 되었다. Google 이후 IPO를 한 84개사 중 14개사만이 양도 시 일몰조항을 두지 않았는데, 이 회사들은 대부분은 높은 의결권 주식이 상장되었거나,[39] 또는 원래 소멸조항을 두지 않은 회사에서 분사된 경우였다.[40] 이는 불가피한 경우를 제외하고는 대개 이 유형의 일몰조항을 둔다는 의미이다.

양도 시 일몰조항에서는 차등의결권이 소멸하는 양도의 범위를 제한하여 예외를 인정하기도 한다. 창업자의 가족이나 그 가족과 관련된 단체에 대한 양도를 예외로 하는 것이 전형적인 형태이다.[41] 수인의 창업자가 있는 경우 다른 창업자에 대한 양도를 예외로 함으로써 한 창업자가 양도를 하는 경우에도 공동창업자 그룹이 계속하여 지배력을 가질 수 있도록 하기 위한 것이다.[42] 이와 유사한 논리로 양도인의 지배회사(controlling corporate stockholders)와 같은 특정 주주에 대한 양도,[43] 이러한 예외를

---

38) Winden, 앞의 논문 각주 12, 21면. 10개사는 창업자 가족에게 양도 시에는 제한을 두지 않았으며, 2개사만이 양도 시 낮은 의결권 주식으로 자동전환되도록 하였다.

39) Discovery Communications(2008).

40) Winden, 앞의 논문 각주 12, 20면.

41) 1978년에 상장한 Thyson Foods와 1997년에 상장한 Ralph Lauren Corporation은 가족에 대한 양도를 예외로 하였고 2000년 이후 IPO를 한 회사들에서도 일부 이러한 예를 찾아볼 수 있다. Winden, 앞의 논문 각주 12, 21면.

42) 표본회사 중 Alphabet(과거 Google)을 포함한 6개사가 이러한 조항을 두고 있다. 이러한 창업자를 '핵심주주(key holdrs)라고 부른다. Winden, 앞의 논문 각주 12, 21면.

43) Coty(Berkshire), Fairway Group Holdings Corp(Sterling Advisors), First Data Corporation(KKR), Houlihan Lokey(Orix), Secureworks Corp. Denali Entities 〔Dell〕. Winden,

좀 더 확대하여 특정인이 아니라 다른 높은 의결권 주식의 소유자에게 양도하는 경우를 예외로 하기도 한다.[44] 또한 높은 의결권 주식을 소유하는 주주뿐 아니라 그 주주가 지배하는 단체(entitiy)에 양도하는 것까지도 예외로 하는 경우도 있다.[45]

(2) 지배력 집중의 제한

높은 의결권을 가진 주식의 지배력에 한계를 두기 위하여 추가적인 제한을 하고 있는 회사들도 있다. 예를 들자면 ① 낮은 의결권을 가진 주식의 주주들이 이사의 일정 비율(일반적으로 이사의 15~33%)[46]을 선임할 권한을 부여하는 회사이다.[47]·[48] 이러한 유형은 이사선임 사안 외에서만

앞의 논문 각주 12, 22면.

44) 표본 중 Fairway Group, Groupon과 Inovalon이 이러한 조항을 두었는데, 이 중 Appfolio는 모든 높은 의결권 주식 소유자 모두가 아니라 높은 의결권 주식의 1% 이상을 소유하는 주주에 대한 양도만을 예외로 하였다. Winden, 앞의 논문 각주 12, 22면.

45) Winden, 앞의 논문 각주 12, 22면.

46) Winden, 앞의 논문 각주 12, 12면.

47) CII의 차등의결권 구조 회사 명단에서는 AMC Networks(2011. IPO, 낮은 의결권 주식이 이사의 25% 선임); American Software(1983, 25%); Beasley Broadcast Group (2000, 25%); Scholastic(1992. 이 회사는 1의결권의 A종류주식과 무의결권인 B종류주식을 발행하였는데, 이사선임에 있어서는 B종류주식이 이사의 20%를 선임할 수 있다); United States Cellular(1998. 25%); Universal Health Services(1981. 25%)가 이러한 유형에 속한다.

48) Winden, 앞의 논문 각주 12, 12면에 의하면 이와 같은 방식으로 차등의결권을 제한하는 것은 주로 처음에 AMEX에 상장되었던 회사가 Wang Formula의 적용을 받은 데에서 기인한 것으로 보인다고 한다. NYSE가 1940년 상장규정을 개정하여 공식적으로 무의결권 주식의 상장을 금지한 이후에도 AMEX에서는 상장회사가 일정한 요건을 갖춘 경우에 낮은 의결권의 종류주식을 발행하여 차등의결권 구조로 자본구조를 재편하는 것을 허용하였다. 이러한 조건을 Wang Formula라고 하는데 ① 낮은 의결권을 가진 종류주식의 주주가 이사의 최소 25% 이상을 선임할 수 있을 것, ② 높은 의결권과 낮은 의결권의 차이가 10배 이하일 것, ③ 낮은 의결권을 가진 주주의 의결권을 희석

차등의결권이 적용되도록 하고, 이사선임에 관해서는 차등의결권을 적용하지 않고 임원선해임권부 종류주식제도를 결합시킨 것이라고 볼 수 있다. 그 외 ② 의결권의 수가 다른 차등의결권주식을 발행하면서도 높은 의결권 주식의 주주가 일정 비율 이상의 지배력을 가지지 못하도록 상한을 설정한 경우도 있다.[49] ③ 차등의결권 구조의 회사가 의결권 상한제를 채택한 경우도 있다.[50] 의결권 상한제는 이론적으로는 높은 의결권 주식에만 적용되는 것은 아니지만, 주로 높은 의결권 주식 보유자의 지배력을 제한하는 수단으로 작용할 것이다.

차등의결권의 일시적 제한을 규정하는 경우도 있다. 일반주식과 무의결권주식을 발행한 회사에서, 합병결의에 한해서 무의결권주식이 1의결권을 갖는 것으로 하거나[51] 또는 일반주식과 복수의결권주식을 발행하면서 합병 시에는 복수의결주식도 1의결권을 갖는 것으로 의결권을 제한하는 경우도 있다.[52]

시키는 추가 주식발행이 없을 것, ④ 높은 의결권을 가지는 주식의 비율이 일정 비율 이하로 떨어지면 높은 의결권이 소멸할 것, ⑤ 낮은 의결권을 가지는 주식에 대하여 이익배당 우선권을 부여할 것이 강력히 추천된다는 것이다.

49) BBX Capital(1997)은 A종류주식은 1의결권, B종류주식은 일정한 공식에 따라 다수의 결권을 가지는데(현재는 16.2의결권), A종류주식이 최소 의결권의 22%를 가질 수 있도록 한도를 설정하였다.

50) McCormick & Comapany(1978)는 일반주식과 무의결권주식을 발행하면서, 의결권의 10%를 초과하여 소유하는 경우에는 초과분에 대하여 의결권을 행사할 수 없도록 하고 있고, United Parcel Service(1999)는 일반주식과 복수의결권주식을 발행하면서 주주가 의결권의 25%를 초과하여 지배하는 경우에는, 초과분에 대해서는 1주 1,000분의 1 의결권만을 인정하였다.

51) News Corporation(2013), Visa(1999),

52) Sinclair Broadcast Group(1995), Sonic Automotive(1997).

5. 기한부 일몰조항 의무화 논의

(1) 차등의결권 구조의 선택 이유

차등의결권주식이 효율적인 제도인가에 대해서는 시각 차이가 존재한다. 한편으로는 차등의결권 제도의 사익 편취 위험(expropriation of private benefit)과 참호구축 위험(entrenchment risk) 등을 이유로 상장회사에서 차등의결권주식을 금지해야 한다는 입장과, 반대로 지배력이 집중되면 지배주주가 전문경영인의 대리인 문제를 견제할 수 있고 탁월한 능력을 가진 창업자가 경영권 위협이나 시장의 단기적 성과 압력에서 벗어나 안정적으로 회사를 지배함으로써 기업가치가 증대할 수 있다는 점 및 차등의결권이 인정되지 않으면 유망한 회사들이 IPO를 하지 않을 것이므로 오히려 투자자들의 투자기회가 축소된다는 점 등을 이유로 차등의결권 회사의 상장을 옹호하는 입장도 있다. 차등의결권 구조가 기업성과에 긍정적 영향을 미쳤는지 부정적 영향을 미쳤는지에 관한 실증 연구도 일관된 결론을 내리고 있지 못하다.[53)]

최근에는 차등의결권 구조의 비용과 편익이 혼재하는 경우에 어느 쪽이 더 큰가라는 이분법적 접근방법을 넘어서 논의가 이루어지고 있다. Goshen & Hamdani (2016)[54)]는 투자위험을 분산하지 못하면서도 한 회사에 집중투자를 하여 회사의 지배권을 취득하고자 하는 이유를 기존 학계

---

53) 차등의결권 제도의 효익과 비용에 관해서는 송옥렬, 앞의 논문 각주 8 (상사법연구); 윤영신, 앞의 논문 각주 8 (상사법연구) 참조. 남길남, "차등의결권 논쟁의 주요 흐름과 시사점", 자본시장연구원 이슈보고서 19-07 (2019), 11면에서는 2005년 이후 수행된 38개의 실증분석 연구를 전체적인 방향성에 따라 분류하고 있다.

54) Zohar Goshen / Assaf Hamdani, "Corporate Control and Idiosyncratic Vision", 125 Yale Law Journal, 560 (2016).

의 이론과는 조금 다른 방향에서 설명하고 있다. 기존에는 사적 이익을 편취하기 위해서 또는 경영진을 감독하여 대리인 문제를 완화함으로써 회사가치를 증가시킨 데 대한 보상으로 적절한 수준의 사적 이익 취득을 허용하는 것(optimal reward theory)이라고 설명하여 왔다. Goshen & Hamdani (2016)는 기업가인 경영자는 자신의 독특한 비전(idiosyncratic vision)을 실현하여 시장을 초과하는 성과를 올리기 위해 지배력을 갖고자 한다는 점을 강조하였다.[55] 여기에서 독특한 비전이란 기업가의 사업 아이디어로 반드시 혁신이나 새로운 발명과 관련된 것만을 의미하는 것은 아니고, 기업가가 시장을 초과하는 수익을 얻을 수 있다고 주관적으로 믿는 것을 말한다. 이는 외부자는 확인하거나 검증할 수가 없다. 차등의결권 구조는 기업가와 투자자 사이에는 회사의 사업에 관한 정보의 격차가 존재하거나 설령 정보격차가 존재하지 않더라도 서로 의견이 다른 상황에서 기업가가 투자자의 반대에도 불구하고 자신의 비전을 실현시킬 수 있도록 해준다. 반면 투자자들은 대리인 비용을 최소화하기 위해 지배력을 확보할 필요가 있는바, 차등의결권 제도는 기업가와 투자자가 서로 충돌하는 필요가 균형을 이루는 지배권과 현금흐름권의 배분구조를 채택한 것이라고 한다.

(2) 회사의 생애주기에 따른 차등의결권 구조의 효율성 및 기한부 일몰조항 강제 주장

이처럼 창업자의 독특한 비전 실현을 위한 제도로서의 차등의결권의

---

55) Goshen / Hamdani, 앞의 논문 각주 54는 지배권 추구의 이유를 사적 이익과 연관시키는 것은 미국과 같이 투자자보호법제가 발달한 국가에서도 지배주주가 존재하는 회사가 존재하는 것을 설명하지 못한다고 한다.

필요성이 부각되고, 유망한 회사들의 IPO를 확대하기 위해서는 차등의결권 구조의 상장을 허용하여야 할 현실적 필요성을 무시할 수 없으며, 그동안 차등의결권 구조가 기업성과에 부정적인 영향을 미친다는 실증연구는 주로 전통적인 가족기업이나 강력한 내부자가 지배하는 회사, 미디어 회사 등을 대상으로 한 것인데, 테크놀로지 회사들이 차등의결권 구조를 채택한 것은 최근의 현상이므로 이들 회사에서의 차등의결권 구조의 효용이 제대로 반영되지 않아서 그 유효성에 의문이 있다는 점[56] 등에 기하여 차등의결권 구조 회사의 상장을 둘러싼 논의의 모습이 바뀌게 되었다. 과거에는 단순히 상장을 허용할 것인가 금지할 것인가라는 이분법적 접근을 하였는데, 최근에는 일응 상장을 전제로 하면서 차등의결권에 의한 기업가의 독특한 비전 실현이 기업가치 향상에 기여할 수 있도록 담보하기 위하여 어떠한 대처가 필요한가라는 점을 중심으로 논의가 전개되고 있다.

Bebchuk & Kastiel (2017)[57]은 기한부 일몰조항이 규정된 경우에만 상장이 허용되어야 한다고 주장하였다. 이들은 차등의결권 구조는 IPO 당시에는 창업자의 능력이나 리더십 등으로 인해 효율적일 수도 있지만, 시간이 경과할수록 비용은 증가하고 효익은 감소할 가능성이 있다고 보았다. 경영환경이 역동적으로 변화하고 인간의 특성도 변함에 따라 처음에는 기업가치를 증가시키는 창업자 지배주주도 시간의 경과에 따라 회사의 가치증가에 기여하지 못하게 될 가능성이 크고, 또한 회사에 대한 지배권과 경제적 지분권의 괴리는 대리인비용을 증가시키는 경향이 있기 때문이다. 차등의결권 구조가 비효율적으로 된 경우에 시장의 자기시정

---

56) Berger / Hodrick, 앞의 논문 각주 3, 1면.

57) Lucian A. Bebchuk / Kobi Kastiel, "The Untenable Case for Perpetual Dual-Class Stock", 103 Virginia Law Review 585 (2017); 이 연구 내용에 대한 국내 문헌은 이승희, "차등의결권: 미국의 기한부 일몰조항과 홍콩, 싱가포르 사례", 경제개혁연구소 이슈 & 분석 (2018), 2-6면 참조.

에 의해 그 구조가 해소될 수 있다면 문제가 없지만, 지배권과 경제적 지분권의 괴리가 있는 경우, 특히 지배주주가 회사에 대해 매우 적은 경제적 이해관계만을 가지고 있는 경우에는 차등의결권 구조를 폐지하는 것이 효율적임에도 지배주주가 이를 회피할 유인이 크다. 차등의결권 구조를 폐지함으로써 기업가치가 증가하더라도 그 이익은 일반투자자와 공유하지만, 지배주주는 사적 이익을 상실하기 때문이다. 이들은 또한 차등의결권 구조 회사에의 투자는 사모펀드에의 투자와 유사한 측면이 있는데, 사모펀드 투자관행은 펀드의 존속기간을 영구적으로 하지 않고 GP에게 일정한 기간(대개 10년) 동안만 자산을 관리할 전권을 부여하고 있다는 점에 비추어 보아도 영구적인 차등의결권 구조는 불합리하다고 주장한다. 그러므로 차등의결권 구조에 대한 논의는 ① 차등의결권 구조 회사의 상장을 금지하든지 ② 지배주주의 관계인을 제외한 주주들에 의한 주주총회의 연장승인을 얻지 못하는 한 IPO 후 일정 기간이 경과하면 차등의결권이 소멸하도록 하는 기한부 일몰조항을 둔 경우에만 상장을 허용하여야 할 것인지에 대해 이루어져야 한다고 주장한다.

Bebchuk & Kastiel (2017) 이후 차등의결권 구조가 시간이 경과할수록 기업의 가치증가에 기여하지 못한다는 성과하락가설을 뒷받침하는 후속 실증연구들이 나오기 시작하였다. Cremers, Lauterbach & Pajuste (2018)는[58] 전체 표본 8,555개사의 상장회사 중 1980~2015년 사이에 차등의결권 구조로 상장한 회사들과 이에 대한 대응표본인 단일의결권제 회사 각각 504개사의 기업가치를 비교하였다. 이 연구에서는 IPO 이후 차등의결권 회사의 지배주주의 지배권과 현금흐름권의 격차가 증가하고, 차등의

58) Martijn Cremers / Beni Lauterbach / Anete pajuste, "The Lifecycle of Dual-Class Firms", ECGI Finance Working Paper N°550 / 2018 (2018. 12. 19. https://ssrn.com/abstract=3062895 or http://dx.doi.org/10.2139/ssrn.3062895).

결권 구조 회사의 기업가치가 IPO 후 3년까지는 9% 더 높으나, 4~5년에는 미미한 프리미엄만이 존재하고, 6~8년과 9년 이후에는 각각 8.5%, 9.5% 더 낮았다. 이러한 결과는 IPO 시 차등의결권 구조를 선택할 수 있도록 허용하되 기한부 일몰조항을 두어야 한다는 입장을 뒷받침한다고 결론지었다.

Kim & Michaely (2019)[59]도 1971~2015년 사이의 미국의 920개 차등의결권 구조 회사를 대상으로 조사를 하였다. 이 연구에서는 IPO 이후 12년이 안 된 회사를 '초기(young)' 회사로, 12년 이상 된 회사를 '성숙(mature)' 회사로 나누었다. 연구결과는 초기 회사에서는 차등의결권 구조가 회사의 성과에 부정적 영향을 미치지 않은 데 반하여, 성숙회사에서는 차등의결권 회사의 가치가 단일의결권 회사에 비하여 10% 정도 떨어지는 것으로 나타났다. 또한 시간이 경과할수록 단일의결권 회사보다 차등의결권 회사의 의결권의 프리미엄과 배당성향이 증가하였는바, 이는 대리인 비용이 증가함을 의미한다. 결론적으로 차등의결권 구조는 성숙단계를 넘어가면 순효익이 감소한다. 이러한 결론은 단일의결권 구조로 전환시키는 일몰조항의 필요성을 뒷받침하지만, 미국의 차등의결권 회사의 대부분은 효율적인 일몰조항을 두고 있지 않다고 지적하면서, 일몰조항 중에서도 일반주주의 주주총회 승인으로 연장할 수 있도록 하는 기한부 일몰조항이 바람직하다고 주장하였다.

Baran, Forst & Via (2019)[60]도 2000~2008년 사이에 IPO를 한 회사들

59) Hyunseob Kim / Roni Michaely, "Sticking around Too Long? Dynamics of the Benefits of Dual-Class Voting", ECGI Finance Working Paper N°590 / 2019 (2019. 1. https://ssrn.com/abstract=3245885).

60) Lindsay Baran / Arno Forst / M. Tony Via, "Dual Class Share Structure and Innovation" (2019. 12. 8. https://ssrn.com/abstract=3183517 or http://dx.doi.org/10.2139/ssrn.3183517).

을 대상으로 지배권과 현금흐름권의 괴리와 혁신의 상관관계에 대해 검토하였다. 연구결과는, 내부자의 현금흐름권과 지배권의 괴리와 혁신(특허출원의 수와 질로 평가) 간에 IPO 후 5년간은 정의 상관관계가 있었으나, 그 이후에는 정의 관계가 소멸하였다. 이러한 연구결과는 기한부 일몰조항의 타당성을 뒷받침한다는 것이 결론이었다.

2018년 2월 15일 SEC 위원인 Robert Jackson Jr.가 버클리대학교에서 한 연설에서 잠정적인 조사연구라는 단서를 달기는 했지만 성과하락가설을 지지하는 연구결과를 발표하였다. Jackson은 2001~2016년 사이에 IPO를 한 157개사의 차등의결권 구조 회사를 대상으로 조사를 하였는데, 그중 일몰조항을 둔 71개사가 포함되어 있었다. 이 연구는 영구적 차등의결권 구조 회사와 기한부 일몰조항을 둔 회사의 성과를 직접적으로 비교한 유일한 연구이다.

이 연구에서 IPO로부터 1~2년 경과할 때까지는 영구적 차등의결권 구조 회사와 일몰조항을 둔 회사 간에 기업가치에 차이가 없으나, 3~6년부터 시작하여 7년이 경과하면 영구적 차등의결권 구조 회사가 일몰조항이 없는 차등의결권 구조 회사보다 훨씬 할인되어 거래되었다.[61] 또

---

61) Robert J. Jackson, "Perpetual Dual-Class Stock: The Case Against Corporate Royalty, US SEC Commissioner's Speech" (2018. 2. 15. https://www.sec.gov/news/speech/perpetual-dual-class-stock-case-against-corporate-royalty).

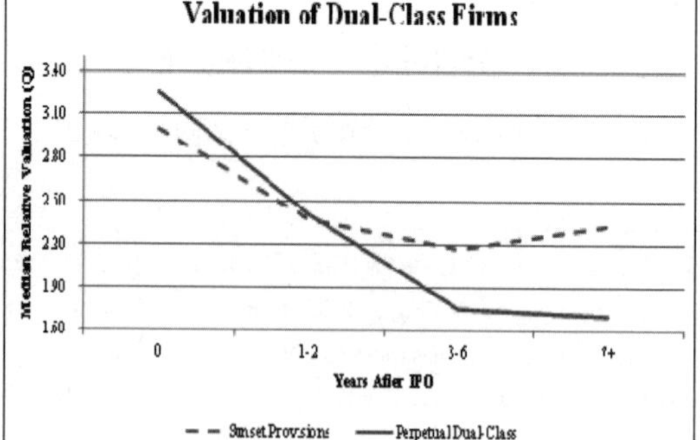

한 IPO 이후 생애주기에 따라 차등의결권 구조를 해소한 회사들은 실질적인 가치증가가 있었다.[62] Jackson은 차등의결권 구조 회사를 주가지수 편입 회사에서 제외하는 것은 성장성 높은 회사에 대한 투자기회가 봉쇄되기 때문에 바람직하지 않고, 그 대신 거래소가 상장규정에서 영구적 차등의결권 회사의 상장을 제한하는 것을 검토할 필요가 있다고 하였다.

또한 기관투자자들의 단체인 CII는 2018년 10월 24일 NYSE와 NASDAQ에 최장 7년 이내로 기간으로 설정된 기한부 일몰조항을 두지 않은 회사의 상장을 금지하라는 청원을 하였고,[63] 2019년 9월 13일 델라웨어주 법조협회와 전미법조협회(American Bar Association. 이하 'ABA')에 회사법을 개정하여 각 종류주식의 주주의 별도의 주주총회에서 연장을 결정하지 않는 이상 차등의결권 구조가 최장 7년 이내에 소멸되도록 할 것을 청원하였으나,[64] ABA와 델라웨어주 법조협회는 기한부 일몰조항을 회사법상 강행규정으로 두는 것에는 반대하였다.[65] Canadian Coalition for Good Governance(이하 'CCGG')는 특정한 시기를 권고하지는 않았지만 정관에서 정해진 적절한 시기에 차등의결권이 해소되어야 한다는 입장을 표명

62) 이러한 결과로 영구적 차등의결권 구조가 낮은 기업가치의 원인이었음을 단정할 수는 없고, 인과관계가 반대일 수도 있다. 생애주기에서 가치가 저하할 회사가 영구적 차등의결권 구조를 택한 것일 수도 있다. Jacson, 앞의 연설문 각주 61, 각주 23.

63) Letter from Ash Williams, Chair, "Council of Institutional Investors, Ken Bertsch, Executive Director, Council of Institutional Investors & Jeffrey Mahoney, General Council of Instituional Investors, to Elizabeth King, Chief Regulatory Officer, Intercontinental Exch. Inc." (2018. 10. 24. http://www.cii.org/files/issues_and_advocacy/correspondence/2018/20181024%20NYSE%20Petition%20on%20Muticlass%20Sunset%20FINAL.pdf).

64) CII의 https://www.cii.org/files/issues_and_advocacy/correspondence/2019/September%2013%202019%20Final%20MBCA%20letter.pdf.

65) https://www.cii.org/dualclass_stock.

하였다.[66] CFA Institute는 5년을 초과하지 않는 기간 내에 복수의결권이 일반의결권으로 자동적으로 전환하는 강제적 일몰조항이 바람직하다는 견해를 표명하였다.[67]

(3) 사적 질서 형성방식에 의한 일몰조항의 규정

그러나 기한부 일몰조항을 강제하는 것에 대해서는 반대하는 견해도 많다. 최근의 실증연구들을 보면 일응 기한부일몰조항이 타당성이 있어 보이지만, 이를 자발적으로 규정하는 것과 강제하는 것은 별개의 문제라고 한다.

우선 기한부 일몰조항의 강제는 모든 회사에 적용될 수 있는 일률적인 기간을 설정하여야 하는데, 이는 오히려 비효율적일 수 있다는 비판이 제기되고 있다. 위에서 살펴본 바와 같이 현재 미국의 IPO에서 자발적으로 규정되고 있는 기간은 천차만별이다. Groupon은 5년, Yelp는 7년, Fibit은 12년, Evo Payments는 3년, 2019년 상장한 Zoom은 15년의 기한을 설정하고 있다. Pinterest는 7년의 기한부 일몰조항을 두면서 복수의결권 주식 소유자의 보유주식이 IPO 당시보다 50% 미만으로 감소한 경우에만 발동되는 것으로 하고 있다. 반면 Lyft는 기한부 일몰조항을 두지 않았다.[68] 기업가의 독특한 비전을 실현하는 데 필요한 시간은 회사가 어느 정도의 성숙단계에 있는 때에 IPO를 하였는가, 사업모델의 지속기간과

---

66) https://admin.yourwebdepartment.com/site/ccgg/assets/pdf/Dual_Class_Share_Policy.pdf.

67) CFA Institute, 앞의 보고서 각주 19, 56면.

68) Jill Fisch / Steven Davidoff Solomon, "The Problem of Sunsets", 99 Boston University Law Review, 1057 (2019), 1080면.

상품과 서비스를 개발하여 출시하는 데 필요한 기간 등에 따라 회사마다 다를 수밖에 없으므로[69] 일률적인 규제는(one size fits for all)는 바람직하지 않다는 것이다.

또한 기한부 일몰조항을 둔 경우에는 기한의 종료 시점이 가까워지게 되면 창업자 지배주주의 도덕적 해이의 문제가 발생한다. 복수의결권주식 소유자/경영자는 과도한 위험부담을 하거나 자기거래 또는 기회주의적 행위, 또는 회사에 대한 시간과 노력 투입을 게을리하거나 아니면 지배권 매각 등 사적 이익을 취득하기 위한 행위를 할 유인이 있다.[70] 차등의결권 소멸이라는 절벽을 앞에 두고 차등의결권 구조의 대리인비용이 급격히 증가하게 되는 것이다. 여기에 대해서는 기업인수 등을 통하여 지배권을 매각하는 경우에 동반매도(coattails) 제도를 통하여 지배권 프리미엄을 취득하지 못하도록 하는 방법도 가능하지만, 이 경우에는 성장성 있는 회사들이 IPO를 회피할 것이라는 점이 문제가 된다.[71]

한편 일반주주의 주주총회 승인으로 차등의결권 구조의 연장을 허용함으로써 일률 규제의 문제를 완화할 수 있다는 주장에 대해서도 일반주주는 차등의결권 구조를 폐지하면 복수의결권 주주로부터 지배권을 이전받게 되는 결과가 되어 이익이 되므로 결의가 왜곡되는 효과가 발생하고, 차등의결권 구조는 일반투자자들이 기업가의 독특한 비전을 평가할 수 없기 때문에 선택된 것인데 연장 결의에서 이를 제대로 평가할 수 있다는 것은 모순이라고 지적한다.[72]

---

69) Fisch / Solomon, 앞의 논문 각주 68, 1082면.

70) Fisch / Solomon, 앞의 논문 각주 68, 1083면.

71) John C. Coffee, Dual Class Stock: The Shades of Sunset, The CLS Blue Sky Blog (2018. 11. 19. https://clsbluesky.law.columbia.edu/2018/11/19/dual-class-stock-the-shades-of-sunset/).

72) Fisch / Solomon, 앞의 논문 각주 68, 1084-1085면.

IV. 거래소 규정에 의한 비효율성 완화 제도

미국에서는 차등의결권 구조 회사가 상장하는 경우 비효율성 완화를 위해 실질적 내용을 제한하는 규제를 하지 않고 공시모델로 접근하는 데 반하여, 최근에 차등의결권 회사의 신규상장을 허용하는 방향으로 전환한 아시아 국가의 주요 거래소는 상장규정에서 일정한 비효율성 완화 제도를 둘 것을 강제하고 있다.

1. 아시아 주요 거래소의 차등의결권 구조 회사의 신규상장 허용

(1) 도쿄증권거래소

일본 회사법은 복수의결권주식을 정면으로 인정하는 것은 아니나 단원주 제도(제188조)를 통하여 실질적으로 동일한 효과를 내고 있다.[73] 도쿄증권거래소는 2008년 7월 상장규칙을 개정하여, 기존 상장회사가 의결권이 더 많은 주식을 발행하는 것은[74] 상장폐지사유로 하였으나,[75] 복수의

---

73) 단원주 제도란 일정한 수의 주식을 하나의 단원으로 묶고 각 단원에 대하여 하나의 의결권을 부여하는 제도를 말한다(일본 회사법 제188~195조). 단원주식은 주식의 종류마다 정할 수 있으므로 예를 들어 A종류주식의 단원 수는 10주, B종류주식의 단원 수는 100주로 하면 차등의결권주식 발행의 효과를 누릴 수 있다. 단원주식수에는 법정 한계가 있는데, 1,000주 또는 발행주식총수의 200분의 1에 해당하는 주식수로 설정되어 있다(일본 회사법 시행규칙 제34조).

74) 일본에서는 단원주 제도를 택하고 있는 관계로 복수의결권주식이란 용어를 사용하지 않고 '의결권이 많은 주식'과 '의결권이 적은 주식'이란 용어를 사용하여 규율하고 있다. 경제적 이익이 동일한 주식에 대해 A종류는 100주를 1단원으로 하고 B종류는 10주를 1단원으로 하면 B종류주식이 경제적 이익보다 의결권을 더 많이 갖게 되므로, B종류주식이 의결권이 많은 주식이 된다.

종류의 의결권부 주식을 발행한 회사가 의결권이 더 적은 주식을 신규상장할 수 있도록 하였다.[76)·77)] 이는 기존 상장회사가 복수의결권주식을 발행하여 자본구조 재편을 할 수는 없지만, 신규상장의 경우에는 차등의결권 구조가 허용된다는 점에서 미국과 동일하다. 다만 미국에서는 의결권이 많은 주식과 의결권이 적은 주식을 모두 상장하는 것이 가능하나, 도쿄증권거래소는 의결권이 적은 주식만을 상장할 수 있도록 한 점은 차이가 있다.[78)]

2014년 3월 외골격 로봇회사인 Cyberdyne사가 도쿄증권거래소 마더즈 시장에 상장한 것이 일본 최초의 차등의결권 구조 회사의 상장이

75) 도쿄증권거래소 유가증권 상장규정 제601조 제1항 제17호에서는 주주의 권리내용 및 그 행사가 부당하게 제한된다고 시행규칙으로 정하는 경우를 상장폐지사유로 규정하고, 시행규칙 제601조 제14항은 ① 이사의 과반수의 선·해임, 기타 중요한 사항에 관하여 종류주주총회결의를 요하는 거부권부 종류주식의 발행(제3호), ② 상장주권을 주주총회 결의사항 중 이사 과반수의 선·해임, 기타 중요한 사항에 관하여 의결권 행사에 제한이 있는 종류주식으로 변경(제4호), ③ 상장주권보다 의결권이 많은 주식(이사의 선·해임, 기타 중요한 사항에 관하여 주주총회에서 1개의 의결권을 행사하는 것이 가능한 수의 주식에 관해 잉여금의 배당청구권 기타 경제적 이익을 받을 권리의 가액 등이 상장주권보다 적은 주권을 말한다)의 발행(제5호)을 규정하고 있다. 다만 이 경우에도 주주와 투자자의 이익을 침해할 우려가 적다고 거래소가 인정한 경우에는 그러하지 아니하다.

76) 도쿄증권거래소 유가증권 상장규정 제205조 제9호2 b. 도쿄증권거래소 상장규정 제205조는 신규상장이 가능한 대상증권을 ① 의결권부 주식 1종류만을 발행한 회사는 당해 의결권부 주식(제9호의2 a), ② 복수의 종류의 의결권부 주식을 발행한 회사에서는 이사의 선·해임, 기타 중요한 사항에 관해 주주총회에서 1개의 의결권을 행사할 수 있는 수의 주식에 관하여 잉여금의 배당청구권, 기타의 경제적 이익을 받은 권리의 가액 등이 다른 각각의 종류의 의결권부 주식보다 높은 종류의 의결권부 주식(제9호의 2 b), ③ 무의결권주식(제9호의2 c)으로 규정하고 있다.

77) 도쿄증권거래소는 기존 상장회사가 의결권이 더 많은 주식을 발행하는 것을 금지하므로, 보통주식만을 발행하고 있는 상장회사가 무의결권주식을 발행하여 추가로 신규상장하는 것은 가능하다.

78) 미국의 예를 보면 차등의결권 구조 회사 중 85%는 복수의결권주식을 상장하지 않고 있다고 한다. 김정호, 앞의 논문 각주 8, 155면.

었고,[79] 현재까지도 유일한 사례라고 한다. 도쿄증권거래소는 Cyberdine사의 상장의 경험에 기초하여 2014년 7월 상장규정을 개정함으로써 상장심사의 기준을 명확하게 하였다.

(2) 홍콩거래소

홍콩은 회사조례에서 회사의 정관에서 달리 정하지 않으면 1주 1의결권을 원칙으로 한다고 규정하고,[80] 모범정관규정에서 회사는 정관에 의결권의 수가 차이가 나는 서로 다른 종류의 주식을 발행할 수 있음을 정할 수 있다고 규정하고 있다.[81]

차등의결권 구조 회사의 상장에 관해서 홍콩거래소는 과거에는 이를 허용하였다가, 1989년 메인보드 시장의 상장규정 제8.11조를 통해 기존 상장회사의 복수의결권주식 발행뿐 아니라 차등의결권 구조 회사의 신규 상장까지도 전면적으로 금지하였다.[82]

그러나 2014년 9월 IPO 사상 최대규모라는 중국의 Alibaba사의 IPO가 홍콩거래소가 아니라 NYSE에서 이루어진 것에 대한 충격으로 홍콩거래소의 국제적인 금융중심지로서의 경쟁력 제고와 중국 회사들, 특히 차등의결권 구조 회사들의 홍콩거래소에의 상장유치[83] 등을 위하여[84] 차등

79) Cybedyne사는 쓰쿠바대학교의 산카이 요시유키 교수가 설립한 외골격 로봇 개발회사로 창업자인 산카이 교수가 2018년 3월 31일 현재 총의결권의 85.3%를 소유하고 있다. Financial Conduct Authority, Discussion Paper: Review of the Effectiveness of Primary Markets: The UK Primary Markets Landscape (2017. 2), 39면.

80) Companies Ordinance (Cap. 622) section 588(3)(a) and (4).

81) Companies (Model Articles) Notice section 50(4).

82) HKEX, Concept Paper: Weighted Voting Rights (2014. 8), 28면.

83) 2014년 5월 31일 기준으로 102개의 중국회사가 홍콩이 아니라 미국(NYSE나 NASDAQ)에 최초 상장을 하였는데, 이 중 반 이상이(56%) 2010년 이후 상장하였고,

의결권 회사의 상장 허용 여부에 대해 검토하기 시작하였다. Alibaba사는 처음에는 홍콩거래소에서 주식상장을 검토하였으나, 차등의결권 구조로 주식을 상장하는 것이 금지되어 있었기 때문에 포기하고 결국 NYSE에 주식을 상장하기에 이르렀기 때문이다. 여러 차례의 입법의견수렴(consultation) 절차를 거친 끝에 홍콩거래소를 2018년 4월 30일 상장규정을 개정하여 일정한 요건하에 차등의결권 구조 회사의 신규상장을 허용하였다.

2019년 5월 31일까지 입수가능한 자료에 따르면 상장규정 개정 이후 2018년 7월 Xiaomi사가 최초로 차등의결권 구조로 상장하였고, Meituan Dianping사가 상장을 하여 현재 2개사의 상장이 이루어진 상황이고, NYSE에 상장한 Alibaba사는 최근 홍콩거래소에도 상장할 것을 검토하고 있다.[85)]

(3) 싱가포르거래소

싱가포르는 비공개회사에서는 복수의결권주식 발행에 대해서 제한이 없었으나 공개회사에서는[86)] 「신문과 출판 법(Singapore Newspaper and Printing Act)」에 따라 언론사가 발행한 경영자주식의 경우를 제외하고는,

---

3분의 1 정도(29%)가 복수의결권주식 구조의 회사였다. HKEX, 앞의 보고서 각주 82, 7-8면.

84) HKEX, 앞의 보고서 각주 82, 29-37면.

85) Hong Kong Exchange, Market Statistics 2018 (2018. https://www.hkex.com.hk/-/media/HKEX-Market/MarketData/Statistics/Consolidated-Reports/Annual-Market-Statistics/2018-market-statisitcs.pdf).

86) 과거에는 공개회사와 그 자회사에서는 복수의결권주식을 발행할 수 없도록 하였으나, 2003년 회사법 개정으로(2003. 5. 15. 시행) 공개회사의 자회사에서는 복수의결권주식을 발행할 수 있도록 하였다. SGX, Consultation Paper: Possible Listing Framework for Dual Class share Structure (2017. 2. 16).

일반주식은 1주에 1의결권을 가진다고 규정하고 있었다〔Companies Act Section 64(1)〕. 그러나 2012년 영국 축구팀 Manchester United가 차등의결권 구조 상장 허용 문제 때문에 싱가포르거래소가 아니라 NYSE에 상장한 것을[87] 계기로 금융허브로서의 경쟁력 유지 차원에서 차등의결권 구조 회사의 상장 허용 여부에 대한 검토가 진행되었다.

싱가포르는 2014년 10월 회사법을 개정하여[88] 공개회사에서도 정관에서 규정하는 경우에는 무의결권이나 복수의결권과 같이 의결권이 서로 다른 종류의 주식을 발행할 수 있도록 허용범위를 확대하였고〔Companies Act 64(A)〕, 마침내 2018년 6월 26일 싱가포르거래소는 Main Board Rules를 개정하여 차등의결권 구조 회사의 primary 상장을 허용하였다.[89] 2019년 5월 31일 현재 아직 싱가포르에는 차등의결권구조회사의 주식이 상장된 예가 없으나,[90] FWD 그룹 등의 몇몇 회사가 상장을 검토하고 있다고 한다.[91]

---

87) S. Davidoff Solomon, In Manchester United's I.P.O., A Preference for American Rules, in Dealbook New York Times (2012. 7. 10. https://dealbook.nytimes.com/2012/07/10/in-manchester-uniteds-i-p-o-a-preference-for-u-s-rules/?_r=0).

88) The Companies (Amendment) Bill(No.25 / 2014, 2016. 1. 시행).

89) 싱가포르 상장규정 개정 경과에 관해서는 SGX, Consultation Paper: Possible Listing Framework for Dual-Class Share Structure (2017. 2. 16); SGX, Consultation Paper: Proposed Listing Framework for Dual Class Share Structure (2018. 3. 28); SGX, Response to Comments on Consultation Paper: Proposed Listing Framework for Dual Class Structures (2018. 6. 26); 문준우, "싱가포르 공개회사의 차등의결권주식", 금융법연구 제14권 제2호 (2017), 123-126면 참조.

90) Aurelio Gurrea-Martinez, "Theory, Evidence, and Policy on Dual-Class Shares: A Country Specific Response to a Global Debate", Ibero-American Institute for Law and Finance Working Paper Series 3 / 2019 (2019), 주 78의 본문(https://pdfs.semanticscholar.org/b878/c7555aca30d33c15865892f54726d7ce4a74.pdf?_ga=2.213819414.320015813.1585896370-129844016.1581930411).

91) Bloomberg, FWD Eyeing Dual-Class IPO Here: Sources, 1 Aug 2018 (https://www.straitstimes.com/business/companies-markets/fwd-eyeing-dual-class-ipo-here-s

(4) 상하이거래소

중국은 원칙적으로 복수의결권주식 발행 자체를 허용하지 않는 입법유형이다. 중국 회사법은 주식회사는 1주 1의결권을 원칙으로 하고(제104조), 동일한 종류의 주식은 동일한 권리를 가진다고 규정하고 있다(제127조). 다만 회사법 제131조는 국무원(State Council)이 종류주식 발행회사에 대하여 규정할 수 있다고 한다. 따라서 국무원이 적법한 종류주식이라고 인정하면 예외적으로 복수의결권주식을 발행하는 것이 이론적으로 가능하지만 실제로 발행된 예는 없었고,[92] 차등의결권 구조 회사의 상장도 당연히 불가하였다.

그러나 중국에서도 중국 유니콘 기업들의 상장을 유치하기 위해 상장제도 개선을 검토하게 되었다. 2014년 5월 현재 미국 거래소에 주식을 상장한 102개의 중국 회사 중 대략 3분의 1 정도가 차등의결권구조의 회사이고, 이 3분의 1의 시가총액이 미국에 상장된 회사의 시장총액의 70%에 달한다.[93] 이러한 회사들을 중국의 거래소로 유치하기 위하여 차등의결권 구조 회사의 상장을 허용할 필요가 있다는 것이다,

2018년 11월 5일 중국의 시진핑 주석은 상하이거래소에 허가가 아니라 등록(registration) 방식에 기반한 STAR Market(Science and Technology Innovation Board)을 개설하고[94] 거기에서 차등의결권구조의 테크놀로지

ources).

92) Fei Gao, "Rethinking Dual Class Share Structure in the Context of China" (September 10, 2019), The Comapny Lawyer, 2019, 6-7면(https://ssrn.com/abstract=3480313 or http://dx.doi.org/10.2139/ssrn.3480313).

93) Yu-Hsin Lin, "Controlling Controlling-Minority Shareholders: Corporate Governance and Leveraged Corporate Control", 2017 Columbia Business Law Review 453 (2017), 468면(https://ssrn.com/abstract=3145209 or http://dx.doi.org/10.2139/ssrn. 3145209).

94) President Xi's Keynote Speech at the First China International Import Expo, Xinhuanet

기업의 IPO를 허용할 것이라는 방침을 밝혔고,[95] 2019년 7월 22일 상하이 거래소에 STAR Market(科創板)이 개설되었다. 그리고 2020년 1월 20일 상하이에 근거한 UCloud Technology사가 최초로 차등의결권 구조로 상장하기에 이르렀다.[96]

2. 차등의결권 구조의 비효율성 완화 조항

(1) 도쿄증권거래소

차등의결권 구조의 내용에 대해서 도쿄증권거래소는 「상장심사 등에 관한 가이드라인」을 정하여 실질적 규제를 하고 있다. 가이드라인에서는 상장심사의 원칙으로 '주주의 권리내용 및 행사가 부당하게 제한되지 않을 것'을 제시하고,[97] 무의결권 주식 또는 의결권이 적은 주식의 신규상장 신청 시에는 다음 요건을 갖추어야 한다고 규정하고 있다.[98]

① 의결권이 많은 주식에 의해 특정한 자가 경영에 계속적으로 관여하는 것이 '주주 공동의 이익을 위하여 필요'하고 그 구조가 당해 필요성에 비추어 의결권이 많은 주식을 부당하게 유리하게 취급하지 아니하는 '상당성'이 있을 것.[99] 이 경우 (i) 필요성이 소멸한 경우 및 (ii) 극히 적은

(5 November 2018, http://www.xinhuanet.com/world/ciie2018/jbhkms/ index.htm).

95) Measures for the Administration of the Registration of IPO Stocks on the Science and Technology Innovation Board (Trial implementation. ≪科創板首次公開發行股票註冊管理辦法(試行)≫), Issued by the CSRC (1 March 2019).

96) Rich Zhu, STAR Debut Success for Dual-Class UCloud, SHINE (2020. 1. 20. https://www.shine.cn/biz/finance/2001200225/). UCloud의 창업자들은 19.40%의 경제적 지분을 가지나, 54.61%의 의결권을 가진다.

97) 가이드라인 II.6.(1).

98) 가이드라인 II.6.(4).

출자비율로 회사를 지배하는 상황이 생기면 무의결권 주식 또는 의결권이 적은 주식 구조가 폐지된다는 취지가 정관에 적절히 기재되어야 하고 (iii) 의결권이 많은 주식의 양도 시 의결권이 적은 주식으로 자동전환되는 뜻이 정관에 적절히 기재되어야 한다. ② 의결권이 많은 주식을 이용하는 주된 목적이, 신규상장신청자의 이사지위의 보전이나 매수방위책이 아닐 것,[100] ③ 의결권이 많은 주식의 이용 목적, 필요성 및 그 구조가 상장신청서류에 적절히 기재될 것,[101] ④ 의결권이 많은 주식의 주주가 신규상장신청인의 이사 등이 아닌 경우에는 (i) 의결권이 많은 주식의 주주의 의결권 행사 목적과 방침이 당해 필요성에 비추어 적절하고, 상장신청서류에 적절히 기재될 것, (ii) 신규상장신청인의 기업집단과 의결권이 많은 주식 등의 주주(신규상장신청인의 모회사 등일 경우에 한한다)의 기업집단 간에 원칙적으로 사업내용의 관련성, 인적 관계 및 거래관계가 없을 것,[102] ⑤ 서로 다른 종류의 주주 사이에서 이해가 대립하는 상황이 발생하는 경우에 당해 신규상장신청인의 주주가 부당하게 손해를 입지 않기 위한 보호 방책을 취하는 것이 가능함이 인정될 것,[103] ⑥ 신규상장

99) 가이드라인 II.6.(4) a.
100) 가이드라인 II.6.(4) b.
101) 가이드라인 II.6.(4) c.
102) 가이드라인 II.6.(4) d.
103) 가이드라인 II.6.(4) e. 일본 회사법에 따르면 어떠한 종류주식의 종류주주에게 손해를 미칠 우려가 있는 때에는 그 종류의 종류주주총회의 결의를 요한다(제322조 제1항). 그러나 주식종류의 추가, 주식내용의 변경, 발행가능주식총수 또는 발행가능종류주식총수의 증가 등에 관한 정관변경(단원주식수에 관한 것은 제외)에 대해서는 정관에 규정이 있으면 종류주주총회를 배제할 수 있다(일본 회사법 제322조 제2~3항). 따라서 단원주식'수'에 관한 정관변경을 하는 때에는 종류주주총회를 배제할 수 없지만, 단원주식의 다른 내용에 대한 정관변경에 대해서는 종류주주총회를 배제할 수 있다. 그러므로 '의결권이 적은 주식'을 보유한 종류주주들의 권리가 침해되기 쉽기 때문에 종류주주총회를 배제하는 경우 주주를 보호하기 위한 조치를 상장요건으로 규정한 것이다. 우리 상법에는 종류주주총회의 배제를 허용하는 규정이 없기 때문에

신청인이 (i) 모회사, (ii) 지배주주 및 그 근친자, (iii) 위의 (ii)의 자가 의결권의 과반수를 자기의 계산으로 소유하고 있는 회사 및 그 회사의 자회사와의 거래를 행할 때 소수주주의 보호 방책을 취하는 것이 가능하다고 인정될 것.[104]

도쿄증권거래소는 차등의결권 회사의 신규상장에 관하여 완전한 공시주의에 의하는 것은 아니고 어느 정도 실질규제를 하고 있지만, 뒤에서 살펴볼 홍콩거래소나 싱가포르거래소에 비하여 보다 추상적인 기준을 제시하고 제한도 완화되어 있는 것으로 보인다. 다만 관계인 거래에 대한 우려에 기한 제한이 규정되어 있는 점이 특징이다.[105]

(2) 싱가포르거래소와 홍콩거래소의 비효율성 완화 조항

홍콩거래소와 싱가포르거래소는 차등의결권 구조 회사의 상장 허용 여부에 관해 검토하면서 차등의결권 구조의 위험성을 우려하여 상장규정에 여러 가지의 세이프가드를 규정하였다.

가. 규모

홍콩거래소는 일반적인 상장신청인의 규모 요건과 달리 차등의결권 구조 회사에 대하여 별도의 규모 요건을 두고 있다.[106] 그 요건은 (i) 상장 시 예상 시가총액이 HK$ 40billion(약 6조 2,000억 원)이거나, (ii) 예상 시가총액이 HK$10 billion(약 1조 6,000억 원) 이상이고, 최근 감사된 회계연

불필요한 요건이다. 김순석, 앞의 논문 각주 8, 236면 각주 40.

104) 가이드라인 II.6.(4) f.

105) 135면 〈표 1〉 아시아 거래소의 차등의결권 상장에 대한 규율 비교 참조.

106) HKEX Mainboard Listing Rules 8A.06.

도의 매출액이 HK$1 billion(약 1,600억 원)이다. 이는 '확실히 자리를 잡고 저명한' 회사만이 차등의결권 구조로 상장할 수 있음을 의미한다.[107)]

반면 싱가포르거래소는 차등의결권 구조 상장을 위한 별도의 규모요건을 규정하고 있지 않다.[108)] 상장규정 개정 당시 시가총액 요건 규정을 검토하였으나 입법의견 수렴 시 다수의 응답자가 상장대상회사의 요건을 강화하는 것에 반대하여 일반상장요건만이 적용되게 되었다.[109)] 홍콩거래소에 비하여 규모 면에서는 훨씬 더 완화된 기준이 적용된다.

나. 적합성

홍콩거래소나 싱가포르거래소 모두 위와 같은 양적 규모 기준 외에 상장신청인이 차등의결권구조 상장에 적합함(both eligible and suitable)을 입증할 것을 요구하는데,[110)] 구체적으로 어떠한 요소를 기준으로 적합성을 판단할 것인가가 차이가 있다.

① 홍콩거래소는 적합성의 판단기준에 대한 해석지침(HKEX Guidance Letter)에서 적합성 여부 판단에 고려하여야 할 요소를 제시하고 있다.[111)]

---

107) HKEX, 앞의 보고서 각주 82, 34면.

108) 따라서 SGX 상장규정 제2장 210(2)의 일반적 상장요건만 갖추면 되는데, ① 최근 사업연도의 연결 세전 이익이 최소 S$30 million(약 255억 원)이고 3년 이상 사업을 하였을 것, ② 최근 사업연도에 이익이 있고, 최소 3년 이상 사업을 하였으며, 시가총액이 S$150 million(약 1,300억 원) 이상일 것, ③ 최근 사업연도에 영업매출이 있고 시가총액이 S$300 million(약 3,000억 원) 이상일 것 중 하나에 해당하면 된다. 홍콩이 훨씬 규모가 큰 회사로 상장을 제한하고 있음을 알 수 있다.

109) Robin Hui Huang / Wei Zhang / Kelvin Siu / Cheung Lee, "The (Re)introduction of Dual-Class Share Structure in Hong Kong: A Historical and Comparative Analysis", 20 Journal of Corporate Law Studies 121 (2020), 17면(https://ssrn.com/abstract=3245885).

110) HKSE Mainboard Listing Rules 8A.04; SGX 상장규정 210(10)(b)(SGX 상장규정에서는 'suitable'하여야 한다고 규정하고 있다).

111) HKEX-GL93-18 2.2. 그러나 해석지침상의 요소를 증명하는 것 자체로 적합성 요건을

첫째, 홍콩거래소는 차등의결권 구조로 상장할 수 있는 회사는 '혁신회사(innovative company)'로 한정한다.[112] 여기에서 혁신회사란 다음 중 한 가지 이상의 특징을 갖춘 회사를 말한다. (가) 회사의 핵심 사업에 (i) 신기술, (ii) 혁신 그리고/또는 (iii) 기존회사와 차별되는 새로운 사업모델이 적용된 점이 회사의 성공요인임이 입증되었을 것, (나) 회사의 기대가치 창출이 주로 연구개발(R & D)에 의존하고 연구개발이 회사의 활동 및 비용의 주요부분을 차지할 것, (다) 회사의 고유한 특징이나 지적재산권이 회사의 성공요인임이 입증되었을 것, (라) 회사의 유형자산의 가치에 비하여 시가총액 및 무형자산의 가치가 현저히 높을 것이다.[113]

다음으로 상장을 신청하는 회사가 높은 성장률(high business growth)을 기록했고, 그러한 추세가 계속될 것이라는 점을 입증해야 한다. 성장률은 영업, 사용자, 고객, 판매량, 매출액, 이익 및/또는 시장가치와 같은 운영지표에 따라 객관적으로 측정될 수 있다.[114]

둘째, 복수의결권주식의 예정 소유자의 회사 성공에의 기여 및 역할에 관한 요건을 규정하고 있다. 회사의 가치가 주로 무형의 인적 자본에 의존하는 상황에서 복수의결권주식을 소유하게 될 자가 자신의 기술, 지식 및/또는 전략 방향의 설정을 통하여 사업의 성공에 대하여 실질적으로 기여했어야 한다.[115] 또한 복수의결권주식을 소유하게 될 자가 회사의 사

충족하는 것은 아니고, 거래소는 상장신청을 거부할 수 있는 재량이 있다.

112) HKEX-GL93-18 4.2.

113) HKEX-GL93-18 4.2. 거래소는 각 사안별로 사실과 상황을 검토하여 신청인이 혁신회사인지를 입증하였는가를 결정한다. 신기술을 전통적인 사업에 피상적으로 적용하는 것만으로는 여기에서 말하는 혁신성을 입증할 수 없다. 그러므로 예를 들어 거래소는 온라인 판매 플랫폼을 이용하여 소매업을 영위하는 신청인은 별도의 특징을 입증하지 못하면 가중의결권 구조로 상장하기에 적합하지 않다고 판단할 수 있다.

114) HKEX-GL93-18 4.3.

115) HKEX-GL93-18 4.4.

업에서 적극적인 업무집행자의 역할을 담당하여 사업의 계속적 성공에 실질적으로 기여한 개인이어야 하고, 각자가 상장 당시 이사여야 한다.[116)]

또한 홍콩거래소는 복수의결권주식 소유자가 최초 상장 당시 상장신청인 회사의 자본금의 최소 10% 이상에 해당하는 경제적 이익을 보유할 것을 요건으로 한다.[117)] 다만 복수의결권주식 소유자의 경제적 지분 소유비율이 자본금의 10% 미만이더라도, 그 절대금액이 거액인 경우[예를 들어 최초 상장 시 신청인의 예상시가총액이 HK$80 billion(약 13조 1,000억 원) 이상인 경우]에는 거래소가 고려하는 것이 적합하다고 생각하는 신청인의 다른 요인들을 고려하여 사안별로 상장을 허용할 수 있다.[118)] 반면 싱가포르거래소는 이러한 요건을 규정하고 있지 않다.

셋째, 신청인에 대한 외부평가로서 신청인에 대한 전문투자자의 투자실적 여부를 고려한다. 상장신청인은 최소한 하나 이상의 전문투자자(금융기관 등)를 포함한 제3자로부터 단순히 명목적인 투자를 넘어서는 유의미한(substantial) 투자를 받은 실적이 있어야 하고, 이러한 투자자가 상장 당시 투자액의 50% 이상을 상장후 6개월간 보유하여야 한다.[119)]

② 싱가포르거래소는 향후 차등의결권 구조 상장신청을 받은 후 검토를 거쳐 적합성 판단에서 고려하여야 할 요소에 관한 상장규정과 해석지침을 발표할 것임을 밝히면서,[120)] 일단 도입 초기 단계에서 고려할 요소들을 제시하였다.[121)]

---

116) HKEX-GL93-18 4.5 (a).

117) HKEX Mainboard Listing Rules 8A.12.

118) HKEX Mainboard Listing Rules 8A.12 Note.

119) HKEX-GL93-18 4.6.

120) Huang / Zhang / Siu / Lee, 앞의 논문 각주 109, 18면.

121) SGX, Consultation Paper: Proposed Listing Framework for Dual Class Share Structures (2018. 3. 28), 2면.

첫째, 회사의 특성 및 실적에 관해서는 홍콩거래소와 같이 명시적으로 '혁신회사'로 제한하지는 않았으나 회사의 사업모델(예를 들면 빠른 속도로 성장할 것이 예상되는 개념화된 장기 계획을 가졌는지 여부)과 회사나 회사가 속한 그룹의 영업실적 등을 고려할 것임을 밝혔다.

둘째, 싱가포르거래소 역시 복수의결권주식 예정 소유자가 신청 회사의 성공에 기여 하였는가와 사업에서 얼마나 적극적으로 역할을 했는가를 고려한다. 싱가포르거래소는 복수의결권 소유자는 책임이사(responsible director)로 선임되어야 한다고 규정함으로써[122] 이를 상장 시 적합성 요건에서 고려요소로 할 뿐 아니라 상장 이후에도 계속 충족시켜야 하는 요건으로 명시하고 있다. 다만 홍콩거래소는 복수의결권주식을 소유하게 될 자를 자연인으로 제한하고 있는 데 반하여,[123] 싱가포르거래소는 그룹 보유 개념을 인정함에 따라 이에 대한 규정이 추가되어 있다. 싱가포르거래소 상장규정에 따르면 상장 당시 복수의결권주식의 소유자를 특정하여야 하는데, 복수의 자연인이나 단체(entity)가 소유하는 것을 허용할 수 있고 이를 '허용된 보유자 그룹(permitted holder group)'이라고 한다. 상장 시 허용된 보유자 그룹의 범위가 특정되어야 하고 상장 이후 추가할 수 없다.[124] 복수의결권주식을 허용된 소유자 그룹이 보유하는 경우에는 그룹을 대표하는 1인의 책임이사가 선임되어야 하고, 거래소는 다른 사람

---

122) SGX Mainboard Listing Rules 210(e)(i).

123) HKEX-GL93-18 4.4 (a) 에서는 복수의결권주식의 소유자가 회사의 사업에서 적극적인 업무집행자의 역할을 담당하여 사업의 계속적 성공에 실질적으로 기여한 '개인'이어야 한다고 규정하고 있다. 최근 홍콩거래소는 단체(corporate entities)가 복수의결권주식의 소유자가 될 수 있도록 할 것인지와, 그 경우에 적격 요건에 대한 입법의견수렴(consultation)을 진행하고 있다. HKEX, Consultation Paper: Corporate WVR Beneficiaries (2020. 1).

124) SGX Mainboard Listing Rules 210(10)(c).

을 책임이사로 선임할 것을 요구할 수 있다.[125] 허용된 보유자 그룹이 신탁이나 회사일 때에는 이러한 소유구조를 규율하기 위한 일몰조항이나 기타 안전 장치가 규정되어 있는가를 적합성 판단 시 고려하여야 한다.[126]

셋째, 싱가포르거래소는 전문투자자의 참여를 고려요소로 들고 있으나, 홍콩과 같이 상장 후에도 일정 수준 이상의 투자를 유지할 것을 명시적으로 규정하고 있지는 않다.

다. 복수의결권 소유자의 회사 경영성과에의 계속적인 기여 확보

싱가포르거래소는 복수의결권주식 소유자가 자신이 소유하는 당해 회사의 주식(복수의결권주식뿐 아니라 일반주식도 포함)을 상장 이후 최소한 12개월간은 양도 및 처분하지 않겠다고 거래소와 약정하도록 하고 있다.[127] 이러한 양도 및 처분금지 의무(moratorium)는 복수의결권주식 소유자가 회사에 대한 경제적 이익을 유지하도록 함으로써 복수의결권주식 소유자가 회사의 가치증가에 계속적인 기여를 하도록 하기 위한 조항이다. 홍콩거래소는 양도 및 처분 금지에 관한 규정을 두고 있지 않은 점에서 차이가 있다.

라. 일몰조항

홍콩거래소와 싱가포르거래소 모두 복수의결권이 비효율적인 상황에서 차등의결권을 소멸시키는 조항을 강제하고 있다. 상장 당시에는 복수의결권주식의 소유자가 당해 회사의 성공에 기여하는 경우에도 이러한 관계가 계속 유지된다는 보장은 없다. 따라서 이러한 연관관계가 소멸하

---

125) SGX Mainboard Listing Rules 210(e)(ii).
126) Huang / Zhang / Siu / Lee, 앞의 논문 각주 109, 18면.
127) SGX Mainboard Listing Rules 229A.

게 되는 경우에는 복수의결권도 소멸하도록 할 필요가 있기 때문이다.

미국에서 사적 질서 형성에 의할 것인가 아니면 상장규정으로 강제할 것인가가 논란이 되고 있는 기한부 차등의결권 소멸조항(time based sunset)은 양 거래소가 모두 강제하지 않았으나, 일정한 사건부 일몰조항은 규정하여야 한다.

① 사망, 직무능력 상실, 퇴임 시 일몰조항

홍콩거래소는 상장 이후 복수의결권주식 소유자가 (i) 사망한 경우, (ii) 이사직에서 종임된 경우, (iii) 이사로서의 직무능력을 상실하였다고 거래소가 판단한 경우, (iv) 상장규정상의 이사의 요건을 충족시키지 못한다고 거래소가 판단한 경우에[128] 차등의결권이 소멸한다고 규정하고 있다.[129] 차등의결권의 소멸이란 일반주식에 비하여 가중되어 인정된 의결권이 소멸한다는 의미로서, 복수의결권주식 1주가 1의결권의 일반주식 1주로 자동전환됨을 의미한다.[130]

싱가포르거래소는 책임이사의 직에서 종임된 경우에 복수의결권이 소멸하는데, 종임이란 사망, 직무능력 상실, 은퇴, 사임 등 원인을 불문한다. 복수의결권주식 소유자는 책임이사가 되어야 하므로, 홍콩거래소와 (iv)를 제외하고는 실질적으로 동일한 소멸사유를 규정한 것으로 볼 수 있다. 허용된 보유자 그룹의 경우에는 그 그룹을 대표하는 새로운 책임이사를 선

---

128) 홍콩거래소는 복수의결권주식 소유자가 ① 사기 또는 부정직 관련 범죄로 유죄판결을 받았거나 받은 적이 있는 경우, ② 법원에 의해 이사자격 상실명령을 받은 경우, ③ 상장규정 8A.15(상장회사의 행위로 발행회사의 주식 수가 감소한 경우 복수의결권주식수를 비례적으로 감소시킬 의무), 8A.18(복수의결권주식의 양도), 8A.24(차등의결권의 일시적 제한)를 위반한 경우에는 이사지위에 비례하는 성실성을 갖추지 못하였으므로 이사의 요건을 충족시키지 못한다고 본다(HKEX Mainboard Listing Rules 8A.17 Note 1).

129) HKEX Mainboard Listing Rules 8A.17.

130) HKEX Mainboard Listing Rules 8A.21.

임할 수 있고, 그 경우에는 복수의결권주식이 자동전환되지 않는다.[131)]

② 양도 시 일몰조항

홍콩거래소는 주식에 인정된 복수의결권은 주식의 소유권, 주식에 대한 경제적 이익, 의결권에 대한 지시권을 제3자에게 양도한 경우에 소멸한다고 규정하고 있다.[132)] 유한책임조합, 신탁, 비공개회사 또는 기타 조직(vehicle)에 대한 양도는 상장규정 8A.18(1)(양도 시 일몰조항)을 잠탈하는 것이 아닌 경우에는 예외로 하여, 조직들이 복수의결권주식 소유자를 대신하여 복수의결권주식을 보유할 수 있도록 한다.[133)]

싱가포르거래소도 복수의결권주식이 매매, 기타 양도된 경우에는 차등의결권이 소멸한 일반주식으로 전환된다고 규정하고 있다.[134)] 매매, 기타 양도란 경제적 이익이나 의결권의 양도를 포함한다.[135)] 허용된 보유자 그룹의 경우에는 그 내부자가 아닌 자에게 양도된 경우에 차등의결권이 소멸한다.[136)]

③ 주주총회 승인에 의한 일몰조항 적용 면제

싱가포르거래소는 복수의결권주식도 1의결권을 가지는 방식의 강화된 절차(enhanced voting process)에 따라 주주총회 승인을 받은 경우에는 이

131) SGX Mainboard Listing Rules 210(f)(ii).

132) HKEX Mainboard Listing Rules 8A.18(1).

133) HKEX Mainboard Listing Rules 8A.18(2). 홍콩거래소가 차등의결권이 소멸되지 않는 예외로 인정하는 경우는 ① 이러한 조직이 보유하는 복수의결권주식의 의결권이 복수의결권주식의 수혜자(양도인)의 배타적 지시에 따라 이루어지는 약정이 있는 경우, ② 신탁이 보유하는 경우에는 복수의결권주식의 수혜자가 신탁에 대하여 실질적으로 지배권을 가지고, 신탁에 대한 수익권을 보유한 경우, ③ 비공개회사나 기타 조직이 보유하는 경우에는 복수의결권주식의 수혜자가 당해 조직을 100% 소유하고 지배하는 경우이다. HKEX, Consultation Conclusion: A Listing Regime for Companies from Emerging and Innovative Sectors (2018. 4), §193, 39면.

134) SGX Mainboard Listing Rules 210(f)(i).

135) SGX Mainboard Listing Rules 210(10)(a)(iii).

136) SGX Mainboard Listing Rules 210(f)(ii).

사퇴임 시 일몰조항과 양도 시 일몰조항의 적용을 면제할 수 있다. 이러한 주주총회에서는 복수의결권주식의 양도인과 양수인(양도의 경우), 책임이사(responsible director)와 이들의 관계인(퇴임의 경우)은 의결권을 행사할 수 없다.[137] 그러나 기타 이해관계가 없는 복수의결권주식 소유자의 의결권은 제한되지 않는다. 홍콩거래소는 이와 같은 주주총회 승인에 의한 일몰조항 적용면제 규정을 두고 있지 않다.

마. 복수의결권주식에 의한 지배력 집중의 제한

① 의결권 차등 비율 상한

홍콩거래소는 주주총회결의로 복수의결권주식에 부여할 의결권의 수를 정하는데, 일반주식의 의결권의 10배를 초과하지 못한다.[138] 싱가포르거래소도 마찬가지로 10배를 최대한도로 한다.[139] 싱가포르거래소는 상장 시 의결권의 차등 비율을 명시하여야 하고, 이후 이 비율 격차를 증가시킬 수 없다고 규정하고 있다.[140]

② 복수의결권 주주가 아닌 주주들이 보유하는 의결권의 최저한도

홍콩거래소와[141] 싱가포르거래소는[142] 모두 복수의결권 주주가 아닌 주주들이 총의결권의 10% 이상을 보유하여야 한다고 규정하고 있다.[143]

---

137) SGX Mainboard Listing Rules 210(f) 후단.
138) HKSE Mainboard Listing Rules 8A.10.
139) SGX Mainboard Listing Rules 210(d).
140) SGX Mainboard Listing Rules 210(d).
141) HKEX Mainboard Listing Rules 8A.09.
142) SGX Mainboard Listing Rules 210(h).
143) 예를 들어 복수의결권주식의 의결권이 80개이고, 일반주식의 의결권이 20개인 회사에서 복수의결권주식의 소유자가 동시에 일반주식 15주를 소유하는 경우에는 복수의결권주식의 주주가 아닌 주주가 행사할 수 있는 의결권은 5%밖에 되지 않아 이 요건을 충족하지 못한다.

이는 복수의결권 주주가 의결권의 100%를 보유하는 구조로 상장할 수 없음을 의미한다.[144)]

③ 일반주식 소유자의 주주총회소집청구권

싱가포르거래소는 복수의결권주식도 1주 1의결권을 가지는 것으로 산정하였을 경우 총의결권의 10% 이상을 보유하는 일반주주에게 임시주주주총회 소집청구권을 인정하였다.[145)] 홍콩거래소는 이러한 규정을 두고 있지 않다.

④ 복수의결권주식의 의결권 비율 증가 금지(ring-fencing measures)

홍콩거래소는 차등의결권 구조로 상장한 회사는 상장 후에 복수의결권주식의 비율을 상장 당시보다 증가시킬 수 없고, 그 비율이 상장 당시보다 감소한 경우에도 복수의결권주식을 추가로 발행하여 그 비율을 다시 회복시킬 수 없도록 한다.[146)] 이 조항은 결국 복수의결권주식의 비율을 변동시키면 안 된다는 것이므로, 변동을 초래하지 않는 방식으로 주식의 발행 등을 하는 것은 가능하다. 따라서 (i) 모든 주주에게 기존 주식보유 상황에 따라 비례적으로(단주는 제외) 청약할 수 있도록 한 경우, (ii) 주식배당으로 모든 주주에게 주식을 비례적으로 발행하는 경우, (iii) 주식분할 또는 기타 기업구조 재편의 경우로서 거래소가 당해 배정이나 발행이 복수의결권주식의 비율을 증가시키는 것이 아님을 확인하고 거래소의 사전승인을 받은 경우에는 복수의결권주식을 배정, 발행 또는 무상교부할 수 있다.[147)]

위의 (i)의 경우에 복수의결권주식의 소유자가 복수의결권주 주식의 전

---

144) HKEX Mainboard Listing Rules 8A.09. Note 1.

145) SGX Mainboard Listing Rules 210(g).

146) HKEX Mainboard Listing Rules 8A.13.

147) HKEX Mainboard Listing Rules 8A.14.

부 또는 일부의 인수를 거절하였다면, 실권된 주식에 대하여 일반주식의 의결권이 인정되는 것을 전제로 제3자가 인수할 수 있다.[148] 또한 지주비율에 따라 일반주식에 대해 신주인수권이 인정된 경우에 당해 주식의 전부가 인수되지 아니하였다면, 당해 상장회사에서 배정, 발행 또는 무상교부될 수 있는 복수의결권주식의 수는 비례적으로 감소되어야 한다.[149]

또한 차등의결권 구조 상장회사가 유통주식수를 감소시키는 경우(예를 들어 자기주식 취득)에는 복수의결권주식 중 일부를 일반주식으로 전환하는 등의 방식으로 복수의결권주식의 수를 감소시켜야 한다. 다만 유통주식수의 감소가 복수의결권주식의 비율을 증가시키지 않는 경우에는 그러하지 아니하다.[150]

싱가포르거래소도 유사한 취지의 규정을 두고 있다. 차등의결권 구조의 상장회사가 주주에게 신주인수권이 인정되는 경우, 무상증자 · 주식배당(scrip dividend scheme) 또는 주식의 병합이나 분할 시 일반주식의 발행을 함께하는 경우를 제외하고는 상장 이후에 복수의결권주식을 발행할 수 없다.[151] 복수의결권주식의 비중이 증가하지 않으므로 예외적으로 복수의결권주식을 발행할 수 있는 경우에도 복수의결권주식의 추가발행은 주주총회 특별결의에 의한 승인을 받아야 한다.[152] 복수의결권주식의 추가 발행 외에 여타 회사의 행위(corporate action)로 인하여 복수의결권주식의 의결권의 비율을 증가시키는 것도 금지된다.[153]

---

148) HKEX Mainboard Listing Rules 8A.14. Note 1.
149) HKEX Mainboard Listing Rules 8A.14. Note 2.
150) HKEX Mainboard Listing Rules 8A.15.
151) SGX Mainboard Rules 803A(1).
152) SGX Mainboard Rules 803A(2).
153) SGX Mainboard Rules 803A(3).

⑤ 복수의결권의 일시적 제한

홍콩거래소는 차등의결권구조의 상장회사에서 주주총회 결의사항 중 일정 사항에 대해서는 복수의결권주식의 경우에도 1주 1의결권만을 행사하도록 의결권을 제한한다.[154] 복수의결권이 제한되는 사항은 (i) 정관(constitutional documents)의 변경, (ii) 종류주식에 인정된 권리의 변경, (iii) 독립적인 비업무집행이사(independent non-executive director)의 선임과 해임, (iv) 외부감사인(auditor)의 선임과 해임, (v) 회사의 해산이다. 복수의결권주식의 소유자가 위의 의결권 제한에 위반하여 의결권을 행사한 경우에는 거래소는 결의정족수가 불충족된 것으로 보아 결의가 불성립한 것으로 처리한다.[155]

싱가포르거래소도 (i) 정관의 변경, (ii) 각 종류의 주식에 인정되는 권리의 변경, (iii) 독립이사의 선임과 해임, (iv) 외부감사인의 선임과 해임, (v) 상장규정 제1015조에 규정된 역인수합병(reverse takeover), (vi) 해산, (vii) 상장폐지의 경우에 복수의결권주식의 주주도 1의결권만을 행사하는 강화된 주주총회 절차(enhanced voting process)에 의하도록 하였다.[156]

바. 공시

홍콩거래소와 싱가포르거래소는 차등의결권 구조의 상장회사에 대해서는 공시를 강화하였다. 우선 홍콩거래소는 차등의결권구조 회사의 상장주식은 “W” 표시를 주식의 명칭 뒤에 표시하도록 하였다.[157] 또한 상장신청서류의 표지, 정기재무보고서, 회람, 통지, 공고 및 차등의결권구

154) HKEX Mainboard Listing Rules 8A.24.
155) HKEX Mainboard Listing Rules 8A.25.
156) SGX Mainboard Rules 730B.
157) HKEX Mainboard Listing Rules 8A.42.

조 회사의 상장주식을 표창하는 증권에 '회사가 복수의결권주식에 의하여 지배됨'이라는 경고문구를 눈에 띄게 기재하여야 하고,[158] 차등의결권 구조의 선택 이유와 주주들에 대한 위험을 상장신청서류 및 정기재무보고서에 눈에 띄게 표시하여야 한다. 이러한 경고 문구는 잠재적 투자자에 대해서 차등의결권 구조 회사에 투자하는 경우의 위험과 상당한 주의를 한 후에 투자결정을 하여야 한다는 내용을 포함하여야 한다.[159] 또한 상장신청서류와 연차보고서와 중간보고서에 복수의결권 주식의 주주가 누구인지와,[160] 복수의결권주식이 일반주식으로 전환되는 경우에 자본금에 대한 영향,[161] 차등의결권이 소멸하게 되는 모든 상황을[162] 공시하여야 한다.

싱가포르거래소도 사업설명서, 투자권유서류, 상장신청서류, 투자자에 대한 공람에서 차등의결권 구조 회사임을 표지에 기재하고 차등의결권 구조의 구체적 내용과 이에 관한 위험, 차등의결권 구조 선택의 이유, 강화된 주총승인절차의 승인을 받아야 하는 사항과 일반주식에 대한 영향, 차등의결권 구조에 관한 정관 등의 주요 조항, 복수의결권주식 소유자에 관한 상세를 기재하도록 한다.[163]

사. 지배구조

홍콩거래소와 싱가포르거래소는 차등의결권구조 상장회사에 대해서는 지배구조를 강화하였다. 홍콩거래소는 차등의결권구조 상장회사는 이사

---

158) HKEX Mainboard Listing Rules 8A.37, 8A.38.
159) HKEX Mainboard Listing Rules 8A.37.
160) HKEX Mainboard Listing Rules 8A.39.
161) HKEX Mainboard Listing Rules 8A.40.
162) HKEX Mainboard Listing Rules 8A.41.
163) SGX Mainboard Rules 610(10)(a)~(f).

후보추천위원회와[164] 회사지배구조위원회를[165] 두도록 하였다.[166] 이사후보추천위원회의 의장은 독립적인 비업무집행이사(independent non-executive directors)여야 한다.[167] 차등의결권구조 상장회사의 독립적인 비업무집행이사는 임기가 교차하여도 최장 3년간에 전체가 교체될 수 있어야 하고, 재선임이 가능하다.[168] 이사는 3년의 임기가 종료 시 재선임될 수 있다(8A.29). 회사지배구조위원회는 전원이 독립적인 비업무집행이사(independent non-executive director)로 구성되어야 하고, 그중 1인이 의장이 된다.[169] 또한 상임의 준법자문관을 두어야 한다.[170]

싱가포르거래소는 차등의결권구조 상장회사의 감사위원회 · 이사후보추천위원회 · 보수위원회는 독립이사가 과반수 이상이어야 하고, 의장도 독립이사가 맡을 것을 요구한다.[171]

〈표 1〉 아시아 거래소의 차등의결권 회사 상장에 대한 규율 비교

	홍콩거래소	싱가포르거래소	도쿄거래소
차등의결권 구조 상장신청인에 대한 별도의 규모 요건	별도요건 ○ ① 상장 시 예상 시가총액이 HK$ 40 billion(약 6조 2,000억 원)이거나, ② 예상 시가총액이 HK $10 billion(약 1조 6,000억 원) 이상이고, 최근 감사된 회계연도의 매출액이	별도 요건 X ① 최근 사업연도의 연결 세전 이익이 이 최소 S$30 million(약 255억 원)이고 3년 이상 사업을 하였을 것 ② 최근 사업연도에 이익이 있고, 최소 3년 이	별도요건 X

164) HKEX Mainboard Listing Rules 8A.27.
165) HKEX Mainboard Listing Rules 8A.30.
166) 감사위원회와 보상위원회는 모든 상장회사에 의무화되어 있다.
167) HKEX Mainboard Listing Rules 8A.28.
168) HKEX Mainboard Listing Rules 8A.29.
169) HKEX Mainboard Listing Rules 8A.31.
170) HKEX Mainboard Listing Rules 8A.33.
171) SGX Mainboard Rules 210(i).

	HK$1 billion(약 1,600억 원)이다.	상 사업을 하였으며, 시가총액이 S$150 million (약 1,300억 원) 이상일 것 ③ 최근 사업연도에 영업 매출이 있고 시가총액이 S$300 million(약 3,000억 원) 이상일 것	
상장신청 회사의 적합성	※ 해석지침 – 혁신회사 – 높은 성장률	※ 규정화되지 않음 – 사업모델 (혁신회사로 한정 X) – 사업 실적	X
	– 복수의결권주식 예정 소유자의 회사 성공에의 기여 및 역할 – 상장당시 이사 – 그룹 보유 인정 X	– 복수의결권 예정 소유자의 회사성공에의 기여 및 역할 – 상장 당시 이사 – 허용된 보유자 그룹의 경우 규율	– 의결권이 많은 주식에 의해 특정한 자가 경영에 계속 관여하는 것이 주주공동의 이익을 위해 필요 – 의결권 많은 주식을 이용하는 주된 목적이 이사지위보전이나 매수방위책이 아닐 것 – 이사여야 하는 것은 아님 복수의결권 소유자가 이사가 아닌 경우에는 복수의결권 소유자의 기업집단과 상장신청 회사의 기업집단이 독립되어 있을 것
	경제적 이익 보유 최소한도 규정 ○ – 상장 당시 자본금의 10% 이상의 경제적 이익 소유 – 예상시가총액이 HK $80 billion(약 13조 1,000억 원) 이상인 경우에는 10% 미만도 상장 가능	경제적 이익 보유, 최소한도 규정 X	극히 적은 출자비율로 회사 지배 시 차등의결권 폐지
	– 전문투자자의 유의미한 수준의 투자실적	– 전문투자자의 투자 실적	X

	– 상장 이후 6개월간 상장 당시 투자의 50% 이상 유지	– 유지요건 X	
복수의결권 소유자의 계속적인 경영 기여 확보	처분제한 X	처분제한 ○ – 복수의결권주식 소유자의 주식(복수의결권주식과 일반주식 포함)을 상장 후 12개월간 처분 금지	X
일몰조항	사망, 직무능력 상실, 이사직에서 퇴임 시 복수의결권 소멸	이사직에서 퇴임 시 복수의결권 소멸 – 퇴임사유는 사망, 직무능력 상실, 은퇴, 사임 불문	X
	양도 시 복수의결권 소멸 – 복수의결권주식 소유자가 지배하는 유한책임조합, 신탁, 비공개회사, 기타 조직(vehicle)에 대한 양도는 예외	양도 시 복수의결권 소멸 – 허용된 보유자 그룹 내에서의 양도는 예외	양도 시 복수의결권 소멸
	주주총회승인에 의한 일몰조항 적용 면제 X	강화된 주주총회결의 절차(enhanced voting procees: 복수의결권주식도 1의결권)에 의한 승인 받는 경우 양도나 퇴임 시 일몰조항 적용 면제	X
	상장 당시 복수의결권주식 소유자 전원이 복수의결권주식 보유하지 않게 될 경우 차등의결권 구조 폐지	X	X
지배력 집중 제한	의결권 차등비율 상한 1대 10	의결권 차등비율 상한 1대 10 – 상장 당시 차등 배수를 확대 불가, 축소는 가능(enhanced voting procees와 거래소 승인)	X
	복수의결권 주주가 아닌 주주들의 의결권이 총의결권의 10% 이상	복수의결권 주주가 아닌 주주들의 의결권이 총의결권의 10% 이상	X

	일반주주의 주주총회 소집청구권 X	일반주주의 주주총회 소집청구권(1주 1의결권으로 계산하여 10% 이상 보유)	X
	상장 시보다 복수의결권 주식의 의결권 비율 증가 금지(추가발행, 회사의 행위 불문. 예를 들어 자기주식취득) - 추가발행 시 주주총회 특별결의에 의한 승인 X	상장시보다 복수의결권 주식의 의결권 비율 증가 금지(추가발행, 회사의 행위 불문) - 복수의결권주식의 의결권 비율을 증가시키지 않아 추가발행이 허용되는 경우에도 추가발행은 주주총회 특별결의에 의한 승인 요함)	X
	복수의결권 일시적 제한 - 정관변경, 각 종류의 주식의 권리내용 변경, 독립적인 비업무집행 이사와 외부감사인의 선·해임, 회사의 해산	복수의결권 일시적 제한 - 정관변경, 각 종류의 주식의 권리내용 변경, 독립이사와 외부감사인 선·해임, 역인수합병(reverse takeover of the issuer), 상장폐지 및 청산	X
차등의결권에 관한 공시	차등의결권 구조 회사의 상장주식에 별표 표시(W)	X	X
	차등의결권 구조 회사임과 차등의결권 구조에 관한 사항 공시	차등의결권 구조 회사임과 차등의결권 구조에 관한 사항 공시	의결권이 많은 주식의 이용목적, 필요성 및 그 구조가 상장신청서류에 적절히 기재될 것
지배구조	※ 모든 상장회사에 감사위원회, 보상위원회 강제 - 이사후보추천위원회 - 회사지배구조위원회 - 상임 준법자문관	- 감사위원회 - 이사후보추천위원회 - 보상위원회	관계자거래 시 위험에 대한 소수주주 보호방책

(3) 토론토거래소

토론토거래소(TSX)도 미국과 마찬가지로 차등의결권 구조 회사의 신규 상장만을 허용하고, 기존 상장회사가 복수의결권주식을 발행하여 차등의결권 구조로 전환하는 것은 허용하지 않는다.[172] 차등의결권 구조 회사의 일반주식과 복수의결권주식의 상장이 모두 허용된다는 점도 미국과 동일하다.

토론토거래소는 차등의결권 구조회사에 대하여 별도의 가중된 상장신청 요건을 규정하고 있지 않고, 부작용을 완화하기 위한 보완 장치 도입은 상당 부분 사적 질서 형성에 의하고 있다. 다만 토론토거래소는 1987년부터 '동반매도(coattail) 조항'을 두지 않은 경우에는 상장을 허용하지 않는 특유한 안전장치를 규정하고 있다.[173] 동반매도 조항이란 복수의결권인 지배주식의 대부분을 매수하여 기업인수가 이루어지는 경우 기업인수자에게 의결권이 적은 주식도 의결권이 많은 주식과 동일한 조건으로 매수하여야 할 의무를 부과하는 조항이다. 동반매도 조항은 지배주주만이 지배권프리미엄을 독점할 수 없도록 하여 사적 이익 추구의 인센티브를 감소시킬 수 있다.

V. 차등의결권 구조 상장회사의 비효율성 완화 제도에 대한 평가

1. 거래소 규정에 의한 강제

차등의결권 구조 회사의 상장은 상장회사가 된 이후에 복수의결권주식을 신규발행하여 차등의결권 구조로 자본구조를 재편하는 것을 허용할

172) TSX Company Manual Sec.624(m).
173) TSX Company Manual Sec.624(l).

것인가와 차등의결권 구조 회사가 신규상장을 하는 것을 허용할 것인가의 두 가지 단계로 나눌 수 있다. 전자는 주식이 분산된 상장회사에서는 기존주주에게 손해가 되는 경우에도 주주의사결정이 왜곡되어 비효율적인 자본구조재편이 이루어질 수 있고, 기타 기업가치를 증가시키는 논리를 찾을 수 없으므로 금지되어야 한다는 견해가 일반적이고,[174] 위에서 살펴본 것처럼 전 세계적으로도 이와 같은 복수의결권주식 발행은 허용하지 않는 것으로 거래소들의 콘센서스가 이루어져 있다,

비상장회사가 IPO를 하는 경우 기존의 차등의결권 구조를 용인하여 상장을 허용할 것인가에 관해서는 각 국가에서 차이가 있고, 우리나라에서도 찬반양론이 첨예하게 대립하고 있다.[175] 호주나[176] 이스라엘은[177] 회사법상으로는 복수의결권주식을 발행할 수 있지만, 상장회사에서는 1주 1의결권을 원칙으로 하고, 영국은 프리미엄 상장은 금지하고 스탠더드 상장만을 허용한다.[178]·[179] 반면 미국, 캐나다 외에 스웨덴, 핀란드,

---

174) S. Grossman / O. Hart, "One Share One Vote and the Market for Corporate Control", 20 Journal of Finance & Economics 175 (1988); Jeffrey N. Gordon, "That Bond: Dual Class Common Stock and the Problem of Shareholder Choice", 76 California Law Review 1 (1988), 42-43면; 김정호, 앞의 논문 각주 8, 145면; 김효신, "종류주식의 다양화의 법적 문제: 복수의결권주식의 도입을 중심으로", 법학연구 (부산대학교법학연구소, 2010), 15면; 송옥렬, 앞의 논문 각주 8 (상사법연구), 265-267면.

175) 반대하는 견해로는 경제개혁연대, 앞의 논문 각주 8; 최한수, 앞의 논문 각주 8; 정윤모, 앞의 발표자료 각주 8.

176) ASX Listing Ruels 6.2, 6.9.

177) 이스라엘은 1989년까지만 해도 텔아비브증권거래소(TASE)에서 거래되는 기업의 40%가 차등의결권 구조(1주 1의결권과 5주 1의결권 주식 발행이 일반적)를 채택했을 정도로 차등의결권 회사의 상장이 일반적이었으나, 1990년 1월부터 부분의결권주식의 신규발행을 금지하였다. Shmuel Hauser / Beni Lauterbach, "The Value of Voting Rights to Majority Shareholders: Evidence from Dual Class Stock Unification", ECGI Finance Working Paper No.33 / 2004 (2004. 1), 5면(https://ssrn.com/abstract=424889 or http://dx.doi.org/10.2139/ssrn.424889).

178) Financail Conduct Authority, LR 7: Listing Principles and Premium Listing Principle

네덜란드 등의 유럽국가는[180] 별다른 제한 없이 신규상장을 허용한다. 아시아의 거래소들은 그 중간 형태로 남용을 방지하기 위한 여러 가지 보완제도를 강제하면서 상장을 허용하고 있다.

이와 같은 차이는 차등의결권 구조는 비용과 편익이 혼재하는 제도인데, 그 편익과 비용은 각 국가의 자본시장이나 법제도적 환경에 따라 달라질 수 있기 때문이다.[181] ① 자본시장의 전문성, ② 사적 이익의 크기, ③ 투자자 보호 법제 및 이를 집행하는 규제당국과 법원의 효율성, ④ 상장을 허용함으로써 IPO가 확대될 가능성, ⑤ 거래소의 경쟁력 확보, ⑥ 가족이 지배주주인 경우 경영권 승계 수단으로 활용될 수 있다는 문제 등에 따라 차등의결권 구조가 효율적인 제도인가가 달라질 수 있을 것이다.

전문투자자, 투자은행, 증권분석가, 의결권 행사 자문기관, 증권변호사 등이 다수 존재하는 수준이 높은 시장에서는 차등의결권이 공모가격에 반영될 수 있으므로 차등의결권 구조의 폐해가 크지 않을 수 있다. 사적 이익이 큰 법제에서는 차등의결권 구조를 선택하는 이유가 사적 이익 편

7.2.1A의 Premium Listing Principles 3은 프리미엄 상장된 모든 종류의 주식은 동등한 의결권을 가져야 한다고 규정하고, Principle 4는 프리미엄 상장된 서로 다른 종류 주식의 총의결권은 각 종류주식이 회사의 자기자본에 대해 가지는 이익에 전반적으로 비례하여야 한다고 규정하고 있다(http://www.handbook.fca.org.uk/handbook/LR/7.pdf).

179) 영국에서 주식을 Main Board 시장에 상장하는 방법은 3가지가 있다. 프리미엄 상장(Premium Listing: 종전에는 Primary Listing)과 스탠더드 상장(Standard Listing: 종전에는 Secondary Listing) 및 고성장분야 상장(Admission via the High Growth Segment)이다. 프리미엄상장은 발행회사가 영국의 최고 수준의 규제와 회사지배구조 관련 요건을 충족시킬 것이 요구되는 반면, 스탠더드 상장은 EU의 최소 기준만을 준수하면 된다. 프리미엄 상장된 회사는 기업의 투명성을 인정받아 자금조달비용을 낮출 수 있다. 스탠더드 상장된 주식은 FTSE 지수에 포함될 수 없다.

180) 프랑스와 이탈리아도 차등의결권 구조 회사의 상장을 허용하는데, 프랑스는 장기보유 다수의결권제이고, 이탈리아는 복수의결권주식과 장기보유 다수의결권제 양 제도가 모두 인정된다는 점에서 차이가 있다.

181) Gurrea-Martinez, 앞의 논문 각주 90, ch.7.

취일 우려가 있는 데 반하여, 사적 이익이 비교적 적다고 평가되는 법제에서는 창업자 주주의 독특한 비전 실현 등을 통한 기업가치 증가의 측면이 부각될 수 있다. 집단소송이나 기타 투자자보호제도가 발달한 법제에서는 사적 이익 추구가 제한되므로 차등의결권 구조의 비효율이 완화될 수 있을 것이다.[182)]

상장 시 차등의결권 구조를 유지할 수 없도록 한다면 유망한 회사들이 IPO를 회피하게 될 것이고 그럼으로써 일반 투자자가 고성장하는 기업에 투자할 기회를 가지지 못하게 되어 오히려 손해를 보게 된다는 것이 차등의결권 구조의 신규상장을 허용하여야 한다는 논거인데, 이러한 논거도 투자자의 특성과 IPO 이외의 비공개 자금시장에서의 자금조달 가능성에 따라 얼마나 설득력이 있는가가 달라질 수 있다. 기관투자자나 주주행동주의 펀드가 중심이 되는 자본시장에서는 단기적 성과에 대한 압력과 경영 관여 때문에 차등의결권 구조가 허용되지 않는다면 IPO를 회피할 유인이 크다.[183)] 또한 비공개 시장에서의 자금조달이 원활한 경우에는 차등의결권 구조의 상장 허용이 IPO를 장려하는 효과가 덜할 것이다.[184)]

우리나라는 위의 여러 가지 고려 요소에서 차등의결권 구조의 비효율이 나타나기 좀 더 쉬운 환경이라고 볼 수 있다. 우리나라는 사적 이익이 큰 나라로 분류되고 있고,[185)] 이사의 신인의무 위반에 대해 집단소송이

182) Gurrea-Martinez, 앞의 논문 각주 90, ch.7.

183) Berger / Hodrick, 앞의 글 각주 3, 2면.

184) 미국에서는 2017년에는 비공개시장을 통한 자금조달이 공모시장에서의 자금조달을 초과하였다. Jean Eaglesham / Coulter Jones, "The Fuel Powering Corporate America: $2.4 Trillion in Private Fundfaising", Wall Street Journal (2018. 4. 3). Berger / Hodrick, 앞의 글 각주 3, 주 12에서 재인용.

185) 2016년 아시아기업지배구조협회(ACGA)가 발표한 아시아 지역 주요 시장의 지배구조 평가에서 한국은 11개국 중 8위를 차지하였는데, 2007년 6위를 기록한 이후 2010년 9위, 2012년과 2014년 8위로 계속 하위권에 머물고 있다. 경제개혁연구소, 앞의 논문

인정되고 있지 않으며 기타 소수주주 보호법제도 충분치 못하다는 평가이다.[186] 미국 시장에 비하여 기관투자자나 주주행동주의 펀드의 비중이 상대적으로 크지 않다는 점에서도 IPO를 회피할 유인이 상대적으로 덜한 것으로 생각된다.

또한 거래소간의 경쟁에서 유니콘 기업의 상장을 유치하여 경쟁력을 확보하여야 한다는 점이 상장 허용의 근거로 제시되기도 하지만, 어느 거래소에 상장할 것인가는 기업가치평가의 수준, 유동성, 규제환경, 증권분석가의 커버리지, 투자자 저변 등 여러 요소를 고려하여 이루어지는 것이지[187] 차등의결권 구조의 상장 여부만이 상장을 유치할 수 있는 결정적 요인은 아니다.[188] 특히 우리나라에서는 차등의결권주식이 경영권 세습에 이용될 것에 대한 우려가 크다.[189] 벤처기업들에게 차등의결권주식 발행을 허용하면 재벌 3세나 4세들이 벤처기업을 설립하고, 이 기업을 내

각주 8, 9면.

186) IMF (2016)가 집계한 이머징 마켓 소수주주보호 지표에서 한국은 2014년 러시아보다 낮은 점수로 20개국 중 최하 점수를 받았으며 2006년에 비해서도 후퇴하였다. 남길남, 앞의 논문 각주 53, 17면.

187) IFLR Correspondent, The Battle for Listings and Stock Market Reforms: Evolution or Revolution? (2019. 12. 5. https://www.iflr.com/Article/3904064/The-battle-for-listings-and-stock-market-reforms-evolution-or-revolution.html).

188) 스웨덴의 음악 스트리밍 회사인 Spotify Technology는 2018년 4월 NYSE에서 차등의결권 구조로 상장을 하였다. 스웨덴에서는 차등의결권주식이 광범위하게 이용되므로, 차등의결권 구조의 상장 허용 여부만이 스톡홀름이 아니라 NYSE에 상장을 추진하도록 한 요인은 아니다. 반면 호주거래소는 1주 1의결권을 강제하지만 다수의 테크놀로지 회사가 IPO를 하였다. 2016년과 2017년 총 43개사가 상장되었는데 이스라엘, 뉴질랜드, 싱가포르와 미국 회사들이 포함되어 있다. 호주거래소는 사업 친화적인 법과 규제 환경, 기술공간을 이해하는 투자자 공동체, 세계 최대규모의 연금기금 시스템과 같은 점이 매력으로 작동한 것이다. CFA Institute, 앞의 보고서 각주 19, 42면.

189) 가족 내에서의 경영권 승계가 항상 비효율적인 것은 아니지만, 일반적으로 기업가치를 감소시킨다는 것일 실증분석의 경향이다. 송옥렬, 앞의 논문 각주 8 (상사법연구), 273-274면.

부거래와 M&A 등으로 키운 뒤 소유지배구조를 변경해 기업집단 전체를 세습하는 데 악용할 것이 명확하다든가,[190] 기존 상장회사들이 회사를 설립하여 자산이나 사업을 양도한 후 이 기업에 차등의결권을 인정한 다음 상장을 시도하거나 회사를 분할하여 분할된 회사를 차등의결권을 허용한 다음 신규상장하거나 상장폐지한 후 차등의결권을 허용한 후 상장하는 등 다양한 시도가 행해질 수 있다는 점이 지적되고 있다.[191]

이와 같은 환경에서는 차등의결권 구조 회사의 신규상장을 허용한다고 하더라도, 시장의 압력에 의하여 스스로 남용 방지 제도를 둘 것을 기대하기는 어렵고, 그에 상응한 규제를 직접 거래소 상장규정 등을 통하여 어느 정도는 강제할 필요가 있다고 보인다.[192]

2. 비효율성 보완을 위한 제도 강제 시 고려요소

(1) 상장 대상 회사의 업종, 규모, 적합성

홍콩거래소는 차등의결권 구조로 상장할 수 있는 회사를 높은 성장률의 혁신회사로 한정하고 있다. 싱가포르거래소는 혁신회사라고 명시하지는 않았지만 사업모델과 실적을 감안할 방침을 밝히고 있으므로 상장심

190) 박상인(서울대학교 행정대학원 교수) 발언, "맞짱토론: 코스닥 차등의결권 허용해야 하나", 한국경제 (2019. 2. 9.자. https://www.hankyung.com/economy/article/2018020974441).

191) 안수현, "홍콩의 창업 · 벤처기업 자금조달 관련 증권시장의 변화와 차등의결권 제도 입법동향", 한국법제연구원 워크숍 자료집 (2018. 6. 15), 35면. 한정미 / 성희활, "중소벤처기업 법제연구(I): 혁신창업 활성화를 위한 중소벤처기업 자금공급 확대방안 연구", 한국법제연구원 (2018. 10. 31), 92면 재인용.

192) 같은 취지로는 송옥렬, 앞의 논문 각주 8 (상사법연구), 278면.

사시 어느 정도 제한이 될 것으로 보인다. 반면 도쿄거래소는 상장신청 회사의 특성에 대해 별다른 규정을 두고 있지 않다.

차등의결권 구조의 긍정적인 측면이 창업자의 독특한 비전을 실현할 수 있는 구조라는 점을 감안하면, 아무래도 테크놀로지 중심의 혁신기업이 이러한 구도에 잘 맞는다. 유럽의 거래소에서 전통적인 산업에 속한 가족기업들이 투자자의 외면 속에서 자발적으로 차등의결권을 폐지하는 경향이 나타나고,[193] 가족기업이 차등의결권 구조 상장의 주종을 이루는 캐나다에서도 차등의결권 구조 IPO가 감소하고 있다는 점은[194] 미국에서 테크놀로지 회사의 차등의결권 구조 상장이 증가하는 것과 대조가 된다. 앞에서도 언급한 것처럼 우리나라는 차등의결권 구조의 비용이 클 것으로 예측되는바, 우선은 창업자가 기업가치 증가에 기여할 수 있을 가능성이 큰 테크놀로지 회사 등의 경우로 한정하여 차등의결권 구조의 상장을 허용하는 것이 바람직할 것으로 생각한다.

한편 홍콩거래소는 차등의결권 회사에 대해서는 일반적인 상장신청인의 규모 요건보다 훨씬 엄격한 기준을 요구하고 있다. 차등의결권주식 발행을 통한 자금조달의 필요성은 오히려 일정 규모 이하의 회사에 있어서 더 클 가능성도 있으며, 신기술 업종을 영위하는 신규 혁신기업이 비상장회사–코넥스시장–코스닥시장–유가증권시장으로 이어지는 자금조달의 전 단계에서 차등의결권주식을 활용한 신축적인 자금조달 및 지배구조를 형성할 수 있도록 지원할 필요성도 있기 때문에 이러한 규제는 필요하지

193) 남길남, 앞의 논문 각주 53, 8-9면.

194) 캐나다에서는 차등의결권구조 상장회사가 2005년 100개사였다가 2018년에는 68개사로 감소하였다. 퍼센트로는 6.9%에서 4.6%로 감소한 것이다. 반면 미국 시장에서는 2010년 이후 차등의결권 구조의 IPO가 전체 IPO의 22%를 차지한다. Institute for Governance of Private and Public Organizations (IGOPP), Policy Paper No.11: The Case for Dual-Class of Shares (2019), 2면, 3-24면.

않다는 데 동의한다.[195)]

또한 홍콩거래소, 싱가포르거래소는 복수의결권주식의 주주가 될 자가 회사의 성공에의 기여 및 역할을 하였을 것을 상장요건으로 하고 있다. 도쿄증권거래소는 표현은 다르나 복수의결권주식을 소유하게 될 자가 기업가치 증가를 위해 필요한 관계여야 한다는 취지는 유사하다. 우리나라에서는 차등의결권 구조 회사가 가족기업의 경영권 승계의 수단이 될 것에 대한 우려에 대응하기 위해서는 이 요건을 합리적으로 규정하여 심사하는 것이 필요할 것이다.

(2) 의결권 차등 비율 및 지배력 집중 제한

미국이나 캐나다거래소에서는 의결권 차등 비율에 대하여 제한을 하지 않지만, 스웨덴은 회사법에서 1대 10을 최대한도로 규정하고,[196)] 홍콩거래소나 싱가포르거래소는 상장규정에서 1대 10으로 제한하고 있다. 일본에서는 차등의결권의 비율을 제한할 목적은 아니고 매매단위의 통일을 위해서 주식의 단원주식수를 100주로 하고 있으므로[197)] 의결권의 차등 비율이 100배를 초과할 수 없다.

아래 표를 보면 알 수 있는데, 1주 10개의 의결권을 가진 주주가 의결권의 50% 이상을 장악하려면 경제적 지분을 9.1%만 가지면 되므로[198)] 1대 10의 비율은 상당한 격차를 허용하는 것이라고 할 수 있다. 토론토거래소에 상장된 회사의 경우에는 의결권 차이가 대부분 일반주식보다 2~

195) 이한준, “차등의결권주식 발행 허용방안에 대한 고찰: 홍콩의 사례를 중심으로”, 상사판례연구 제32집 제1권 (2019), 304면.
196) Companies Act, Chapter 4, Section 5.
197) 도쿄증권거래소 유가증권상장규정 제205조 (9).
198) CFA Institute, 앞의 보고서 각주 19, 64면.

6배 정도의 의결권을 더 가지는 수준이고 중간값은 4.38배라고 하고,[199] CCGG가 제안하는 모범규준(best practice)은 1대 4를 최대한도로 하고 있다.[200]

〈표 2〉 의결권 차등 비율에 따른 과반수 확보를 위해 필요한 경제적 지분

의결권 차등 비율	의결권의 과반수 확보를 위해 필요한 최소한의 경제적 지분
100 : 1	1.0%
70 : 1	1.4%
10 : 1	9.1%
5 : 1	16.7%
3 : 1	25.1%
2 : 1	33.4%

* CFA Institute, Dual-Class Shares: The Good, the Bad and the Ugly: A Review of the Debate Surrounding Dual-Class Shares and Their Emergence in Asia Pacific (2018. 8), 64면.

앞에서 살펴본 바와 같이 차등의결권 구조의 비효율성에 대한 우려가 큰 우리나라에서는 의결권 차등 비율에 관하여 제한을 하는 것이 우려를 완화시킬 수 있다는 점에서 필요하다고 본다. 우리나라에서도 10배를 한도로 제한하는 규정을 두어야 한다는 견해가 있는데,[201] 의결권 차등 비

199) Institue for Govenance of Public And Private Organizations, Dual-Class Structure in Canada: Review and Recommendations (2006), 3면; 송옥렬, 앞의 논문 각주 8 (상사법연구), 252면.

200) Canadian Coalition for Good Governance, Dual Class Share Policy (2013. 9), 8면.

201) 문준우, 앞의 논문 각주 8, 281면; 유영일, 앞의 논문 각주 8, 128면(의결권 배수의 제한을 언급하면서 1대 10을 예시하고 있다); 이한준, 앞의 논문 각주 195, 306면; 정책세미나, "1주1의결권원칙 검토와 차등의결권제도 도입방안 세미나", 상장 2015년 7월호 (2015), 32면(이동기 발표); 「벤처기업특별법 일부개정법률안」(최운열 의원 대표발의 2018. 8. 30, 의안번호 2015156: 김관영 의원 대표발의 2019. 11. 21,

율 제한에서 고려하여야 할 점 중 하나는 차등의결권 주식 도입 근거법인 상법 또는 벤처기업특별법에 규정할 것인지 상장규정에서 규율할 것인지의 문제이다. 스웨덴은 회사법에서 제한하고 있는 데 반하여 홍콩거래소와 싱가포르거래소는 상장규정에서 제한하고 있다. 상법이나 벤처기업특별법에서 제한한다면 상장회사에서는 더 낮은 비율로 규율할 필요는 없는지가 검토되어야 할 것이다.

또한 주식발행이나 기타 회사의 행위로 상장시보다 복수의결권주식의 의결권 비율을 증가시키는 행위는 금지되어야 한다. 기존 상장회사가 복수의결권주식을 발행하여 자본구조 재편을 금지하는 것이 기존 주주의 이익을 침해하기 때문인 것과 동일한 이유이다. 이 점은 미국이나 홍콩거래소, 싱가포르거래소도 동일한 입장이다.

한편 홍콩거래소와 싱가포르거래소는 일반주주의 의결권 비중이 최소한 10% 이상일 것을 요건으로 하고 있다. 내부자 주주가 의결권의 100%를 지배하는 회사는 상장이 허용되지 않는 것이고, 이에 의하면 무의결권주식만을 상장하는 유형의 차등의결권 구조는 허용되지 않는다. 우리나라에서는 상법 또는 벤처기업법에 규정하는 것을 전제로 한 것이기는 하지만, 1주 1의결권인 주식의 의결권의 총수가 총의결권의 과반수 이상으로 규정하여야 한다는 견해도 있다.[202] 외부 주주의 최소한의 감독이 있는 것과 없는 것이 차이가 있을 것이므로 이러한 제한은 필요하다고 생각한다.

한편 복수의결권주식의 지배력을 제한하는 방안에 관하여 시각을 바꾸

의안번호 23924).

202) 문준우, 앞의 논문 각주 8, 281면; 유영일, 앞의 논문 각주 8, 128면(복수의결권주식의 경우에 의결권이 과다하게 희석되는 것을 막기 위해 발행한도를 예를 들어 발행주식총수의 2분의 1 이내로 제한할 필요가 있다고 한다).

어서 일반주주에게 이사의 일정 비율을 선임한 권한을 주는 방식도 생각해 볼 수 있다. 상장규정으로 강제할 성질의 조항인지는 의문이 있으나 회사가 자율적으로 규정하는 것은 검토할 만하다고 생각한다. 캐나다의 CCGG는 복수의결권주식 소유자가 ① 이사의 3분의 2 이상, ② 이사회의 정원에 복수의결권주식 소유자가 총 의결권에서 차지하는 비율을 곱한 수의 이사, ③ 복수의결권주식 소유자가 지배주주(이사회를 선임할 수 있고 경영을 지시할 수 있는 자)로서 경영에 관여하는 경우에는 이사의 3분의 1 중 가장 작은 수의 이사를 선임할 수 있어야 한다는 것을 모범규준으로 제시하고 있다.[203] 미국의 차등의결권 구조 회사 중에는 낮은 의결권을 가진 회사가 이사의 일정 비율 이상을 선임할 권한을 인정하는 조항을 두기도 한다.[204]

(3) 창업자 주주의 기업가치 증가에의 기여 담보

홍콩거래소는 상장신청 당시 복수의결권 주주가 경제적 지분을 10% 이상 보유할 것을 요건으로 하고, 도쿄증권거래소는 구체적인 수치 기준을 제시하지 않고 극히 적은 출자비율로 회사 지배 시 차등의결권을 폐지하여야 한다는 규정을 두고 있다. 우리나라에서도 홍콩거래소와 동일한 요건을 규정할 것은 제안하는 견해도 있다.[205] 회사에 대한 최소한의 경제적 이해관계를 보유할 것을 규정함으로써 복수의결권주식과 일반주식의 이해관계가 일치하도록 하기 위한 목적이다. 그러나 이러한 목적이 제대로 기능하기 위해서는 그 비율이 상당히 높아야 하는데 어느 정도가

---

203) Canadian Coalition for Good Governance, 앞의 보고서 각주 200, 7면.
204) 앞의 III.4.(2) 참조.
205) 이한준, 앞의 논문 각주 195, 305면.

되어야 효율적인 기준인지 명확하지 않은 상황에서 일률적 기준을 강제하기 어렵고, 과도하게 높은 비율은 차등의결권제도의 효용을 직접적으로 상쇄하는 효과가 있으므로 규정에 신중할 필요가 있다고 생각한다. 홍콩거래소와 달리 싱가포르거래소는 이러한 요건을 규정하지 않은 것도 참고가 될 만하다.

기한부 일몰조항은 기업의 생애주기에 따른 차등의결권 구조의 효율성에 관한 최근 연구들에서 보면 타당성을 인정할 여지가 있다. Bebchuk & Kastiel (2017)은 당시 94세로 자신의 이름도 제대로 이야기하지 못할 정도인 Sumner Redstone이 차등의결권 때문에 CBS에 대한 지배를 유지하고 있는 사례와, 당시 34세인 Facebook의 Zuckerberg가 현재는 적절한 리더십을 가지고 있다고 하여도 30년 후, 40년 후에도 계속하여 기업가치 증가에 기여할 수 있으리라는 보장이 없다는 직관적인 예를 들고 있는데 상당한 설득력이 있다. 그러나 미국에서 자율적으로 선택한 기한부 일몰조항이 천차만별이라는 점에서 보면 상장규정으로 강제하는 것이 바람직할지에 대해서는 조금 더 면밀한 연구가 필요하다고 생각한다. 상장규정으로 강제할 경우에는 그 기준이 자의적이고 획일적일 수밖에 없고 이러한 비효율성이 성장가능성이 높은 기업들이 IPO를 회피하도록 할 우려도 크다. 홍콩거래소나 싱가포르거래소도 여러 가지 남용방지 조항을 두면서도 기한부 일몰조항을 두지 않는 점에서 기한부 일몰조항은 시기상조라고 보인다. 또한 기한부 일몰조항을 둔 경우에는 기한이 다가온 시점에서 지배권 양도와 같은 도덕적 해이가 나타날 가능성도 크다는 점이 문제가 되는데 이를 방지하기 위해서는 토론토거래소와 같이 동반매도 조항을 강제하는 방법도 있을 것이나, 이 역시 성공적인 기업의 IPO를 위축시키는 정도가 클 것으로 보인다.

반면 사건부 일몰조항을 강제하는 것은 효율적일 것이라고 생각된다.

특히 창업자의 사망이나 직무능력 상실시 일몰조항은 경영권 세습에 대한 우려가 높은 우리나라에서는 더더욱 필요성을 인정할 수 있을 것이다. 가족소유기업이 더 경영성과가 좋다는 실증연구들도 있지만 경영권이 승계된 경우는 평균적으로는 그 효과가 사라진다는 연구가 많다는 점에[206] 비추어 보아도 그 타당성을 인정할 수 있을 것이다.

양도 시 복수의결권을 소멸시키는 일몰조항도 마찬가지로 강제하는 것이 바람직하다.[207] 차등의결권에 의한 지배력 강화의 정당화 근거가 창업자 주주의 독특한 비전 실현이라는 점과 이를 신뢰하여 투자가 이루졌다는 점을 감안하면 양도 시 일몰조항의 강제는 서로 충돌하는 이해관계를 조정하는 균형점이 될 수 있을 것이고, 특별한 부작용도 크지 않을 것이다. 다만 이 조항의 설계 시에는 양도 시 일몰조항의 적용면제 사유를 어떻게 규정할 것인가에 대한 세심한 고려가 필요하다. 예를 들어 양도 시 일몰조항에서 허용된 소지자의 범위에 오너 경영자의 직계가족(immediate family member) 또는 가족신탁(family trust)이 포함되면[208] 사망 시 일몰조항 규정 취지가 몰각될 수 있다.

VI. 결론

우리나라에서 차등의결권주식 발행을 허용할 것인가와 그다음 단계로 이러한 회사의 신규상장을 허용할 것인가는 2000년대 중반부터 찬반 양

206) 이 문제에 대한 이론 및 실증연구는 송옥렬, 앞의 논문 각주 8 (상사법연구), 273-274면.

207) 송옥렬, 앞의 논문 각주 8 (법경제학연구), 17면.

208) SGX, Listing Advisory Committee: FY2016 Annual Report (2016. 8. 29), 15면.

론이 대립하였다. 그런데 상장 허용 문제는 단순한 찬반의 문제가 아니고 상장을 허용하는 경우에 발생하는 비효율성을 보완하는 제도와의 관계에서 같이 논의되지 않으면 결론을 내릴 수 없는 문제라고 생각한다. 우리나라에서 그간의 선행 연구는 주로 차등의결권 구조의 편익과 비용을 비교하였을 때 효율적인가라는 차원에 집중되어 있었고, 남용방지 제도에 대한 연구는 상대적으로 소홀했다. 따라서 이 논문에서는 차등의결권 구조 회사의 신규상장 시 비효율성을 보완하기 위한 제도에 대해 검토함으로써 보다 현실적인 차원에서 상장 허용 여부가 논의가 진행되는 데 기여할 것을 목적으로 하였다.

우선 최근 뜨거운 관심의 대상이 되고 있는 테크놀로지 회사들의 차등의결권 구조 상장 흐름은 미국이 주도하고 있으므로 미국의 차등의결권 구조 상장회사의 실태와 여러 가지 남용 방지 조항들의 내용을 분석하였다. 미국은 차등의결권 구조 회사의 상장 시 발생할 수 있는 비효율을 완화하기 위한 제도를 공시와 시장의 평가에 맡기고 있는데, 최근에는 기한부 일몰조항을 거래소 규정으로 강제하여야 한다는 논의가 등장하고 있다.

반면 상장회사에서 1주 1의결권을 강제하다 2018년에 차등의결권 구조 회사의 신규상장을 허용한 홍콩거래소와 싱가포르거래소는 미국과는 다른 방향에서 규율하고 있다. 양 거래소는 상장규정에서 여러 가지 남용 방지 조항들을 강제하고 있는바, 그 내용에 대해서 비교분석을 하였다.

이러한 규율태도의 차이는 각국의 자본시장과 법제도 환경이 다르다는 점에 기인하는 측면이 클 것이다. 이 글에서는 위의 논의를 기반으로 하여 우리나라의 상황에서 차등의결권 상장회사의 비효율성 완화를 위한 제도설계 시 고려하여 할 점 및 어떠한 제도가 바람직할지에 관해 기초적인 제안을 하였다.

03

상장회사 정기주주총회 5월 개최에 대한 이론적 검토*

송옥렬**

I. 들어가며

상장회사의 정기주주총회의 개최가 3월 말에 집중되는 것에 대한 비판은 상법학계에서 수년간 있어 왔다. 이에 대한 제도적 개선도 다양하게 논의되었다. 그러나 이런 현재의 실무는 일종의 고정관념 또는 관행이 지배하는 것에 불과하고, 현행 제도하에서도 상장회사가 정기주주총회를 5월에 개최하는 것은 가능하다. 물론 6월도 가능하다. 현재 실무는 결산기 말일의 주주가 배당을 받아야 하고, 그 배당을 받는 주주가 의결권을 행사해야 한다는 전제에서 이루어지고 있는데, 이런 전제는 상법이나 다른 법에 근거를 두고 있지 않기 때문이다. 5월 정기주주총회는 다소 어색

* 이 글은 『상사법연구』 제38권 제3호(2019. 11)에 게재되었던 것을 수정 · 보완한 것이다.

** 서울대학교 법학전문대학원 교수

하게 보일 뿐, 최소한 위법한 것은 아니다. 오히려 개최일의 분산과 충분한 정보제공이라는 점에서 바람직하다.

정기주주총회가 주주에게 충분한 정보를 제공하면서 자본시장의 기능을 왜곡하지 않아야 한다는 전제에서 본다면 가장 바람직한 주주총회 개최 시나리오는 다음과 같이 생각할 수 있다. 결산기가 12월 말인 경우, 먼저 결산기 이후 2월 말까지 충분한 시간을 가지고 외부감사를 진행한 다음, 이에 대한 내부절차를 3월에 가진다. 3월 말까지 사업보고서를 제출해야 하므로 이 기간까지 외부감사 관련 절차는 완료되어야 할 것이다. 3월 중순 이후 결산 재무제표의 보고 및 주주총회 소집을 위한 이사회를 개최하고, 주주총회의 소집은 4월 초에 한다. 이미 사업보고서가 제출되어 있으므로 주주총회 소집에서는 이 자료를 이용하면 된다. 주주총회는 5월 중순 정도부터 6월에 걸쳐 이루어지며, 의결권 행사의 기준일은 2~3일 전과 같이 가급적 주주총회 개최일과 근접하는 것을 원칙으로 한다. 이익배당을 주주총회에서 정하는 회사의 경우, 이익배당 기준일은 주주총회일로부터 1주일 정도 이후로 잡는다. 2019년 9월부터 전자등록이 시행되고 있기 때문에, 이렇게 주주총회와 근접하여 기준일을 잡더라도 운영상의 혼란은 거의 없을 것으로 기대된다.

이렇게 주주총회를 5월 또는 6월에 여유 있게 개최하면서 이익배당 기준일을 주주총회일 이후로 잡는다면, 개최일의 분산으로 주주의 총회참석이 더 용이해지는 효과와 아울러 몇 가지 긍정적 효과를 기대할 수 있다. ① 주주에게 충분하고 정확한 정보를 제공하고 검토할 시간을 충분히 제공함으로써 기관투자자 등 주주의 경영관여에 도움이 될 수 있다. ② 이미 주식을 매각한 자에게 주주총회에서의 의결권을 부여하게 되는 공의결권(empty voting) 문제가 없어진다. ③ 자본시장에서 배당락이 주주총회일 이후 배당기준일에 이루어짐으로써, 배당락 정보가 왜곡되는 문제가 해결될 수 있다. ④ 기업으로서도 여유 있게 주주총회 준비절차를 거칠 수 있고, 이미 공시된 자료를 제공하는 것이므로 자료준비나 내부절차에 들어가는 중복적인 비용을 줄일 수 있다. 이런 여러 긍정적 효과에 비하여, 사회적으로 증가되는 비용은 거의 생각하기 힘들고, 있더라도 일시적인 것에 불과하기 때문에 굳이 5월 정기주주총회를 마다할 이유는 없다.

이런 바람직한 절차가 왜 지금까지 이루어지지 않았는가? 여기에서 중요한 점은, 위와 같은 절차의 진행에 있어 현행법이 전혀 장애가 되지 않는다는 것이다. 따라서 회사가 정관으로 위와 같이 정해서 하면 그만이다. 현재의 주주총회 개최일의 관행은 결산기의 주주가 주주총회에서 의결권을 가지고 이익배당을 받아야 한다는 전제에서 성립한 것이고, 이 전제에 서는 이상 주주총회는 결산기로부터 3월 이내에 개최되어야 한다는 결론을 피할 수 없다(상법 제354조 참조). 그러나 결산기 말일=의결권 기준일=이익배당 기준일의 공식은 상법상 근거가 없고, 대부분의 해외 사례에서도 발견되지 않는다. 이론적으로도 이렇게 되어야 할 이유가 없다. 따라서 이런 전제에서 탈피한다면, 위와 같은 주주총회의 진행은 상법이나 자본시장법의 개정이 없이도 충분히 이루어질 수 있다.

물론 이런 생각은 전혀 새로운 것이 아니다. 실제로 일본을 제외하면 대부분의 국가에서 이런 일정으로 주주총회를 진행한다. 우리나라와 비슷한 문제로 고민했던 일본에서는 이미 2007년 다나카 와타루(田中 亘) 교수의 선구적인 논문에서 위와 같은 주장을 전치하게 전개한 바 있고,[1)]

1) 田中 亘, “定時株主總會はなぜ六月開催なのか”, 企業法の理論 上卷 (江頭憲治郎先生還暦記念, 2007), 415면 이하. 일본에서 이와 비슷한 주장은 이미 2006년에도 제기되었다. 浜田道代, “新會社法の下における基準日の運用問題 (上)”, 商事法務 제1772호 (2006), 4면 이하; 浜田道代, “新會社法の下における基準日の運用問題 (下)”, 商事法務 제1773호 (2006), 13면 이하.

이에 기초하여 2015~2017년에 걸쳐 개선방안이 마련되었다.[2] 우리나라에서도 이미 2013년 김순석 교수가 다나카 교수와 동일한 제안을 하였으며, 2018년 권용수 교수가 이에 찬성하는 논문을 발표하였다.[3] 최근에는 이런 관점에서 제도개선이 모색되고 있는데, 상장회사협의회에서는 2018년 1월 결산기 말일=의결권 기준일=이익배당 기준일의 공식에서 탈피할 수 있는지에 관한 자문회의를 진행하였고, 이 논의 결과에 따라 표준정관을 개정하였다.[4] 그 일환으로 일본의 위 최근 개선방안을 소개하는 연구보고서도 간행하였다.[5] 비슷한 맥락에서 주주총회 의결권 기준일을 현행 3개월에서 2개월로 단축하고, 소집통지는 현행 2주 전에서 4주 전으로 연장함과 함께, 주주에게 사업보고서를 제공하도록 하는 상법개정안이 국회에 제출되어 있다.[6] 이 상법개정안 내용은 최근 금융정책당국의 개선방안에도 그대로 포함되어 있다.[7]

---

2) 經濟産業省, 持續的成長に向けた企業と投資家の對話促進硏究會報告書 (2015. 4. 23. https://www.meti.go.jp/committee/kenkyukai/sansei/jizokutekiseicho/pdf/report01_01_00.pdf); 全國株懇連合會, 對話促進企業と投資家の建設的な對話に向けて (2016. 7. https://www.kabukon.tokyo/activity/data/study/study_2016_07.pdf). 이에 기초하여 전국주간연합회는 2017년 4월 기준일 변경에 관한 정관모델 및 주식취급규정모델의 개정을 의결하였다.

3) 권용수, "주주총회 분산 개최 및 그에 따른 실무상 과제에 관한 검토: 4월 정기주주총회 개최를 염두에 두고", 상사법연구 제37권 제2호 (2018), 273면 이하; 김순석, "이익배당의 결정과 기준일제도의 개선방안", 증권법연구 제14권 제2호 (2013), 47면 이하.

4) 2018년 11월 28일 개정된 상장회사 표준정관은, 재무제표의 승인을 이사회에서 하는 상장회사의 경우, 정기주주총회의 의결권 기준일을 결산기 이후 1월 중으로 하는 정관규정을 두어(제13조), 정기주주총회를 4월에 할 수 있는(제17조 참조) 근거규정을 마련하였다. 재무제표의 승인을 주주총회에서 하는 경우에는 종전 규정을 그대로 이용한다는 점에서 본 논문의 입장과 차이를 보인다.

5) 김지평 / 신석훈, 주주총회 분산을 위한 기준일 제도 개선방안 (상장회사협의회 연구보고서, 상장협연구 2018-3).

6) 상법 일부개정 법률안 및 자본시장 및 금융투자업에 관한 법률 일부개정 법률안(박용진 의원 대표발의, 제12908호, 2018. 4. 5). 이에 대해서 대한변호사협회에서는 전부 반대하는 의견서를 제출한 바 있다.

7) 금융위원회 / 법무부, 상장회사 등의 주주총회 내실화 방안 (2019. 4. 24).

이 글은 이런 선행연구 및 정책제안을 바탕으로, 위와 같은 바람직한 주주총회 개최 일정이 이론적으로 바람직하고 현행 상법에서도 문제가 없다는 점을 다시 확인하고자 한다. 특히 결산기 말일=의결권 기준일=이익배당 기준일의 관행을 만들었다고 이야기되는 몇 가지 규정을 검토함으로써, 해석론적인 논의를 더 심화시키고자 한다. 해외사례도 다양하게 소개함으로써 우리나라와 일본이 오히려 예외라는 현실도 부각시키고자 한다. 이하의 논의에서 보다 분명해지겠지만, 5월 정기주주총회는 단순히 개최일의 분산과 같은 정책적 목적 달성을 위한 편법이 아니라, 오히려 회사법의 원칙으로 복귀하는 것이다. 따라서 현실에서 많은 회사들이 따라오지 않는다 하더라도, 상법의 해석상 5월 정기주주총회가 가능하다는 점이 보다 명확하게 정립되어야 하고, 이에 따라 표준정관 등도 개정되는 것이 필요하다. 현재의 상장회사의 표준정관에서 이익배당 기준일 규정 및 의결권 기준일 규정을 폐지 또는 수정하는 정도로도 현실은 상당히 개선될 수 있다.

II. 이론적 타당성

1. 학설의 현황

(1) 우리나라

우리나라에서 3월 말 정기주주총회의 폐해는 오랫동안 논의되었지만, 결산기 말일=의결권 기준일=이익배당 기준일이라는 실무관행에 대한 논의는 크게 이루어지지 못한 것으로 보인다. 특히 결산기 말일과 기준일이 같아야 하는지, 이익배당 기준일과 의결권 기준일이 같아야 하는지에 대해서 별다른 논의가 없다. 서론에서 언급한 연구들을 제외하면, 상법학계에서 이를 어떻게 생각하고 있는지 파악할 수 있는 논문을 찾기 어렵다. 이처럼 아쉽기는 하지만, 그래도 일부 교과서에서는 다음과 같이 몇 가지 논의가 있다.

① 우선 결산기 말일과 기준일을 일치시키는 것이 원칙이라는 견해가 있다. 만일 결산기 이후 정기주주총회일 사이의 어느 날을 이익배당 기준일로 하게 되면, 결산기까지 주식을 소유하다가 기준일 이전에 주식을 양도한 자는 사업연도 전체에 자본적 기여를 하고도 이익배당을 받지 못하는 결과가 된다는 것이다. 이는 이익배당의 본질과 관련하여 허용되기 어렵다고 한다.[8] 이 견해는 결산기 말일과 배당기준일의 관계에 주목하고 있다. ② 반면 또 다른 문제를 지적하는 견해도 있다. 기준일을 결산기 말로 하지 않게 되면, 의결권을 행사하는 자와 이익배당을 받는 자가 달라지는 문제가 있다는 것이다.[9] 이것은 이익배당 기준일을 결산기 말로 하는 것을 전제로, 의결권 기준일이 이익배당 기준일과 달라질 수 없다는 점을 지적하고 있는 것으로 생각할 수 있다.

이에 비하여 현재의 실무관행은 근거가 없고, 오히려 기준일을 결산기 말일로 하지 말고 총회일에 접근한 날로 하는 것이 바람직하다는 견해도 있다. 결산기의 재무제표를 결산기 말 주주가 승인해야 할 논리필연적 이유가 없고, 배당가능이익의 확정과 배당기준일이 결부되어야 할 이유도 없다는 것이다. 현재의 실무관행은 공의결권 문제나 배당락의 정보가

---

8) 권기범, 현대회사법론 (제5판, 2014), 1106-1107면, 각주 128. 이런 관점에서 회사가 기준일을 정하지 않은 경우, 이익배당청구권자는 결산기 주주명부상의 주주라는 견해를 취하고 있다. 같은 책, 1107면.

9) 송옥렬, 상법강의 (제9판, 2019), 841면.

불확실하게 되는 문제 등이 있기 때문에, 기준일을 총회일에 접근시켜 이런 문제를 해소하는 것이 바람직하다고 한다.[10] 서론에서 언급한 논문들도 해석론인지 아니면 입법론인지의 차이가 있기는 하지만, 모두 이런 견해를 취하고 있다.[11] 앞의 서론에서 언급한 바와 같이 상장회사협의회에서는 이미 이런 견해가 타당하다고 보고, 기존 관행을 개선하고자 하는 움직임에 착수하였다.[12] 주주총회 활성화의 한 방안으로서 기준일을 예를 들어 1월 말로 하자는 견해가 보이는데,[13] 역시 결산기 말을 기준일로 하는 것은 상법의 원칙과 상관이 없다는 입장으로 이해할 수 있다.

(2) 일본

일본도 우리나라와 마찬가지로 본격적인 논쟁은 찾기 어렵다. 하마다 교수와 다나카 교수의 논문[14] 이전에는 일부 교과서에서 결산기 말일과 기준일을 일치시키는 것이 법리상 옳다는 서술을 찾을 수 있다. 예를 들어 "이익배당은 결산기에 있어서 이익을 배당하는 것이기 때문에, 결산기 현재의 주주에게 배당하는 것이 타당하다"고 하거나,[15] "정기주주총회는 결산을 하여 그 결과를 확정하고, 결산기 시점에서 생긴 잉여금을 그 시점의 주주에게 배당하는 의안을 승인하는 것이기 때문에, 당해 주주총회에서 의결권을 행사하고 그 승인된 잉여금배당을 받는 주주는, 결산기 후

10) 김건식 / 노혁준 / 천경훈, 회사법 (제3판, 2018), 198면.
11) 김순석, 앞의 논문 각주 3, 76-87면; 권용수, 앞의 논문 각주 3, 293-299면; 김지평 / 신석훈, 앞의 보고서 각주 5, 5-10면, 31-32면.
12) 각주 4 참조.
13) 예를 들어 노미리, "주주총회에서의 주주 참여율 제고 방안", 상사판례연구 제30집 제3권 (2017), 88면.
14) 각주 1 참조.
15) 鈴木竹雄 / 竹内昭夫, 會社法 (제3판, 1994), 141면.

에 주식을 양수하여 주주가 된 자가 아니고, 결산기 현재의 주주이어야 한다"[16]는 것이다. 그러나 기준일 제도의 취지를 설명하면서 부연한 문장들이라 크게 의미를 부여하기는 어렵다.

하마다 교수와 다나카 교수의 논문 발표 이후에도 두 교수에 동조하는 서술은 최소한 교과서 수준에서는 잘 발견되지 않는다. 다만 기준일 제도 및 현재 상장회사의 관행을 소개하면서, 이 문제를 해결하는 방법으로 이들 교수의 견해가 유력설로 소개되고 있다.[17] 앞에서 서론에서 언급한 바와 같이 일본 전국주간연합회도 이런 견해에 기초하여 주주총회 개최 관행을 개선하고자 하고 있다.[18]

2. 현행 기준일 관행의 문제점

현재 정기주주총회 기준일 설정은 다음과 같이 몇 가지 문제를 야기하고 있다. 그러나 이런 문제가 있다고 해서 바로 기준일 설정이 잘못되었다는 결론에 이르는 것은 아니다. 회사법의 법리상 기준일이 그렇게밖에 될 수 없다면, 이런 문제는 법제도 운영의 비용이라고 생각할 수 있기 때문이다. 따라서 기준일 설정의 관행이 잘못되었다고 결론짓기 위해서는 기준일이 그렇게밖에 정해질 수 없는지에 대한 법리적인 논의가 필요하다. 이하에서는 우선 현행 기준일 설정이 초래하는 몇 가지 문제점을 살펴보고, 이후 항을 바꾸어 법리적 논의를 살펴본다.

---

16) 前田 庸, 會社法入門 (제12판, 2009), 265면.
17) 山下友信 編, 會社法コンメンタール〔3〕: 株式〔1〕(2013), 284면; 江頭憲治郎, 株式會社法 (제7판, 2017), 217-218면; 龍田 節, 會士法大要 (2007), 248면 각주 107.
18) 각주 2 참조.

(1) 주주총회 개최일의 집중

상장회사의 정기주주총회가 3월 말 금요일에 집중되고 있다는 것은 이미 널리 알려진 사실이다. 특히 2018년 정기주주총회부터는 주주총회 자율분산프로그램을 운영하고, 집중일에 주주총회를 개최하는 경우 그 사유를 공시하도록 함에 따라 집중현상이 다소 완화되기는 하였으나, 여전히 해외에 비해서는 집중도가 대단히 높은 실정이다.[19] 물론 개최일의 집중이 현행 기준일 관행의 필연적 결과라고 하기는 어렵다. 3월 말일까지 주주총회를 해야 한다는 것이, 반드시 3월 말 금요일에 해야 하는 것을 의미하는 것은 아니기 때문이다. 3월 중순부터 말일까지 금요일 이외의 다른 요일에도 개최가 분산될 수 있는데, 굳이 그렇게 하지 않는 이유는 합리적으로 설명하기 어렵다.[20] 다만 상장회사들이 금요일을 어떤 심리적 이유에서든 선호하는 것이 사실이라면, 현재 관행에 따르면 선택 가능한 날은 불과 이틀 정도로 좁혀진다. 만일 주주총회 개최 가능시기의 폭이 5월에서 6월 두 달 정도로 늘어난다면, 같은 심리적 조건하에서도 선택 가능한 날이 대폭 늘어나는 효과가 있을 것이다. 이런 점에서 주총 개최일의 집중현상도 현행 기준일 관행과 관련된다.

---

19) 금융위원회 / 법무부, 앞의 방안 각주 7, 3면에서는, 가장 집중되는 하루의 집중도가 2017년 48.5%, 2018년 27.8%, 2019년 26.4%, 그리고 집중되는 3일의 경우에는 2017년 70.6%, 2018년 60.7%, 2019년 57.8%라고 보고하고 있다. 이 숫자를 보면, 2018년에는 특정일의 집중경향이 다소 개선되었으나 그 수준에서 한계에 부딪힌 것으로 보인다.

20) 금요일 집중도는, 권용수, 앞의 논문 각주 3, 276-277면 참조. 이 자료는 2013~2017년 사이의 요일별 통계자료를 보여 주고 있는데, 월~목요일 사이는 각 6.6~9.7% 정도인 것에 비하여 금요일에는 70.2% 집중도를 보이고 있다. 금요일 집중에 대한 설명으로 권용수, 앞의 논문 각주 3, 280면에서는 "회사 경영진들이 주주총회를 지배주주의 기본방침을 확정하는 요식행위로 인식하여 잡음 없이 마치는 데 집중해 왔기 때문"이며, 특히 "총회꾼의 횡포 또는 소액주주의 반발을 회피하기 위한 것"이라고 설명하고 있다.

개최일이 하루에 집중되는 것이 왜 문제인가? 흔히 제기되는 문제는, 여러 상장회사에 분산투자한 주주가 주주총회에 참석할 수 없게 된다는 점이다. 그것은 실질적으로 주주의 주주총회 참석권을 침해한다고 볼 수 있다. 다만 이는 생각보다 심각한 문제는 아니다.[21] 대부분의 주주는 정기주주총회에 참석할 인센티브가 별로 없고, 주주가 정기주주총회에 참석하지 않더라도 위임장권유, 서면투표, 전자투표 등 자신의 의견을 표시할 수 있는 방법이 많이 있기 때문이다. 설사 주주총회가 여러 날로 분산되더라도 주주총회에 참석하거나 다른 방식으로 의견을 표시하는 주주는 지금과 크게 달라지지 않을 것이다.[22] 주주총회 정족수의 문제를 주주총회일 분산으로 해결할 수 없는 이유이기도 하다.[23] 본 논문에서 기준일의 문제가 단순히 주주총회의 3월 특정일 집중을 해결하기 위한 방안이 아니라, 회사법의 원칙에 관한 문제라고 주장하는 것도 이런 맥락이다. 물론 주주총회의 실제 참석을 어렵게 하는 것처럼 외관이 생기는 것이 바람직한 것은 아니지만, 현실적인 문제는 아니라는 것이다. 실제로 주주총회 개최의 특정일 집중이 야기하는 문제는 다음에서 설명하는 주주의 판단을 성급하게 내리도록 유도한다는 점에 있다.

---

21) 같은 취지로는 田中 亘, 앞의 논문 각주 1, 422면.

22) 2016년부터 섀도보팅 유예조건으로 전자투표와 전자위임장이 강제되었는데, 실제 주주의 이용도는 거의 변화가 없었다. 예탁결제원이 정기주주총회의 의결권행사를 조사한 자료에 따르면, 주식수 기준으로 2016년과 2017년의 전자투표는 2% 내외에 그쳤고, 전자위임장은 0.2%를 넘지 못했다(한국예탁결제원 2017. 4. 27. 보도자료).

구분	행사주식수 기준		행사주주수 기준	
	2016년	2017년	2016년	2017년
전자투표 행사율	1.4%	2.1%	0.2%	0.2%
전자위임장 행사율	0.2%	0.1%	0.002%	0.002%
합계	1.6%	2.2%	0.2%	0.2%

23) 반대의견으로는 권용수, 앞의 논문 각주 3, 288면.

(2) 주주의 판단에 필요한 시간의 부족

현재 주주총회 개최일의 가장 큰 문제는 주주가 적절하게 의결권을 행사하기 위하여 분석하고 판단할 시간이 실질적으로 부족하다는 것이다.[24] 이렇게 주주의 입장에서 주주총회 사전준비기간이 부족한 제도적 이유는 크게 두 가지이다. ① 물론 가장 큰 요인은 주주총회 소집통지일과 실제 주주총회 개최일 사이에 2주 정도의 시간밖에 주어지지 않는다는 점이다. 주주는 소집통지 이전에 회사의 재무상황이나 임원선임, 기타 주주총회에서 다루어질 내용에 대한 정보를 알 수 없다. 이런 정보는 결국 소집통지에서 제공되는데, 그 정보가 겨우 주주총회일 2주 전에 주주에게 제공된다. 물론 2주는 상법이 정한 하한이므로(제363조 제1항), 회사가 그 이전에도 소집통지를 할 수 있으나, 현실에서는 회계감사 및 사업보고서 공시를 위한 시간도 촉박하기 때문에 관련 자료가 그 이전에 준비되기 어렵다. ② 3월 말 특정 시기에 주주총회가 집중되는 것도 준비부족의 요인이 된다. 그 결과 연기금과 같은 기관투자자는 여러 회사의 의안을 거의 비슷한 시기에 한꺼번에 분석해야 하는 부담을 진다. 물론 정기주주총회에서 다루어지는 의제가 거의 비슷하므로 한꺼번에 처리하는 것이 효과적이라고 생각할 수도 있다. 그러나 각 회사의 경영실적이나 재무상황, 선임되는 이사 또는 감사의 후보는 모두 다르기 때문에, 분석은 결국 개별 회사 단위로 이루어질 수밖에 없다. 비슷한 시기에 주주총회가 몰리면 이런 개별적 분석이 불가능하고, 결국 연기금에서도 외부 자문사의 권고에 의존하는 등 면피성 결정을 하게 되는 경향이 있다.

---

24) 같은 취지로는 田中 亘, 앞의 논문 각주 1, 422면; 김순석, 앞의 논문 각주 3, 52- 53면; 권용수, 앞의 논문 각주 3, 288-289면; 김지평 / 신석훈, 앞의 보고서 각주 5, 6면.

특히 최근 기관투자자의 수탁자책임 등 경영관여가 대리비용의 통제 수단으로 중요하게 부각하고 있다는 점을 감안하면, 의안분석을 위한 충분한 시간 확보의 중요성은 말할 나위가 없다. 그런데 문제는 현재의 기준일 관행을 건드리지 않으면서 이 문제를 해결할 방법이 없다는 것이다. ① 소집기간에 대해서는 이미 소집기간을 4주로 연장하는 상법개정안이 제출되어 있지만, 3월 말 주주총회 개최를 전제로 하면 소집을 지금보다 이전에 예를 들어 2월 말에 하도록 강제하는 것은 비현실적이다. 소집통지와 함께 주주에게 제공되어야 하는 자료를 만들기에는, 지금도 외부감사 진행이나 사업보고서 준비에 시간이 충분하지 않기 때문이다. ② 3월 말 금요일이 아니라 비슷한 시기의 다른 요일에 주주총회를 하도록 유도하는 방법도 큰 의미가 없다. 위와 같은 시간 부족의 문제는 하루나 이틀의 기간이 더 주어진다고 해결되는 것은 아니기 때문이다. 결국 이 문제는 주주총회를 3월 이후 개최하면서 그 시기가 몇 달에 걸쳐 이루어질 수 있도록 하는 방법이 가장 좋은 해결책이고, 이를 위해서는 현재의 기준일 관행을 건드릴 수밖에 없다.

(3) 공의결권 문제

의결권 기준일과 주주총회일이 다른 경우 공의결권 문제가 발생한다. 기준일 이후 주식을 매각한 주주는 더 이상 주식을 보유하고 있지 않더라도 주주총회일에 의결권을 가지는데, 이런 자는 주주로서의 이해관계를 가지지 않기 때문에 회사의 이익을 극대화할 인센티브가 없다는 것이다.[25] 이 문제가 심각하게 되면 주주총회는 그냥 제3자에 의한 의사결정

25) 김지평, 주식에 대한 경제적 이익과 의결권의 분리에 관한 연구, 서울대학교 박사학위

과 다를 바가 없게 된다.[26] 사회적 효율성의 달성이라는 기본 전제가 흔들리는 것이다. 이런 이론상의 문제도 있지만, 간혹 실무상 기업인수가 의결권 기준일과 주주총회일 사이에 종결되는 경우처럼, 실제로 발생하는 문제도 있다. 우리나라의 기업인수는 대부분 지배주식의 이전 형태를 취하는데, 만일 지배주식의 이전계약이 예를 들어 2월에 종결되면 양도인이 3월 주주총회에서 여전히 의결권을 행사할 수 있다는 것이다. 양수인이 양도인으로부터 위임장을 받는 방법을 이용할 수 있겠으나, 양도인이 그 위임장을 철회할 수 없다는 보장이 없기 때문에,[27] 여전히 법적 위험이 남는다.

공의결권의 문제는 의결권 기준일이 주주총회일과 일치하지 않기 때문에 발생한다. 그 간격이 길면 길수록 더 심각해진다. 따라서 주주 확정과 관련된 기술적 문제가 발행하지 않는 한도에서, 원칙적으로 주주총회일과 최대한 근접해서 의결권 기준일을 설정하는 것이 좋다. 상법개정안은 이런 관점에서 상법 제354조 제2항의 3개월을 2개월로 단축하고 있지만, 역시 현재의 기준일 관행을 건드리지 않는다면 이런 해법은 오히

논문 (2011), 3면. 이 문제를 “record-day capture”라고 한다. 기준일과 관련하여 현금흐름과 의결권이 분리되는 경우는, 이렇게 현금흐름보다 더 많은 의결권을 가지는 경우도 있고(negative risk-decoupling), 그 반대의 경우도 있다(positive risk-decoupling). 기준일 이후 주식을 양수한 자의 입장에서 보면 이 문제는 본문과 반대로 설명할 수도 있다. Wolf-Georg Ringe, The Deconstruction of Equity (2016), 52-56면.

26) 田中 亘, 앞의 논문 각주 1, 440면은 다음과 같이 적고 있다. “결산기 시점에서 주주이지만 (주식을 매각하여) 주주총회 시점에서는 주주가 아닌 자가 이익처분에 관한 권리를 행사하는 때에는 장래의 투자기회를 전혀 고려하지 않고 오로지 많은 배당을 요구하게 된다. 배당을 지불한 다음의 회사의 자산은 그 구주주의 입장에서 본다면 타인의 재산에 불과하고, 배당을 통하여 그 타인의 지갑으로부터 자금을 인출하는 것과 같기 때문이다.” 특별한 설명은 아니고, 이익배당의 측면에서 공의결권 문제를 알기 쉽게 서술한 것이다.

27) 대법원 2002. 12. 24. 선고 2002다54691 판결 참조.

려 문제를 심화시킬 따름이다. 결산기 말일을 의결권 기준일로 삼는다면 2월 말에 정기주주총회를 개최해야 한다는 것인데, 회계감사 및 사업보고서 공시를 위한 시간을 감안하면 불가능한 일정이다. 그렇지 않고 만일 의결권 기준일을 주주총회 소집통지일로 삼는다는 제안이라면, 소집통지기간 2주와 중복되어 의미가 반감된다.[28] 결국 기준일 기간의 단축은 좋은 해결책이 아니다.

일반적으로 의결권 기준일을 주주총회일로 하지 못하는 것은 주주가 주주총회를 준비할 수 있는 충분한 시간을 가져야 한다는 정책적 목적과 함께,[29] 의결권 기준일은 소집통지를 해야 할 주주의 확정과 관련되기 때문이다. 주주총회 관련 자료는 충분한 시간 이전에 소집통지를 통하여 미리 주주에게 제공되어야 하는데, 의결권 기준일이 최소한 이 주주총회 소집통지일보다 이후가 될 수 없다는 것이다. 그도 당연한 것이, 의결권을 가진 주주가 확정되지 않으면 소집통지를 할 상대방이 정해질 수 없기 때문이다. 그러나 반드시 이런 논리가 옳은 것은 아니다. 다음에서 살펴보겠지만, 영국 · 독일 · 프랑스에서는 소집통지시의 주주에게 먼저 소집통지를 한 다음 의결권 기준일은 다시 주주총회일에 근접한 날짜로 정하는 제도를 무리 없이 운영하고 있기 때문이다.[30] 소집통지를 받는 주주와 의결권을 행사하는 주주를 분리하면, 여러 문제를 한꺼번에 해결할 수 있다. 이 제안은 이미 일본을 제외한 다른 국가에서는 일반화되어 있

28) 정확하게 설명한다면, 소집통지기간은 간격의 하한이고 기준일 규제는 간격의 상한이므로, 소집통지 이후 2주에서 2개월 이후에 주주총회가 개최된다고 볼 수 있다.

29) Ringe, 앞의 책 각주 25, 54면.

30) 구체적인 해외사례는 이하 III. 2. 각국 회사의 주주총회 일정 참조. 그 결과 소집통지 이후 기준일 이전에 주식이 양도되면 양수인이 의결권을 가진다는 의미가 된다. 주식의 양도가 기준일에 근접하여 이루어지면 양수인은 의안에 관한 정보를 분석할 시간이 충분하지 않을 수 있다. 그러나 양수인은 이를 인식하고 양수한 것이고, 이런 양수인의 비율이 전체 주주에 비해서 소수일 것이므로 큰 문제가 되지 않는다.

고, 선행연구에서도 충분하게 논의되었으나,[31] 아직 상법학계에서 널리 인식되지 못한 것으로 보인다.

(4) 배당락 정보의 왜곡

결산기 말일을 이익배당 기준일로 하면서 이익배당액이 3월 말 주주총회에서 확정되기 때문에, 그사이에 배당락 정보가 확정되지 못한다는 것도 널리 알려진 문제이다. 이 기간의 주식거래는 결국 예상배당액에 근거해야 하는데, 예전에는 전년도 이익배당액을 쓰기도 하고, 이사회가 정한 이익배당액을 공시하는 방법을 쓰기고 했다. 어느 경우든 불확실성이 없어지지 않는다.[32] 이 문제를 해결하기 위한 방법으로 2011년 개정상법에서는 이익배당의 결정권한을 이사회에 부여할 수 있도록 허용하기도 하였다(제462조 제2항 단서). 그러나 여전히 많은 상장회사는 주주총회에서 이익배당을 결정하고 있으며,[33] 설사 이사회에서 배당을 결정한다고 하더라도 여전히 결산기 말일을 이익배당 기준일로 하고 있기 때문에 이사회가 개최될 때까지 배당락 정보의 왜곡을 피할 수 없다.

결국 배당락 정보가 왜곡되지 않기 위한 근본적인 방법은, 이익배당을 어디에서 결정하든, 이익배당에 관한 의사결정이 이루어진 다음 그 정보가 시장에 전달되기 충분한 시간이 지난 이후를 이익배당의 기준일로 삼는 것이다. 만일 이익배당 정보가 시장참여자의 전략적 행위를 유도한다

---

31) 田中 亘, 앞의 논문 각주 1, 491-492면; 김순석, 앞의 논문 각주 3, 80면.
32) 김지평 / 신석훈, 앞의 보고서 각주 5, 9면.
33) 2017년 4월 기준으로 상장법인 가운데 약 46.6%가 정관에 이사회가 재무제표를 확정하고 이익배당을 할 수 있는 근거규정을 두고 있으며, 실제로 그렇게 시행한 회사도 2018년 주주총회에서 70개사가 확인된다. 정준혁, "2011년 개정 상법이 배당 실무에 미친 영향", 상사법연구 제37권 제2호 (2018), 212-213면.

고 한다면, 이익배당 의사결정 직후를 선택할 수도 있겠다. 그렇지 않고 이익배당 의사결정 이전을 이익배당 기준일로 삼는 현재 방식에 의하면, 기준일을 어떻게 정하든 그 기준일에는 아직 배당액이 정해지지 않았기 때문에 그 기준일부터 의사결정 시까지 사이에 이루어진 거래에서는 배당락이 정확하게 고려될 수 없다. 원래 2011년 상법이 이사회로 이익배당 결정권한을 변경한 것도 의사결정 이후를 이익배당 기준일로 잡는 것을 염두에 두고 있었으나, 여전히 우리나라 상장회사는 결산기 말일을 이익배당 기준일로 삼는 문제가 있다.[34] 나아가 주주총회에서 이익배당이 이루어지는 경우를 생각해 보면, 논리적으로 의결권 기준일이 주주총회일 이후가 될 수는 없기 때문에, 이익배당 기준일을 의사결정 이후로 한다는 것은 결국 의결권 기준일과 이익배당 기준일을 주주총회일 전후로 분리시킨다는 의미로 귀결된다. 따라서 배당락 문제를 해결하기 위해서는 단순히 이익배당 기준일을 결산기 말일로부터 분리하는 것에서 그치는 것이 아니라, 이익배당 기준일을 의결권 기준일과 분리하는 문제까지 검토해야 한다.

3. 이익배당 기준일 관행 형성근거의 오류

현재 기준일 설정의 관행은 결산기 말일=의결권 기준일=이익배당 기준일로 도식화할 수 있다. 이는 다시 ① 결산기 말일=의결권 기준일,

34) 한 가지 이유는 아직 표준정관이 예전 그대로 이익배당 기준일을 정하고 있기 때문이다. 2019년 10월 현재 상장회사 표준정관은 재무제표의 확정권한이 주주총회에 있는 경우와 이사회에 있는 경우를 나누어 규정하는 곳이 많다. 그러나 이익배당 기준일과 관련해서는 두 경우를 구분하지 않고 결산기 말 주주에게 지급한다는 단일한 규정만 두고 있다(제45조 제2항). 실무상으로도 이익배당 기준일을 이사회 이후로 하는 정관을 가지고 있는 상장회사는 거의 없는 것으로 알려져 있다.

② 결산기 말일=이익배당 기준일, ③ 의결권 기준일=이익배당 기준일, 이렇게 세 가지 관계로 분해될 것이다. 여기에서 ① 결산기 말일=의결권 기준일의 관행을 생각해 보면, 만일 이사 선임이나 다른 영업상의 중요한 의사결정이 주주총회의 의안이라면, 임시주주총회와 같이 결산기가 아닌 시점을 의결권 기준일로 잡는 것이 전혀 무리가 아닐 것이다. 따라서 ①의 관행은 그 자체가 독자적인 것이 아니라, 정기주주총회 의안이 이익배당이기 때문에 형성된 것이다. 왜 그런 관행이 형성되었을지 생각해 보면, 결국 ②~③의 논리가 결합되어 형성된 것임을 알 수 있다. 이익배당에 관한 의사결정을 결산기 주주가 해야 하기 때문에, 주주총회가 분리되지 않는 이상 다른 사항에 대한 기준일도 같이 정하게 된 것이다. 이처럼 ①의 문제는 독립적인 것이 아니기 때문에, 이하에서는 ②~③의 문제만 살펴본다.

(1) 결산기 말일 주주가 이익배당을 받아야 한다?

먼저 ② 결산기 말일=이익배당 기준일 문제부터 본다. 현재 상장회사 표준정관은 이를 명문화하고 있고[35] 대부분의 상장회사 정관이 이에 따르고 있지만, 상법에는 명시적으로 이렇게 정하는 규정이 없다. 다만 이런 관행을 당연한 듯 전제한 것으로 보이는 조문이 있을 따름이다. 대표적인 것이 제350조 제3항이다. 전환주식의 전환으로 신주가 발행되면 그 이익배당에 관해서는 당해 영업연도 말(전단) 또는 정관으로 직전 영업연도 말에 전환된 것으로 한다(후단)는 규정이다.[36] 통상의 신주발행에서

35) 상장회사 표준정관 제45조 제2항.

36) 상법 제350조 제3항 후단은 통상의 신주발행(제423조 제1항 후단), 준비금의 자본전입(제461조 제6항), 주식배당(제462조의2 제4항 후단) 등에서 준용하고 있다. 또한 전환

이 후단이 준용되면서(제423조 제1항 후단), 흔히 '일할배당' 조문이라고 알려진 바로 그 조문이다. 제350조 제3항의 입법배경을 고려하면, 분명히 이 조문은 영업연도 말을 기준으로 해서 이익배당이 달라진다는 것을 암묵적으로 전제하고 있다. 그러나 이것은 어디까지나 이 조문의 암묵적 전제일 뿐, 이 조문을 근거로 결산기 말일=이익배당 기준일이라고 결론지을 수는 없다. 이 조문의 문제점에 대해서는 다시 논의하기로 하고,[37] 여기에서는 일단 이 관행이 상법 규정에 근거하고 있지 않다는 점만 언급한다.

이익배당이 결산기 말일의 주주에게 이루어져야 한다는 관념은 아마도 이익배당이 "매년 결산기의 배당가능이익"에서 일정 부분을 주주에게 지급하는 것이라는 사실에서 자연스럽게 생겨났을 것이다. 이익배당이 마치 매년의 경영성과를 배분하는 것처럼 보이고, 따라서 이익배당을 받기 위해서는 그 성과에 자본적 기여를 했어야 한다[38]는 주장도 자연스럽다. 실제로 배당가능이익의 산정은 매년 결산기에만 가능하고,[39] 이익배당 기준일을 결산기 말일이 아닌 다른 시점으로 잡는 해외 기업들도 마찬가지이다. 예를 들어 2018년 12월 31일이 결산기 말일이면, 설사 2019년 5월 10일이 이익배당 기준일이라도 그 이익배당은 2018년도 이익배당이라고 부르고, 배당가능이익의 계산도 2018년 12월 31일을 기준으로 이루어진다. 2019년 5월 10일 현재의 재무제표는 잠정적인 것이라 배당가능

사채의 전환(제516조 제2항), 신주인수권부사채에서 신주인수권의 행사(제516조의10) 등에서는 제350조 제3항 전체가 준용되고 있다.

37) 이하 IV. 1. 일할배당 참조.

38) 권기범, 앞의 책 각주 8, 1106-1107면 각주 128.

39) 정확히 말하면, 그 이유는 결산기 말일을 기준으로 재무제표가 확정되기 때문이다. 예를 들어 중간배당의 경우에도 직전 결산기를 기준으로 배당가능이익을 산정한다(상법 제462조의3 제2~3항). 만일 중간배당 시점에서도 재무제표를 확정할 수 있다면 굳이 직전 결산기를 기준으로 해야 할 이유가 없다.

이익을 산정할 방법이 없다.

그러나 결산기 말일의 배당가능이익에서 배당금을 지급한다고 해서 반드시 그 시점의 주주가 그 배당금을 받아야 하는 것은 아니다. 두 가지 이유에서 그러하다. 첫째, 결산기 말일의 주주가 이익배당을 받지 못하더라도, 그 이익배당에 관한 정보가 거래가격에 정확하게 반영되는 이상 그 주주는 손해를 보지 않는다. 결산일 말일의 주주는 이익배당을 받지 못하더라도 배당락되지 않은 가격으로 주식을 매각할 수 있기 때문에, 이익배당을 받고 배당락된 가격으로 주식을 매각하는 것과 차이가 없다. 다시 말해서 이익배당의 기준일을 언제로 잡든지 당사자들의 부는 동일하다는 것이다.[40] 이런 관점에서도 배당락에 관한 정보가 정확하게 시장에 전달되도록 하는 것이 중요하다. 둘째, 이익배당은 특정 영업연도의 경영성과를 배분하는 것이 아니라 그 시점까지 누적된 경영성과를 배분하는 것이다. 2018년도 배당가능이익에는 2017년도, 2016년도, 나아가 그 이전의 경영성과가 모두 누적되어 있다. 따라서 이익배당의 개념을 보더라도 특정 영업연도 말의 주주라는 것이 배당가능이익에 대한 권리를 주장할 수 있는 지표가 되지 못한다. 그렇다면 왜 그 이전의 경영성과까지 2018년도 말의 주주가 배분받을 수 있는가? 만일 2018년도에 그가 새로 주식을 취득했다면 이 주주는 2017년도까지의 배당가능이익에 대해서도 몫을 주장할 수 있는가? 물론 당연히 주장할 수 있다. 그 주주는 아마도 2017년까지의 배당가능이익이 반영된 가격에 주식을 양수했을 것이기 때문이다. 그리고 이런 논리는 이익배당의 기준일이 결산기 말일보다 이후로 정해진 경우에도 그대로 적용할 수 있다.[41] 결국 첫 번째 논리로

---

40) 田中 亘, 앞의 논문 각주 1, 438면; 김순석, 앞의 논문 각주 3, 55면.
41) 田中 亘, 앞의 논문 각주 1, 438면.

귀결된다.

이익배당이란 회사가 계속 영업을 하는 중에 때때로 주주에게 일정 금액을 지급하는 것에 불과하다. 그 간격이 꼭 1년이어야 하는 것도 아니고, 그 지급이 꼭 영업연도와 연관되어야 할 이유도 없다. 누가 지급받을 것인지만 미리 정해지면, 나머지는 당사자들에게 맡겨도 아무 문제가 없다.

(2) 이익배당을 받는 주주가 그 의사결정을 해야 한다?

다음으로 ③ 의결권 기준일=이익배당 기준일 관행의 문제를 본다. 상법은 주주총회에서 재무제표를 확정하고(제447조 제1항 및 제449조 제1항) 이익배당을 할 것을 정하고 있을 뿐(제462조 제2항), 그 주주가 반드시 이익배당을 받을 주주일 것을 정하는 규정은 없다. 정기주주총회에서 의결권을 행사하는 주주가 동시에 이익배당 기준일의 주주인 것도 일종의 관행에 불과한 것이다. 이런 관행이 생기게 된 배경은 두 가지 정도를 생각해 볼 수 있다. 첫째는 재무제표가 영업연도 단위로 작성되기 때문에 그 말일을 확정단위로 삼는 것이 자연스럽다는 것이다. 그러나 재무제표의 확정이란 단체적 확인에 불과하고 주주에게 미치는 직접적 영향은 없기 때문에, 예를 들어 12월 말 기준으로 작성된 재무제표를 다음 해 3월 말 현재 주주가 승인하는 것이 문제 될 이유는 없다. 둘째 이유가 더 중요한데, 이익배당을 받지 않을 자가 이익배당의 의사결정을 내린다면 주주의 이익이 충분히 고려되지 못할 것이라는 생각일 것이다. 이익배당이란 회사에는 비용이고 주주에게는 이익이 되는 것인데, 의사결정권자가 어느 하나의 이해관계만 고려하게 되면 그 의사결정이 왜곡될 수 있다는 것이다. 공의결권 문제가 의결권을 가진 자가 회사의 이익을 고려하지 않을 것이라는 문제라면, 지금 이 문제는 주주의 이익을 고려하지 않을 것이라

는 생각이라는 점에서 서로 구분할 수 있다.[42)]

그러나 다음 세 가지 이유에서 이 둘째 논리는 설득력이 높지 않다. 이익배당 기준일이 의결권 기준일과 달라지더라도 아주 제한적인 일부 경우를 제외하면, 주주의 이익이 과소하게 고려되지 않는다는 것이다. 첫째, 두 기준일이 달라지더라도 대부분의 주주는 주식을 그사이에 계속 보유하고 있다. 이렇게 되면 의결권을 행사하는 자가 이익배당을 받는다. 따라서 이 목적을 위해서 반드시 두 기준일을 맞추어야 하는 것은 아니다. 물론 그사이에 주식의 거래가 일어나 일부 주주는 의결권을 행사하면서도 이익배당을 받지 못할 수 있다. 그러나 주주총회에서 이익배당의 결정은 다수결에 의하여 이루어지므로, 두 기준일 사이에 다수결을 좌우할 수 있을 정도의 많은 주식이 거래되지 않는 이상, 거래주주의 인센티브는 이익배당 결정에 영향을 미치지 못한다. 결국 이 문제는 두 기준일의 간격을 좁혀 그사이에 거래가 그렇게 많이 일어나지 못하게 함으로써 충분히 해결이 가능하다.

둘째, 두 기준일 사이의 간격이 크거나 해서, 상당히 많은 주주가 의결권을 가지면서도 이익배당을 받지 못한다고 하자. 그래서 이 요소가 이익배당에 중요한 영향을 미친다고 하자. 그러나 만일 배당에 관한 정보가 시장가격에 적절하게 반영될 수 있다면 역시 문제가 되지 않는다. 예를 들어 이익배당의 기준일이 주주총회일 이후여서 그 이익배당에 관한

42) 이익배당을 받을 자가 회사의 이해관계를 고려하기 위해서는 의결권을 가져야 하는 것이 아니라 "주주총회일"에 주주이어야 한다. 만일 주주총회일 전에 주식을 매각하였으나 여전히 의결권을 가지고 있다면, 이 주주는 회사의 이해관계에 대한 고려 없이 자신의 이익배당을 극대화할 것이다. 田中 亘, 앞의 논문 각주 1, 440면; 위 각주 26 참조. 이 문제는 두 기준일 사이의 괴리에서 발생하는 것이 아니라 공의결권의 문제일 따름이다. 많은 경우 기준일 문제를 공의결권 문제와 혼동하는 경향이 있다. 이하에서 의결권 기준일이 주주총회일이거나 충분히 가깝다는 전제를 하여 공의결권 문제를 배제하면, 순수하게 기준일의 괴리 문제만 고려할 수 있다.

정보가 정확하게 시장에 반영될 수 있다고 하면, 의결권을 가진 주주가 거의 이익배당을 하지 않더라도 이익배당 기준일의 주주는 낮은 배당락으로 인한 높은 시장가격으로 보상받을 수 있다. 그러나 이익배당의 기준일이 주주총회일 이전이면, 거래 시점에서 이익배당에 관한 정보가 정확하지 않기 때문에 이런 가격기구가 잘 작동하지 않는다는 한계가 있다. 따라서 주주총회일 이전을 이익배당 기준일로 하면서 의결권 기준일과 간격을 많이 벌리는 것은 좋은 법정책이라고 하기 어렵다.

셋째, 의결권을 가진 주주가 이익배당 기준일 주주가 아니어서 회사의 이익만 고려한다 하더라도, 이익배당 결정이 이루어지는 상황을 염두에 둔다면 과소한 이익배당이 정해질 가능성은 낮다. 몇 가지 점이 이를 지지한다. 이익배당이 주주총회의 권한이라 하더라도, 대부분의 회사에서는 경영진이 정한 배당수준이 그대로 주주총회에서 승인되는 경우가 많다. 주주가 주주총회에서 자신의 견해를 납득시키기는 쉽지 않다는 것이다. 또한 이익배당이 기업가치에 미치는 영향에 관한 연구에서는 안정적인 배당이 가장 바람직한 것으로 권고하고 있다.

이익배당과 관련된 공의결권 문제와 기준일의 괴리 문제는 조금 더 생각해 보면 흥미로운 부분이 있다. (i) 영국, 독일, 프랑스 등과 같이 이익배당 기준일을 주주총회일 이후로 잡는다면 의결권 기준일, 주주총회일, 이익배당 기준일의 순서가 된다. 주주총회일에 의결권을 행사하는 주주는 두 기준일 사이에 주식을 매각하지 않았다면, 자신이 받을 이익배당을 결정하게 된다. 그러나 이 주주가 주주총회일까지 사이에 주식을 매각하고 그 이후 다시 취득하지 않으면, 주주총회일에는 공의결권 문제와 기준일의 괴리 문제가 함께 발생한다. 다시 말해서 이 주주는 이익배당과 관련해서는 회사의 이해관계를 고려할 이유도, 자신의 이해관계를 고려할 이유도 없는 것이다. 완전히 제3자라고 볼 수 있다. 주주총회에 무관심할 것이기 때문에 의사결정을 왜곡할 가능성도 낮다. (ii) 반면 우리나라 상장회사협의회가 2018년도 개정한 표준정관처럼 이익배당 기준일을 12월 말로 그대로 둔 상태에서 4월 말 주주총회가 가능하도록 의결권 기준일을 1월 말로 잡는 경우를 생각해 보자. 이익배당 기준일, 의결권 기준일, 주주총회일의 순서가 된다. 이렇게 되면, 주주총회일에 의결권을 행사하는 주주 가운데에는, 12월 말에서 1월 말 사이에 주식을 매수한 주주가 있고, 반면 1월 말에서 4월 말 사이에 주식을 매도한 주주가 있을 것이다. 전자는 기준일의 괴리 문제가, 후자는 공의결권의 문제가 발생한다. 동일인에게 두 문제가 함께 발생하는 것이 아니라서 주주총회 결의가 왜곡될 가능성은 더 높아진다. 결국 문제가 더 복잡해지는 측면이 있다고 보인다.

4. 소결

현재 상장회사의 정기주주총회 일정은 너무 촉박하고, 공의결권 문제도 심각할 뿐만 아니라 여전히 배당락 정보를 정확하게 생산하지 못하고 있다. 그 배경에는 결산기 말일인 12월 말을 의결권 기준일과 이익배당 기준일로 삼는 관행이 존재한다. 그러나 이런 관행에는 법적·이론적 근거가 없다. 12월 말 결산을 전제로 하더라도 주주총회를 5월 정도에 천천히 개최할 수 있고, 의결권 기준일과 이익배당 기준일은 5월 전후로 좁은 간격으로 설정하는 것이 현행 제도에서도 충분히 가능하다고 본다. 무엇보다 이런 주주총회 일정은 일본을 제외한 대부분의 해외 기업에서 지금도 자연스럽게 이루어지고 있다는 점에서, 오히려 원칙적인 일정이라고까지 말할 수 있다. 이하에서는 해외사례를 살펴봄으로써 이를 보이고자 한다.

III. 입법례 및 해외사례

1. 개관

각국에서 정기주주총회의 일정에 대한 입법례는 이미 선행연구에서 자세하게 조사하고 있다.[43] 주주총회 소집기간 및 의결권·이익배당 기준일에 관한 내용이 핵심이다. 굳이 이를 반복할 이유는 없을 것이다. 이 글은 선행연구의 연구성과를 간단히 요약하면서, 제도가 개정되었거나 선행연구에서 명확하게 설명되지 않은 부분을 중심으로 서술하고자 한다. 선행연구에서 누락된 프랑스도 대륙법계의 중요한 국가이므로 함께 살펴본다. 이를 통하여 영미법계인지 대륙법계인지를 불문하고, 대부분의 입법례는 최소한 정기주주총회의 일정과 관련해서는 대동소이함을 알 수 있었다. 의결권 기준일과 이익배당 기준일이 서로 분리되고, 그것이 결산기와는 아무 관계없이 오히려 주주총회일을 전후로 하여 촘촘하게 배치되는 특징을 보인다. 이렇게 되면 공의결권 문제나 배당락 문제는 거의 발생하지 않는다. 반면 주주총회 소집은 주주총회일로부터 한 달 이상의 여유를 둠으로써 주주에게 충분한 정보가 제공되고 있다. 아쉽게도 이런 흐름의 유일한 예외가 우리나라와 일본이다.

이런 경향은 해외 기업들의 실제 주주총회 일정을 보면 더 명확하게 확인할 수 있다. 이 글에서는 국가별로 3~4개의 유명한 상장회사의 정기주주총회 일정을 예로 제시하고 있는데, 역시 위와 같은 특징을 보이고 있었다.[44] 조사는 구글 검색을 통하여 각 회사의 정기주주총회 소집통지

---

43) 田中 亘, 앞의 논문 각주 1, 453면 이하; 김순석, 앞의 논문 각주 3, 59면 이하; 김지평/신석훈, 앞의 보고서 각주 5, 11면 이하.

44) 특히 배당일정에 대해서 https://uk.reuters.com/business/markets/dividends 참조. 여

서를 찾아 하나씩 확인하는 방식으로 이루어졌다.[45] 그 결과는 이하 국가별로 간단히 〈표 1~5〉로 작성하였다. 이 표들은 이 글에서 제안하는 주주총회 소집통지일, 의결권 기준일, 주주총회일, 이익배당 기준일의 순서로 작성하여 현황파악이 쉽도록 하였다. 모두 2019년 정기주주총회로서, 2018년 영업연도에 대한 이익배당의 승인이 이루어졌다.[46] 특별한 언급이 없는 이상 결산기 말일은 일본이 3월 31일이고 다른 국가는 모두 12월 31일이다. 기준일은 소집통지서 어디엔가 명확하게 나와 있었으나, 주주총회 소집통지일 자체는 분명하지 않은 경우도 있었다. 이 경우에는 CEO 인사말 등에 기재된 날짜를 소집통지일이라고 간주하여 기재하였으므로 실제 소집통지일과 약간의 오차가 있을 수 있다.

2. 주요국의 입법례 및 사례

(1) 미국

미국 델라웨어주 회사법은 주주총회의 소집이나 기준일에 관해서는 우리나라와 비슷하게 정하고 있다. 그래서 영국과 다른 극단이라고 소개하기도 한다.[47] 그럼에도 불구하고 미국이 우리나라와 같은 문제가 없는

기에서는 미국, 영국, 독일, 프랑스 상장회사의 배당일정을 제공하고 있는데, 기준일과 지급일의 확인이 가능하다.

45) 구글에서 회사 이름과 함께 2019 notice of meeting 정도의 검색어로도 각 회사의 홈페이지에 있는 주주총회 소집통지서를 쉽게 구할 수 있다. 이런 검색이 더 편하기 때문에 이하 웹사이트의 인용은 생략한다. 대부분의 국가 주요 상장회사는 외국인 주주가 많기 때문인지 영문으로 된 소집통지서가 홈페이지에 있었다(프랑스는 예외).

46) 미국은 이사회에서 이익배당을 승인하기 때문에, 미국 회사는 주주총회 소집통지에 이익배당 관련 정보가 없다.

47) Ringe, 앞의 책 각주 25, 53면.

것은 이익배당을 이사회에서 정하기 때문이다.[48] 특히 당해 이익배당 이사회 결의일보다 이익배당 기준일이 선행할 수 없는데,[49] 이를 통하여 배당락 문제가 자연스럽게 해결된다.[50] 따라서 최소한 이익배당과 관련해서는 이 글에서 살펴본 문제들은 존재하지 않는다.

그러나 의결권 기준일의 경우에는 우리나라와 비슷한 문제가 있다. 델라웨어주 회사법은 기준일을 주주총회일 전 10일 이상 60일 이내에 설정하도록 하고 있는데,[51] 최근 연구에 따르면 실제로 상장회사들의 의결권 기준일 중간값은 54일 정도 된다.[52] 회사는 주주총회일로부터 최소한 10일 이전에는 의결권을 행사할 주주명부를 확정해야 한다.[53] 이사는 미국에서도 의결권 기준일에 주주가 확정되어야 그 주주들에게 소집통지를 할 수 있다고 생각하기 때문에, 이런 관행은 주주들에게 판단에 필요한 충분한 시간을 준다는 것으로 정당화되고 있다. 그러나 공의결권 문제가 2000년대 중반부터 학계에서 심각하게 제기됨에 따라, 2009년 이사회가 소집통지 이후로 의결권 기준일을 다시 정할 수 있도록 회사법을 개정하였다.[54] 영국의 제도를 도입한 것이다. 이렇게 정하는 의결권 기

48) DGCL § 170(a).

49) DGCL § 213(c).

50) 사실 상장회사가 이렇게 이익배당을 이사회에서는 하는 것은 대단히 예외적인 입법례이다. 그럼에도 불구하고 우리나라는 2011년 상법개정에서 이것을 수용했는데, 아직도 결산기 말일을 이익배당의 기준일이라고 하는 정관에 가로막혀, 제도의 도입취지를 실현하지 못하고 있음은 안타까운 일이다.

51) DGCL § 213(a).

52) Reena Aggarwal / Pedro A. C. Saffi / Jason Sturgess, "The Role of Institutional Investors in Voting: Evidence from Securities Lending Market", 70 Journal of Finance 2309 (2015), 2316-17면.

53) DGCL § 219(a).

54) DGCL § 213(a): "... unless the board of directors determines, at the time it fixes such record date, that a later date on or before the date of meeting shall be the date for making such dedtermination."

준일에는 제한이 없기 때문에, 이론상으로는 주주총회일도 기준일이 될 수 있다.[55)]

〈표 1〉은 미국의 주요 상장회사의 주주총회 일정을 요약한 것이다. 현재 델라웨어주 회사법의 2009년 개정을 얼마나 많은 회사들이 활용하고 있는지는 잘 알려져 있지 않다. 여기에 조사된 회사들은 모두 종전의 방식대로 주주총회를 개최하고 있었다. 의결권 기준일과 주주총회일 사이에 50일 이상의 간격이 있다는 점과, 주주총회 소집통지일이 의결권 기준일보다 열흘 정도 지난 이후라는 점을 특징적으로 알 수 있다. 우리나라와 근본적인 구조는 동일하면서도, 주주총회를 5월 또는 6월에 여유 있게 개최하면서, 그 소집도 SEC에 대한 공시의무가 거의 종결된 3월 말 이후에 하고 있음을 알 수 있다. 이익배당이 문제 되지 않기 때문에, 기준일과 결산기와도 아무 상관이 없다.

〈표 1〉 미국 회사의 정기주주총회

회사	소집통지일	의결권 기준일	주주총회일
General Electric	3. 20.	3. 11.	5. 8.
Bank of America	3. 13.	3. 4.	4. 24.
Alphabet	4. 30.	4. 22.	6. 19.

(2) 영국

영국의 상장회사는 결산기 말일로부터 6개월 이내에 정기주주총회를 개최해야 한다.[56)] 소집통지는 총회로부터 21일 전까지는 해야 하는데,[57)]

---

55) Ringe, 앞의 책 각주 25, 57면.

56) Companies Act 2006 § 336(1).

57) Companies Act 2006 § 307(2)(a). 폐쇄회사의 경우에는 14일 전까지 해야 한다

의결권 기준일은 주주총회일로부터 48시간 이전 이내로 정해야 한다.[58] 이 48시간은 휴일을 제외하고 정해지기 때문에, 예를 들어 주주총회가 주초에 있으면 실제로는 이틀 이상이 벌어지기도 한다. 실제로 다수의 영국 상장회사는 주주총회일 전날 오후 6시를 기준일로 삼는 경우가 많다.[59]

영국은 주주총회 소집통지일 이후에 의결권 기준일을 정하는 전형적인 법제이다. 예를 들어 뒤 〈표 2〉의 Provident Financial 사례를 보면, 주주총회는 3월 26일 소집하면서 의결권 기준일은 주주총회 며칠 전인 5월 17일로 잡는다. 이렇게 되면 소집통지를 할 때 누구에게 통지를 하라는 것인가? 당연히 소집통지 시점의 주주에게 하면 된다. 대부분의 주주는 어차피 5월 17일까지 그대로 주식을 보유할 것이기 때문에, 그들에게는 거의 두 달 정도 전에 충분한 정보를 제공하는 셈이 된다. 물론 일부 주주는 그사이에 주식을 매각할 것이다. 이 경우를 대비해서 Provident Financial 소집통지서 첫 페이지에는 "만일 당신이 보유하는 회사의 주식 전부를 매각 또는 양도하는 경우에는 이 문서를 매수인 또는 양수인, 또는 매각 또는 양도를 중개한 자에게 교부하라"는 내용이 적혀 있다.[60] 어차피 의결권 있는 주주의 확정은 5월 17일에 이루어지는 것이고, 그사이에는 거래당사자 사이에 주주총회에 관한 정보만 전달되면 된다는 것이다. 영국에서는 이런 방식으로 공의결권 문제와 충분한 정보제공의 과제를 동시에 해결하고 있다. 주주총회는 거의 두 달 전에 소집되기 때문에

〔§ 307(1)〕.

58) Companies Act 2006 § 360B(2); Uncertificated Securities Regulations 2001 (SI 2001/3755), reg. 41. 자세한 설명은, Paul L. Davies, Principles of Modern Company Law (8th, 2008), 464-465면.

59) Ringe, 앞의 책 각주 25, 53면.

60) 이에 대한 소개는 영국 책에서도 찾기 어려웠다. 유일하게 田中 亘, 앞의 논문 각주 1, 460면에 이 내용이 소개되어 있다.

위에서 본 회사법상 21일의 제한은 별 의미가 없다. 이 글에서도 이런 영국 방식을 가장 바람직한 방식으로 서론에서 소개하였다.

이에 비하여 이익배당 기준일에 대해서는 회사법에 아무 규정이 없다. 영국 2006년 회사법은 배당가능이익 산정에 관한 복잡한 규정으로 악명이 높은데,[61] 이에 관한 절차적 규정은 거의 없는 실정이다. 심지어 이익배당을 주주총회에서 한다는 명문의 규정도 없다. 다만 거의 모든 상장회사 정관은 주주총회 보통결의로 기말배당을 한다는 규정을 두고 있다.[62] 따라서 이익배당 기준일에 관한 규정도 없고 각 회사가 개별적으로 정한다. 〈표 2〉를 보면 BT · Provident Financial 등과 같이 주주총회일 이후로 잡는 경우도 있지만, Centrica · Pearson 등과 같이 주주총회일 이전으로 잡기도 한다. 그러나 어느 경우든 최대 1개월 정도의 간격을 두는 것에 그치고 있음을 알 수 있다. 최소한 결산기와는 아무 상관이 없다.

〈표 2〉 영국 회사의 정기주주총회

회사	소집통지일	의결권 기준일	주주총회일	배당 기준일
BT	5. 8.	7. 8.	7. 10.	8. 9.
Provident Financial	3. 26.	5. 17.	5. 21.	5. 24.
Centrica	4. 5.	5. 9.	5. 13.	5. 10.
Pearson	3. 25.	4. 24.	4. 26.	4. 5.

* BT 결산기 3월 31일.

(3) 독일

독일은 영업연도 개시 후 8월 이내에 정기주주총회를 개최해야 한

61) Lee Roach, Company Law (2019), 488면.
62) Roach, 앞의 책 각주 61, 492면. 대신 중간배당은 이사회의 권한으로 한다.

다.[63] 먼저 주주총회 소집통지는 최소 30일 이전에 이루어져야 하며, 기간의 계산에 소집통지일은 포함되지 않는다.[64] 우리나라의 2주보다 훨씬 길고, 이하에서 보는 사례와 같이 실제로는 두 달 정도까지 여유를 두는 회사도 많다.

의결권의 기준일에 대한 규정은 다소 복잡하다. 상장회사는 무기명주식인지 기명주식인지에 따라 달라지는데, 양자를 구분하지 않고 21일로 통일하자는 주식법 개정안도 제출된 바 있었으나 결국 폐기되었다.[65] ① 먼저 무기명주식의 경우,[66] 주주가 주주총회에 참석하기 위해서는 예탁받은 금융기관이 서면으로 발행한 증명서에 의하여 주주라는 점을 입증해야 한다.[67] 그런데 이 입증이 주주총회일로부터 21일 전에 이루어지도록 되어 있다.[68] 따라서 무기명주식의 경우에는 기준일이 주주총회일 21일 전이 되는 것이다. 이것은 정관으로도 수정할 수 없는 강행규정인데, 공식적인 이유는 외국인 투자자들에게 주주총회를 준비할 수 있도록 여유를 주기 위함이라고 한다.[69] ② 기명주식의 경우 주주의 입증은 우리나라와 마찬가지로 주주명부의 기재만을 가지고 판단한다.[70] 기준일에 대해서는 주식법에 새로운 규정을 두었으나,[71] 무의미한 내용으로서 결국 정관으로 정할 수밖에 없다.

---

63) AktG 제175조 제1항 제2문.
64) AktG 제123조 제1항.
65) Hüffer / Koch, Aktiengesetz (13.Aufl., 2018), § 123 Rn.14.
66) 독일은 전통적으로 상장회사도 무기명주식의 발행이 주로 이루어졌기 때문에, 무기명주식에 대한 규정이 더 중요하다.
67) AktG 제123조 제4항 제1문. 2016년 개정으로 종전 제123조 제3항의 내용이 제3항과 제4항으로 변경되었다.
68) AktG 제123조 제4항 제2문.
69) Ringe, 앞의 책 각주 25, 52면.
70) AktG 제67조 제2항 제1문.
71) AktG 제123조 제5항.

독일의 사례에서 가장 주목해야 할 부분은 이익배당에 관한 것이다. 독일에서 재무제표의 확정은 원칙적으로 이사회 및 감사회의 권한이지만,[72] 이익배당은 주주총회의 권한이다.[73] 그런데 앞에서 살펴본 의결권 기준일에 관한 규정은 이익배당에 대해서는 적용되지 않는다.[74] 배당은 실질적으로 주식을 보유하고 있는지만을 가지고 결정되므로,[75] 원칙적으로 주주총회일에 주식을 소유하고 있는 자가 이익배당을 받는다. 그러다가 2016년 주식법 개정에서는 제58조 제4항 제2문이 새로 들어갔는데,[76] 주주가 가지는 이익배당청구권은 주주총회일로부터 3영업일에 지급된다는 내용이다. 다만 정관이나 주주총회결의로 이 기간을 연장할 수 있다.[77] 이것은 증권의 결제와 조화시키기 위한 조치인데, 유럽 차원의 기준을 수용한 것이다.[78] 그러나 이 규정은 이익배당금의 "지급"에 관한 것으로서, 주주총회일의 주주가 이익배당청구권을 가지는 것은 변경되지 않았다.[79]

뒤 〈표 3〉에서 보는 바와 같이 독일 회사의 정기주주총회의 일정은 영국 회사의 일정과 근본적으로 차이가 없다. 기명주식에 대한 의결권 기준일은 주주총회일과 근접하게 설정한 경우도 많다. 소집으로부터 주주총회일까지 충분한 시간을 가지면서도 공의결권 문제도 심각해지지 않도

72) AktG 제172조, 제173조 참조.
73) AktG 제174조 제1항.
74) Hüffer / Koch, 앞의 책 각주 65, § 123 Rn.12; Spindler / Stilz, AktG (2.Aufl., 2010), § 123 Rn.36.
75) Hüffer / Koch, 앞의 책 각주 65, § 123 Rn.12; Spindler / Stilz, 앞의 책 각주 74, § 123 Rn.36.
76) Hüffer / Koch, 앞의 책 각주 65, § 58 Rn.28.
77) AktG 제58조 제4항 제3문.
78) Hüffer / Koch, 앞의 책 각주 65, § 58 Rn.28.
79) Hüffer / Koch, 앞의 책 각주 65, § 58 Rn.28.

록 하고 있다. 흥미로운 점은 이익배당에 대해서는 아무 법규정을 두지 않음으로써 오히려 효율적인 결과를 가져왔다는 것이다. 이익배당의 기준일을 따로 정하지 않음으로써 주주총회일을 이익배당 기준일로 삼는 관행이 만들어진 것으로 볼 수 있다. 그 결과 독일에서는 배당락의 왜곡 문제도 발생하지 않는다.

〈표 3〉 독일 회사의 정기주주총회

회사	소집통지일	의결권 기준일	주주총회일	배당 지급일
BASF	3. 22.	4. 26.	5. 3.	5. 8.
Deutsche Telekom	2. 21.	3. 25.	3. 28.	4. 2.
Volkswagen	3. 12.	4. 23.	5. 14.	5. 17.

(4) 프랑스

정기주주총회는 영업연도 종료후 6월 이내에 개최한다.[80] 그런데 프랑스는 주주총회의 소집이나 기준일에 대해서 상법에는 위임규정만을 두고,[81] 대부분 행정명령에 의하여 규율하고 있다. 상장회사의 주주총회의 소집은 주주총회일로부터 최소한 35일 전에 이루어져야 하므로,[82] 역시 상당히 여유 있게 진행하는 셈이다. 의결권 기준일은 영국과 마찬가지로 주주총회일 0시부터 2영업일 이전이 기준일이 된다.[83] 이처럼 주주총회 소집은 한 달 이전에 이루어지지만 의결권 기준일을 주주총회일에 근접하여 설정하는 것은, 영국에서 본 아이디어와 완전히 일치한다. 영국과

80) Code de Commerce, Art. L.225-100.
81) Code de Commerce, Art. L.225-104.
82) Art. R.225-73.
83) Art. R.225-85.

마찬가지로 주주총회 소집통지서에는 "주식을 기준일 이전에 양도하는 경우 주주총회에 참석할 수 없으며, 중개인은 그 사실을 양도인과 양수인에게 알려야 한다"는 내용이 포함되어 있다.

이익배당도 역시 영국, 독일과 비슷하게 회사법에서 규정을 두지 않고 자율에 맡기고 있다. 프랑스의 상법은 제232-10조에서 제232-20조 사이에 이익배당에 관한 규정을 두고 있으나, 이 조문 및 관련 행정명령에서는 그 기준일에 대한 규정이 없다. 일반적으로 학설은 주주총회일의 주주가 이익배당을 받을 권리가 있다고 보고,[84] 실무에서는 주주총회일에 근접하여 기준일을 설정하는 것으로 보인다. 이하 프랑스 회사의 일정을 보면 영국, 독일과 매우 흡사한 모습을 보인다. 그 이유는 앞에서 두 나라의 설명에서 충분히 반복하였으므로 여기에서는 생략한다.

〈표 4〉 프랑스 회사의 정기주주총회

회사	소집통지일	의결권 기준일	주주총회일	배당 기준일
AXA	3. 20.	4. 18.	4. 24.	5. 2.
LVMH	3. 11.	4. 16.	4. 18.	4. 25.

(5) 일본

일본은 우리나라와 거의 같은 제도를 가지고 있으므로 자세한 설명은 생략한다. 주주총회의 소집통지는 주주총회일 2주 전까지 해야 하고(회사법 제299조 제1항), 의결권 기준일은 주주총회 전 3개월 이내로 잡아야 한

84) Philippe Merle / Anne Fauchon, Droit Commercial: Sociétés Commerciales (19e ed. 2016), 371면.

다(동법 제124조 제2항).[85] 의결권 기준일 이후 주식을 양수한 주주는 당해 주주총회에서 의결권을 갖지 못하지만, 회사는 그 주식의 전부 또는 일부에 대하여 의결권을 인정할 수 있다. 다만 의결권 기준일 현재 주주의 권리를 해하지 못한다(회사법 제124조 제4항).[86] 이익배당 기준일에 관한 규정은 없지만, 결산기 말일을 이익배당 기준일로 하고 있으며, 의결권 기준일도 이에 일치시키고 있다. 일본에서는 2016년부터 이런 관행의 문제점을 지적하면서 경제산업성 및 전국주간연합회를 중심으로 개혁을 시도하고 있으나,[87] 아직 큰 변화는 없는 것으로 보인다. 〈표 5〉에서 보는 바와 같이 주요 상장회사는 여전히 6월 말에 주주총회가 집중되면서, 의결권 기준일과 이익배당 기준일을 결산기 말일로 잡고 있다.

〈표 5〉 일본 회사의 정기주주총회

<table>
<tr><th>회사</th><th>소집통지일</th><th>의결권 기준일</th><th>주주총회일</th><th>배당 기준일</th></tr>
<tr><td>Toyota</td><td>5. 23.</td><td rowspan="5">3. 31.</td><td>6. 13.</td><td rowspan="5">3. 31.</td></tr>
<tr><td>Soft Bank</td><td>6. 7.</td><td>6. 24.</td></tr>
<tr><td>Sony</td><td>5. 28.</td><td>6. 18.</td></tr>
<tr><td>Mitsubishi UFJ</td><td>6. 6.</td><td>6. 27.</td></tr>
<tr><td>KDDI</td><td>5. 28.</td><td>6. 19</td></tr>
<tr><td>JT</td><td>3. 1.</td><td>전년도 12. 31.</td><td>3. 20.</td><td>전년도 12. 31.</td></tr>
</table>

* JT 결산기 12월 31일.

85) 일본은 2004년 상법개정에서 주주명부 폐쇄 제도를 폐지하여, 현재는 기준일 제도만 운영하고 있다.

86) 얼핏 이 조항에 따라 회사가 기준일 이후 주식을 양수한 자에게 의결권을 인정할 수 있을 것처럼 보이지만, 그렇게 되면 기준일의 주주의 의결권을 침해하는 것이 되므로 단서조항에 위반된다. 따라서 회사는 의결권을 인정할 수 없다. 제124조 제4항이 적용되는 것은 기준일 이후 "회사로부터" 신주나 자기주식을 양수한 자에게 의결권을 인정하는 경우로 한정된다. 江頭憲治郎, 앞의 책 각주 17, 216면.

87) 자세한 내용은 김지평 / 신석훈, 앞의 보고서 각주 5, 24-32면에 잘 소개되어 있다.

여기에서 이 회사들의 정관을 볼 필요가 있다. 〈표 5〉에서 의결권 기준일과 이익배당 기준일은 다른 국가와 달리 주주총회 소집통지서에 명기되어 있지 않은데, 그것은 정관에 3월 31일 또는 12월 31일로 고정되어 있기 때문이다.[88] 다시 말해 다른 국가처럼 기준일을 정하기 위해서는 그전에 정관개정을 해야 한다는 번거로움이 따른다는 것이다.

3. 소결

해외의 입법례와 실제 사례를 보면, 일본과 우리나라를 제외하면 정기주주총회와 관련해서 이론적 문제점이 거의 없다는 것을 알 수 있다. 모든 국가에서 주주총회 소집통지는 거의 두 달 전에 이루어지고 있어서 주주에게 충분한 시간을 주고 있다. 의결권 기준일과 이익배당 기준일을 주주총회일 전후 며칠 간격으로 잡아서 공의결권 문제나 배당락 문제를 해결하고 있다. 미국만 의결권 기준일이 소집통지 이전으로 잡히면서 공의결권 문제가 심각할 따름인데, 여기에서도 배당락 문제는 이사회에서 이익배당을 결정함으로써 해결하고 있다. 이렇게 보면 우리나라 정기주주총회 일정의 문제들이 회사법의 모순이나 한계로 인하여 필연적으로 발생하는 문제들이 아니고, 사실 일본에서 잘못 형성된 관행들이 그대로 이어지고 있는 것에 불과함을 알 수 있다. 지금이라도 원칙으로 돌아가야 한다는 것을 위 비교법적 연구가 명확히 보여 준다고 하겠다.

---

88) 각 회사의 정관도 구글에서 쉽게 구할 수 있다. 대부분의 정관은 대동소이한데 몇 개만 보면, 사업연도 종료 후 3개월 이내에 주주총회를 개최한다는 내용은 소니 제12조 · 미쓰비시 UFJ 제23조 · KDDI 제13조에, 의결권 기준일을 3월 31일로 한다는 내용은 소니 제13조 · 미쓰비시 UFJ 제10조 · KDDI 제14조에, 이익배당 기준일을 3월 31일로 한다는 내용은 소니 제40조 · 미쓰비시 UFJ 제45조 · KDDI 제39조에 각각 기재되어 있다.

IV. 상법상 문제점에 대한 검토

주주총회의 3월 집중현상이 상법규정에 근거한 것이라는 설명도 있다. 그렇다면 상법의 개정이 없이는 이 문제를 해결할 수 없다는 의미가 된다. 이런 주장들 가운데 특히 중요한 두 가지를 살펴본다.

1. 일할배당

이익배당은 특정 영업연도의 경영성과를 배분하는 것이 아니라, 그 시점까지 누적된 경영성과를 배분하는 것이다. 그러나 이익배당이 영업연도 단위로 이루어지다 보니 이를 간과하고, 마치 당해 영업연도에 벌어들인 수익을 매년 분배하는 것이라고 착각하기도 한다. 그런 착각이 제도적으로 반영된 것이 상법 제350조 제3항 후단이다. 흔히 일할배당 조문이라고 부르며, 신주발행에도 준용되기 때문에(상법 제423조) 실무상 중요한 조문이다. 예를 들어 12월 결산법인이 2019년 6월 1일 신주를 발행한 경우, 2019년 이익배당에서 다른 주식과 동일하게 받아야 하는가 아니면 다른 주식의 12분의 7을 받아야 하는가의 문제이다. 전자를 동액배당, 후자를 일할배당이라고 부른다. 1995년 개정된 제350조 제3항 후단은, 정관규정을 전제로 하여, 이 신주발행을 2018년말에 이루어진 것으로 볼 수 있다고 함으로써 동액배당을 할 수 있도록 하였다. 동시에 정관에 규정을 두지 않는다면 그 반대해석으로 일할배당을 해야 한다는 것으로 해석되고 있다. 현재 대부분의 상장회사는 표준정관에 따라 동액배당을 하는 정관을 가지고 있다.

일할배당은 당해 사업연도에 회사경영에 자본적 기여를 해야 배당받을 자격이 있다는 생각에서 기인한 것이다. 위 사례의 신주는 2019년 6월

1일부터 7개월간만 존재하였기 때문에 다른 주식에 비하여 12분의 7만 자본적 기여를 했다고 본다. 그러나 이런 논리는 "자본적 기여"라는 불명확한 개념으로 인한 착각에 불과하다.[89] 예를 들어 2019년 5월 30일 현재 회사의 1주당 자본금이 500원, 배당가능이익이 300원이 쌓여 있다고 하자. 여기에서 이 회사가 주주간 부의 이전이 발생하지 않도록 공정하게 신주를 발행한다면, 신주의 발행가격은 1주당 800원이 될 것이다. 그럼 신주가 발행된 2019년 6월 1일 그 순간 구주와 신주 모두 회사에 대해서 1주당 800원을 자신의 몫으로 가지고 있는 셈이다. 여기에 "자본적 기여"라는 개념은 들어갈 틈이 없다. 그 대신 신주주는 800원을 내고 회사에 1주당 800원에 해당하는 몫을 확보했다고 보는 것이 더 정확하다. 2019년 말 이익배당은 각자의 몫에서 일부를 각자에게 돌려주는 것이다. 구주와 신주가 모두 회사에 대해 1주당 800원의 몫을 가지고 있다면, 돌려받는 몫도 당연히 같을 수밖에 없다. 나아가 신주에 대해서 구주의 12분의 7만 배당하는 것은, ① 신주주로부터 구주주에게로 부의 이전을 가져오고, ② 현실에서 신주와 구주를 구별할 방법이 없다는 점에서도 이론적인 문제가 있다.

결국 이익배당의 기준일에 존재하는 주식에 대해서 모두 동등하게 배당하는 것이 이론상 타당하고 집행도 간단하다. 그러나 제350조 제3항 후단은 일할배당의 적법성을 전제로, 신주의 존속기간을 1년으로 만드는 잘못된 방법을 선택하였다. 이것이 잘못된 이유는, 이 규정이 의도한 대로 효과를 내기 위해서는 영업연도 말이 이익배당의 기준일이 되어야 하기 때문이다. 그렇지 않으면 불필요하게 신주가 영업연도 말부터 존재하는 것으로 간주함으로써 일할배당을 해야 하는, 생각하지 못했던 혼란이

89) 같은 취지로는 김건식/노혁준/천경훈, 앞의 책 각주 10, 574면.

발생한다. 다음 사례를 보면 그 이유를 알 수 있다.[90)]

예를 들어 위 1주당 800원의 회사에서 2018년도 이익배당의 기준일이 2019년 5월 10일이라고 하고, 배당금은 1주당 100원이 될 것이라고 하자. 이 경우 신주발행이 2019년 3월 1일에 있었다면 발행가격은 얼마였을까? 아직 구주가 1주당 800원의 몫을 가지고 있을 것이므로 신주도 800원에 발행되었을 것이다. 그렇다면 2019년 5월 10일에 신주도 1주당 100원의 이익배당을 받는 것이 당연하다. 반면 신주발행이 2019년 6월 1일 이루어졌다면 어떻게 될까? 기준일이 지났기 때문에 6월 1일 현재 구주의 가치는 700원이고, 따라서 신주의 공정한 발행가격도 700원이다. 구주는 100원의 이익배당을 받겠지만, 신주는 700원을 납입하고 주주가 되었으므로 이익배당에 대한 권리가 없는 것이 당연하다. 그런데 제350조 제3항 후단, 제423조가 적용되어 신주가 2019년 1월 1일부터 존재했다고 보면 어떤 결과가 되는가? 어느 경우든 신주가 1월 1일부터 존재하였으므로 기준일인 5월 10일에도 존재한다. 따라서 100원의 이익배당을 받을 것이다.[91)] 이것은 부당한 결과가 된다. 이를 요약하면, ① 신주가 2019년 3월 1일 발행된 경우라면, 결론은 타당하지만 1월 1일부터 존재한다고 간주할 필요는 없다. ② 신주가 2019년 6월 1일 발행되었다면 결론이 잘못되었다. 신주는 기준일에 존재하지 않았음에도 간주규정에 의하여 이익배당 기준일에 존재하는 것처럼 되어 배당에 참여하게 된 것이다.

---

90) 이 문제는 2018년 1월 상장회사협의회에서 있었던 자문회의에서 발표된, 박 준, "결산기 말과 배당기준일이 달라지는 경우 상법상 문제점 추가 검토" 자료를 참조한 것이다. 또한 김지평 / 신석훈, 앞의 보고서 각주 5, 19-23면. 그러나 이 자료들에서 제시된 분석을 다소 수정하였다.

91) 여기에서 2019년 3월 1일 또는 6월 1일까지의 기간에 비례하여 일할배당을 하는 것은 아님을 유의하여야 한다. 2019년 5월 10일 기준으로 지급되는 것은 2018년도 배당금이기 때문이다.

이런 혼란이 소모적인 것은 말할 나위도 없다. 이 규정을 그대로 두고 배당기준일을 결산기 이외의 시점으로 정하게 되면, 특히 신주발행이나 주식거래가 빈번한 상장회사에서는 법적 불확실성을 피할 수 없다. 일할 배당 조문은 결산기의 주주가 이익배당을 받아야 한다는 것과 자본적 기여에 따라 이익배당을 받아야 한다는 것, 이렇게 두 번의 잘못된 이해가 중첩된 조문이다. 당연히 상법 제350조 제3항 후단 및 관련 준용규정은 폐지되는 것이 옳다. 그것은 5월 주주총회에 법적 장애물이기도 하거니와, 그 자체로 비합리적인 규정이기 때문이다.

2. 공시되는 사업보고서는 주주총회 승인을 받아야 한다?

현재 상장회사의 계속공시 제도가 주주총회 3월 말 개최의 직접적인 원인이 된다는 견해도 있다. 상장법인은 영업연도 종료 후 90일 이내에, 즉 3월 말까지 사업보고서를 금융위원회와 한국거래소에 제출해야 하는데(자본시장법 제159조 제1항), 그 사업보고서에는 재무에 관한 사항과 그 부속명세를 기재하게 되어 있다(동법 제159조 제2항 제4호 및 제5호 및 동법 시행령 제168조 제2항 제7호). 그런데 여기에 포함되는 재무제표가 주주총회의 승인을 받은 것이어야 한다는 것이다.[92] 그렇게 되면 사업보고서 제출 이전에, 즉 3월 말 이전에 주주총회가 개최되어야 한다.

물론 그 법적 근거가 사실 명확하지는 않다. 몇 가지 근거로 삼을 수 있는 것으로는, ① 증권의 발행 및 공시 등에 관한 규정 제4-3조 제1항 제3호 나목은 사업보고서에 기재해야 하는 기타 사항으로서 "주주총회

92) 정준우, "주주총회의 활성화를 위한 선결과제 검토: 규정의 개정에 관한 논의를 중심으로", 선진상사법률연구 제77호 (2017), 164면; 김순석, 앞의 논문 각주 3, 50면; 노미리, 앞의 논문 각주 13, 87-88면.

의사록 요약"을 열거하고 있다. 주주총회가 먼저 이루어질 것을 전제로 하고 있는 것이다. ② 증권의 발행 및 공시 등에 관한 규정 제4-3조 제8항, 기업공시서식 작성기준 제5-4-1조에서는 재무제표를 정기주주총회에서 승인받지 않은 경우 그 사실 및 사유를 추가 기재하도록 하고 있다. 역시 일반적으로는 주주총회가 있을 것을 전제로 하고 있다. ③ 재무제표는 이익잉여금처분계산서를 포함하는데, 여기에서 가장 중요한 부분이 이익배당이다. 따라서 이익배당이 확정되기 전에는 이익잉여금처분계산서라는 것이 사실 가안의 의미 정도밖에 없기 때문에, 이익배당을 주주총회에서 결정하는 상장회사에서는 먼저 주주총회에서 이익배당을 확정해야 유의미한 이익잉여금처분계산서를 사업보고서에 공시할 수 있다는 것이다.

그러나 자본시장에 공시되는 재무제표가 미리 주주총회의 승인을 받은 것일 필요는 없다. 우선 이론적인 측면을 보면, 자본시장에 대한 계속공시와 회사의 내부적인 주주총회는 그 속성을 달리한다. 공시는 사건이 발생한 다음 신속하게 이루어져야 하지만, 주주총회는 주주들이 충분히 생각할 수 있도록 여유 있게 진행되어야 한다. 또한 공시정보는 정확하게 사실에 일치해야 하는데, 그것을 담보하는 것은 외부감사이지 주주총회의 승인이 아니다. 공시되는 정보가 미리 주주총회의 승인을 받았다고 해서 그 정보의 질이 더 높아지는 것은 아니다. 따라서 재무제표는 외부감사를 받은 즉시 그것만 가지고 시장에 공시하는 것이 바람직하고, 주주총회는 그 이후에 여유 있게 진행하면 된다. 이렇게 되면 오히려 공시된 재무제표를 주주총회에서 활용할 수 있다.

이를 위한 제도적 개선으로서 위 ①과 ②는 금융위원회 규정이므로, 주주총회의 승인이 필요하지 않는 것으로 개정이 쉬울 수 있다. 문제는 위 ③ 이익잉여금처분계산서의 승인이다. 다른 재무제표와 달리 이익잉여금처분계산서의 이익배당 부분은 주주총회의 결의가 없는 이상 확정된 금액이라고 할 수 없다. 그렇다고 주주총회를 서둘 수는 없는 일이다. 결국 이익잉여금처분계산서를 영업연도 종료 후 90일 이내에 공시해야 하는 정보에서 제외하고, 이후 주주총회에 확정된 이후 이익배당 정보와 함께 공시하도록 하는 방안과, 일단 현재와 같이 잠정적으로 공시를 하지만 주주총회 이후 수정공시를 통하여 바로잡는 방안, 이렇게 두 가지 정도를 생각할 수 있을 것인데, 후자가 더 현실적으로 무리가 없다고 보인다. 대부분 경영진이 제안한 배당액이 이후 주주총회에서도 그대로 승인되는 경향이 있고, 회사가 소집통지를 하는 시점에 이미 배당액에 관한 정보를 제공해야 하기 때문이다.

V. 맺음말

정기주주총회가 우리나라 상장회사의 기업지배구조에 얼마나 중요한 역할을 하는지는 아직 확신하기 어렵다. 정기주주총회가 형식적으로 운영된다는 점이 많이 지적되고 있지만, 정기주주총회에서 다루어지는 의안들이 다른 외국에 비해서 현저하게 적다는 부분도 문제 제기가 필요하다. 현재 정기주주총회의 3월 집중 현상이 많이 비판을 받고 있지만, 이것이 5월로 분산된다고 해서 갑자기 정기주주총회가 활성화될 것인지도 의심스럽다. 상장회사들도 설사 5월에 여유 있게 주주총회를 개최할 수 있다고 하더라도 굳이 이를 늦추어 가면서 심도 있는 논의를 진행시키려고 하지 않을지 모른다. 5월 주주총회를 위해서는 정관개정도 해야 하는데, 상장회사가 그럴 유인을 가질 가능성은 현실적으로 적다.

그럼에도 불구하고 이 논의가 중요한 것은 회사법의 원칙에 관한 문제이기 때문이다. 현재 주주총회가 근거하고 있는 결산기 말일=의결권 기준일=이익배당 기준일이라는 관념은 법적 근거가 없을 뿐만 아니라, 오히려 다양한 문제를 야기할 소지가 있다. 특히 현재 우리나라의 관행은 다른 국가에서는 거의 찾기 어려운 방식이라는 점에서, 이것을 당연시해 온 시각을 수정할 필요가 있다. 회사법의 원칙으로 돌아가자는 것이다. 예를 들어 여러 법적 제약이 많기 때문에 의결권 기준일을 1개월 정도 늦추어 4월 말 주주총회를 가능하게 하자는 식으로 상장회사 표준정관이 개정되었지만, 이렇게 소극적으로 생각해야 할 이유가 없다. 오히려 이렇게 되면 지금보다 더 문제가 커질 뿐이다. 보다 적극적으로 현재 상장회사 표준정관에서 12월 말을 이익배당 기준일로 하는 규정을 없애고, 의결권 기준일에 관한 규정 역시 12월 말 원칙을 폐지해야 한다. 같은 회사법을 가지고 있는 다른 국가에서는 가능한 일이 우리나라에서 불가능할 이유는 없다. 현재의 관행이 사실 회사법의 논리에도 맞지 않는다는 것을 보이고, 적극적으로 5월 이후 주주총회가 가능하다고 인식의 전환을 주문하면서 이 글을 마친다.

04

주주행동주의의 순기능 강화를 위한 몇 가지 논의*

안수현**

I. 서론

외국과 비교하여 우리 법상 주주권은 그리 강화되어 있지 못하다는 평가가 많다. 그 때문에 최근 몇 년간 회사법을 개정하여 주주의 권리를 강화하는 것을 목적으로 하는 법안들이 여러 차례 발의된 바 있다.[1) 이러한 주주권의 강화 시도는 주주행동주의(shareholder activism)를 표방하는 펀드와 스튜어드십 코드를 준수하고자 하는 기관투자자들에게 많은 영향을 미칠 것으로 예상된다.

* 이 글은 『경영법률』 제30집 제3호 (2020)에 게재한 것을 수정 · 보완한 것이다.
** 한국외국어대학교 법학전문대학원 교수
1) 대표적으로 주주대표소송제도 개선(다중대표소송 도입 및 대표소송 지분요건 완화), 집중투표제 의무화, 감사위원 분리선임 도입 등을 위한 상법개정안들이 그것이다. 이에 관한 보고서로는 최이배, 기업지배구조 관련 상법개정안의 주요내용과 효과분석 (2018 국정감사 정책자료집).

한편에서는 최근 국제적으로 주목받는 최대 이슈가 헤지펀드의 주주행동이라는 점에서 주주권이 강화될수록 헤지펀드가 이를 주주행동에 남용함으로써 대상이 된 회사들에게 악영향을 미칠 것이라는 우려도 한층 커지고 있다.[2)]

국내에서 주주행동주의에 대한 관심은 이전에도 있었지만 최근 관심이 높아지면서 논의가 활발해지는 경향이 있다. 주주행동주의 또는 적극적인 주주행동은 자본시장에서 긍정적인 역할을 한다는 점에 대해서는 대체로 수긍하는 입장이 많다. 특히 주주권이 강화되어 있지 못하다는 평가를 받는 국내 상황을 감안할 때 적극적으로 주주권 내지 소유자로서 주주의 지위(active ownership)를 행사하라는 요구는 당위에 그치지 않고[3)] 실제 실현될 필요가 있다.

다만 주주의 권리를 적극적으로 행사하라는 것과 어느 범위까지 주주가 회사의 경영활동에 관여하는가 하는 것은 정책적으로 결정이 필요하고 법적으로도 중요한 사항이 된다. 왜냐하면 우리 법상 회사의 경영에 관한 정책과 업무의 집행은 이사회의 권한이고(상법 제393조 제1항), 주주총회는 법과 정관에 정하는 사항에 한하여 정할 수 있기 때문이다(동법 제361조). 이러한 점에서 회사의 경영활동에 대하여 주주가 적극적으로 회사의 정책 내지 운영이나 기존 관행을 변화시키려는 의도로 적극적으로 행동하는 주주행동주의에 대하여 관심과 논쟁이 높아지는 것은 당연하다.

---

2) 헤지펀드에 관한 논의로는 노미리, "헤지펀드 행동주의가 증가한 원인과 대응방안", 동아법학 제69호 (2015), 171면 이하.

3) 국내에서 기관투자자의 의결권 등 주주권과 관련하여 '권한'행사의 측면보다 '의무'의 속성을 보다 강조하는 흐름이 형성되어 있다는 지적으로는 최문희, "기관투자자의 주주권 행사와 의결권 자문기관", BFL 제100호 (2020. 3), 80면.

그런데 자본시장에 참여하는 주주의 유형은 매우 다양하고 이들이 하는 행동 이면에 작동하는 인센티브 유형도 동일하지 않다. 이 때문에 주주행동주의가 기업에 긍정적인 변화를 가져오는지 여부를 판단하기 위해서는 주주행동주의를 보다 세분화하여 살펴볼 필요가 있다. 즉 주주유형별로 적극적으로 주주권을 행사하려는 배경과 유인체계(인센티브)가 무엇인지 아는 것이 필요할 것으로 보인다. 이와 함께 이들이 주주행동주의를 표방하는 경우 이용하는 전략을 살펴볼 필요가 있으며, 이 경우 외국과 차이가 있는지도 검토할 필요가 있다. 왜냐하면 나라마다 주주권 행사와 관련한 법제 수준 내지 접근방법이 동일하지는 않기 때문이다.

이하에서는 이러한 목적하에 우선 주주행동주의를 개관하여 살펴본 다음 주주행동을 하는 주주유형 및 이들이 선호하는 투자대상과 주주행동 전략 관련 우리나라의 법적 현황을 개괄적으로 살펴보고 이를 기초로 국내에서 주주행동주의의 순기능을 강화하는 방안들을 몇 가지 제시하고자 한다. 일부 주주행동주의의 적극적인 주주활동을 적대적 기업인수[4]와 같은 관점에서 접근하는 경향이 없지 않은데, 이러한 접근은 적극적인 주주활동의 순기능을 발휘하는 것을 억제할 가능성이 크다. 그 때문에 이러한 우려를 불식시키면서 주주행동주의의 순기능을 증대시키는 방안들이 보다 모색될 필요가 있다. 이하에서는 이러한 목적을 염두에 두고 서술하기로 한다.

---

4) 적대적 기업인수는 대상회사의 경영진이나 대주주의 의사에 반하여 대상회사의 경영권을 확보하는 활동으로 결국 인수자가 원하는 사람들로 이사회의 다수를 선임하는 것을 말한다. 이를 달성하기 위해 시장에서 주식을 매집하거나 공개매수방식으로 불특정다수의 주주들로부터 주식을 매수하거나 이와 병행하여 의결권대리행사 권유를 통해 다른 주주들의 지지를 확보하는 방법을 사용한다. 즉 기업인수는 처음부터 의도가 대상회사 이사회의 다수를 인수자 측 사람들로 선임하는 데 목적이 있다.

II. 주주행동주의 개관

1. 주주행동주의의 개념

(1) 개념

"주주행동주의"란 투자대상회사의 경영을 개선할 목적으로 기업의 운영 내지 정책에 대하여 변화를 요구하고자 주주권 행사와 같은 공식적 방법은 물론 비공식적인 방법을 행사하는 것을 말한다. 적극적인 투자자(activist investing)라고 할 수 있는데, 이들은 경영자와 이사회에 대하여 회사의 변화를 요구하며 주주가치를 높이려는 의도를 갖고 회사의 운영방식이나 관행의 개선을 요구한다. 예컨대 투자대상회사에 대하여 기업전략을 수정하도록 요구하거나 운영의 개선, 효과적인 자산배분 · M&A의 요구 그리고 기업지배구조 관행들을 개선하도록 압력을 행사한다.[5)]

통상 주주의 행동은 주주총회에서 의결권의 행사를 통해 이루어지는 경우가 일반적이나, 그에 한정되지 않으며 비공식적으로 주주의 의사를 투자대상회사에 전달하는 주주행동이 많이 이용되는 경향이 있다. 외국에서는 경영전략과 회사운용사항 외에 정치, 환경, 사회 내지 경제 등 다양한 부분에서 적극적인 변화를 추구하기도 하는데, 즉 사회적 행동주의(social activism)와 결합하여 이해관계자 행동주의(stakeholder activism)를 보이는 경향도 나타나고 있다.[6)]

---

5) Kendall Greenberg, You Can Run but You Can't Hide: The Advance of Shareholder Activism (2018). CMC Senior Theses. 1970. https://scholarship.claremont.edu/cmc_theses/1970.
6) 대표적으로 미국에서는 연기금 등이 상위 랭킹의 경영진에서 나아가 중간관리자의 보

(2) 주주관여와의 차이

기관투자자들은 스튜어드로서 수탁자책임이 요구된다. 그리고 수탁자 활동의 핵심은 투자대상회사에 대한 "주주관여(shareholder engagement)"로 보통 표현되는데, 이러한 주주관여의 주된 목표는 주요주주와 이사 간의 목적을 가진 대화를 통해 주주로부터 의견과 견해를 구하거나 이들의 우려사항에 대해 귀를 기울여 회사가 통찰력을 얻도록 하는 데 있다.[7)]

그런데 주주권의 적극적 행사의 발현으로 나타난 행동주의와 수탁자 책임을 지는 기관투자자에게 engagement[8)]를 강조하는 스튜어드십 코드를 둘러싸고 최근 국내에서 전개되는 것을 보면 행동주의 주주와 engagement가 차이가 있는지, 있다면 어떻게 구분하여야 하는지 그 경계선이 명확하지 않아 보인다. 대표적으로 기관투자자의 수탁자책임에 관한 원칙을 정한 한국 스튜어드십 코드[9)]에서 engagement를 강조하면서 동시에 행동주의 주주로서의 성향을 강화시키는 내용들도 강조[10)]되고 있고

수도 공시할 것을 요구하는 경향이 있다.

7) Giovanni Strampelli, "Knocking at the Boardroom Door: A Transatlantic Overview of Director-Institutional Investor Engagement in Law and Practice", 12 Virginia Law & Business Review 187 (2016), 189-190면.

8) 한국 스튜어드십 코드에서는 주주관여(engagement)를 '명확하고 건설적인 목적을 지향하는 회사와의 대화를 포함하는 광범위한 주주활동'이라고 정의하고 있다.

9) 한국 스튜어드십 코드에 대해서는 안수현, "기관투자자의 수탁자책임에 관한 원칙 검토: 한국 스튜어드십 코드의 원활한 시행과 정착을 위하여", 증권법연구 제18권 제1호 (2017).

10) 대표적으로 기관투자자의 수탁자 책임에 관한 원칙에서 도입목적과 의의를 다음과 같이 밝히고 있다.
"원칙"의 도입 목적과 의의
3. 기관투자자는 이사회가 부여받은 책임을 충실히 이행하는지 점검하고 필요에 따라 <u>이사회와 적극 대화하는 등 건설적인 관여활동</u>에 나설 책임이 있다.
4. 수탁자책임 이행활동의 범위는 의결권 행사로 한정되지 않는다. 기업 경영전략과

여기에 국민연금이 발표한 국민연금기금 수탁자책임에 관한 원칙[11)]에서도 수탁자책임활동을 넓게 포괄하고 있어[12)] 둘 간의 경계를 어렵게 하고 있다.

일반적으로 '주주관여'로 칭해지는 engagement는 기존 경영진과 우호적인 관계의 형성을 목표로 하고 있는 점에서 공개적 · 적극적 주주활동을 의미하는 주주행동주의와는 차이가 있다. 또한 주주관여는 비공개적 · 장기적 개입을 선호하기 때문에 위임장경쟁이나 미디어를 활용한 캠페인과 같이 공개적이고 공격적인 주주활동을 선호하지는 않는다는 점에서도 주주행동주의와는 수단 면에서 구별된다. 그렇다고 주주관여를 통해 목적하는 바를 관철시키기 위해 적극적인 수단을 활용하는 것이 배제되지는 않는다.[13)]

한편 투자대상회사의 경영자들은 주식을 많이 보유한 외부 주주들과 접촉하려는 경향이 있다. 그러한 배경에는 이들의 투자의도를 파악하여 선제적으로 행동하려는 것도 있지만 이들이 언제든지 적극적으로 행동주의

성과, 위험관리, 지배구조 등 핵심 경영사항에 대한 점검과 이사회 등과의 협의를 포함하며, 주주제안과 소송참여 등 보다 적극적인 형태의 활동을 포괄한다. 기관투자자의 관여활동은 '명화하며 건설적인 목적'을 지행하는 회사와의 대화를 포함하는 광범위한 주주활동이다.

11) 국민연금기금 수탁자책임에 관한 원칙은 2019년 12월 27일 시행되었다.

12) 수탁자책임활동에는 의결권행사, 중점관리사안 선정, 사실관계 확인, 기업의 입장표명 요청, 현황 파악을 위한 자료 · 정보 요청, 기업의 조치사항 확인, 개선대책 요구 등, 이사회 · 경영진 등 회사를 대표할 수 있는 자와의 면담, 질의서 · 의견서 발송 등, 비공개중점관리기업, 공개중점관리기업 선정, 공개서한 발송, 주주제안, 의결권 행사 연계, 주주대표소송, 투자자 손해배상소송 제기, 이사회 구성 · 운영, 이사 · 감사 선임 등 책임투자 및 주주권 행사 관련 가이드라인 마련 등 넓게 포괄하고 있다. 자세한 것은 국민연금기금 수탁자책임에 관한 원칙. 원칙 4.

13) 송홍선, 스튜어드십 코드와 기관투자자의 주주권 행사 (조사보고서 18-02, 자본시장연구원, 2018), 38-39면. 목적하는 바를 위해 주주관여의 수단으로 사적 대화, 주주제안, 다른 기관투자자와의 연대, 의결권행사는 물론 집단소송도 활용한다.

주주로 바뀔 수 있고 경영권에 도전할 수도 있어 이에 대비하려는 의도가 없지 않다. 그 때문에 engagement는 회사 차원에서도 적극적으로 대응하려는 의지와 관심이 있다.

주식을 대규모로 보유한 기관투자자들 역시 그들이 투자대상회사에게 갖고 있는 입장과 의견을 투자대상회사와 공유하여 회사에 대한 영향력을 행사할 수 있다. 다만 이는 수탁자책임으로서 주주관여로 볼 수 있지만 경우에 따라서는 행동주의 주주와 구분하기가 쉽지 않다. 주주행동은 통상 투자대상회사의 운영 개선, 사업전략의 변경까지 요구하지만 최근 주주관여활동이 회사의 지배구조뿐 아니라 경영전략적인 이슈까지 포함하는 경향이 있어 양자의 경계선은 갈수록 모호해지고 있기 때문이다.[14)] 다만 주주관여는 대화 등 비공식적인 활동에 주안점을 두는 경우가 많은 반면, 행동주의 주주는 대부분 목표가 이사의 선임인 경우가 많은 점에서 뚜렷한 차이를 보이고 있다. 후자는 적극적으로 주주행동을 하도록 야기한 회사 스스로 변화한 것으로는 충분히 문제를 해결하지 못한다고 보아 최소한 해당 회사의 이사의 교체가 요구된다고 보는 경우가 많기 때문이다. 아울러 새로 교체된 이사는 경영자를 상시 모니터링하며, 나아가 회사의 경영전략과 전개를 함에 있어 자신을 지지한 행동주의 주주에 맞추는 경향이 있다.[15)]

2. 주주행동주의의 연혁과 전개

주주행동주의의 활동시기는 크게 미국의 대공항 이전을 시작으로 이

14) Assaf Hamdani / Sharon Hannes, "The Future of Shareholder Activism", 99 Boston University Law Review 971 (2019), 976면.

15) Hamdani / Hannes, 앞의 논문 각주 14, 977면.

후 기업사냥꾼이 활동한 주주행동 1.0시대와 회사의 경영전략에 영향을 미치는 2.0시대, 그리고 최근 연기금, 사모펀드와 헤지펀드 등 투자펀드가 영향을 미치는 3.0시대로 구분할 수 있다.

우선 주주행동주의의 뿌리라고 할 수 있는 시기는 1926년 벤저민 그레이엄(Benjamin Graham)이 Northern Pipeline사에 대하여 주주에게 잉여현금을 배분하라고 압력을 넣은 때로 거슬러 올라간다. 이 같은 조치는 회사운영에는 그다지 영향을 미치지 못하지만 투자자에게는 상당한 수익을 가져다줄 수 있는 것이었다. 이러한 점에서 벤저민 그레이엄은 가치투자의 대부로 알려져 있지만 한편으로 과도하게 자본을 쌓는 회사에 대하여 그 수익을 주주에게 반환하라고 설득한 측면에서 행동주의투자의 아버지라고 칭해지고 있다.[16] 이후 대공황을 거쳐 미국에서 1933년 증권법과 1934년 증권거래소법이 제정되고 대중의 주식 소유가 증가하면서 펀드와 연기금의 자산도 확대되었다. 이에 따라 유통시장을 모니터링하고 개인투자자들을 보호하는 조치와 함께 다른 한편에서는 이를 뒷받침하기 위하여 1942년 SEC는 주주제안에 회사의 지배구조와 재무성과 관련 안건을 포함할 수 있도록 하는 규정을 제정하였다.[17]

이후 1970년대와 1980년대 기업사냥꾼으로 악명 높았던 Carl Icahn과 T. Boone Pickens, Nelson Peltz는 지배를 목적으로 공개회사의 주식을 보유하면서 이사회 의석을 놓고 위임장 쟁탈전을 벌였다. 이들의 목적은 경영진을 교체하거나 회사를 분할해 자신들이 보유한 지분의 가치를 높이기 위함인데, 이를 위하여 적대적 공개매수를 적극적으로 이용하

16) Greenberg, 앞의 논문 각주 5, 8면.

17) Karen Brenner, "Shareholder Activism and Implications for Corporate Governance", NYU Stern School of Business (2008), 2면. SEC 규정 14a-8의 전신인 규정이 마련되었다.

였다.[18] 이 때문에 이들의 공격에 대비하여 많은 기업들이 기업사냥꾼에 의한 적대적 인수에 대비하는 조치들을 사전에 마련하려는 경향이 강했으며 이에는 포이즌필, 황금낙하산 같은 것이 포함되었다. 주주행동주의자들의 활동시기를 구분하여 볼 때 주주행동주의 1.0시기는 바로 이러한 기업사냥꾼의 등장시대라고 할 수 있다.

이후 등장한 주주행동주의자들의 2.0시기는 앞의 시기와는 다른 양상을 보이는데, 이들은 외부 투자자들로부터 자금을 조달하여 M&A를 포함한 회사의 전략(예컨대 운영상의 효율성 및 재무상의 구조조정)에 영향을 미치려 하기 때문이다.[19] 이들은 기존 경영진도 회사에 참여하게 하는 방식인 이른바 차입매수(Leveraged Buyout, LBO)나 경영자매수(Management Buyout, MBO)를 활용하기도 하고 정크본드를 이용해 목적을 달성하기도 하는데 이에는 KKR, Forstmann Little &CO 등이 해당된다. 같은 시기에 기관투자자들 역시 공개회사의 주식 소유를 가속화하였으며 한편에서는 지수를 추종하는 수동적인 투자도 많이 이루어졌다. 그런데 이들 지수투자자(index investors)[20]들은 다른 투자자들처럼 Wall Street Walk (자신이 보유하고 있는 주식을 매도하는 것을 표현하는 말로, 매도함으로써 이의제기의사를 표시하는 것이라고 볼 수 있다)가 통하지 않기 때문에 그들이 선택한 지수를 복제하는 수준으로 대상회사의 지분을 반드시 소유하지

18) 예컨대 1985년 Icahn의 Trans World Airlines에 대한 적대적 공개매수와 이후 자산매각은 그에게 $ 469 million의 개인적 이익을 안겨 준 반면 TWA에게는 $ 540 million의 부채만 남겼다.

19) Greenberg, 앞의 논문 각주 5, 9면.

20) 이러한 지수투자자들에 의한 투자비중이 가속화될수록 지배구조에 왜곡을 야기하고 헤지펀드 행동주의자가 제안한 안건을 지원할 가능성이 크다고 우려하는 글로는 Dorothy S. Lund, "The Case against Passive Shareholder Voting", The Journal of Corporation Law, Vol.43(3) University of Chicago Law School (2018. http://chicagounbound.uchicago.edu/journal_articles).

않으면 안 되었고 이 때문에 회사 경영자의 경영전략에 목소리를 내거나 아니면 행동주의 투자자들과 같은 전략을 사용하여 재무적 성과를 올리지 않으면 안 되었다.

이후 1980년대 후반과 1990년대 초 기관투자자들이 투자대상회사의 경영자와 대화를 시도하면서 주주행동주의는 다시 부상하였다.[21] 이는 대형 기관투자자들이 의결권위임장을 주주로부터 받으려는 움직임이 강해지면서 더욱 부각되었다. 이 시기에 기관투자자들은 투자대상회사 및 이사회에 대하여 대화를 적극 요구하였으며 노동기금도 적극적으로 주주제안을 하기 시작하였다. 더욱이 이들은 단순히 경영진에게 제안을 하는 데 그치지 않고 미디어를 통해 경영진에게 압력을 행사하는 등의 행동도 시도하였는데 이러한 주주행동은 2000년 초까지 계속 이어졌다.

2000년대 후반부터 주주행동은 보다 적극적으로 빠르게 전환되었는데 이러한 변화는 최근 국내외에서 많은 관심을 받고 있다. 이러한 변화의 배경에는 투자자의 유형 변화가 큰 비중을 차지한다. 전통적으로 투자자 유형 중 개인과 법인이 많은 비중을 차지하였다면 갈수록 연기금, 자산운용회사, 헤지펀드와 같은 투자펀드의 비중이 높아졌기 때문이다. 주주행동을 하는 경우 특히 가장 많이 보유한 투자펀드가 중요한 역할을 하는데 최근에는 국제적으로 헤지펀드와 사모펀드가 적극적으로 활동을 하는 경향이 강해[22] 종래의 주주행동과 차이를 보이고 있다.

---

21) 1985년 전미기관투자자평의회(CII)가 설립되면서 개인투자자를 대신하여 기관투자자가 주주행동주의를 담당하는 데 큰 영향을 미쳤다.

22) Augustin-Teodor Zegrean, "Shareholder Activism around the World: Regulation, Practices and Effects", International Business Law, Tilburg University (2016), 3면.

3. 주주행동주의 특징과 성과

(1) 주주별 유형

주주행동주의에 속하는 주주의 유형은 다양하다. 초기 개인투자자들은 기업에 대해 자신들의 권리를 요구하면서 캠페인을 벌이는 등의 방식을 이용했다. 그러나 이러한 주주행동주의는 한계가 있어 이후 기관투자자들이 주주로서의 권리를 행사하면서 행동주의로 진화되었다. 그러나 모든 기관투자자들이 행동주의 주주로 적극 주주권을 행사하지는 않는다.[23)]

기관투자자의 주주행동주의는 크게 두 가지 유형으로 구분된다. 하나는 ① 헤지펀드와 사모펀드 기타 주주행동주의자가 된다. 이들의 목적은 기업매각, 기업구조조정, 그리고 기업의 근본적인 변화를 통해 신속히 주주가치를 증대시키는 것이다. 이러한 점은 개인투자자들의 주주행동이나 전통적인 기관투자자의 행동과는 차이가 있다. 또 다른 유형은 ② 노동조합, 공적 연기금, 뮤추얼펀드, 그리고 기관투자자에게 위임장관련 서비스를 제공한 조직 내지 단체들이 해당된다. 이들의 주주행동은 대개 위임장시즌에만 일어나고 대부분 기업지배구조를 개선하기 위하여 대상기업에게 압력을 행사한다.[24)] 다만 최근에는 지배구조의 변화를 강하게 요구하는 헤지펀드도 등장하고 있어 지배구조개선에 초점을 맞추는지 여부가 크게 다른 점이라고 하기 어려운 점도 없지 않다. 이는 주주행동주의에 속한다고 해도 기관투자자 사이에서 차이가 많이 나며, 심지어 동일한 형

---

23) 일부 기관투자자들은 기업과의 현재 내지 장래의 사업관계 가능성 때문에 기업의 압력에 민감하며 이익충돌의 문제가 있을 수 있기 때문이다.

24) Mayer Brown Rowe & Maw, Securities Update: Hedge Fund and Institutional Shareholder Activism (2007).

태의 기관투자자유형에서도 차이가 크다는 것을 보여 준다.[25)]

(2) 성과

주주유형별로 주주행동주의를 취한 성과는 연구결과들이 일치하지는 않는데, 예컨대 연기금 등의 주주행동을 검토한 실증연구를 보면 타깃이 된 기업의 성과 또는 지배구조에 그리 크게 직접적으로 성과가 나타나지는 않은 것으로 보고되고 있다. 그러한 이유에는 여러 가지가 있겠지만 연기금과 뮤추얼펀드 같은 기관투자자들 내부에 대리인문제를 경감시키는 메커니즘이 없거나 이 기관의 경우 주주가치 극대화정책을 준수해야 할 압력에 시달리지 않는 등 인센티브가 작동하지 않고 규제[26)]도 영향을 미친다는 것이 근거로 제기되는 경향이 있다.

반면에 헤지펀드에 의한 주주행동은 어느 정도 성과가 있는 것으로 제시되고 있다. 헤지펀드가 행동주의 주주로서 활동하는 경우 이들은 기업전략의 변경 내지 배당의 증가를 요구하고 이사회에서 자리를 확보하여 지배구조의 개혁을 요구하거나 기업의 채산성이 낮은 부분의 매각 등으로 기업가치를 높이고 높은 가격으로 매각한다는 것이다. 특히 이들은 실적에 매우 민감한 보수체계를 갖고 있고 1~3년 매각을 못하는 lock-up 조항으로 인해 유동성의 제한이 있기 때문에 투자대상회사의 실적을 감시할 인센티브가 크다는 것이다.[27)] 또한 한편에서 헤지펀드의 주주행동

---

25) Stuart Gillian / Laura T. Starks, “Corporate Governance, Corporate Ownership, and the Role of Institutional Investors: A Global Perspective”, 13(2) Journal of Applied Finance 4 (2003), 10면.

26) 대표적으로 단기차익반환에 관한 규제와 분산투자를 원칙으로 하는 규정 등이 대표적이다.

27) Pekka Puustinen, “Determinants of Hedge Fund Activism and Shareholder Gains”,

은 자신들의 이익은 물론 다른 주주의 이익도 증대시키는 결과를 가져오는데 적극적으로 경영진과 대화하고 지속적으로 변화를 요구하는 투자자의 모습을 띠기 때문이다. 이들은 특정 회사에 집중투자한 다음 보유비율을 높이고 이후 경영자와 대화하며 주가 중시의 경영정책의 실현을 추구하는 경향이 있다. 최근에는 매수포지션만 갖고 운영하는 헤지펀드도 나타나고 있어 일반 펀드와 운용내용이 크게 차이가 나지 않기도 한다. 이러한 전략은 사실 주주행동주의를 표방한 자신의 이익을 위한 것이지만 그렇다고 항상 회사나 다른 주주의 이익을 해치는 것은 아닐 수 있다. 지분이 분산된 공개회사의 경우 회사 운영방향의 변화에 대한 필요성을 절감하고 이에 관한 의사를 적극적으로 표명할 주주들이 없는 것이 일반적이고 회사에 불만이 있는 주주도 목소리를 내기보다는 지분을 매각하고 회사를 떠나는 Wall Street 전략을 선택하고 있고, 다수의 주주들이 연대해서 회사에게 영향력을 행사하기가 용이하지 않은 상황임을 고려할 때 행동주의 주주가 한 의미 있는 제안은 다수주주의 대변자(shareholder advocate)와 같은 역할을 하게 되고 이는 모든 주주의 대변인과 같은 역할을 한다고 볼 수 있다.[28)]

그러나 많은 경우 헤지펀드의 경우 단기차익을 우선하는 경우가 많아 기업의 장기 경쟁력을 저해하여 회사의 지속가능성과 장기적 이익을 선호하는 일반주주들의 이익을 훼손시킬 수 있다는 우려가 많다.[29)]

Helsinki School of Economics, Department of Accounting and Finance (2007), 17-18면.

28) 정대익, "주주행동주의의 법적 한계", 경영법률 제27권 제2호 (2017), 239면.

29) Wolf-Georg Ringe, The Deconstruction of Equity: Activist Shareholder, Decoupled Risk, and Corporate Governance (2016), 101면; Yvan Allaire, Hedge Fund Actvism: Preliminary Results and Some New Empirical Evidence, Institute for Governance of Private and Public Organizations (2015); 최준선, "주주행동주의에 대한 대응방안", 기업법연구 제33권 제3호 (2019), 268면.

(3) 타깃이 되는 회사 특징

기관투자자가 행동주의 주주로서 주주활동을 하는 경우 대체로 목표는 대기업인 경우가 많으며 기관투자자의 보유비율이 높은 경우가 대부분이다. 또한 이들이 주주행동을 하기 이전에 이들 대상회사의 성과와 재무상의 수익률은 평균 이하인 경우가 많다. 반면에 행동주의 주주가 헤지펀드인 경우 이들은 전형적으로 대상회사에 대한 시장의 저평가 상태를 이용하여 단기수익을 추구하기 때문에 경쟁기업에 비해 평균 이하의 주식가격이나 성장률을 보일수록 관심대상이 될 가능성이 크다.[30] 또한 시장에서 회사의 성과와 재무상의 수익률 저조로 개선을 요구하는 투자자와 기관투자자들의 목소리가 높아질수록 해당 회사는 헤지펀드의 관심대상에 포함되는 경향이 있다.

(4) 주주별 행동전략

헤지펀드는 소수의 특정 기업에 집중 투자하고 이후 지속적으로 보유비율을 높여 투자대상회사에 대하여 주가 중시의 경영정책을 실현할 것을 추구하기 때문에 이를 위한 수단으로 법적인 권리를 행사하는 경향이 강하다. 국내외를 보더라도 주주제안권 행사와 위임장쟁탈을 하는 경우가 적지 않다. 더욱이 헤지펀드는 레버리지를 이용하기 때문에 대량의 주식을 매수하는 것이 가능하며, 대량의 주식 보유에 상응하여 발언권도 증가하기 때문에 연기금보다 지배구조에 영향을 미칠 가능성이 있다. 물론 모든 헤지펀드들이 행동주의 주주를 표방하지는 않는다. 주주행동주의를

---

30) 정대익, 앞의 논문 각주 28, 239면.

표방하는 헤지펀드는 일부에 그치지만 이들은 기업에게 높은 수준의 전문성을 요구하며 기업가치를 높일 것을 요구한다. 이러한 주주행동주의 헤지펀드들은 투자대상회사에 대하여 경영전략과 관련하여 대폭 개선을 요구하며 높은 비용을 부담하더라도 사전에(경영이 악화되기 전) 경영개선을 하도록 강하게 요구하는 경향이 있다. 이러한 점은 기관투자자와 차이가 있는데, 기관투자자들은 투자실행 후 투자대상기업의 성과가 낮으면 사후적으로 적극적인 행동을 하기 때문이다.[31)]

특히 헤지펀드와 전통적인 기관투자자들의 주주행동전략에 차이가 나는 것은 헤지펀드 행동주주는 그들 입장에 선 이사를 투자대상회사의 이사회에 포함시키는 것을 목표로 한다는 점이다.[32)] 이렇게 선임된 이사는 회사의 정보를 주주인 헤지펀드와 공유하고 피드백을 받는 한편 경영자를 모니터링하기 위한 백업을 헤지펀드에서 제공받는다. 헤지펀드의 전문성과 정보력을 활용해 이사는 경영자가 제공하는 정보의 참호로부터 벗어나 한편으로 헤지펀드가 추구하는 경영전략을 투자대상회사에 촉구한다.[33)]

이와 달리 기관투자자들은 이사를 투자대상회사의 이사회에 포함하는 것을 목표로 할 유인이 없으며 오히려 그렇게 할 경우 포트폴리오 운영상 심

---

31) 이는 투자방식의 차이로 인한 것으로 이해된다. 즉 헤지펀드 주주행동주의자들은 특정 종목에 집중 투자하지만 기관투자자들은 분산투자를 원칙으로 하기 때문이다.

32) 미국의 경우 2018년의 경우 68개사에 헤지펀드 측의 161명을 이사로 선임시켰다. 일부는 주주총회에서 위임장대결로 선임되었지만 대부분 이사회와 주주행동을 하는 헤지펀드 간의 합의로 결정되었다. 자세한 것은 Hamdani / Hannes, 앞의 논문 각주 14, 993면.

33) Kobi Kastiel / Yaron Nili, ""Captured Boards": The Rise of "Super Directors" and the Case for a Board Suite", Wisconsin Law Review 19 (2017), 63-64면 참고. 즉 선임된 이사가 투자대상회사를 보다 효과적으로 모니터링하도록 헤지펀드 측이 지원부서(back office)역할을 한다.

각한 제약을 받게 된다.[34] 내부정보 이용금지규정에 위반하지 않도록 주의를 기울이기 때문이다. 더구나 수동적인 투자자라고 불리는 기관투자자로서는 투자대상회사의 이사를 선임한다는 것이 투자성격과 배치된다.

(5) 시사점

앞에서 주주행동을 하는 주주유형을 살펴본 바에 의하면 행동주의 주주로서 적극적으로 행동할 유인을 가진 주주는 헤지펀드와 투자펀드가 된다. 이들은 지분을 많이 가진 주주로서 경영자를 모니터링하고 대리인 비용을 감소시킬 인센티브가 있다. 특히 헤지펀드는 차입과 공매 등으로 단기수익을 기대하는 경우가 많고 더 많은 자본을 유치하기 위해 높은 수익을 단기에 내야 하므로 이를 위해 매우 적극적으로 주주행동을 활용할 유인이 있다. 통상 헤지펀드는 자본시장에서 장부가격에 비해 시가가 저렴한 종목에 투자하며 시가총액이 비교적 낮고 총자산순이익률(Return on Assets, ROA)이 높으면서 현금흐름이 좋아서 이익을 얻을 가능성이 높은 종목을 선택해 집중적으로 투자하고 이후 투자대상회사에 대하여 자신들의 제안을 받아들이도록 한다. 다만 단기차익을 우선하는 경우가 많아 기업의 장기 경쟁력을 저해하여 회사의 지속가능성과 장기적 이익을 선호하는 일반주주들의 이익을 훼손시킬 가능성에 대한 우려가 적지 않은 점에서 부정적인 효과를 억제하는 방안이 고안될 필요가 있다. 헤지펀드의 주주행동 전략이 자신의 이익을 위한 것이라고 해서 반드시 회사나 기타 주주들의 이해를 침해하는 것은 아니기 때문이다. 행동주의 주주가

---

34) 헤지펀드는 기관투자자보다는 덜 불편한데 왜냐하면 분산투자하지 않고 대체로 특정 기업에 집중해서 투자하는 경향이 있기 때문이다.

요구한 조치들이 다른 주주나 이해관계자들의 이익을 증진시킬 수 있다. 이러한 점에서 행동주의 주주를 표방한 헤지펀드가 회사에 미치는 영향이 매우 크다는 점에서 헤지펀드의 주주행동주의가 더 부각되는 경향이 없지 않다. 이러한 성격을 법제도 측면에서도 감안할 필요가 있다.

한편 기관투자자의 주주행동주의 전략은 인센티브 면에서 긍정과 부정적인 부분이 모두 작동한다. 통상 이들의 상장회사 지분율이 높고, 경영자 감시를 통해 회사가치가 증대되면 투자수익도 증대되는 점에서 인센티브가 있다고 기대되지만, 실제 비용과 인력 및 장래 고객 관계 측면에서 그러한 인센티브가 작동하지 않는다는 회의론도 만만치 않다. 비용과 인력 측면에서 기관투자자들 상호 간에 의사소통을 통해 보다 적은 비용으로 주주권 행사를 할 유인이 있다고 기대하기도 하지만 실제 기관투자자들 상호 간에 의사소통은 그리 활발하지 않다.[35] 따라서 기관투자자들의 투자전략으로서 주주행동이 스스로의 인센티브에 의해 작동되도록 법제가 지원할 필요가 있다.

4. 주주행동주의 평가

(1) 국내외 학계

가. 기관투자자의 경영자행동 교정 v. 이사회 중심의 회사운영원칙 훼손

---

35) 이처럼 기관투자자의 조사분석과 인력 등의 비용으로 인해 외부 의안분석기관의 권고에 그대로 따르는 경향은 또 다른 지배구조문제를 낳고 있어 이른바 의결권자문기관에 대한 규제방안이 요구되고 있다. 의결권자문회사에 대한 국제적인 규제움직임에 대해서는 안수현, “의결권행사 자문기관에 대한 국제적인 규제움직임과 시사점”, 경영법률 제23권 제4호 (2013), 1-33면.

기관투자자의 주주행동을 지원해야 한다는 입장은 기관투자자들이 경영자의 의사결정을 검토하고 이들 경영자의 성과가 매우 저조한 경우 의결권을 행사하여 회사의 정책을 변화하거나 경영진을 교체하도록 변화를 가져올 수 있다고 본다. 적어도 자본시장에서 경영자 행동을 교정할 수 있다는 것이다. 이러한 기관투자자들의 주주권 행사 내지 engagement는 적어도 기업의 지배구조를 교정하는 메커니즘으로 작용할 수 있다는 점에 대해 긍정적인 평가가 많다.[36)]

이와 달리 주주행동주의에 반대하는 견해들은 단지 투자자의 지위에 있는 자에게 이러한 검토권을 주는 것은 이들에게 경영에 관한 의사결정권을 부여하는 것과 다를 바 없다고 비난한다.[37)] 회사의 운영은 이사회의 권한이고 주주는 주주총회를 통해서 회사의 운영에 영향을 미치는 것이 원칙이라는 것이다. 국내에서도 이에 찬성하는 입장은 주주는 주주총회에서 회사법이나 정관에서 주주총회의 권한으로 정해놓은 사항에 대하여 의결권의 행사를 통해 회사의 운영방향에 영향을 미치는 것이 원칙이고 주주총회를 통한 영향력 행사는 의결권을 통한 행사가 주를 이루는데 회사의 영업정책에 대해 행동주의 주주가 회사의 영업정책에 대하여 의결권 행사 외의 방식으로 직접적인 영향력을 행사하는 경우 이사회중심의 회사운영원칙을 훼손한다고 비판한다.[38)]

---

36) 기관투자자의 지배구조 교정기능은 우리나라 외에도 일본, 미국에서도 견해가 대부분 일치한다. 자세한 것은 최준선, 앞의 논문 각주 29, 258면.

37) Stephen M. Bainbridge, "Shareholder Activism and Institutional Investors", University of California, School of Law, Law & Economics Research Paper No.05-20 (2005), 8면.

38) 정대익, 앞의 논문 각주 28, 240면.

나. 기관투자자의 경영자행동 교정 v. 행동주의 행동효과가 크지 않다는 입장

한편 전통적인 기관투자자들에 의한 주주행동주의는 효과가 크지 않다는 연구결과도 있다. 그러한 주된 이유는 기관투자자들은 구조적으로 친경영자일 수밖에 없는 이해상반에 있다는 것이다. 즉 기업과의 끈끈한 유대관계로 기관투자자들이 경영자의 눈치를 본다는 것이다.[39] 따라서 보유한 주식물량이 클수록 더 이해상충에 놓이고 법적 제약을 받기 때문에 기관투자자의 주주행동효과는 기대하기 어렵다고 본다.[40] 이와 달리 기관투자자와 달리 헤지펀드에 의한 주주행동의 경우에는 긍정적인 평가와 부정적인 평가가 모두 제시되는 경향이 있다. 즉 헤지펀드의 주주행동은 단기적으로 주주에게 수익을 가져다주지만 장기적으로는 긍정적인 효과와 불리한 효과가 혼재되어 나타나고 있다.[41]

그런데 헤지펀드의 주주행동과 관련해서, 이들의 주주행동이 성공하기 위해서는 기관투자자의 뒷받침이 필요하다는 주장이 있어 주목할 필요가 있다. 헤지펀드의 주주행동이 성공한 것은 투자대상회사에 많은 지분을 갖고 있어서 성공하였다고 보기보다는 제시하는 경영전략이 설득력이 있

39) 대표적으로 자산운용사들은 한쪽에서 투자를 하지만 다른 한쪽에서는 기업연금의 운용을 유치하고 있다. 기업의 경영자들은 기업연금의 위탁을 맡길지 결정할 힘이 있기 때문에 자산운용회사에 영향을 미칠 수 있다. 자세한 것은 Marcel Kahan / Edward B. Rock, "Hedge Funds in Corporate Governance and Corporate Control", 155 University of Pennsylvania Law Review 1021 (2007), 1055.

40) John Morley, "Too Big to Be Activist", 92 Southern California Law Review 1407 (2019), 1407면.

41) 장기적인 측면에서는 기업의 재정상태에 불리한 효과를 가져온다는 주장으로는 Jonathan M. Karpoff, The Impact of Shareholder Activism on Target Companies: A Survey of Empirical Findings, University of Washington (August 18, 2001), 6-7면. 반면에 긍정적 효과를 가져온다는 견해로는 Brenner, 앞의 논문 각주 17. 1~5년 후의 성과를 측정한 결과 긍정적이라는 연구결과를 제시하고 있다.

어 기관투자자들이 따르게 된 것이고, 따라서 설득역량이 적지 않게 영향을 미친다는 것이다.[42] 이 주장에 의하면 기관투자자들이 구조적으로 이해상반에 놓여 친경영자의 입장에 서 있다고 보는 것은 틀렸다는 것이다. 그 근거로 실제 기관투자자의 투자비중이 많은 회사의 경영자가 헤지펀드의 개입 시 더 지위를 보장받지는 않는다고 제시한다.[43] 이러한 입장은 기관투자자들의 소유비중이 높아지면서 변화를 촉구하는 주주행동을 하는 헤지펀드의 역할이 증대되는 경향이 있다고 한다. 즉 기관투자자들도 보유비중이 막대할수록 투자대상회사의 주식가치를 증대시켜 상당한 수익을 얻을 인센티브가 작동하며[44] 막대한 지분 보유는 이해상충 문제를 완화시킬 수 있다고 한다. 미국의 경우 이른바 빅 3라고 불리는 펀드들(BlackRock, Vanguard, State Street)이 S & P 500기업의 88% 정도를 보유하고 있는데,[45] 이들은 막대한 규모로 보유하고 있어 기업가치를 증대시키는 행동을 할 경우 운용수수료 수익뿐만 아니라 기업가치의 증대라는 이득도 얻게 된다. 또한 재무상의 이익뿐 아니라 상당한 규모의 지분 보유는 주주총회에서 의결권 행사에 영향을 미치기 때문에 투자대상회사에 영향을 미치고 개입할 인센티브를 갖는다.[46] 수동적 투자자라고 불리는 펀드 역시 적극적 펀드를 함께 운용하는 경우가 많고 이들이 지분

42) Ronald J. Gilson / Jeffrey N. Gordon, "The Agency Costs of Agency Capitalism: Activist Investors and the Revaluation of Governance Rights", 113 Columbia Law Review 863 (2013), 867면.

43) Brian R. Cheffins, "Delaware and the Transformation of Corporate Governance", 40 Delaware Journal of Corporation Law 13 (2015). 논문에 의하면 갈수록 기관투자자들이 헤지펀드의 주주행동에 우호적이라고 한다.

44) Hamdani / Hannes, 앞의 논문 각주 14, 982면.

45) Hamdani / Hannes, 앞의 논문 각주 14, 980면.

46) Jill E. Fisch / Assaf Hamdani / Steven Davidoff Solomon, "The New Titans of Wall Street: A Theoretical Framework for Passive Investors", 168 University Pennsylvania Law Review 17 (2020), 26면.

을 보유하는 경우 운용수수료를 더 높게 받음으로써 추가적으로 수익을 기대한다.

다만 기관투자자들이 헤지펀드만큼 적극적으로 회사에 변화를 가져오도록 하지는 않는데 특히 경영상의 변화를 가져오기 위하여 선제적으로 행동하지는 않는 경향이 강하다. 이들에게는 선제적으로 문제를 해결하는 데 따른 개인적인 인센티브가 펀드매니저에게 없기 때문이다. 즉 보다 완곡한 방식으로 문제를 해결하려는 경향이 강한 점에서 기업경영자와 공통적으로 교감을 갖는 경향이 있다. 그렇다고 이들이 경영상의 변화를 모색하지 않는 것은 아니다. 적어도 주주관여를 비롯하여 다양한 형태의 행동들을 취할 가능성이 크고 실제 그러한 경향이 강해지고 있다. 더욱이 투자대상회사의 성과에 실망하거나 계속 개선이 없는 경우 이러한 불만은 행동주의 헤지펀드에게 참여할 기회를 제공하고 심지어 비공식적으로 헤지펀드에게 주주행동을 해달라고 요구하기도 한다.[47] 따라서 기관투자자의 주주관여활동(engagement)이 증가하고 강해질수록 이들의 행동은 보다 적극적인 주주행동으로 전개되고, 나아가 공격적인 행동주의 주주가 했던 부분을 대체할 가능성이 없지 않다.[48]

(2) 기업의 대응

행동주의 주주들이 기업가치를 증대시키는 제안을 하고 이에 기관투자자들이 지지하는 경우, 투자대상회사의 이사회는 주주행동주의자들과

47) Merritt Moran, "Ten Strategic Building Blocks for Shareholder Activism Preparedness", Harvard Law School Forum on Corporate Governance (Dec. 20. 2016).

48) Hamdani / Hannes, 앞의 논문 각주 14, 990면. 기관투자자의 기대에 부응하는 쪽으로 회사가 변하는 경우 헤지펀드의 주주행동이 개입할 여지는 줄어든다고 한다.

비용이 드는 경쟁을 하는 것을 피할 가능성이 크다. 또한 행동주의 주주가 제안할 것으로 생각되는 것을 이사회가 미리 조치를 하는 경우 행동주의 주주의 타깃이 되는 가능성을 감소시킬 수 있다.[49)]

무엇보다 이사회와 경영자는 주요 투자자들과 대화할 인센티브를 갖는다. 대규모 지분을 가진 주주가 자신들의 성과 내지 경영전략에 대해 어떻게 생각하는지 알고 싶어 하기 때문이다. 실제 이들 주주의 지지를 얻지 못하는 경우 행동주의 주주의 타깃이 되거나 궁극적으로 위임장 쟁탈전에서 패배하는 결과를 가져오기 때문에 항상 대규모 지분을 가진 주주의 의사와 수요를 파악하고 대화를 적극적으로 시도하는 것이 필요하다.

(3) 소결

국내 자본시장에서 그간 기관투자자의 경우 다른 나라와 비교하여 단기투자자에 속하고 소액주주와 마찬가지로 기업의 경영에 무관심한 태도를 보여 왔다는 지적이 많았다. 더욱이 국내에서는 경영진의 성과보상 결정구조가 주가의 등락에 크게 영향을 받지 않는다.[50)] 그 때문에 경영진을 외부에서 모니터링하는 수단이 외국에 비해 많지는 않다. 이러한 점에서 경영자의 대리인문제 감소 및 경영자감시에 인센티브를 갖

---

49) 2019년 주주행동주의의 활성화와 발맞추어 기업들이 자발적으로 지배구조를 개선하려는 모습도 나타났다. SK와 BGF리테일, 오리온 등은 대표이사와 이사회 의장을 분리하는 내용의 정관 변경 안건을 주주총회에 올렸으며 자산총액 2조 원 미만으로 감사위원회 도입 의무가 없는 농우바이오, 원익IPS, 한미사이언스 등은 감사위원회 설치를 위한 정관 변경 안건을 상정했다. 즉 주주행동주의의 성과가 영향을 미쳤다고 볼 수 있다.

50) 장우영, "주주로서 기관투자자의 경영관여에 대한 비판적 고찰", 기업법연구 제33권 제2호 (2019), 216면.

는 기관투자자에게 경영자행동을 교정하는 기능을 기대하는 것은 의미가 있다고 본다.

그런데 그간 국내 기관투자자들은 이러한 기대를 충족시킬 만큼 적극적으로 주주권을 행사하지 않았다. 이 때문에 국내에서는 기관투자자들의 방관자적 자세를 개선하는 것이 급선무로 인식되었고, 기관투자자의 주주관여를 요구하는 스튜어드십 코드의 제정은 이러한 개선시도의 일환이다.

그런데 한국 내 기관투자자의 비중은 각각 70%, 47%에 달하는 영미와 달리 19.6%에 그치고 있다. 여전히 개인투자자의 비중이 67.6%로 큰 비중을 차지하고 있고, 외국인투자자도 26%에 달한다.[51] 이러한 구성을 보면 개인투자자와 일부 헤지펀드를 제외한 외국인 투자자는 적극적인 주주행동을 하는 것이 용이하지 않으며 기관투자자 역시 투자자 간 연대 없이는 주주권 행사를 위한 적극적인 행동을 나서기가 쉽지 않아 보인다. 그러나 자본시장에서 기관투자자가 차지하는 비중이 적다고 해서 적극적 역할론을 전혀 기대하기 어렵다고 볼 수는 없다. 주주로서 목소리를 내는 소수주주권 행사요건 이상을 보유하는 경우가 많고, 기관투자자 간 연대 내지 공적 연기금[52]과의 연대 가능성을 고려하면 그 영향력은 강력하기 때문이다.

---

51) 유가증권시장과 코스닥시장을 합한 경우 기관투자자비중은 13.1%로 더 낮아진다 (2018. 7. 기준). 한국거래소 보도자료, 주식시장의 투자자별 거래비중 현황 (2018. 8), 2면.

52) 2019년 3월 기준으로 국민연금은 증시 전체 시가총액의 6.5%를 보유하고 있다. 국민연금이 5% 이상 지분을 보유한 국내기업은 294곳이며, 10% 이상 지분을 보유한 기업도 90곳에 달한다. 장우영, 앞의 논문 각주 50, 226면 각주 88.

III. 주주행동주의 전략 및 검토

1. 선제적 고려사항

(1) 기관투자자의 행동주의 주주 표방 및 적극적 주주행동주의 지지요인

앞에서 설명한 바와 같이 기관투자자들은 적극적으로 회사에 변화를 가져오도록, 특히 경영상의 변화를 가져오기 위하여 선제적으로 행동하지는 않는 경향이 있다. 그러나 회사의 성과가 지속적으로 저조하고 회사의 개선이 이루어지지 않는 경우 주주행동주의자의 행동은 의도하지 않았던 기관투자자에게도 참여하게 하는 효과가 있다.

주주행동주의자들은 소수의 특정 회사에 지분을 집중적으로 보유하고 주주행동을 개시하지만 단독으로 목적하는 바를 실현하기는 실제 쉽지 않다. 이 때문에 주주행동주의자들이 내건 슬로건이 수동적인 투자자에 머물렀던 기관투자자를 설득할 수 있는 경우 기관투자자들과 연대하여 행동하기가 용이해지고 기대하는 효과를 발휘할 수 있다.

(2) 이사회 구성원

주주행동주의자의 경우 많은 경우 투자대상회사의 이사 선임에 관심이 높다. 왜냐하면 주주의 이익을 높이도록 경영전략을 재설계하고 개선하기 위해서는 누가 이사가 되는지, 자격이 있는 자인지가 중요하기 때문이다. 그 때문에 자신들의 뜻을 회사의 경영전략에 반영시킬 이사를 선임하기 위하여 적극적으로 주주행동을 한다.

(3) 회사의 소유구조

한편 회사의 소유구조가 일부 주주에게 집중된 경우 분산된 회사에 비해 주주행동주의자의 투표율은 훨씬 높게 행사되는 것으로 나타나고 있다.[53] 이러한 결과는 지배구조의 개선으로 회사의 경영이 개선된다고 기대하고 주주 간 심리적 연대가 쉽게 형성되기 때문으로 이해된다.

2. 행동주의 주주전략 및 법적 이슈

행동주의 주주들은 투자대상회사의 경영을 개선할 목적으로 기업의 운영이나 정책에 대하여 변화를 요구하는 이슈를 쟁점화하기 위하여 일반적으로 다음과 같은 방법을 전략적으로 활용한다.

(1) 비공식적 행동 유형

행동주의 주주들이 주로 이용하는 비공식적인 주주행동에는 경영진 또는 이사회와의 직접 대화를 개시하거나 Focus List 발표 내지 미디어를 이용한 캠페인[54]이 포함된다. 그 외 투자자연대를 통해 영향력을 확대하거나 입법운동을 하기도 한다. 미국에서는 주주제안 전에 백서를 발간[55]

53) Christoph Van der Elst, "Revisiting Shareholder Activism at AGMs: Voting Determinants of Large and Small Shareholders", July 16, 2011, ECGI, Finance Working Paper No.311 (July 16, 2011).

54) Michael Bradley, et. al., Shareholder Activism and Price Dynamics: Evidence from Closed-End Funds (2007). 이상복, "외국에서의 주주행동주의의 한계와 개선과제", 증권법연구 제9권 제1호 (2008), 123면 재인용.

55) 대표적으로 2017년 10월 10일 행동주의 투자자인 넬슨 펠츠(Nelson Pelz)가 이끄는 Tian Partners가 미국의 생활용품 제조업체인 Procter & Gamble과 위임장대결을 하면

하여 주주제안의 주요내용을 설명하고 이에 대한 근거를 제시하여 다른 주주들의 이해를 높이는 시도도 행해진다. 회사와 사적인 대화를 하는 것과 비교하여 볼 때 Focus List를 발표하거나 백서 발간 내지 미디어를 이용한 캠페인은 적극적인 관여활동에 속한다고 할 수 있다. 최근 국내에서도 행동주의 주주들이 공개서신을 발표하면서 관심을 유발시키는 전략을 사용한 바 있는데 이는 기관투자자들의 연대 움직임을 이끌었다는 평가를 받고 있다.[56] 여전히 국내에서는 의결권 반대 행사만을 적극적인 주주활동으로 간주하는 경향이 있으나 해외의 예에서 보이듯이 비공식적인 활동도 적극적이고 공식적인 활동 못지않게 영향을 발휘하고 있음을 주목할 필요가 있다.

(2) 공식적 · 법적 행동

가. 주주제안

실제 주주제안은 회사에서 많이 채택하지는 않지만 경영자의 행동을 변화하는 데 효과적이라는 평가가 많다. 즉 경영자에게 조직적 변화를 하도록 압력을 주거나 중요한 이슈에 주주행동이 이루어지도록 다른 주주들에게 상기시킴으로써 간접적으로 회사 정책에 영향을 미치는 효과가 있다.[57] 특히 모든 주주 앞에서 그 제안을 표결에 부치는 과정은 정보

서 주주총회에 앞서 "Revitalize P&G Together"라는 백서를 발간하였다. 넬슨 펠츠는 P & G의 지분을 1.5% 보유하고 있었다. 자세한 것은 김선민, "P & G vs Trian의 위임장 대결 및 시사점", KCGS 리포트 제8권 제4호 (2018), 2면 이하.

56) 에스엠의 3대주주인 케이비자산운용이 주주편지를 보내 문제점을 비판한 이후 에스엠의 4~5대주주인 자산운용회사도 서한 발송을 검토하였고, 증권사 애널리스트들도 그러한 서신에 긍정적인 평가를 하였다. 한겨레 2019. 6. 17.자, "대주주 문제점 '콕' … 토종 행동주의펀드 '공개편지 전략'반향".

57) 주주제안권의 존재의의는 반드시 주주의 제안을 가결시키는 데에만 그 뜻이 있는 것이

통합과 확산을 촉진시키고 그 제안이 적지 않은 지지를 얻을 경우 회사로 하여금 기존의 지배구조나 회사 사업방향을 재고하게 하는 효과를 갖는다. 또 주주제안은 이사회와 협상 시 병행하여 진행되기도 하는데, 이러한 병행방식은 언론에 노출되지 않고 비공개적으로 이루어지기 때문에 회사로서는 대중에게 잘 알려지지 않는 경향이 있다.

현행 상법상 주주총회의 소집통지서에 기재할 회의의 목적사항은 이사회에서 결정하므로(제362조 및 제363조 제1~2항), 이사회만이 전속적으로 주주총회의 의제와 의안을 제안할 수 있다. 이러한 점 때문에 1997년 증권거래법과 1998년 상법을 개정하여 회사와 주주 간의 의사소통을 원활히 하고 주주의 주주총회 참가 의욕의 고취와 동시에 소액주주가 자기의 의사를 주주총회 안건으로 상정하여 이를 관철시키지 못하더라도 주의를 환기시킴으로써 경영자에게 감시기능을 할 수 있도록 주주제안제도가 도입되었다. 그런데 회사가 소집하는 주주총회에 주주가 희망하는 의제·의안을 제출할 기회를 주어 거기에서 심의하게 하는 편이 시간적으로나 비용적으로 용이함에도 그동안 잘 활용은 되지 않았다. 지난 20년간 주주제안은 간헐적으로 사용될 뿐 국내에서는 이용이 활발하지 않았다. 그런데 최근 주주제안을 활용하는 예가 급격히 증가하고 있다.[58] 또한 종래에 비해 질적으로 단순 배당증액이 아닌 기업지배구조 자체의 개선을 요구하는 등 다양화되고 있다.

아니라 주주가 의제나 의안을 총회에 제출하고 이것을 소집통지서 등에 기재함으로써 주주의 의견을 경영자나 다른 주주에게 공시하는 데 더 중요한 의미가 있다. 김재두, “주주제안권제도에 관한 법적 검토”, 금융법연구 제11권 제2호 (2014), 367면.

58) 유가증권시장에 상장된 기업 중 2019년 주주총회 시즌에 주주제안이 상정된 회사와 안건의 수는 각각 17개사, 57건으로 2018년(9개사, 21건)에 비해 크게 증가하였으며, 상정된 안건도 과거에는 주로 배당 확대에 대한 제안이 주를 이루었던 반면, 2019년에는 사외이사 선임안건이 가장 많이 나타났다. 이수원/정한욱, “2019 주주총회 리뷰: 기관투자자의 주주관여 현황과 시사점”, 한국기업지배구조원 (2019), 2면.

〈표 1〉 2019년 주주총회시즌 주요 주주제안 현황

회사명	주주제안 내용	결과
포스코강판	발행주식총수 1,600만 주 → 1억 6,000만 주로 정관일부 변경	부결
팬스타엔터프라이즈	감사선임	부결
피씨디렉트	사내이사, 기타 비상무이사, 감사선임	부결
성도이엔지	1주당 배당금 150원	부결
세이브존 I & C	1주당 400원 현금배당(회사안 50원) 감사 3명 이내로 증권 등 정관 일부 변경	부결
한솔홀딩스	1주당 250원 현금배당, 유상감자 3% 사내이사 선임	부결
부산도시가스	1주당 2,500원 현금배당(회사안 500원) 자기주식 9.08% 자사주 소각 비상근감사 선임	부결
아트라스 BX	1주당 1만 1,000원 현금배당(회사안 400원) 사외이사, 감사위원회 위원 선임	부결

특히 회사의 지배권에 도전하는 주주의 경우 주주제안제도가 주요한 수단으로 부각되는 경향이 있다. 대표적으로 집중투표제를 통해 회사의 경영권을 장악하지 못한 소수주주가 자신의 이해관계에 따라 이사를 선임하고 나아가 회사의 경영권까지 장악하는 수단으로 사용되고 있어 최근에는 주주제안권의 남용이 이슈로 대두되고 있다.[59)]

그러나 여전히 행동주의 주주가 주주제안제도를 적극적으로 활용하기에는 장애가 존재한다. 무엇보다 절차적으로 장애가 있는데, 우선 비상장

59) 전형정, "주주제안권과 그 한계", 저스티스 통권 제164호 (2018), 166면. 주주제안권이 회사의 의사결정에 주주들의 의사를 반영한다는 순수한 목적에서 벗어나, 주주들이 자신들의 이해관계에 따라 회사의 이익을 도외시한 채 행사하는 경우가 빈번한 반면, 주주제안권이 행사될 경우 그 비용을 주식회사가 부담하고 주주제안권을 남용해도 주주가 비용을 부담할 위험이 없다는 것이다.

회사의 경우 의결권 없는 주식을 제외한 발행주식총수의 3% 이상에 해당하는 주식을 가진 주주(상법 제363조의2 제1항)가,[60] 상장회사는 6개월 전부터 계속하여 회사의 규모에 따라 의결권 없는 주식을 제외한 발행주식총수의 1% 또는 0.5% 이상에 해당하는 주식을 보유한 주주만이 주주제안을 할 수 있다(동법 제542조의6 제2항). 즉 소수주주권으로 되어 있어 행사요건이 엄격한 편이다. 대기업의 경우 이러한 요건을 충족하는 것은 사실상 어려운데, 실제에서도 주주제안이 시가총액이 낮은 중소형주식을 발행한 회사 위주로 이루어지는 것은 대기업의 경우 요건충족이 쉽지 않음을 반증한다.[61] 미국의 경우 주주가 의결권 있는 발행주식총수의 최소 1% 또는 시가 2,000달러 이상을 1년 이상 보유하고 있는 것[62]과 비교하면 차이가 크다.[63]·[64]

물론 주주제안의 실효성을 확보하기 위하여 제안된 의제나 의안이 주주총회의 표결에서 통과되어야 하기 때문에 소수주주권으로 한 것으로 이해할 수 있다. 그러나 주주제안제도가 갖고 있는 장점, 즉 주의를 환기시킴으로써 경영자에게 감시기능을 하고 다른 투자자들에게 경영의 방향을 함께 공감하도록 하는 효과를 전혀 기대하기 어렵다는 점에서는 개선이 필요하다.

둘째, 주주가 제안하는 경우 우리 법상 이사에게 주주총회일의 6주 전에 서면 또는 전자문서로 회의의 목적으로 할 사항에 추가하여 당해 주주가 제출하는 의안의 요령을 통지와 공고에 기재할 것을 청구할 수 있다

60) 나라별로 요건은 차이가 있는데 영국과 독일, 호주도 5%의 보유요건을 요구한다.
61) 이다원/윤정화/정혜민, "주주제안 현황 및 제도실태 분석", 기업지배구조리뷰 제79호 (2015), 102면.
62) SEC 규칙 14 (a)-8(b)(1)
63) 장정애, "현행 주주제안권에 관한 고찰", 법학연구 제22집 제3호 (2019), 404면.
64) 미국은 대신 1년의 보유기간을 요구함으로써 남용을 예방하고 있다.

(상법 제363조의2 제2항). 이를 위해서는 적어도 주주총회일의 6주 전까지 주주제안서를 제출하여야 하는데, 정작 주주총회 소집통지서의 발송은 주주총회일 2주 전이기 때문에(상법 제363조 제1항) 주주가 6주 전에 주주총회 개최사실을 알기란 현실적으로 어렵다.[65] 특히 임시주주총회의 경우 이를 알기란 거의 불가능하다. 그 때문에 정기주주총회의 경우 '정관에서 정해진 일정한 날 또는 직전 연도 정기 주주총회일에 해당하는 당해 연도의 해당 일을 주주총회'로 보아야 하고 임시주주총회의 경우에는 주주총회소집의 통지 · 공고기간을 연장하고 주주제안의 시기를 단축하는 방안이 고려될 필요가 있다.[66]

셋째, 주주총회 안건으로 제시하는 만큼 안건에 대한 충분한 설명이 필요한데 국내 상장회사의 경우 주주제안이 상정되더라도 주주제안임을 나타낼 뿐 제안자에 대한 정보, 제안취지, 필요성 등 의사결정에 필요한 정보가 주주총회 소집공고나 제안자 홈페이지 등에 구체적으로 제시되지 않는 경우가 많다. 더구나 상법 제363조의2에서 주주제안자의 청구가 있는 경우 주주총회에서 발의된 안건에 대하여 설명할 기회를 제공하도록 하고 있으나 이러한 기회를 통해 주주를 설득시키기에는 시간적으로 한계가 있다.

이처럼 절차적인 장애뿐만 아니라 내용적으로도 한계가 있다. 주주가 제안한 것에 대한 사전 심사권은 이사회에 전속된 것이고, 주주제안의 내용은 법령이나 정관에서 주주총회의 권한으로 정한 사항에 한정된다. 즉 경영에 관한 사항이나 업무집행에 관한 사항은 이사회의 권한에 속하기 때문에 주주제안의 대상이 되지 않는다.

---

65) 안수현, "전자증권법 도입에 따른 주주권 행사관련 변화와 몇 가지 이슈", 기업지배구조리뷰 제90호 (2019), 95면.

66) 정준우, "주주제안권의 행사요건과 그 문제점", 상사법연구 제21권 제3호 (2003), 307면.

그런데 행동주의 주주들은 통상 경영에 관한 사항에 속하는 운영의 개선 등을 경영자에게 요구하는데 우리 상법상 이러한 내용은 주주총회의 권한이 아니기 때문에 원칙적으로 주주제안의 대상이 되지 못한다. 상법상 주주총회의 권한은 '상법과 정관에서 정한 사항'에 한하여 결의할 수 있고(제361조), 주주제안도 상법과 정관에서 정한 사항만 가능하기 때문에 이러한 이슈를 주주제안을 통해 다른 투자자들과 이슈가 무엇인지를 공감하게 하려는 데에 사용하는 것은 원천적으로 불가능하다. 미국에서도 과거에 주회사법이나 SEC는 '일상적인 영업활동(company's ordinary business operations)'을 주주제안의 배제사유로 하고 있어 부정적인 것으로 비추어지자 오랜 기간에 걸쳐 SEC는 이러한 사항의 예외를 인정하고 있다.[67] 또한 미국에서는 회사가 주주제안을 거부하려면 SEC에 사유를 제출하는 등 절차적으로 까다로운 편이다.

대체로 상법 시행령 제12조에서 규정한 주주제안 배제사유인 대통령령으로 정하는 것에 대해서는 기업과 경영자에게 친화적인 규정으로 평가되고 있다.[68] 또한 소수주주가 한 주주제안내용을 처음 주주제안내용과 다른 형태로 변형하여 주주총회의 목적사항으로 정할 수 있다. 이사회나 주주총회 의장이 총회운영에 관한 법적 권한 범위 내에서 주주제안내용을 변형 상정하였다면 설사 그로 인하여 소수주주에게 사실상 불이익

67) 김지환, "주주권 실현을 위한 주주제안제도", 기업법연구 제22권 제2호 (2008), 113면; 장정애, 앞의 논문 각주 63, 409면.

68) 예컨대 제1호에서 주주총회에서 의결권의 100분의 10 미만의 찬성밖에 얻지 못하여 부결된 내용과 같은 내용의 의안을 부결한 날부터 3년 내에 다시 제안하는 것은 주주제안에서 배제되는데, 이러한 제한규정은 주주제안권의 실효성을 반감시킬 우려가 있다. 또한 임기 중에 있는 상장회사의 임원의 해임에 관한 사항도 배제되고 있는데, 이는 상법이 상장회사 소수주주에게 이사·감사의 해임청구권(제385조 및 제415조)을 인정하는 것과 균형이 맞지 않는다는 비판이 많다. 자세한 것은 장정애, 앞의 논문 각주 63, 398-399면. 참고.

이 발생하더라도 이를 무조건 주주제안권의 규정취지를 잠탈하였거나 위법하다고 할 것은 아니라고 보기 때문이다.[69)·70)] 더구나 회사가 정당한 사유 없이 주주제안을 거부하더라도 특별한 제재조치가 없고 일반 이사회결의나 주주총회결의 하자에 관한 구제방법으로 다툴 수밖에 없다. 반면에 미국은 회사가 주주제안을 거절할 경우 거절사유를 적시하여 80일 이내에 SEC에 제출하도록 하고 있고, 그 사본을 해당 주주에게 제공하도록 하고 있다.[71)]

나. 의결권 대리행사를 위한 위임장 획득

소유가 분산된 회사의 경우 경영진이 한 제안에 반대하고 변화를 요구하기 위해서는 의결권 확보가 필요하다. 그러나 단독으로 정족수 요건을 충족시키기란 상장회사의 경우 쉽지 않다. 그 때문에 다른 주주들로부터 의결권대리행사에 관한 위임장을 획득하여야 한다.

그러나 상장회사의 경우 이러한 것을 실행하기란 쉽지 않은데, 우선

---

69) 대체로 경영진의 재량에 달려 있다. 즉 이사가 첨부하거나 수정하는 조건에 따라 제안의 진정성과 효과는 크게 달라질 수 있다. 성민섭, "주주제안권의 내용상 한계와 이사회의 심사·변형 상정가능성: 이사 추가선임 및 집중투표를 청구한 사례들을 중심으로", 법학논총 제28집 제3호 (2016), 267면.

70) 논리적으로 구분이 되는 여러 안건을 결합하여 하나의 안건으로 주주제안을 하거나 양 당사자가 서로 양립할 수 없는 내용으로 각자 주주제안을 하는 경우 이사회는 주주총회의 적법·적정한 운영을 위하여 필요한 조치를 할 수 있고, 이 중 어느 하나를 택일하여 상정하거나 두 제안 내용을 원안 그대로 상정해서는 안 되고 양 주주의 주주제안내용의 본질적 요소를 해치지 않는 범위 내에서 두 제안 내용이 최대한 반영되도록 변형 상정하는 방안을 강구해야 한다. 성민섭, 앞의 논문 각주 69, 290면. 변형상정의 한계를 벗어났는지 여부를 판단할 때는 주주제안권으로 행사된 안건의 결합형태와 목적, 회사가 변형상정한 안건의 내용과 목적 등을 종합적으로 고려하여 회사가 소수주주의 주주권 행사를 방해할 목적으로 안건을 변형했는지 여부를 판단하면 된다. 자세한 것은 전형정, 앞의 논문 각주 59, 178면.

71) SEC 규칙 14a-8(j)

회사경영진은 위임장 권유 시 그 비용을 회사가 부담하는 데 비해 주주의 경우 자신의 비용으로 위임장권유를 하여야 한다. 이 때문에 경영진 교체와 같은 목적이 있는 경우가 아니면 굳이 큰 비용을 들여 가며 위임장권유를 할 인센티브도 실익도 없다.[72] 미국의 경우 주주가 단독으로 위임장을 권유할 경우 회사에게 주주명부의 제공을 요청하거나 회사로 하여금 위임장권유를 하도록 하는 방법을 택할 수 있고 이때 위임장 발송을 위하여 필요한 제반비용은 모두 주주 개인이 부담하도록 하지만, 제안된 이후 이사회가 동 제안을 채택한 경우에는 위임장 등을 비롯하여 관련비용을 회사가 부담한다.[73] 이처럼 비용도 장애지만 실제 주주제안에 들이는 시간도 적지 않게 소요된다.

한편 위임장 획득에 패배하였다고 하여 그 표 차이가 미미할 경우 기업의 경영자는 신경을 쓰지 않을 수 없다. 일례로 미국의 Trian은 Dupont사의 실적 및 주가 부진, 지배구조 문제 등을 이유로 2015년 위임장경쟁을 벌였으며 근소한 표 차이로 패하였으나 Dupont의 실적 및 주가는 지속적으로 부진을 면치 못했고 결국 CEO가 교체되기에 이르렀다.[74]

다. 의결권 행사

행동주의 주주들은 그 적극성의 정도에 따라 주주제안, 이사후보 추천, 주주소송 등 다양한 방식으로 주주권을 행사할 수 있지만 현실적으로 그들의 목소리를 내는 가장 전형적인 방법은 주주총회에서 의결권을 행사하는 것이다. 법적으로 당연한 권리이면서 권리의 행사가 용이하기

72) 최민용, "기업지배구조 개선과 공시주의: 의결권대리행사의 권유를 중심으로", 상사법연구 제31권 제2호 (2012), 58-59면.
73) SEC규칙, 14a-8
74) 김선민, 앞의 논문 각주 55, 6면.

때문이다.

라. 임시주주총회 소집

최근 국내외 기관투자자와 소액주주들이 합쳐 상장사를 상대로 임시주주총회 소집을 하는 경우가 증가하고 있다.[75)]

경영권 확보에 영향력을 행사할 수 있을 만큼의 의결권을 확보한 주주는 이사 선임 및 해임 등을 안건으로 한 주주총회를 개최하여 새로운 경영진으로의 교체를 시도하고자 하지만 주주총회의 소집권한은 이사회에 속하므로(상법 제362조), 대상회사의 이사회를 장악하고 있는 기존이사 및 지배주주들은 방어에 충분한 의결권 확보 시까지 주주총회의 소집을 최대한 미루려는 경향이 있다.

상법은 다수결원칙에 의한 기존 지배주주들의 횡포를 견제하기 위해 일정한 지주요건을 갖춘 주주에게 임시주주총회 소집을 청구할 수 있도록 하고 청구가 있은 후 지체 없이 이사회가 총회소집절차를 밟지 않는 경우, 청구한 소수주주가 법원의 허가를 얻어 총회를 소집할 수 있게 하고 있어 임시주주총회 소집허가 신청을 통해 기존 이사회의 총회소집 거부를 무력화하는 것이 가능하다. 즉 상법은 소수주주의 권익 보호를 위하여 발행주식총수의 100분의 3 이상 가진 주주에 대하여 주주총회 소집청구권을 인정하고 있으며(제366조), 상장회사의 경우에는 발행주식총수의 1,000분의 15 이상에 해당하는 주식을 보유하고 6개월 이상 계속하여 주식을 보유한 경우에 한하여 주주총회소집 청구권을 인정하고 있다(제542조

75) 대표적으로 행동주의 투자자로 알려진 밸류파트너스운용과 소액주주들이 코스닥상장사인 KISCO 홀딩스에 임시주주총회 소집을 요구한 바 있다. 임시주주총회 주요안건은 중단배당과 감사위원 선임 건이었다. 파이낸셜뉴스 2018. 8. 31.자, “감사 새로 뽑고 배당 더 늘려라”.

의6 제1항). 이러한 청구가 있는데도 지체 없이 이사회가 총회소집의 절차를 밟지 않은 경우에는 청구한 주주는 법원의 허가를 받아 총회를 소집할 수 있다. 또한 이에 의해 총회는 회사의 업무와 재산상태를 조사하게 하기 위하여 검사인을 선임할 수 있다.

소수주주에 의한 주주총회 소집청구는 대체로 경영권 분쟁과정에서 일어나고 이사·감사의 해임·선임이 목적으로 하는 경우가 많다. 회사의 정기주주총회에서 이사선임안건이 포함된 주주총회를 이용하여 선호하는 이사를 선임하는 방법도 있겠지만, 이러한 경우에는 회사가 의장권을 행사하므로 의인상정과 진행 등에서 상대적으로 불리하다. 이 때문에 임시주주총회 소집청구를 하는 것이 유리하며 법원이 임시주주총회 소집허가를 하면 소집청구한 주주 측이 임시주주총회 소집절차를 진행하게 되고, 의장직은 총회에서 별도로 선임된 자가 맡게 된다.[76)·77)]

그런데 법원의 허가를 받아 소수주주가 임시주주총회을 소집하려면 각하 내지 기각사유가 없어야 하는데 총회소집 허가신청이 권리남용에 해당하는 경우와 주주총회 소집의 필요성이 없는 경우는 기각사유가 된다. 그러나 법원이 권리남용으로 판단하는 경우 내지 주주총회소집의 필요성이 없다고 판단하는 이유[78)]가 사전에 예측하기 어려워 임시주주총

76) 김용호, "적대적 M&A에서 가처분이 활용되는 사례", BFL 제23호 (2007), 56면.

77) 우리나라의 외환위기 이후 주주행동주의 펀드에 의한 경영권 분쟁 증가는 임시주주통회 소집청구에 영향을 미쳤다. 소수주주의 임시주주총회 소집청구에 대하여 회사가 주주총회의 주도권을 소수주주에게 넘기지 않기 위해서 여러 방안을 강구함에 따라 여러 법률문제가 발생하였는데, 특히 2011년 4월 개정상법에서 소수주주가 법원의 허가를 얻어 임시주주총회를 소집한 경우 주주총회의장은 법원이 이해관계인의 청구나 직권으로 선임할 수 있도록 함으로써 이러한 동기가 더욱 강화되었다. 자세한 것은 윤영신, "주주총회와 의결권행사", BFL 제100호 (2020. 3), 44면.

78) 법원이 임시주주총회 소집허가신청이 권리남용에 해당하는 경우로 객관적으로 보아 총회소집을 허가할 경우 회사로서는 더욱 복잡하고 심각한 법률적 분쟁만을 야기할 것이 명백하여 총회를 소집하는 것이 오히려 유해한 결과를 초래할 가능성이 있을

회 소집이 행동주의 주주들에게 이용이 용이하지는 않다.[79)]

마. 대표소송 · 집단소송

주주행동주의의 행동 중 가장 적극적인 것으로 분류되는 것이 대표소송 내지 집단소송이다. 이들 소송은 미국에서 가장 많이 이용되고, 그 뒤로 네덜란드와 독일에서 활발하게 이용되는 반면에 영국에서는 이러한 소송이 잘 이용되지 않는다.[80)]

이러한 방식의 주주행동에 대해서는 회의적인 견해도 없지 않다. 그 이유는 주주들이 그들의 권리를 남용할 우려가 있고 그 결과 문제 된 이사의 행위보다 회사에 더 많은 손해를 가져올 수 있다는 것이다. 그 때문에 이 같은 사안에서는 주주행동을 하는 행동주의 주주들이 이러한 권리를 행사하는 문제 된 상황을 정확하게 파악하고 다른 주주들에게 상세히 알릴 필요가 있고 이에 관한 규제도 엄격하여야 한다는 주장이 있다.[81)]

경우를 제시한다. 한편 주주총회 소집의 필요성이 없는 경우란 비록 소수주주가 법령에 정한 요건을 모두 구비하였더라도 총회소집 안건의 내용과 그 결의의 '시급한 필요 여부, 허가 여부에 따라 신청인과 사건 본인 회사에 미치는 영향, 이사회에 대한 소집 청구 및 법원에 대한 소집허가신청에 이르기까지의 당사자의 태도, 분쟁 교섭과정, 안건의 통과 가능성, 신청인과 사건 본인 회사의 각 성격 및 업무의 내용, 신청인과 현 경영진 측의 지분비율과 우호주주 구성 등 제반사정을 종합적으로 고려하여 법원이 후견적인 입장에서 총회 소집의 필요가 없다고 판단하는 경우를 말한다. 자세한 것은 전휴재, "경영권 분쟁과 가처분: 적대적 M&A를 중심으로", 인권과 정의 제374호 (2007), 40면.

79) 소버린펀드가 주식회사 SK에 대하여 임시주주총회 소집청구를 한 사안에서 서울고등법원은 권리남용을 이유로 청구를 기각한 사례가 있다. 서울고등법원 2005. 5. 13. 선고 2004라885 판결(SK-소버린).

80) Christoph Van der Elst, 앞의 논문 각주 53.

81) Zegrean, 앞의 논문 각주 22, 14면.

바. 기타

주주총회에 참석하지 않고 의결권을 행사하지 않는 것도 일종의 반대 의사표시를 보이는 일환으로 이용된다. 주주총회에서의 안건이 초다수결의를 요구하는 경우가 전형적인 경우이다.

IV. 주주행동주의 순기능 강화방안

1. 회사주도의 회사지배구조 개선 증대

한국 기업지배구조의 취약성은 오랜 기간 코리아 디스카운트의 주요인으로 지적되었고, 이는 자본시장에서 행동주의 주주에 의한 교정기능을 기대하기에 이르고 있다. 달리 말하면 이는 회사 스스로 주도적으로 지배구조를 개선하려는 노력이 부족했다는 것을 의미한다.

주주행동의 타깃이 되는 회사들은 이미 회사의 성과와 재무상의 수익률이 평균 이하인 경우가 많고, 특히 행동주의 주주가 헤지펀드인 경우 전형적으로 대상회사의 시장저평가 상태를 이용하여 단기수익을 추구하므로 경쟁기업에 대해 평균 이하의 주식가격이나 성장률을 보일수록 행동주의 주주의 관심대상이 될 가능성이 크다.

그런데 앞에서 살펴보았듯이 회사를 변화시키기 위해 행동주의 주주가 단독으로 요구하는 것만으로는 타깃인 회사의 관심을 받는 것은 물론 변화도 쉽지 않다. 그 때문에 다른 투자자를 설득하는 것이 필수이고 이를 위해 대부분 공감하는 회사지배구조 이슈를 문제삼는 경향이 있다. 이는 반대로 회사 스스로 지배구조에 적극적으로 관심을 갖고 개선할수록 평상시 우호주주를 둘 수 있다는 것을 의미한다.

한편 금융위원회는 2019년부터 기업지배구조보고서의 작성을 단계적으로 의무화한다고 발표한 바 있다.[82] 이를 통해 회사로 하여금 지배구조와 관련하여 통일성 있는 상세 보고서를 제공하게 하기 위함인데 기업들은 보고서 작성 과정에서 제도보완과 정책 수립을 통해 지배구조의 질을 개선하는 기회로 활용할 수 있다. 즉 주주를 세분화하여 기관투자자뿐 아니라 외국인, 개인투자자에 대하여 정보 제공을 강화하고, 기업가치 제고를 위한 주주의 의견에 대처하겠다는 것을 명시하는 등 기업지배구조를 중시하는 외국인 투자자들의 관심 증대와 기관투자자와의 건설적인 대화에 활용할 필요가 있다.[83]

2. 주주와의 대화의 질 개선

한국판 스튜어드십 코드에서도 주주와의 건설적인 대화를 강조하지만 실제 회사들이 주주와의 대화를 IR수준에서 이해하는 경향이 강하다. 그러나 건설적인 대화는 주주관여 중에서 핵심이 되며 회사와 투자자 간의 상호 신뢰를 쌓는 가장 중요한 회사대응책이 된다. 회사는 주주의 목소리에 귀를 기울여 그들이 하는 기대와 우려에 최대한 관심을 기울여야 하는 동시에 회사의 경영방침을 주주에게 이해하기 쉽게 정확하고 명확하게

---

82) 자산총액 2조 원 이상 대형사(금융사 39개사, 비금융사 161개사 등 총 200개사)부터 의무화하고 공표사항을 구체화한 작성 가이드라인을 제공하였으며 · 미공시 · 거짓 공시 등에 대한 제재조치도 마련하였다. 2021년부터는 전체 의무화하는 것을 검토하고 있다.

83) 기업지배구조의 질이 투자의사결정에서 중요한 고려요소로 인식되고 있어 기업지배구조에 대한 객관적 평가를 가능하게 하는 기업지배구조보고서는 투자자들의 투자전략으로 활용될 것으로 기대되고 있다. 기본적으로 기업지배구조가 우수한 기업에 투자하는 것이 기업가치 제고, 주주환원 확대, 우발적 지배구조 비용 발생 리스크 회피 등 측면에서 유리하다. 자세한 것은 김동양 / 박주선, “한국과 일본의 기업지배구조보고서: G(지배구조)의 질적 개선 시작”, Industry Report (2019. 6. 24), 17면.

제공하여야 한다. 건설적인 대화라 할 경우 통상 주요주주를 대상으로 하는 경향이 있는데 이는 주요주주가 특히 많은 지분을 갖고 있어 장기적인 회사의 가치 제고에 많은 관심을 갖고 있고 이들의 전문성을 활용하여 회사의 정책방향을 검토하게 하기 위한 것으로 이해된다. 기업 스스로 대화를 통해 주주총회에 상정될 안건에 대해 주주의 반응이 부정적일 것으로 예상되는 경우 선제적으로 대응할 수 있다.[84]

이와 병행하여 국내 투자자의 비중은 다른 나라와 달리 국내 개인투자자의 비중이 높다는 점에서 개인투자자를 고려한 회사 경영방침이 명확하고 이해하기 쉬운 형태로 전달될 필요가 있다. 즉 투자자 측의 주주활동 못지않게 투자대상기업의 투자자에 대한 활동도 중요하다.

3. 주주활동 지원을 위한 공시 부담 완화

현재 주주활동과 관련하여 보유한 지분집중 관련 정보를 시장에 공개함으로써 증권시장의 공정성과 투명성 확보를 물론 대상회사에 대하여 경각심을 갖게 하는 제도로 '주식 등의 대량보유 · 보고제도(5%보고의무)'가 있다. 이는 자본시장과 금융투자업에 관한 법률(이하 '자본시장법')에서 규정하고 있는 주권상장법인의 주식 등을 5% 이상 보유하게 되거나 이후 보유비율이 1% 이상 변동된 경우 또는 보유목적 등이 변경된 경우, 그날부터 5일 이내에 그 보유상황 등을 금융위원회와 한국거래소에 보고하도록 하는 제도이다. 이 경우 대량보유는 본인과 특별관계자(특수관계인 및

84) 회사 측에서도 주주관여를 적극 활용하는 방안에 대해서는 안수현, "'주주활동(Shareholder Engagement)'의 최근 동향과 한국형 스튜어드십 코드에의 시사점", 기업지배구조리뷰 (2017), 29면 이하

공동보유자)의 보유 주식 등의 수를 합하여 그 보유비율이 5% 이상인 경우를 말한다. 법적 소유뿐만 아니라 취득이나 처분, 의결권 행사 등에 실질적인 권한을 가지는 경우에도 공시의무가 있다. 또한 의결권 있는 주식과 관련된 증권으로 해당 주권뿐 아니라 전환사채 등 잠재적인 주식도 포함된다. 이러한 의무를 위반하게 되면 형사상 책임(1년 이하의 징역 또는 500만 원 이하의 벌금)과 과징금이 부과되며, 유가증권발행제한 및 임원해임 권고 등 행정상 제재를 받을 수 있다. 특히 5%를 초과해 보유한 지분에 한해 일정 기간 의결권행사를 제한하며 고의 위반자에 대해서는 주식매수일로부터 보고·정정보고를 한 후 6개월이 지날 때까지, 착오로 위반한 경우에는 매수일로부터 보고한 날까지 의결권이 제한된다.

현행법에서는 5% 이상 투자자의 주식 등의 보유목적이 '경영권에 영향을 주기 위한 것'인 경우와 그렇지 않은 경우를 구분하여 보고사항 및 보고기간 등을 달리 정하고 있다(자본시장법 제147조 제1항 후단 및 동법 시행령 제154조 제3항). 연기금, 기관투자자 등은 "경영권에 영향을 주기 위한 것이 아닌 경우"로서 약식보고를 하는 경우가 많은데, 주식 등의 보유목적이 "경영권에 영향을 주기 위한 것"이 아닌 경우에는 보고기한 연장 및 약식보고가 허용되고 스튜어드십 코드 이후 기관투자자의 주주권 행사가 증가하면서 5일 이내 상세보고 대상인 '경영권에 영향을 주기 위한 것'의 범위가 명확하지 않아 주주활동이 제약을 받고 있다는 지적이 제기되었다. 이를 고려하여 자본시장법 시행령 개정이 추진,[85] 현재 시행되고 있다.

구체적으로 "경영권에 영향을 주는 것"의 의미를 명확히 하고 범위를 축소하는 방안으로 다음의 사항은 "경영권에 영향을 주기 위한 것"에서

85) 금융위원회는 2019년 9월 6일 자본시장법 시행령 개정안을 입법예고하였다.

제외하는 것으로 상세 보고대상의 범위를 조정하였다(자본시장법 개정시행령 제154조 제1항). 대표적으로 해임청구권 등 회사·임원의 위법행위에 대응하는 상법상 권한 행사는 경영권에 영향을 주기 위한 범위에서 제외되며, 공적 연기금 등이 투자대상기업 전체의 기업구조 개선을 위하여 사전에 공개한 원칙에 따라 상법상 회사의 기관과 관련된 정관 변경을 추진하는 경우도 제외된다. 다만 정관 변경이 특정 기업의 지배구조 개편을 겨냥하거나 특정 임원의 선·해임에 즉각 영향을 주는 경우에는 종전 규정이 적용된다. 아울러 주주의 기본권리인 배당과 관련한 주주활동, 단순한 의견표명이나 대외적 의사표시도 상세 보고대상에 제외된다. 다만 임원 선·해임, 합병을 위한 주주제안 등은 경영권에 영향을 주기 위한 것에 포함된다.

또한 보유목적 유형별 보고의무를 세분화하고 전문투자자 특례가 강화되었다. 즉 "경영권에 영향을 주기 위한 것이 아닌 경우" 중에서도 주식 등의 수와 관계없이 법률에 따라 보장되는 권리(의결권, 신주인수권, 이익배당청구권 등)만을 행사하기 위한 경우를 "단순투자목적"으로 분류하여 최소한의 공시의무가 부과되며, 임원보수, 배당 관련 주주제안 등 경영권 영향 목적은 없으나 적극적인 유형의 주주활동의 경우("일반투자목적")에는 상대적으로 단순투자목적에 비하여 강한 공시의무를 부과하는 등 분류가 세분화되었다(개정시행령 제154조 제3항 및 제200조 제9항).

특례가 적용되는 전문투자자(증권금융회사, 공적 연기금 등)의 경우 기존에 비해 5%의 보고의무를 완화하여 경영권 영향 목적인 경우에도 일반투자자에 비하여 완화된 보고의무를 정하고, 신설되는 일반투자목적의 경우 보고사항 및 보고기한이 일부 완화되었다.

이와 관련해 사모펀드가 활성화될수록 5%룰도 개선하여 보고의무 기준을 3%로 하고 5일 이내가 아닌 1일 이내로 보고하여야 한다는 주장이

〈표 2〉 5% 보고의무관련 자본시장법 시행령 개정 내용

보유 목적 유형		보고 사항	보고 기한
경영권 영향 목적 ○		〔일반투자자〕 (i) 보유상황, (ii) 보유 목적, (iii) 보유주식 등 관련 주요계약내용, (iv) 대량보유자 및 그 특별관계자, (v) 발행인에 관한 사항, (vi) 변동사유, (vii) 취득 또는 처분일자 · 가격 및 방법, (viii) 보유 형태, (ix) 취득한 필요한 자금이나 교환대상물건의 조성 내역 등	보유상황 변동일로부터 5일
		〔특례 적용 전문투자자〕 일반투자자의 단순투자 시 보고사항과 동일	상동
경영권 영향 목적 ×	일반투자 목적	〔일반투자자〕 위 (i), (ii), (iii), (iv), (v), (vii), (ix)	보유상황 변동일로부터 10일
		〔특례 적용 전문투자자〕 위 (i), (ii), (iv), (v)	보유상황 변동이 있던 달의 다음 달 10일
	단순투자 목적	〔일반투자자〕 위 (i), (ii), (iv), (v), (vii) (보유기간 동안 단순투자 목적 외의 행위 하지 않겠다는 확인 포함)	보유상황 변동이 있던 달의 다음 달 10일
		〔특례 적용 전문투자자〕 위 (i), (ii), (iv), (v) (보유기간 동안 단순투자 목적 외의 행위는 하지 않겠다는 확인 포함)	보유상황 변동이 있던 분기의 다음 달 10일

있는데,[86] 그 근거로 영국 등 유럽 국가를 예로 들고 있다.[87] 보고의무 기준점이 5%보다 낮을 경우 그만큼 대상회사에는 회사에 관심을 갖는 주주동향을 일찍 파악할 수 있는 이점이 있는 반면 주주활동을 하려는 주주에게는 매우 강한 공시 부담으로 주주활동에 많은 제약을 주게 된다. 대

86) 최준선, 앞의 논문 각주 29, 279면.

87) 대표적으로 EU투명성지침에서는 의결권이 있는 지분율이 3%, 5%, 10%, 20%, 30%, 50%, 또는 70% 경계선에 도달, 초과 또는 미달한 경우 4거래일 이내 발행회사에 보고하도록 하고 있으며(제9조 제1항 및 제12조 제2항), 독일 증권거래법은 최소 3%부터 일정 수준의 지분 취득 시 4거래일 이내에 발행회사에 보고하도록 하고 있고(증권거래법 제23조), 영국도 최소 3%부터 일정 수준의 지분 취득 시 2거래일 이내 발행회사에 대한 보고의무가 발생한다(Disclosure and Transparency Rules 5.1.3, 5.8.3)

량보유 보고의무 위반 시 형사처벌이 부과되는 점에서 주주활동을 하려는 주주에게 과도한 공시 부담을 주는 것은 바람직하지 않다.

4. 주주정보 접근성 강화

상법은 회사의 정관과 주주총회의사록을 본점과 지점에, 그리고 주주명부와 사채원부는 본점에 비치하도록 규정하고 있고, 주주와 회사채권자는 영업시간 내에 언제든지 서류의 열람 또는 등사를 청구할 수 있다고 규정하고 있어 회사에 대한 주주의 주주명부 열람·등사요청을 허용하고 있다(제396조). 상법상 주주에게 인정되는 여타의 권리가 대부분 소수주주권인 반면 주주명부열람·등사청구권은 단독주주권이다. 이러한 권리를 통해 다른 주주로부터 의결권을 위임받거나 특정한 방법으로 의결권을 행사하도록 권유하기 위해 주주의 성명과 주소를 확인하여 우편물을 발송하거나 직접 방문하는 등의 방법을 취할 수 있도록 하고 있다. 따라서 이사가 정당한 이유 없이 주주명부 열람·등사를 거부한 경우 500만원 이하의 과태료가 부과된다(상법 제635조 제4호).

상장회사의 경우 주주명부는 전자증권법(주식·사채 등의 전자등록에 관한 법률)의 발효로 발행인은 전자등록기관에 소유자명세서를 신청하여 작성하며 여기에 일정한 날을 기준으로 주식 등 소유자들의 인적 사항, 각 소유자가 가진 주식 등의 종류, 종목, 수량 등을 기록하고 이렇게 작성된 소유자명세서가 발행인에게 통지되면 발행인은 이를 주주명부에 반영하게 된다(제37조 제6항). 전자등록기관은 요청을 받은 경우 소유자명세를 작성하여 주식의 발행인에게 지체 없이 통지하며, 발행인의 임의적 요청 시 발행인에게만 통지된다. 이처럼 상장회사의 경우 주주명부는 발행회사가 전자등록기관에 신청해서 소유자명세서를 작성하게 한 다음 이러한 명세서가 발행인에게 지체 없이 통지되면 발행인이 그 내용을 주주명부에 반영하여야 하는 구조이다(전자등록법 제37조 제6항). 미국의 경우에는 주주총회를 앞두고 주주가 서면으로 요구할 경우 반드시 주주명부에 관한 정보를 요청한 주주에게 제공하도록 하고 있다.[88)]·[89)]

주주명부 열람·등사청구권은 우리 법상 단독주주권인 데다 영업시간 내라는 제한을 제외하고는 청구방법을 정하고 있지 않다. 그러나 그렇다고 주주의 요구에 따라 무제한으로 주주명부의 열람·등사를 허용할 경우 부정한 목적으로 청구하는 주주에게도 항상 허용되는 문제가 발생한다. 따라서 법원은 주주가 주주명부 열람을 청구할 경우 회사는 그 청구의 목적이 정당하지 아니함을 주장·입증하는 경우에는 이를 거부할 수 있다고 판시하고 있다(대법원 1997. 3. 19.자 97그7 결정). 이와 관련하여 열람청구의 목적을 둘러싸고 대상회사와 분쟁이 빈번히 발생하며 실무에서는 주주명부열람 및 등사 가처분신청이 적지 않고[90)] 실질주주명부상의 실질주주명부 열람소송을 제기하기도 한다. 실제 주주명부 열람·등사 가처분에서 정당한 목적이 없다는 이유로 신청을 기각한 사례는 그리 많지 않다.[91)]

한편 주주명부 열람이 의미가 있으려면 업데이트된 정보가 기재되어

---

88) Zegrean, 앞의 논문 각주 22, 30면.

89) 독일은 반대로 회사에 대하여 주주에 대한 정보를 다른 주주에게 제공하지 못하도록 금지하고 있다. 그러나 과거 2년간 주주총회에 참석한 자의 정보에 대해서는 요청할 수 있다. Zegrean, 앞의 논문 각주 22, 30면. 이러한 태도는 회사에게 유리한 규정으로 평가되며 대규모 지분을 보유한 주주에게도 자신의 보유내역을 외부에 알리지 않도록 하는 효과가 있다.

90) 최근의 사례로는 미디어SR 2019. 1. 29.자, "KCGI 주주명부열람 가처분 소송... 한진 "목적 밝히면 협조"".

91) 법무법인 화우, 기업소송실무(3), 신주 및 사채 / 열람등사, 법무법인(유) 화우총서 II (2014), 45면.

있어야 한다. 그러나 상장회사의 경우 주주들의 변동이 자주 발생하고 실제 주주명부에 있는 정보가 최신화되어 있지 않거나 최신화되는 데 시간이 소요된다. 전자등록법상 전자등록기관이 요청을 받은 경우 발행인에게 작성한 소유자명세서를 지체 없이 통지하도록 하고 있지만 이는 발행자에게만 제공되며, 기간도 종래 예탁결제제도하에서 6일 정도 소요되었다는 점에서 이보다는 단축될 것으로 기대되지만 이 역시 신속하게 진행되지 않을 가능성이 크다. 이 때문에 주주행동을 하는 측에서 공개홈페이지를 개설해 주주를 찾아 나선 예도 있다.[92] 실질주주명부에 대해 열람등사를 허용해야 한다는 대법원판결[93]에 비추어 볼 때 전자등록제도하에서도 주주명부 열람·등사청구권이 보다 효과적·효율적으로 활용될 수 있도록 하는 방안이 모색될 필요가 있다.

5. 행동주의 주주의 책임성 강화

회사의 행동에 가장 영향을 미치는 것은 '지배'할 수 있는 지분을 가지는 경우이다. 그러나 실제 회사를 지배할 수 있는 수준의 지분을 단독으로 보유하기는 쉽지 않다. 법적으로 회사를 지배하는 수준은 50%를 의미하는데 이는 상장회사의 경우 불가능하다. '사실상 지배'하는 수준 역시 쉽지 않다.

이처럼 실제 주주행동주의자 내지 적극적인 행동투자자 단독으로는 회사의 행동을 바꿀 수 없기 때문에 다른 투자자와 연합하거나 기관투자자 내지 일반주주를 우호세력으로 만드는 것이 필수이다. 이를 달성하기

---

92) 공개홈페이지에 이메일을 기재한 주주들에게 신상정보와 보유주식 수량 등을 기재해 달라는 취지로 이메일을 발송하기도 한다. 미디어SR, 앞의 기사 각주 90.

93) 대법원 2017. 11. 9. 선고 2015다235841 판결.

위해서는 행동주의 주주가 제기하는 이슈가 일관성 있고 책임질 수 있는 것이어야 한다. 또한 주주관여를 통해 대상회사와의 신뢰관계를 쌓는 것이 필요하다. 경영진과는 단순한 회합만으로는 충분하지 않으며 제기하는 이슈가 기업에 유익한 효과를 가져오기 위해서는 지속적이고 이슈가 해결될 때까지 반복적으로 제기하는 적극적인 의지 역시 중요하다. 아울러 기업의 경영상의 문제에 대해 단순히 이의를 제기하는 것보다는 책임성, 투명성, 주주권리 강화 등의 높은 수준의 기업지배구조 개선을 가져오도록 함으로써 다른 주주의 이익이나 권리 강화에 기여할 경우 성공할 가능성이 크다는 점을 인식할 필요가 있다.

최근 헤지펀드가 하는 주주행동주의에 대해 남용론이 제기되는 것은 헤지펀드의 구조적 성격 내지 단기 수익을 중시하는 인센티브체계에서 비롯한 것으로 보이지만, 결국 회사와의 신뢰관계가 사전에 구축되어 있지 않고 제기하는 이슈에 대한 책임성이 결여되어 있는 것이 주된 이유로 보인다. 특정기업에 대한 소유비중이 높아 영향력의 효과가 높은 면에서 특히 책임성이 요구된다.

또한 기관투자자에 대하여 행동주의 주주로서 권리를 행사하도록 기대하는 데에는 적어도 기관투자자들이 청지기로서 임무를 다한다는 것을 전제로 한다. 이를 위해서는 적어도 이들의 활동을 견제할 권한이 위탁자에게 있어야 한다. 자본시장에서 기관투자자들에 대해 펀드의 교체나 시장기능을 통해 경고할 수 있는 방법이 없는 것은 아니지만 그것으로 충분하지는 않다. 즉 기관투자자의 전문성과 책임성을 확보하는 방안이 함께 마련되어야 할 것이다. 그러나 기관투자자들의 경우 비용의 증가를 억제하고 전문성 보완 및 의안분석에 드는 비용을 최소화하는 일환으로 내부에 전문인력을 두기보다는 외부 자문회사의 의안분석에 의존하는 경향이 있는데 이는 개선되어야 할 것이다. 적어도 기관투자자가 주주활동을 책임 있게 하기 위해서는 많은 안건 분석에 필요한 전문인력의 확보[94]와 의결권 가이드라인의 최신화 및 이에 대한 공시가 요구된다.

V. 결론

종래 회사지배구조의 개선을 위해 주주행동으로 주목받았던 것이 경영자에게 책임을 묻는 대표소송 제기 등의 사후책임방식이었다면 행동주의 주주에 의해 최근 주목받는 주주활동은 회사의 경영정책과 영업방식 및 관행에 대해 변화를 야기하도록 목소리를 내고 적극적으로 관여하는 방식이다. 이를 위해 비공식적인 대화를 강조하는 engagement부터 이사의 교체를 목적으로 공식적이고 법적인 조치를 적극적으로 취하는 주주행동(shareholder activism) 등이 다양하게 추진되고 있다.

그런데 주주의 권리를 적극적으로 행사하라는 것과 어느 범위까지 주주가 회사의 경영활동에 관여하는가는 정책적으로 결정이 필요하고 법적으로도 중요하다. 우리 법상 회사의 경영에 관한 정책과 업무의 집행은 이사회의 권한이고(상법 제393조 제1항), 주주총회는 법과 정관에 정하는 사항에 한하여 정할 수 있기 때문이다. 그 때문에 주주행동주의의 행동은 비공식적인 행동부터 공식적이고 직접적인 행동 등 그 스펙트럼이 매우 넓다. 다만 궁극적으로는 회사의 정책을 변화시키는 것이 목적이기 때문에 투자회사 스스로 변화를 야기하지 않을 경우 그러한 변화를 주도하도록 이사를 교체하려는 시도가 강하다. 이 때문에 주주행동주의에 대하여

94) 미국의 경우 조사대상인 기업과 기관투자자들은 대체로 주주활동 관련 인력을 5명 정도 두는 것으로 나타나고 있다. 안수현, 앞의 논문 각주 84, 50면.

현재 관심과 논쟁이 높아지는 것은 당연하고 자연스럽다.

한편에서 이러한 행동주의 주주의 적극적인 주주활동이 자신의 이익만을 우선시하고 다른 주주의 이익을 침해하거나 회사에 손해를 야기할 것이라는 우려도 없지 않다. 이러한 우려는 타당하지만 이는 행동주의 주주가 전문성과 책임성을 갖지 않은 채 단기 수익만을 추구하기 위한 목적으로 추진할 경우 나타나는 문제라고 본다. 한편으로 주주행동주의가 과도한 영향력을 행사할 경우 법상 마련해 둔 주주총회와 이사회의 권한 배분원칙에도 맞지 않다. 외국에서 빈번히 소개되는 공격적인 헤지펀드에 의한 주주권 남용가능성도 배제할 수 없다.

그러나 현재 국내 기관투자자와 기타 펀드의 비중을 다른 나라와 비교하면 매우 적은 비중을 차지하고 있다. 헤지펀드 역시 최근 공격적인 투자전략의 하나로 주주활동을 표방하는 경우가 없지 않으나 이들이 계획한 결과를 성취하기 위해서는 충분한 우호세력 즉 다른 기관투자자 내지 일반투자자의 공감을 얻지 않으면 안 된다. 이러한 점에서 국내의 경우 현 시점에서는 행동주의 주주로서 적극적인 주주활동의 순기능을 강화하는 방안들이 보다 모색될 필요가 있다.

일부 주주행동주의에 의한 주주활동을 일종의 적대적 기업인수와 동등한 관점에서 접근하려는 시각이 없지 않은데 이러한 접근은 주주행동주의에 의한 기업지배구조 개선의 순기능을 기대하기 어렵게 할 가능성이 많다. 조기에 기업의 자발적이고 적극적인 지배구조 개선과 기관투자자 및 주요주주와의 건설적인 대화를 통해 신뢰관계 형성 및 기업에 관한 정보 제공의 강화와 일반투자자를 염두에 둔 주주권 강화 노력은 헤지펀드 등의 남용적인 경영관여 시도에 대한 적극적인 예방책이 될 것이기 때문이다.

05

상장회사 특례규정과 소수주주권 행사요건*

천경훈**

I. 문제의 제기

상법 제3편(회사) 제4장(주식회사)의 여러 절에서는 일정 지분율 이상의 주식을 가진 주주에게 다양한 권리, 이른바 소수주주권을 인정하고 있다. 한편 제542조의6은 상장회사의 경우 6개월 전부터 계속하여 주식을 보유한 자에게 소수주주권의 행사요건인 지분율을 낮추어 주고 있다. 예컨대 "의결권 없는 주식을 제외한 발행주식총수의 100분의 3 이상에 해당하는 주식을 가진 주주"는 주주제안권을 가지는데(제363조의2 제1항), 상장회사 특례에서는 "6개월 전부터 계속하여 상장회사의 의결권 없는 주식을 제외한 발행주식총수의 1,000분의 10 이상에 해당하는 주식을 보유

* 이 글은 『상사판례연구』 제32집 제3권(2019)에 "상장회사의 소수주주권 행사요건"이라는 제목으로 발표된 논문을 수정 · 보완하였다.

** 서울대학교 법학전문대학원 교수

한 자는 제363조의2에 따른 주주의 권리를 행사할 수 있다"고 규정한다.

그렇다면 일반규정에 따른 소수주주권 행사요건 지분율 이상의 주식을 보유하고 있으나 6개월의 보유기간을 갖추지 못한 상장회사의 주주는 소수주주권을 행사할 수 있는가? 이것이 이 글에서 다루려는 주제이다. 예컨대 상장회사의 의결권 있는 주식의 10% 이상을 3개월간 보유한 주주가 주주제안권을 갖느냐의 문제인 것이다. 결국 이는 소수주주권에 관한 상법의 일반규정과 상장회사 특례규정 사이의 관계를 어떻게 해석할 것인가의 문제로서, 권리를 인정하는 중첩적 적용설[1]과 부정하는 배타적 적용설이 대립한다.

이는 매우 기술적인 문구해석의 문제에 불과하다고도 할 수 있다. 그러나 실제 상장회사를 둘러싼 여러 분쟁에서 이 쟁점이 분쟁의 향방을 결정짓고 있다. 2015년 삼성물산-제일모직 간의 합병에 관해 엘리엇이 제기한 주주총회소집 및 결의금지가처분 신청 사건은 지금까지도 그 정치적 · 경제적 후폭풍이 가시지 않는 국내외적으로 매우 파장이 큰 사건이었으나, 법리적으로는 배타적 적용설에 따라 분쟁의 실질에 대한 판단 없이 결정되었다. 당시 서울중앙지방법원은 신청인의 지분비율이 의결권 있는 발행주식총수의 7.1%에 달했으나 보유기간이 6개월에 미달한다는 이유로 피보전권리인 위법행위유지청구권을 부정하고 신청을 각하했던 것이다.[2] 2019년 토종 행동주의펀드로 주목받은 KCGI가 대한항공의 주

1) 상장회사의 소수주주권행사는 특례규정(상법 제542조의6)의 요건 또는 일반규정(상법 각 조문)의 요건 중 선택적으로만 충족해도 된다는 뜻에서 선택적 적용설이라고도 하고, 이것이 더 일반적인 용례인 것으로 보인다. 그러나 "상장회사에 어떤 규범이 적용되는가"라는 측면에서 본다면, 두 규범이 선택적으로 적용되는 것이 아니라 둘 다 중첩적으로 적용되는 것이고, 그 효과로서 만약 두 규범의 적용요건이 모두 충족되었다면 하나를 선택할 수 있는 것처럼 보이는 것이다. 따라서 '중첩적 적용설'이라는 표현이 법학방법론적으로 더 엄밀한 표현이라고 생각되어 이 용어를 사용하기로 한다.

2) 서울중앙지방법원 2015. 7. 1.자 2015카합80582 결정.

요주주인 한진칼(주)에 대하여 제기한 주주총회 의안상정가처분 신청 사건에서도 이 쟁점에 관한 해석에 따라 승패가 엇갈렸다. 서울중앙지방법원은 신청인의 지분비율이 일반규정에 따른 소수주주권 행사요건을 충족했으므로 보유기간이 6개월에 미달하더라도 주주제안권이 인정된다고 판단하여 신청을 일부 인용하였으나,[3] 가처분이의에 대한 항고심에서 서울고등법원은 신청인의 지분비율이 일반규정에 따른 소수주주권 행사요건을 충족하였더라도 보유기간이 6개월에 미달하였으므로 주주제안권이 부정된다고 판단하여 신청을 전부 기각하였다.[4]

문제는 이 쟁점에 관한 법원의 입장이 여전히 불명확하다는 것이다. 후술하듯이 상장회사 특례가 증권거래법에 정해져 있던 2004년에 대법원은 중첩적 적용설을 명시적으로 택한 바 있으나, 2009년 상법개정 이후 하급심에서는 중첩적 적용설을 따른 예와 배타적 적용설을 따른 예가 모두 발견되고 있다. 상장회사 주주권의 가장 기본적인 행사요건에 관해 현행법이 명확한 기준을 제시해 주지 못한다는 것은 우리나라 자본시장법제의 심각한 맹점이라고 할 수 있다. 이는 상장회사의 지배구조를 둘러싼 여러 분쟁에서 극심한 불확실성을 초래함으로써, 지배구조 개선을 위한 주주 행동주의자에게는 물론 이를 방어하는 기존 경영진에게도 부정적 효과를 야기한다. 후술하듯이 이를 입법으로 해결하려는 시도도 여러 번 좌절되었다. 입법으로 이 문제를 해결하는 것이 불가능하다면, 대법원이 명확한 기준을 제시할 필요가 있다고 생각한다.

이하에서는 소수주주권에 관한 현행 법규정 및 입법연혁을 검토하고, 중첩적 적용설과 배타적 적용설의 논거를 정리한 다음, 각 논거를 비판적

3) 서울중앙지방법원 2019. 2. 28.자 2019카합20313 결정.
4) 서울고등법원 2019. 3. 21.자 2019라20280 결정(이하 '한진칼 결정').

으로 비교·검토하여 어느 견해가 타당한지 논증한다. 특히 2019년 한진칼 정기주주총회에서의 주주제안에 관한 가처분 및 가처분이의 사건은 서로 반대되는 결론에 이르고 있고, 특히 가처분이의 사건에서 서울고등법원은 이례적으로 긴 분량을 할애하여 "입법자의 의도"를 탐구하고 있으므로, 법률해석 방법론의 관점에서 그 정당성을 검토한다.

II. 관련 규정의 개관

1. 소수주주권의 의의

(1) 주주권의 구분

주주권은 그 성질에 따라 주식회사로부터 경제적 이익을 받을 권리인 자익권(自益權)과 회사의 경영에 참여하거나 이를 감독함으로써 주주 모두에게 영향을 미치는 권리인 공익권(共益權)으로 구분된다. 또한 그 행사자격에 따라 1주만 갖고 있어도 행사할 수 있는 단독주주권과 일정비율 이상의 주식을 가진 경우에만 행사할 수 있는 소수주주권으로 구분된다. 〈표 1〉은 현행 상법상 각종 주주권을 공익권/자익권, 단독주주권/소수주주권으로 구분한 것이다.

자익권은 그 정의상 원칙적으로 단독주주권이지만, 공익권은 입법정책에 따라 단독주주권으로 할 수도 있고 소수주주권으로 할 수도 있다. 즉 다수 주주 및 이사들의 횡포로부터 주주를 보호할 필요성에 주목하면 단독주주권으로 함이 타당하겠으나, 일부 주주가 주주권을 남용하여 회사 및 다른 주주의 정당한 이익을 오히려 저해할 가능성에 주목하면 소수주

〈표 1〉 주주권의 구분

	단독주주권	소수주주권
자익권	이익배당청구권, 주권교부청구권, 명의개서청구권, 잔여재산분배청구권, 신주인수권 등	–
공익권	의결권, 각종 소를 제기할 권리(주주총회결의 취소·부존재·무효확인의 소, 부당결의 취소의 소, 설립·합병·신주발행·자본금감소·분할·분할합병 무효의 소 등), 신주발행유지청구권, 이사회의사록 열람등사청구권, 정관·주주총회의사록·주주명부·사채원부 열람등사청구권 등	해산판결청구권, 주주총회소집청구권, 주주제안권, 집중투표청구권, 이사 등 해임청구권, 대표소송제기권, 위법행위유지청구권, 회계장부 열람등사청구권, 검사인선임청구권 등

주권으로 함이 타당할 것이다.

그 결과 입법례에 따라 단독주주권/소수주주권 구분이 달라진다. 예컨대 대표소송을 제기할 권리는 우리나라에서는 발행주식총수의 1% 이상(상장회사에서 6개월 이상 보유한 경우에는 0.01% 이상) 보유해야 인정되는 소수주주권이지만, 미국 대다수의 주와 일본에서는 단독주주권이다. 후술하듯이 한국법상 각종 소수주주권의 요건인 지분 비율은 1990년대 후반 이래 여러 차례 입법을 통해 낮아져 왔다. 이처럼 단독주주권으로 할 것인가, 소수주주권으로 할 것인가, 소수주주권으로 할 경우 그 지분율을 얼마로 할 것인가는 해당 권리의 본질에 따라 선험적으로 정해진다기보다는 그 권리의 '촉진'과 '남용방지' 사이에서 정해지는 입법정책의 문제이다.

(2) 소수주주권의 의미

위 설명 과정에서 드러났듯이 소수주주권이란 공익권 중에서 남용 방지를 위해 일정 지분 이상을 보유한 주주에게만 인정되는 권리를 말한다. 그 지분은 특정 주주 단독으로 충족할 수도 있고 여러 주주가 공동으로 충족할 수도 있다.[5] 이 '소수주주권'이라는 용어와 관련하여 몇 가지 주의할 것이 있다.

첫째, 이 용어는 소수주주를 보호하기 위해 특별히 인정되는 권리라는 인상을 주지만, 단독주주권에 대비하면 실제로는 남용을 막기 위해 행사하기 까다롭게 만들어 놓은 권리라고 할 수 있다. 즉 일정 수 이상의 주식을 필요로 한다는 점에서 오히려 '다수주주권'이라고 하는 것이 더 정확할지도 모른다. 예컨대 같은 열람등사권이라도 주주명부 열람등사권은 단독주주권이지만 회계장부 열람등사권은 소수주주권인데, 이는 회계장부의 비밀유지 필요성이 더 크기 때문에 요건을 더 엄격히 한 것이다.

둘째, 이 용어는 회사에 대한 지배력을 갖지 못한 소액주주들을 위한 권리라는 인상을 주지만, 실제로는 지배주주 내지 최대주주들도 이사회와 의견이 충돌할 때에는 소수주주권에 의존할 수밖에 없다.[6] 예컨대 90% 주주라도 자신이 원하는 이사를 선임하거나 원하지 않는 이사를 해임하려면 일단 이사 선·해임을 의제로 하는 주주총회를 개최해야 하는데, 이사회에서 그러한 의제로 주주총회를 소집해 주지 않는다면 소수주주권인 임시주주총회 소집청구권이나 주주제안권에 의존할 수밖에 없다.

---

5) 상법 제542조의6 제8항에서는 "주식을 보유한 자"에 "2명 이상 주주의 주주권을 공동으로 행사하는 자"를 포함시킴으로써 이 취지를 명문화하고 있으나, 이 조문 신설 전에도 상장회사에서건 비상장회사에서건 복수의 주주가 공동으로 소수주주권을 행사하는 경우 그들의 지분을 합산한다는 데에는 이견이 전혀 없었다. 일본에서도 그러하다. 田中亘, 會社法 (2017), 69면.

6) 예컨대 서울동부지방법원 2013. 2. 7.자 2013카합121 결정은 회사 발행주식총수의 20.26%를 소유한 최대주주가 주주제안권을 행사한 사안이다. 법원은 중첩적 적용설을 취하여 보유기간이 6개월에 미달하였음에도 소수주주권 행사요건이 충족되었다고 보았다.

이러한 측면, 즉 다수파 주주들도 이사회의 비협조를 극복하고 회사의 의사결정에 영향을 미치려면 법적으로는 '소수주주권'을 행사해야 한다는 점은 소수주주권의 행사요건을 해석할 때에 중요하게 고려되어야 한다.

2. 소수주주권에 관한 상장회사 특례

(1) 현행 규정

상법 제3편 제4장 제13절(상장회사에 대한 특례)에서는 12개 조문에 걸쳐 상장회사에 대한 다양한 특례규정을 두고 있다. 그중 제542조의6(집중투표에 관해서는 제542조의7)에서는 다양한 소수주주권의 행사요건에 관한 특례를 마련하여, 주주권 행사시점 6개월 전부터 계속하여 해당 주식을 보유[7]한 경우에는 행사에 필요한 지분율을 일반규정보다 낮추어 준다. 상장회사는 정관으로 소수주주의 요건주식수를 상장회사 특례에 정해진 것보다 더 적게 할 수 있고, 보유기간도 6개월보다 단기로 할 수 있다(제542조6 제7항). 〈표 2〉는 현행 상법상 일반규정과 특례규정의 소수주주권 행사요건을 지분율이 높은 것부터 정리한 것이다.

〈표 2〉 소수주주권 행사요건

소수주주권의 종류	일반규정	상장회사 특례규정(+6개월 보유)
해산판결청구(제520조)	10%	없음
주주총회소집청구(제366조)		1.5%(제542조의6 제1항)

7) '주식을 보유한 자'란 주식을 소유한 자, 주주권 행사에 관한 위임을 받은 자, 2명 이상 주주의 주주권을 공동으로 행사하는 자 등을 의미한다(제542조의6 제8항).

업무·재산상태 검사인선임(제467조)		
집중투표청구(제382조의2)		1%(제542조의7 제2항. 자산총액 2조 원 이상에 한함. 6개월 보유 요건 없음)
주주제안권(제363조의2)	3%	자본금 1,000억 원 미만 1% / 이상 0.5%(제542조의6 제2항)
이사·감사·청산인 해임청구(제385조, 제415조, 제539조)		자본금 1,000억 원 미만 0.5% / 이상 0.25%(제542조의6 제3항)
회계장부 열람등사청구(제466조)		자본금 1,000억 원 미만 0.1% / 이상 0.05%(제542조의6 제4항)
총회검사인선임(제367조 제2항)		없음
위법행위유지청구(제402조, 준용되는 경우 포함)	1%	자본금 1,000억 원 미만 0.05% / 이상 0.025%(제542조의6 제5항)
대표소송(제403조, 준용되는 경우 포함)		0.01%(제542조의6 제6항)

※ 위 %는 발행주식총수 기준(다만 주주제안권은 '의결권 없는 주식을 제외한 발행주식총수' 기준).

(2) 입법연혁

가. 증권거래법에 의한 특례(1997~2001)

소수주주권에 관한 상장회사 특례규정은 1997년 1월 13일 일부개정된 증권거래법(1997. 4. 1. 시행, 법률 제5254호) 제191조의13 및 제191조의14에 처음 마련되었다. 상법상 소수주주권의 행사요건은 1998년 상법 개정 전까지 발행주식총수의 100분의 5로 균일화되어 있었으나,[8] 상장회사에서 5% 지분은 금액상으로 매우 고액에 달할 수 있는 높은 지분이어서

8) 이는 1998년 개정 상법(1998. 12. 28. 일부개정 및 같은 날 시행된 법률 제5591호)을 통해 현재와 같이 권리별 3% 또는 1%로 낮아졌다.

주주보호에 소홀하다는 지적이 많았다. 이에 1997년 증권거래법 개정을 통해 6개월 또는 1년 이상[9] 보유한 주주에게는 행사요건 지분율을 대폭 낮추어 주었고, 그 뒤로 연이은 개정을 통해 이를 점차 더 낮추어 준 것이다.

각 개정 당시 관보에 제시된 입법이유에서도 이러한 일련의 개정이 권리행사요건의 '완화'를 통한 '소수주주의 권익보호'를 위한 것임을 일관되게 적시하고 있다. 상장회사에서 일정기간 보유한 주주에게 낮은 지분율을 요구하는 특례규정이 처음 도입된 1997년 개정의 입법이유에서는 "소수주주의 권익보호를 위하여 상장기업의 소수주주권 행사요건을 완화하여, 대표소송제기권 및 이사해임청구권 등을 행사할 수 있는 소수주주의 범위는 6월 이상 발행주식총수의 1% 이상의 주식보유자로, 회계장부열람권 · 주주총회소집청구권 등을 행사할 수 있는 소수주주의 범위는 1년 이상 발행주식총수의 3% 이상의 주식보유자로 함"[10]이라고 하였다. 그후의 순차적인 개정에서도 "소수주주의 권익보호를 위하여 〔소수주주권 행사요건을 완화〕",[11] "기업의 책임경영체제를 확립하고 소수주주의 권익을 보호하기 위하여 소수주주권을 강화",[12] "기업경영의 투명성을 높이기 위하여 소수주주의 권리행사요건을 완화하는 등 기업지배구조와 공시제도를 개선"[13] 등으로 입법이유를 밝혔다.

---

9) 그후 개정된 증권거래법(1998. 2. 24. 일부개정, 1998. 4. 1. 시행 법률 제5521호)에서는 보유기간을 6개월로 통일하였다.

10) 1997년 4월 1일 시행 법률 제5254호 개정이유.

11) 1998년 4월 1일 시행 법률 제5521호 개정이유. 보유기간을 종래 6개월 또는 1년에서 6개월로 단일화하였다.

12) 1998년 5월 25일 시행 법률 제5539호 개정이유. 대표소송에 관하여 종래 1만 분의 5를 1만 분의 1로 완화한 데 대한 개정이유이다.

13) 2001년 4월 1일 시행 법률 제 6423호 개정이유. 위법행위유지청구권(0.5% → 0.05%)과 집중투표요구권(3% → 1%)의 행사요건을 완화하였다.

이처럼 상장회사 소수주주권 특례규정의 취지가 상법보다 소수주주권 행사를 쉽게 하기 위한 것이라는 점에 관하여는 당시 회사법 문헌에서도 이견이 없었다.[14)]

나. 2009년 상법으로의 이관

상장회사 소수주주권에 대한 특례는 회사의 지배구조에 관한 것이므로 증권거래법에 규정할 것이 아니라 상법으로 수용해야 한다는 비판이 예전부터 있었다.[15)] 이것이 이루어진 것은 이른바 통합자본시장법의 시행과 관련하여서이다. 즉 증권거래법, 선물거래법, 간접투자자산운용업법, 신탁업법 등 금융투자 관련 여러 법률을 자본시장과 금융투자업에 관한 법률(이하 '자본시장법')로 통합(2007. 제정, 2009. 시행)하고 증권거래법을 폐지(2009)하면서, 증권거래법에 있던 상장회사 특례규정의 처리가 문제된 것이다.

당시 기획재정부는 자신이 주무부처가 되는 '상장회사에 관한 특별법'을 제정하여 증권거래법의 특례규정을 모두 수용하기를 원했고, 법무부는 증권거래법의 특례규정을 모두 상법으로 수용하기를 원했다. 결국 최종적으로 상장회사 특례규정 중 지배구조에 관한 것은 상법으로, 기업금융에 관한 것은 자본시장법으로 각각 이관하기로 하여, 2009년 상법 및 자본시장법이 개정되었다.[16)] 소수주주권 특례규정은 지배구조에 관한 것으로 분류되어 다른 특례규정과 함께 상법으로 이관되었다.

---

14) 예컨대 이태로/이철송, 회사법강의 (제7판, 1999), 236-237면("소수주주권제도의 실효성을 보강하기 위함", "소수주주권을 행사할 수 있는 주주의 저변을 넓혀 주기 위함"이라고 함).
15) 예컨대 이태로/이철송, 앞의 책 각주 14, 237면.
16) 이때 개정된 상법은 법률 제9362호(2009. 1. 30. 일부개정, 2009. 2. 4. 시행)이다.

이 과정에서 상장회사 특례에 관한 일종의 총괄규정으로 상법 제542조의2가 신설되어 제1항에서는 상장회사 특례규정의 적용범위를 '집합투자를 수행하기 위한 주식회사를 제외한 상장회사'로 하고, 제2항에서 "이 절은 이 장 다른 절에 우선하여 적용한다"고 규정하였다. 후술하듯이 이 문구가 향후 논란의 핵심이 된다.

위 2009년 상법 개정 당시 증권거래법으로부터 상법으로 이관된 조항의 내용 자체에는 실질적인 변동이 없었으나, 다만 두 권리에 대해서는 입법상의 미비점을 바로잡는 개정이 있었다. 첫째, 주주총회 소집청구권의 행사요건은 상법에 따르면 발행주식총수의 "100분의 3 이상"(제366조)이고, 증권거래법에 따르면 6개월 이상 보유한 주주는 발행주식총수의 "1,000분의 30 이상"이었는데, 두 법의 지분율이 동일하여 혼선을 빚었으므로 특례의 지분율을 "1,000분의 15 이상"으로 낮추었다. 둘째, 검사인선임청구권의 행사요건도 당시 상법에 따르면 발행주식총수의 "100분의 3 이상"(제467조)이고, 증권거래법에 따르면 6개월 이상 보유한 경우 발행주식총수의 "1,000분의 30 이상"이어서 지분율이 같았으므로, 특례의 지분율을 "1,000분의 15 이상"으로 낮추었다.[17] 그 이외의 모든 소수주주권에 관하여는 증권거래법에 정해진 내용이 그대로 상법상 특례규정으로 이관되었다.

---

17) 2009년 개정 이전에 이 두 권리에 관하여 상법과 증권거래법의 지분율이 숫자상 같았던 이유는, 원래 증권거래법에 특례규정이 도입되던 1997년에는 상법상 행사요건 지분율이 100분의 5였기 때문에 증권거래법의 지분율(1,000분의 30)이 더 낮았으나, 그후 1998년 상법 개정으로 이것이 100분의 3으로 인하되면서 증권거래법과 같아졌음에도 추가로 증권거래법의 지분율을 인하하는 개정이 이루어지지 않았기 때문이다.

III. 소수주주권에 관한 일반규정과 특례규정 간의 관계

위 소수주주권 특례규정은 일반규정을 배제하고 배타적으로 적용되는 것인가? 소수주주권에 관한 상장회사 특례규정이 2009년 상법으로 이관되기 전후로 나누어 살펴본다.

1. 상법 이관 이전

특례규정이 증권거래법에 정해져 있던 시절에 이 문제에 대한 실무계와 학계의 전반적인 이해는 중첩적 적용설이었던 것으로 보인다.[18] 즉 특례규정은 상장회사의 경우 비상장회사에 비하여 지분의 분산도가 높고 일반적으로 자본금의 규모가 크다는 점을 고려하여 소수주주권 행사를 더 쉽게 해주려는 것이므로, 원래 일반규정에 의해서도 권리행사요건을 갖춘 주주의 권리를 특례규정을 이유로 부인해서는 안 된다는 것이다.

다만 증권거래법상 특례규정으로 행사요건 지분율을 인하한 후에 상법도 행사요건 지분율을 인하하여 결과적으로 증권거래법상 특례규정과 상법상 일반규정의 권리행사요건 지분율이 같아진 경우에는 실무상 다소 논란이 있었다. 즉 전술한 바와 같이 임시주주총회 소집청구권과 검사인 선임청구권은 상법에 따르면 발행주식총수의 "100분의 3 이상"을 보유해야 인정되었고, 당시 증권거래법에 따르면 6개월 이상 발행주식총수의 "1,000분의 30 이상"을 보유한 자에게 인정되었다. 이처럼 증권거래법에서 지분율은 동일한데 6개월 보유를 추가로 요구하였으므로 "상장회사 특례규정은 일정기간 이상 보유한 주주에게 지분율요건을 완화하여 소수

18) 이 시기의 문헌 중에서 배타적 적용설을 지지하는 것은 찾지 못했다.

주주권 행사를 쉽게 해준 것이므로 일반규정을 배제하는 것이 아니다"라는 중첩적 적용설의 논지가 이 경우에는 문리적으로 부자연스러웠다.

이 경우에 배타적 적용설을 취한 일부 하급심 결정[19]이 있었으나 대법원[20]은 다음과 같이 입법취지와 연혁을 우선적으로 고려함으로써 이런 경우에조차 중첩적 적용설을 명백히 지지하였다.

> 이와 같은 소수주주의 주주총회소집청구권에 관한 법률 조항들이 만들어진 연혁과 그 입법 취지를 살펴보면, … 소수주주의 주주총회소집청구요건을 완화한 규정으로서, 그 입법 취지는 상장기업의 경우 주식보유비율 5% 이상이라는 그 당시 상법상의 주식보유요건을 갖추지 못한 주주에게도 증권거래법에서 정한 주식보유요건을 갖추면 주주총회소집청구를 할 수 있도록 함으로써 기업경영의 투명성을 제고하고 소수주주의 권익을 보호하려는 데 있었고, 다만 증권거래법의 위 조항에 보유기간요건을 두어 주주총회소집청구의 요건을 일부 강화하고는 있으나 이는 소수주주권 행사의 요건을 완화함으로 인하여 소수주주권의 행사를 목적으로 주식을 취득한 자가 그 권리를 남용하는 것을 방지하기 위한 부수적인 목적에서 비롯된 것으로 볼 수 있다. … 이와 같은 상법 및 증권거래법의 해당 조항의 개정 연혁, 입법 취지, 각 그 조항의 내용 및 적용범위 등을 종합적으로 고려해 보면, 증권거래법 제191조의13 제5항은 상법 제366조의 적용을 배제하는 특별법에 해당한다고 볼 수 없고, 주권상장법인 내지 협회등록법인의 주주는 증권거래법 제191조의13 제5항이 정하는 6월의 보유기간요건을 갖추지 못한 경우라 할지라도 상법 제366조의 요건을 갖추고 있으면 그에 기하여 주주총회소집청구권을 행사할 수 있다고 봄이 상당하다(강조점 필자).

---

19) 서울지방법원 2002. 9. 5.자 2002비합23 결정; 서울지방법원 2002. 9. 30.자 2002비합50 결정.

20) 대법원 2004. 12. 10. 선고 2003다41715 판결. 당시 이 쟁점에 관해 하급심에서 모순되는 결정이 나와서 실무계의 큰 관심을 끌고 있었기 때문에 이 판결은 실무적으로 매우 중요하게 받아들여졌다.

2. 상법 이관 이후

(1) 학설

가. 배타적 적용설

상법 이관 이후에도 특례규정의 실질적 내용은 달라지지 않았으나 전술한 제542조의2 제2항이 추가됨으로 인하여 배타적 적용설에 따라 해석하는 견해가 등장하였고, 2015년 삼성물산–제일모직 사건을 계기로 증가하였다.[21]

이 견해는 ① 제542조의2 제2항이 "이 절은 이 장 다른 절에 우선하여 적용한다"고 규정하므로 일반법–특별법 관계에 따라 배타적 적용을 명확히 한 것이라는 점을 핵심적인 논거로 한다.[22] ② 소수주주권의 남용방지 역시 이 견해의 중요한 논거이다. 즉 보유기간이 6개월에 미치지 못하는 주주, 심지어 "주식대차를 통해 기준일 바로 전날 주식을 빌리고 기준일 바로 다음 날 주식을 되갚아 주주의 지위를 보유하지 않은 상태에서 주주총회에 출석"하여 의결권을 행사하는 "이른바 캡처 주주"에게 "지배구조 측면에서 다른 주주들과 같은 내용의 권리를 부여할 필요는 없다"고 한다.[23]

---

21) 김교창, "상장회사의 특례에 관한 2009년 개정상법의 논점", 인권과 정의 제396호 (2009), 69면; 김정호, "삼성물산과 제일모직 간 합병의 회고", 상사판례연구 제29집 제3권 (2016), 315면; 김화진, "삼성물산과 제일모직의 합병", 선진상사법률연구 제72호 (2015), 188-189면; 송양호, "상장회사 특례규정 및 동시행령에 관한 검토 및 개선방안", 기업법연구 제26권 제1호 (2012), 158면; 안영수 / 이소영, "주주제안권 행사와 관련한 실무상의 쟁점 분석", BFL 제84호 (2017), 26면; 정찬형, "2009년 개정상법 중 상장회사에 대한 특례규정에 관한 의견", 상사법연구 제28권 제1호 (2009), 274면; 최준선, "엘리엇 매니지먼트 대 삼성물산(주) 사건", 법조 제718호 (2016), 690-692면.

22) 각주 21의 문헌들이 모두 이 점을 유일하거나 핵심적인 논거로 한다.

23) 김화진, 앞의 논문 각주 21, 189면.

③ 법무부 보도자료[24]에서도 "주식을 6개월 이상 보유한 주주만 소수주주권을 행사할 수 있도록 하여 남용을 예방함으로써"라고 하였으므로, 배타적 적용설을 입법적으로 채택하여 남용가능성을 제한한 것이라고 한다.[25] ④ 일본 회사법에서 상장회사의 경우 위법행위유지청구권의 행사에 대하여 지분비율은 비상장회사와 동일하게 정하면서 6개월 보유요건을 추가로 요구하고 있는 점(제847조 제1~2항)을 논거로 들기도 한다.[26]

다른 법률(안)과의 비교에 근거한 논거들도 있다. 즉 ⑤ 종래 증권거래법의 주무부처였던 재정경제부가 입법예고한 "상장법인에 관한 법률" 안(2007. 2. 23. 재정경제부 공고 제2007-40호) 제8조 제7항에서는 "〔소수주주권에 관한〕 제1항 내지 제6항은 해당 각 항에서 규정하는 상법의 해당 규정에 따른 소수주주권의 행사에 영향을 미치지 아니한다"고 명시하여 위 2004년 판결을 명문화하려고 하였으나, 상법의 주무부처인 법무부의 "상법 회사편 일부개정법률(안)"(2007. 8. 23. 법무부 공고 제2007-97호 및 2008. 5. 7. 법무부 공고 제2008-47호)에는 그런 조항이 없었고 이것이 최종 법률로 이어졌으므로, 2004년 판결에 따른 중첩적 적용설은 입법적으로 채택되지 않았다는 것이다.[27] 또한 ⑥ '금융회사의 지배구조에 관한 법률'(2015. 제정, 2016. 시행) 제33조는 제1~6항까지 소수주주권 행사요건을 상법상의 상장회사 특례보다 더 완화하여 정하면서 제8항에서 이들 조항이 상법상 해당 규정에 따른 소수주주권의 행사에 영향을 미치지 아니한다고 명시적으로 정하고 있는데, 상법에서 이런 조항을 두고 있지 않

24) 법무부 보도자료, 상장회사 특례규정 상법으로 일원화 (2007. 8. 9).
25) 최준선, 앞의 논문 각주 21, 691면.
26) 최준선, 앞의 논문 각주 21, 692면.
27) 안영수/이소영, 앞의 논문 각주 21, 25면.

은 이상 해석론으로 동일한 결론에 이를 수는 없다는 것이다.[28)]

나. 중첩적 적용설

중첩적 적용설[29)]은 위 2004년 판결과 유사한 논거에 서 있다. 즉 ① 상장회사 특례규정의 입법취지는 비상장회사보다 지분분산도가 높고 일반적으로 규모가 크다는 점을 고려하여 소수주주권 행사를 용이하게 하기 위해 6개월 이상 보유한 주주에게는 소수주주권 행사요건 지분율을 낮추어 준 것이므로, 일반규정에 의해 인정되는 권리를 특례규정을 이유로 박탈하는 것은 입법취지에 정면으로 반한다는 점을 가장 주요한 논거로 삼는다. ② 법문상으로도 소수주주권에 관한 특례규정인 제542조의6 각 항은 "6개월 전부터 계속하여 〔비율〕 이상의 주식을 보유한 자는 제○조에 따른 권리를 행사할 수 있다"고 규정하여, 일반규정을 배제하는 형식이 아니라 6개월 이상 보유자에게 완화된 요건하에 권리를 인정하는 형식을 취하고 있으므로,[30)] 특례규정은 일반규정과 모순되거나 저촉되지 않는다고 한다.

---

28) 안영수/이소영, 앞의 논문 각주 21, 26면.

29) 권기범, 현대회사법론 (제6판, 2015), 464-465면; 김건식/노혁준/천경훈, 회사법 (제4판, 2020), 258-259면; 송옥렬, 상법강의 (제9판, 2019), 818면; 오성근, 회사법 (초판, 2019), 287면; 이철송, 회사법강의 (제27판, 2019), 13면; 장덕조, 회사법 (제3판, 2017), 218면, 385면; 홍복기/박세화, 회사법강의 (제5판, 2017), 327면; 권재열, "삼성물산 대 엘리엇 결정", 상사판례연구 제28집 제4권 (2015), 18-21면; 김순석, "상장회사 특례제도의 문제점 및 개선방안", 상사법연구 제34권 제2호 (2015), 137면; 김홍기, "상장회사에 대한 특례", 주식회사법대계(II) (제3판, 2019), 932-935면; 이윤석, "현행 상법상 소수주주권 행사요건에 대한 고찰", 경영법률 제26집 제4호 (2016), 115-116면; 정준우, "개정상법상 상장법인 특례규정의 적용과 그 한계", 한양법학 제22권 제4집 (2011), 416면; 천경훈, "계열회사 간 합병과 이사의 의무: 엘리엇 대 삼성물산 사건의 평석을 겸하여", 상사법연구 제36권 제3호 (2017), 267-278면.

30) 이는 최초의 특례규정인 1997년 4월 1일 시행 증권거래법(법률 제5254호) 제191조의13에서부터 그러하였다.

③ 배타적 적용설의 가장 주된 논거인 제542조의2 제2항도 다른 절의 조항을 "적용하지 아니한다"고 한 것이 아니라 다른 절의 조항에 "우선하여 적용한다"고 하고 있으므로, 무조건 일반규정을 배제하는 의미는 아니라고 본다. 따라서 일반규정의 배제여부는 개별적인 특례규정에 따라 달리 판단해야 하는데, 소수주주권에 관한 제542조의6은 상법이 규정하는 일반적인 소수주주권을 배척하는 것으로 볼 수 없다는 것이다.[31] ④ 이른바 남용우려에 대하여도, 일반규정에서 설정한 1% 또는 3%라는 지분율 자체가 남용을 방지하기 위한 것이므로 이를 갖춘 경우 그에 더하여 특례규정에서 정한 6개월 보유기간을 요구할 근거는 없다고 한다.

(2) 판례

2009년 상법 이관 이후 아직 명시적인 대법원 판례는 없는 것으로 보인다. 하급심 재판례 중에는 배타적 적용설과 중첩적 적용설에 따른 것이 모두 발견된다.

배타적 적용설에 따른 것으로는 ① 상장회사에 대하여는 특례규정인 상법 제542조의6 제2항이 상법 제363조의2에 우선하여 적용된다는 전제하에 보유기간이 6개월에 못 미친 주주의 주주제안권 행사가 불가하다고 판시한 사례,[32] ② 상장회사에 대하여는 특례규정인 상법 제542조의6 제3항이 상법 제385조 제2항에 우선하여 적용된다는 전제하에 보유기간이 6개월에 못 미친 주주의 해임청구권 행사가 불가하다고 판시한 사례,[33] ③ 보유기간이 6개월에 못 미친 주주(약 7.1% 보유)의 위법행위 유

31) 권기범, 앞의 책 각주 29, 465면.
32) 인천지방법원 2010. 3. 4.자 2010카합159 결정.
33) 서울중앙지방법원 2011. 1. 13.자 2010카합3874 결정. 이 결정을 비판한 평석으로

지청구권은 인정되지 않는다는 이유로 이를 피보전권리로 한 주주총회소집금지 및 결의금지가처분 신청을 각하한 사례,[34] ④ 서두에서 언급하였듯이 보유기간이 6개월에 못 미친 주주(약 10.7% 보유)의 주주제안권을 부정하여 의안상정가처분 신청을 기각한 사례(한진칼 결정)[35] 등이 있다.

반면 중첩적 적용설에 따른 사례로는 ① 상법 제542조의6 제1항은 상법 제366조의 적용을 배제하는 특별규정이 아니므로 6개월 보유기간 요건을 갖추지 못하였더라도 상법 제366조의 요건을 갖추고 있으면 주주총회소집청구권을 행사할 수 있다고 판시한 사례,[36] ② "구 증권거래법 제191조의14 제1항(즉 현재의 상법 제542조의6 제2항)은 상장법인에 대하여 상법 제363조의2의 적용을 배제하는 특별규정이 아니"라는 전제에서 양 규정에 의한 주주제안권은 선택적으로 인정된다고 판시한 사례,[37] ③ 상장회사에서 6개월의 보유기간 요건을 갖추지 못하였더라도 상법 제363조의2 제1항의 요건을 갖추고 있으면 그에 기하여 주주제안권을 행사할 수 있다고 판시한 사례,[38] ④ 상법 제542조의2 제2항의 취지는 상장회

임재연, "상장회사 주주의 소수주주권 행사 요건", 대한변협신문 (2011. 2. 22.자).

34) 서울중앙지방법원 2015. 7. 1.자 2015카합80582 결정(삼성물산-제일모직 합병건). 이 결정의 논거로는 특례규정이 "우선적으로 적용"된다는 점 및 소수주주권이 악용될 우려가 있어 6개월 보유기간이 필요하다는 점이 제시되었다. 이에 대한 비판적인 평석으로 천경훈, 앞의 논문 각주 29.

35) 서울고등법원 2019. 3. 21.자 2019라20280 결정. 이 결정의 논거에 관하여는 뒤에서 상세히 분석한다.

36) 서울고등법원 2011. 4. 1.자 2011라123 결정. 이 결정에서는 중첩적 적용이 타당한 이유를 관련 법규의 개정 연혁과 입법취지, 자본시장법 규정의 표현 방식, 상법 규정의 표현 방식으로 나누어 상세히 논증하고 있다. 이 결정에 대한 즉시항고는 대법원 2011. 8. 19.자 2011그114 결정으로 기각되어 확정되었다.

37) 서울중앙지방법원 2009. 3. 10.자 2009카합687 결정. 다만 이 사안의 주주제안권 행사 시점은 개정상법 시행 직전인 2009년 1월 29일이어서 개정상법이 적용된 사안은 아니나, 개정상법하에서도 동일한 법리가 적용될 것임을 전제로 판시하고 있다.

38) 서울동부지방법원 2013. 2. 7.자 2013카합121 결정.

사 특례규정이 상법 제4장의 다른 절에 규정되어 있는 조항과 전면적으로 배치되는 경우 특례규정이 우선하여 적용된다는 의미이고, 이를 전제로 상법 제542조의6 제2항이 상법 제363조의2 제1항의 적용을 배제하는 특별규정이라 할 수 없다고 판시한 사례,[39] ⑤ 상장회사의 주주는 6개월의 보유기간 요건을 갖추지 못한 경우라도 상법 제366조의 요건을 갖추고 있으면 그에 기하여 주주총회소집청구권을 행사할 수 있다고 한 사례,[40] ⑥ 주주제안권에 관하여 중첩적 적용을 인정한 위 한진칼 결정의 제1심[41] 등이 있다.

3. 검토

(1) 특례규정의 입법취지

2009년 상법 이관 전까지 적어도 특례규정과 일반규정의 지분율이 다른 경우에 중첩적 적용설이 타당하다는 점에는 학설 및 실무상 의문이 없었던 것으로 보인다.[42] 다만 두 조항의 지분율이 같았던 주주총회소집청구권과 검사인선임청구권의 경우에만 이견이 있었는데, 그 경우조차 대법원은 명시적으로 중첩적 적용설을 지지했던 것이다.[43] 특례규정을

39) 서울동부지방법원 2013. 2. 27.자 2013카합234 결정(위 결정에 대한 가처분이의 사건).
40) 서울서부지방법원 2019. 2. 11.자 2018비합1056 결정.
41) 서울중앙지방법원 2019. 2. 28.자 2019카합20313 결정. 이 결정에서는 2009년의 개정이 2004년 대법원 판결에 따른 해석을 입법을 통해 변경하겠다거나 중첩적 적용으로 인한 문제를 해결하겠다는 입법자의 뚜렷한 의사를 찾아보기 어렵다는 점, 특례조항이 일반조항에 의하여 부여된 권리를 박탈하려는 것으로 보이지 않고 두 조항이 양립할 수 있는 것으로 보인다는 점 등을 근거로 제시하였다.
42) 실제로 2009년 이전의 문헌 중에서 배타적 적용설을 취한 것은 발견되지 않는다.
43) 이 주제에 관한 많은 논문이나 결정문이 2004년 판결의 사안에서 일반규정 및 특례규

둔 취지는 상장회사에서 6개월 이상 보유한 주주에게 소수주주권 행사요건을 완화하여 권리행사를 쉽게 해주자는 것인데, 만약 일반규정에 의해 주식회사(비상장회사가 아니다)의 주주에게 부여된 권리를 특례규정을 이유로 부인한다면 입법취지에 정면으로 반한다는 점에서 위 판결은 타당하다. 그러므로 특례규정과 일반규정의 행사요건 지분율이 서로 다른 경우에 중첩적 적용설이 타당함은 말할 것도 없었다.

2009년 상법 이관 후에도 특례규정의 위치가 증권거래법에서 상법으로 옮겨졌을 뿐 실질은 달라진 것이 없다.[44] 따라서 전술한 중첩적 적용설의 논거가 그대로 적용된다.

만약 1997년에서 2001년에 이르는 소수주주권 지분율 완화의 결과 소수주주권의 남용 현상이 발생하였고 그에 대한 반성적 고려에서 입법이 촉발되었다면, 2009년 개정 시에 입법취지의 변경이 있었다고 볼 여지가 있을 것이다. 그러나 문헌상으로나 판례상으로나 소수주주권의 남용 현상이 심각했다거나 그에 대한 반성적 고려에서 2009년 개정이 촉발되었다는 근거는 찾아볼 수 없다.[45] 즉 상법 이관 전까지 지속되었던 '소수주주권 행사요건의 완화'라는 상장회사 특례규정의 입법취지가 갑자기 2009년에 달라질 합리적 근거는 찾을 수 없고, 배타적 적용설을 취하는 문헌들도 그러한 근거는 제시하고 있지 않은 것으로 보인다.

정의 행사요건 지분율이 같았다는 점을 간과하거나 부정확하게 소개하고 있다.

44) 이철송, 앞의 책 각주 29, 11면; 권재열, 앞의 논문 각주 29, 18면; 정준우, 앞의 논문 각주 29, 415-416면. 다만 주주총회소집청구권과 검사인선임청구권의 특례규정상 행사요건이 1,000분의 30에서 1,000분의 15로 인하되었음은 전술하였다.

45) 한진칼 고등법원 결정문(19면)에서 국회회의록을 근거로 일부 의원이 투기자본의 남용 우려를 표시하였다고 한 것이 그나마 가까운 예인 듯하다.

(2) 제542조의2 제2항의 의미

가. 배타적 적용설의 가장 강력한 근거는 특례규정이 "우선하여 적용" 된다고 정한 제542조의2 제2항이다. 그러나 앞서 보았듯이 2009년 개정은 증권거래법의 소수주주권 조항을 상법으로 옮겨 오는 '이관'의 의미가 강했고, 실질적인 내용의 변경은 거의 이루어지지 않았다. 이러한 과정에서 신설된 제542조의2 제2항은 소수주주권에 관한 제542조의6뿐 아니라 증권거래법에서 이관된 상장회사 특례규정 12개 조문 전체가 상장회사에 관한 것임을 그 절의 서두에서 지시하는 조항에 불과하다. 이것을 근거로 주주들이 일반규정에 따라 가지는 권리를 박탈하는 것은 2009년 개정 및 제542조의2 제2항에 지나친 의미를 부여하는 것이다.

나. 그렇다면 제542조의2 제2항의 "우선하여 적용한다"는 문구의 의미는 무엇인가? 결론부터 말하면 이는 특례규정을 일차적으로 적용하되, 일반규정의 적용을 당연히 배제하지는 않으며, 다만 일반규정과 특례규정이 명백히 충돌할 때에는 특례규정을 적용한다는 의미로 해석해야 할 것이다.

"우선하여 적용한다"는 문구는 다양한 법률에서 수백 건 이상 사용되고 있고, 법제실무 관련 책자에 주요 기재례로 나올 정도로 빈번하게 사용되는 문구이므로,[46] 다른 법령에서의 용례 내지 관례를 참고할 필요가 있다. 법제실무상 이 문구는 다른 법률이나 조문에 앞서 해당 법률이나 조문을 적용한다는 의미로 사용되는 문구이고, 원칙적으로 다른 법률이나 조문에 따른 법률효과를 배척하는 것이 아니다. 예컨대 국가회계법 제

46) 국회법제실, 법제실무 (2011), 220면.

10조는 "이 법은 일반회계 · 특별회계 및 기금의 회계 및 결산에 관하여 다른 법률에 우선하여 적용한다"고 하고, '국립대학법인 서울대학교 설립 · 운영에 관한 법률' 제2조 제1항은 "이 법은 국립대학법인 서울대학교에 관한 사항에 대하여 다른 법률에 우선하여 적용한다"고 하지만, 이런 조항이 다른 법률이나 조문의 적용을 배제하거나 그에 따른 제3자의 권리를 박탈하는 취지는 아니다.

법제실무상 다른 법률이나 조문의 적용을 배제하고자 할 때에는 "○○에 관하여는 ○○을 적용하지 아니한다"는 식으로 규정한다.[47] 자본시장법 제206조 제2항,[48] 제212조 제2항,[49] 제228조 제1항[50] 등에서도 자본시장법의 규정과 배치되는 상법 규정의 적용을 배제할 때에는 상법의 개별 법조항을 나열한 후 명시적으로 '적용하지 아니한다'라고 표현하고 있다.

다만 상장회사 특례규정과 일반규정이 명백히 충돌하는 경우에는 위 '우선 적용' 문구에 따라 특례규정만을 적용하는 것이 타당할 것이다.[51] 따라서 관건은 소수주주권에 관한 특례규정과 일반규정이 명백히 충돌하는지 아니면 양립가능한지이다. 뒤 〈표 3〉의 좌우 문언을 비교해 보자. 일반규정은 "〔x〕% 이상의 주식을 가진 주주는 〔A 권리〕를 가진다"고 규정하고, 특례규정은 "6개월 전부터 상장회사의 〔y〕% 이상의 주식을 가진 주주는 〔A 권리〕를 가진다"고 규정한다. 여기에서 x > y이다. 두 명제 모두

---

47) 국회법제실, 앞의 책 각주 46, 219면. 예컨대 건설산업기본법 제58조("공제조합의 사업 중 제56조 제1항 제5호에 따른 공제사업에 관하여는 보험업법을 적용하지 아니한다").

48) "상법 제19조, 제177조, 제288조, 제292조, 제298조 제1항부터 제3항까지 ... 는 투자회사에 적용하지 아니한다."

49) "상법 제543조제3항, 제546조 ... 는 투자유한회사에는 적용하지 아니한다."

50) "상법 제82조제3항, 제83조 ... 는 투자익명조합에 적용하지 아니한다."

51) 서울동부지방법원 2013. 2. 27.자 2013카합234 결정(이러한 일반론하에서 소수주주권에 관한 특례규정이 일반규정과 충돌하지 않는다고 판시).

일정 요건을 갖추면 권리가 부여되는 방식이어서 겹치는 부분은 있지만 서로 배제하지 않으므로 양립 가능하다. 이와 달리 만약 상장회사 특례규정이 "6개월 전부터 보유하여야 〔A 권리를〕 행사할 수 있다"거나, "〔A 권리를〕 행사하려면 6개월 전부터 보유하여야 한다"거나, "6개월 전부터 보유하지 않으면 〔A 권리를〕 행사하지 못한다"거나, "6개월 전부터 보유한 자에 한하여 〔A 권리를〕 행사할 수 있다"는 식으로 규정하고 있다면, 이는 문언상 6개월 보유를 반드시 요구하므로 그 한도에서 일반규정과 충돌하고 특례규정이 배타적으로 적용되었을 것이다.

〈표 3〉 일반규정과 특례규정의 문언 비교(소수주주권)

	일반규정	특례규정
주주제안권	의결권 없는 주식을 제외한 발행주식 총수의 100분의 3 이상에 해당하는 주식을 가진 주주는 이사에게 주주총회일의 6주 전에 서면 또는 전자문서로 일정한 사항을 주주총회의 목적사항으로 할 것을 제안할 수 있다(제363조의2 제1항).	6개월 전부터 계속하여 상장회사의 의결권 없는 주식을 제외한 발행주식 총수의 1,000분의 10 이상에 해당하는 주식을 보유한 자는 제363조의2에 따른 주주의 권리를 행사할 수 있다(제542조의6 제2항).
위법행위 유지청구권	이사가 법령 또는 정관에 위반한 행위를 하여 이로 인하여 회사에 회복할 수 없는 손해가 생길 염려가 있는 경우에는 감사 또는 발행주식의 총수의 100분의 1 이상에 해당하는 주식을 가진 주주는 회사를 위하여 이사에 대하여 그 행위를 유지할 것을 청구할 수 있다(제402조).	6개월 전부터 계속하여 상장회사 발행주식총수의 10만 분의 50 이상에 해당하는 주식을 보유한 자는 제402조에 따른 주주의 권리를 행사할 수 있다(제542조의6 제5항).

다. 이러한 논의를 도해해 보면 다음과 같다. 일반규정의 소수주주권 지분율요건을 x, 상장회사 특례규정의 소수주주권 지분율요건을 y라고 한다면, 빗금 친 부분에서 소수주주권 성립요건이 각각 충족된다.

〈표 4-1〉 일반규정에 따른 주식회사의 소수주주권

	지분율 y 미만	y 이상 x 미만	x 이상
6개월 미만 보유			
6개월 이상 보유			

〈표 4-2〉 특례규정에 따른 상장회사의 소수주주권

	지분율 y 미만	y 이상 x 미만	x 이상
6개월 미만 보유			
6개월 이상 보유			

위 두 소수주주권 성립요건이 서로 양립가능한지 살피기 위해 두 표를 겹쳐 본다. 〈표 4-1〉은 주식회사를 대상으로 하고 〈표 4-2〉는 상장회사를 대상으로 하므로, 후자는 전자의 부분집합이고, 위 6개 칸 모두에서 부분집합 관계가 성립한다. 이를 나타내기 위해 〈표 4-2〉를 〈표 4-1〉 안으로 집어넣어 도해하면 다음과 같이 모두 12개의 영역이 생기게 된다.

〈표 4-3〉은 중첩적 적용설을 도해한 것이고 〈표 4-4〉는 배타적 적용설을 도해한 것이다. 〈표 4-3〉과 같이 이해하면 #9 영역에서는 특례규정과 일반규정을 모두 충족하고, #3, 6, 12 영역에서는 일반규정만을 충족하며, #8 영역에서는 특례규정만을 충족한다. 이와 같이 해석하는 데에 아무런 모순이나 충돌이 발생하지 않는다. 즉 제542조의6에 의한 소수주주권 조항은 각 소수주주권에 관한 일반조항과 충돌하지 않는 것이다.

반면 〈표 4-4〉와 같이 이해하면 #3, 12 영역에서는 일반규정을 충족하고, #8~9 영역에서는 특례규정을 충족하며, #6 영역은 특례규정을 미충족하므로 권리가 인정되지 않는다. 이렇게 해석하려면 오히려 #6을 제외할 근거, 예컨대 상장회사에서 6개월 이상 보유하지 않으면 일반조항에 따른 소수주주권을 부정한다는 문구가 있어야 할 것이다. 그러나 〈표 3〉 우측의 특례규정 문구는 그런 의미로는 해석되지 않는다.

〈표 4-3〉 주식회사의 소수주주권(중첩적 적용설)

	지분율 y 미만	y 이상 x 미만	x 이상
6개월 미만 보유	1	2	3
	4	5	6
6개월 이상 보유	7	8	9
	10	11	12

〈표 4-4〉 주식회사의 소수주주권(배타적 적용설)

	지분율 y 미만	y 이상 x 미만	x 이상
6개월 미만 보유	1	2	3
	4	5	6
6개월 이상 보유	7	8	9
	10	11	12

라. 이처럼 2009년 개정의 의미, 법제실무 및 다른 법령상의 용례, 자본시장법의 다른 조항의 규정 방식, 제542조의6의 문언 등에 비추어 보면, 제542조의2 제2항의 '우선 적용' 문구를 이유로 상장회사에서 소수주주권에 관한 일반조항을 배척하는 것은 옳지 않은 해석이라고 생각한다.

특히 2004년 판결에 따라 중첩적 적용설이 이론적 · 실무적으로 확고하게 자리 잡은 2009년 당시 상황에서 만약 입법으로 이를 변경하려는 취지였다면, 제542조의6의 각 호에서 "○○조에도 불구하고 6개월 전부터 계속하여 상장회사 발행주식총수의 ○○% 이상에 해당하는 주식을 보유한 자에 한하여 ○○조에 따른 주주의 권리를 행사할 수 있다"라고 규정한다거나, 일본 회사법과 같이 6개월 보유의무를 명확히 규정한다거나, 기타 배타적 적용을 명확하게 함으로써 이를 변경할 수 있었다. 그러한 배타적 적용 문구 없이 종래의 문언을 그대로 따른 것을 보면, 당시의 통설·판례에 따른 해석을 변경하겠다는 입법의도를 간취할 수 없다.

(3) 감사 선임에 관한 상장회사 특례규정과의 비교

상법상 다른 상장회사 특례규정에서도 비슷한 문제가 있으나, 그 경우에는 중첩적 적용설에 따른 해석이 지배적인 것으로 보인다. 예컨대 감사 선임에 관한 일반규정과 특례규정을 비교하면 다음과 같다.

〈표 5〉 일반규정과 특례규정의 문언 비교(감사선임)

	일반규정	특례규정
감사 선임	의결권 없는 주식을 제외한 발행주식총수의 100분의 3을 초과하는 수의 주식을 가진 주주는 그 초과하는 주식에 관하여 제1항의 감사의 선임에 있어서는 의결권을 행사하지 못한다(제409조 제2항).	최대주주, 최대주주의 특수관계인, 그 밖에 대통령령으로 정하는 자가 소유하는 상장회사의 의결권 있는 주식의 합계가 그 회사의 의결권 없는 주식을 제외한 발행주식총수의 100분의 3을 초과하는 경우 그 주주는 그 초과하는 주식에 관하여 감사 또는 사외이사가 아닌 감사위원회위원을 선임하거나 해임할 때에는 의결권을 행사하지 못한다. 다만 정관에서 이보다 낮은 주식 보유비율을 정할 수 있다(제542조의12 제3항).

일반규정에서는 감사 선임 시 최대주주 여부를 불문하고 모든 주주의 의결권을 3%로 제한한다. 반면 특례규정에서는 최대주주 및 그 특수관계인을 합산하여 의결권을 3%로 제한하고, 최대주주 이외의 주주에 대하여는 별다른 언급이 없다. 만약 특례규정이 배타적으로 적용된다면, 상장회사의 감사 선임 시 최대주주와 그 특수관계인만이 합산 3% 의결권 제한을 받고 그 이외의 주주는 개별이든 합산이든 아무런 제한을 받지 않게 될 것이다.

그러나 이는 감사선임 시 특정 주주의 영향력을 제한하고자 하는 입법 취지에 반하는 해석으로서, 2대주주, 3대주주 등 최대주주 아닌 자에게 불합리하게 유리하고 최대주주에게만 불합리하게 불리한 해석이다. 따라서 상장회사에서도 ① 최대주주와 그 특수관계인은 특례규정에 따라 합산하여 3% 의결권 제한을 받고, ② 최대주주 이외의 주주는 일반규정에 따라 특수관계인과 합산하지 않고 개별적으로 3% 의결권 제한을 받는다고 해석하여야 할 것이다.[52] 이는 상장회사의 감사선임에 일반규정과 특례규정이 모두 적용됨을 전제로 한 것으로서, 명백히 중첩적 적용설을 따른 해석이다.

(4) 주주권의 지나친 제약

소수주주권은 소액주주 내지 소수파주주만을 위한 것이 아니고 최대주주, 주요주주, 지배주주도 이사회의 협력을 얻지 못할 경우에는 회사 지배권 확보를 위해 반드시 의지해야 하는 권리임을 설명하였다. 그런데 배타적 적용설에 따르면, 상장회사에서 아무리 높은 지분을 가진 주주라도 6개월의 보유기간이 지나기 전까지는 일체의 소수주주권을 행사하지 못한다는 부당한 결론에 이르게 된다.

예컨대 상장회사에서 일부 주주가 공개매수를 통하여 발행주식총수의 80%를 취득했으나, 이전 최대주주가 임명한 이사들이 새로운 최대주주의 지시에 전혀 따르지 않고 오히려 회사재산을 횡령할 위험이 있다고 가정

52) 이것이 현재 상장회사 주주총회의 실무인 것으로 보인다. 한국상장회사협의회, 2018 상장회사실무해설집 (2018), 582면. 같은 견해로 김건식 / 노혁준 / 천경훈, 앞의 책 각주 29, 514면; 최준선, 회사법 (제12판, 2017), 594-595면; 정준우, "임원의 선임에 관련된 상법 개정안의 비판적 검토", 상사법연구 제37권 제4호 (2019), 114면 등.

하자. 원래 이런 경우에 주주를 보호하기 위해 부여한 것이 소수주주권이다. 즉 주주는 이사를 상대로 제402조의 위법행위 유지청구권을 행사하여 (실제로는 이를 피보전권리로 한 각종 금지가처분을 신청하여) 위법행위를 동결시켜 놓고,[53] 임시주주총회 소집청구권 또는 (어차피 개최되는 총회가 있다면) 주주제안권을 행사함으로써 이사의 해 · 선임 안건을 주주총회에 상정하여 자신의 의결권에 기해 기존 이사를 해임하고 신규 이사를 선임하게 된다. 그런데 배타적 적용설에 따르면 보유기간이 6개월이 될 때까지는 80% 주주조차 아무 권리도 행사할 수 없다. 이는 일정 지분 이상을 가진 주주에게는 보유기간을 묻지 아니하고 소수주주권을 인정한 상법의 취지에 반하는 해석이라고 본다.

(5) 명백한 중첩적 적용 문구의 불채택 문제

배타적 적용설을 지지하는 일부 논자가 주장하듯이, 재정경제부의 입법예고에서 등장하였던 (그리고 '금융회사의 지배구조에 관한 법률'에서 채택한) 명백한 중첩적 적용 문구가 상법의 개정 과정에서 채택되지 않은 것은 사실이다. 그러나 갑설을 명시적으로 택한 조문을 포함하고 있는 법안이 입법으로 성사되지 않았다고 해서 을설이 입법으로 채택된 것이라고 함부로 해석할 수는 없다. 이를 조금 더 상술하면 다음과 같다.

우선 위 법안들은 중첩적 / 배타적 적용 여부에 관한 내용 외에도 많은

53) 현직 이사들의 선임결의에 하자가 없다면 이사선임결의를 다투는 소가 인정되지 않고 해임안건이 주주총회에 상정되기 전까지는 이사해임의 소도 제기할 수 없으므로, 이를 전제로 하는 이사 직무집행정지가처분(상법 제407조 제1항)은 제기하기 어렵다. 따라서 직무집행을 정지하는 가처분을 얻어 내기 위해서는 소수주주권인 위법행위유지청구권의 성립이 필요하다.

조문들을 포함하고 있었으므로, 이들 법안이 법률로 이어지지 않은 이유가 중첩적 적용을 취하고 있었기 때문이라고 단정할 수 없다. 제출된 법안이 실제 입법화되지 않은 데에는 내용에 대한 이견, 다른 안건과의 정치적 타협, 안건 처리의 순위에서 밀리는 것 등 여러 이유가 있을 수 있으므로, 그 법안의 불성립을 이유로 그 법안에 반대하는 입장이 '입법자의 의도'라고 추정할 수는 없는 것이다. 배타적 적용을 명시한 법률안이 제출되었더라면 그 역시 여러 반대에 부딪혀 입법으로 이어지지 않았을 가능성이 크다.

실제로 최근 국회에서 회기 당 제출되는 법률제 · 개정안 중 매우 적은 비중만이 법률 제 · 개정으로 이어지고 있어 회기당 수천 건이 넘는 불발 법률안이 발생하고 있다. 이런 상황에서 불발 법률안에 담긴 특정한 입장을 찾아내서 그와 반대되는 입장이 입법자의 의도라고 해석하는 것은 경험칙에도 반하고 논리적으로도 타당하지 않다.

보다 근본적으로, 이 건에 있어 명백한 중첩적 적용 문구가 상법에 새로 삽입되지 않았지만 그렇다고 명백한 배타적 적용 문구가 새로 삽입된 것도 아니다. 이처럼 대립하는 견해 중 어느 쪽도 아주 명확한 문구를 채택하지 못하였다면, 당시에 의문 없이 성립되어 있던 대법원 판례에 따르는 것이 합리적인 해석일 것이다.

(6) 배타적 적용설의 그 밖의 근거에 대한 비판

배타적 적용설의 그 밖의 논거도 타당하지 않다.

가. 보유기간이 6개월에 미치지 못하는 주주에게 지배구조 측면에서 다른 주주들과 같은 내용의 권리를 부여할 필요는 없다는 주장은 6개월

에 미치지 못하는 주주들을 법적 근거 없이 과도하게 차별하는 것으로서, 일반규정에 따른 권리를 해석으로 부정할 근거는 되지 못한다. 물론 기준일 전후로 주식을 빌려 의결권을 확보하는 이른바 캡처주주 등에 대한 문제제기는 타당하지만, 이것은 별도의 입법이나 해석을 통해 해결할 문제이다. 캡처주주 등에 대한 우려에서 배타적 적용설을 취하더라도 그로써 권리를 박탈당하는 6개월 미만 주주는 캡처주주가 아니라 오히려 장기보유를 목적으로 하는 최대주주 또는 주요주주일 수도 있다.

나. 법무부 보도자료에서 "주식을 6개월 이상 보유한 주주만 소수주주권을 행사할 수 있도록 하여 남용을 예방함으로써"라고 한 것은 상장회사 특례규정에 의해 지분율을 일반규정보다 낮춤으로써 발생하는 추가적인 남용가능성을 6개월 보유요건으로 중화시킨다는 의미로 보아야 한다. 일반규정이 정한 3%라는 지분은 그 자체로서 남용을 방지하기 위한 목적으로 상법이 설정한 꽤 높은 지분율이기 때문이다. 근본적으로 주무관청의 보도자료에 쓰인 불확실한 문구가 입법자의 의사를 함부로 추단하는 근거가 될 수는 없다.

다. 일본 회사법은 위법행위 유지청구권 등 일부 소수주주권에 관하여 상장회사에서는 비상장회사와 동일한 지분율에 더하여 6개월 보유를 요구함으로써 상장회사에서 권리 행사를 오히려 제약하고 있음은 사실이다. 그러나 이는 한국 상법 해석상 배타적 적용설의 근거가 될 수 없고 오히려 반대 논거라 할 수 있다. 배타적 적용을 하고자 하였다면 일본법과 같이 명확하게 규정하면 되었을 텐데 그렇게 입법하지 않았기 때문이다.

(7) 소결

이상과 같은 이유로 중첩적 적용설이 타당하다고 본다. 즉 일반규정에 따른 소수주주권 행사요건을 갖춘 상장회사의 주주는 비록 6개월 보유요건을 충족하지 못한 경우에도 소수주주권을 행사할 수 있다고 보는 것이 입법취지, 입법연혁, 조문의 문언, 다른 조항과의 관계, 주주와 경영진 간의 합리적인 이익조정 등의 측면에서 타당하다고 본다.

IV. 한진칼 결정에 관한 검토

1. 개관

이로써 필자의 의견은 이미 충분히 개진하였다. 다만 최근 이른바 한진칼 사건에 관하여 나온 서울고등법원의 결정[54)]은 긴 분량을 할애하여 매우 꼼꼼하게 배타적 적용설이 타당함을 논증하고 있고, 특히 다양한 방식으로 "입법자의 의도"를 추론하고 있어서 법해석 방법론의 관점에서 이를 언급할 필요를 느낀다.[55)] 이에 아래에서는 위 결정의 주요 논거를 요

54) 한진칼 결정. 이 결정 이후 재항고기간 도과 이전에 한진칼의 주주총회가 개최되었고 그후 재항고기간 도과로 확정되었다.

55) 이 문제는 미국의 법철학(jurisprudence), 입법학(legislation) 등에서 논하는 이른바 제정법해석(statutory interpretation)에 관한 흥미로운 소재가 될 수 있을 것이다. 미국에서 제정법해석에 관한 기념비적 판례들도 사소한 문구해석에 관한 것들이다. 예컨대 Church of the Holy Trinity v. United States, 143 U.S. 457 (1892)는 '영국에서 미국으로 사역하러 온 목사'가 법률 소정의 '여하한 노무 또는 역무를 제공하는 외국인'에 해당하는지가 문제된 건이고, United Steelworkers v. Weber, 443 U.S. 193 (1979)는 '적극적 평등실현을 위한 직업훈련 프로그램'이 '인종을 이유로 한 차별'에 해당하는

약하고, 이에 관하여 필자가 가지는 추론상의 의문을 몇 가지 지적하고자 한다.

2. 한진칼 결정의 주요 논거

위 결정의 주요 논거는 대체로 다음과 같다.

(1) 첫째, 문언의 통상적인 의미와 관련한 근거이다. 이 결정은 상법 제542조의2 제2항의 '우선하여 적용한다'라는 문구는, 특례조항과 일반조항의 내용이 상충하는 경우에는 특례조항을 일반조항에 앞서 특별하게 적용하고, 일반조항은 적용되지 않는다는 의미라고 해석한다.[56] 그런데 주주제안권에 관한 특례조항은 "상장회사의 경우에는 주주가 특별히 주식보유기간 요건까지 구비하여야 주주제안권을 행사할 수 있다고 해석하여야" 한다는 것이다.[57] 그렇게 해석하는 이유는, 만약 그렇게 해석하지 않고 주식보유비율 3% 이상이기만 하면 주식보유기간과 관련 없이 주주제안권을 행사할 수 있다고 해석한다면, "두 규정이 동등한 관계에 놓(여서) '우선하여'라는 문언의 통상적 의미에 부합하지 않"기 때문이라고 한다.[58]

지가 문제 된 건이다.

56) 여기까지는 필자의 주장과 다르지 않다.

57) 이 부분은 필자의 주장과 다르다.

58) 이 부분은 순환논법으로 보인다. "우선적용이란 문구가 중첩적 적용과 배타적 적용 중에 무엇을 의미하는가"라는 질문에 대해 "중첩적 적용을 허용하면 우선적용의 통상적 의미에 반하기 때문에 배타적 적용을 해야 한다"고 답하고 있기 때문이다. 중요한 것은 과연 소수주주권에 관한 특례규정과 일반규정이 "상충"하느냐이고 이에 따라 결론이 정해져야 하는데, "상충" 여부 판단에 앞서 배타적 적용이라는 결론을 선취하고 있는 것이다. 이 글에서는 소수주주권에 관한 특례규정과 일반규정이 상충하지 않음을 논증하였다.

(2) 둘째, 상법개정 연혁 및 과정과 관련한 근거이다. 이에 관해 동 결정은 소수주주권 행사요건에 관해 1997년부터 네 번에 걸쳐 이루어진 증권거래법 개정의 취지와 연혁은 전혀 언급하지 않고, 2009년 개정에 대해서만 상세하게 분석한다. 그리하여 "특례조항과 일반조항이 선택적으로 적용될 수 있다고 해석할 경우, 굳이 상법 제542조의2 제2항을 새롭게 규정할 실익이 없게 된다"고 한다.[59)]

흥미로운 것은 결정문이 매우 여러 곳에서 다양한 근거로 "입법자의 의도"를 추론하고 있는 것이다. ① 정부가 2008년 10월 21일 국회에 제출한 상법(회사편) 일부개정법률안의 제안이유의 취지는 "일반조항에 정한 주식보유비율 요건은 상장회사에서는 소수주주권 행사 기준으로 사용하지 않도록" 한 것으로서 "입법자의 의도가 선택적용을 배제하지 않으려는 것이었다고 볼 수는 없다"고 한다.[60)] ② 2009년 이후에 중첩적 적용의 취지를 명확히 하려는 취지로 발의된 상법개정안이 입법되지 못하고 폐기된 점과 그에 대한 국회전문위원의 검토보고서 및 일부 제안이유에 배타적 적용설을 전제로 한 표현이 있다는 점을 근거로, "입법자의 의도는 소수주주권에 관한 특례조항과 일반조항의 경우 일반조항은 적용되지 않도록 하는 것이었다고 볼 수밖에 없다"고 한다.[61)] ③ 재정경제부가 2007년 2월 23일 입법예고한 상장법인에 관한 법률안에는 중첩적 적용설을 명문화하는 조항이 있었던 반면, 상법 개정법률안의 토대가 된 정부의 2008년 10월 21일자 상법 개정안은 재정경제부안 이후에 작성된 것임에도 그런 조항이 없으므로, "소수주주권에 관한 특례조항에 반하는 일반조항은 배

---

59) 결정문 8면.
60) 결정문 9면.
61) 결정문 11-12면.

제하려는 것이 입법자의 의도였음을 알 수 있"다고도 한다.[62)] ④ 2007년 개정된 자본시장법은 금융투자업자인 주식회사에서의 소수주주권 행사요건에 관하여 중첩적 적용의 취지를 명시하였는데, 그후에 개정된 2009년 개정상법에서 이런 조항을 두지 않고 오히려 '우선 적용' 조항을 둔 것은, "상법 상장회사의 특례조항이 적용되는 경우에는 소수주주권에 관한 일반조항의 적용을 허용하지 않으려는 것이 입법자의 의도였다고 봄이 합리적"이라고 한다.[63)]

(3) 셋째, 법질서 전체와의 조화와 관련한 근거이다. 동 결정은 특례조항이 소수주주권 행사범위를 확대하기 위한 것이라는 주장을 반박하면서, "소수주주권을 행사할 수 있는 주주의 범위에 관하여 일반조항에 정한 주주들에 더하여 추가적으로 특례조항에 정한 주주들까지 확대하려는 것이 입법자의 의도였다면, 제542조의6 각 항에서도 '... 에 규정된 자 외에도 ... 를 행사할 수 있다'는 형식을 취했을 것으로 봄이 자연스럽다"고 한다.[64)] 기타 다양한 이유로, 대상결정은 '중첩적 적용이 입법자의 의도였더라면 이를 더 명확히 규정할 수 있었는데 그리 하지 않았으므로 배타적 적용이 타당하다'는 취지로 판시한다.[65)]

(4) 넷째, 상장회사 특례조항의 입법취지와 관련한 근거이다. 동 결정은 "소수주주권에 관한 상장회사 특례조항의 입법취지가 지분율 완화를 통해 소수주주권을 확대하는 것에만 있었다고 보기 어렵다"고 한다. 즉

---

62) 결정문 12면.
63) 결정문 12-13면.
64) 결정문 14면.
65) 결정문 15-19면.

"상장회사는 비상장회사에 비하여 일반적으로 주식취득이 용이"하므로 "소수주주권이 남용될 우려가 있"고, 일반조항이 특례조항보다 더 높은 주식보유비율을 요구하고 있지만 "주식보유기간 요건이 추가되지 않는 한 이러한 악용 여지는 여전히 존재"하므로, "이러한 소수주주권 행사요건에 일정기간 보유를 추가로 요구함으로써 그 남용을 방지하려는" 것이 "입법자의 의도"라는 것이다.[66] 그 근거로 "국회법사위 심사과정에서 단기 투자자본에 의한 제도 남용 우려가 지적되었다"는 것을 든다.[67]

(5) 중첩적 적용설을 취한 기존 판결들은 이 사건 결정에 장애가 되지 않는다고 한다. ① 2004년 대법원 판결이 "일반조항 선택적용이 허용된다는 취지로 선언한 사실이 있"기는 하지만 "구 증권거래법에는 개정 상법 제542조의2 제2항과 같은 규정"이 없었으므로 "위 판결 취지가 현행 상법에 관한 해석에서도 그대로 유효하다고 단정하기 어렵다"고 한다.[68] "유효하다고 단정하기 어렵다"는 유보적인 표현을 썼지만 사실상 결정문은 2004년 판결이 폐기되었다고 보는 것 같다. 이 사건 채권자는 2004년 판결이 있음을 강조하며 "이를 입법으로 변경하겠다는 입법자의 뚜렷한 의사표시가 없음에도" 대법원 판결과 다른 해석을 하는 것은 타당하지 않다고 주장하였으나, 결정문에서는 "기존 대법원 판결 취지와 다른 입법이 이루어지는 예는 종종 발견되고, 그러한 경우에 항상 입법예고나 제안이유, 개정이유 등에서 이를 명시하는 것은 아니다"라고 하여,[69] 원래 대법원 판결은 별다른 설명 없이 입법으로 쉽게 뒤집을 수 있고 2004년 판결

66) 결정문 19면.
67) 결정문 19면.
68) 결정문 20면.
69) 결정문 13면.

은 이미 뒤집힌 것이라는 취지로 답한다. ② 2009년 개정 이후 2011년 서울고등법원에서 선택적용이 가능하다는 취지의 결정을 한 사례가 있고[70] 이에 대한 특별항고를 대법원이 기각한 것은 사실이지만,[71] 그 대법원 결정에서는 "핵심 쟁점에 관한 명시적 판단이 이루어지지는 아니하였"고 그 뒤에도 배타적 적용설에 따른 하급심 결정도 다수 있었다고 한다.[72]

(6) 채권자는 배타적 적용설에 따라 해석하면 다른 나라와 비교하여 소수주주권 행사요건이 너무 엄격해진다고 주장하였다. 예컨대 한국에서 배타적 적용설에 따르게 되면 상장회사에서 아무리 많은 지분을 가지고 있어도 모든 소수주주권에 관하여 6개월을 기다려야 한다는 것이다.

이에 대해 결정문은 "정부제출안 제출 전 법무부의 연구용역 발주에 따라 2007년 10월 31일 제출된 연구보고서"에 "일정 기간 이상의 주식보유를 요건으로 하는 입법례와 그렇지 않은 입법례가 함께 소개되어 있"었으므로 "이러한 입법례가 두루 고려된 후" 입법이 되었으니, 설령 (배타적 적용설에 따른 결과가) "외국 입법례의 다수와 비교하여 엄격하다고 하더라도 … 이는 추후 입법자의 결단으로 법 개정을 통해 해결"할 문제라고 한다.[73]

3. 몇 가지 의문

이 결정은 시급을 다투는 가처분이의 사건으로서는 매우 이례적으로

70) 서울고등법원 2011. 4. 1.자 2011라123 결정.
71) 대법원 2011. 8. 19.자 2011그114 결정.
72) 결정문 21면. 다만 그러한 하급심의 예는 적시하지 않았고, 중첩적 적용설을 취한 하급심 결정례 역시 매우 많다는 점은 적시하지 않았다.
73) 결정문 21-22면.

긴 분량을 할애하여 정성스럽게 결정이유를 밝히고 있으나, 필자로서는 다음과 같은 강한 의문을 떨칠 수가 없다.

(1) 첫째, 위 결정은 소수주주권 특례조항의 입법취지와 입법연혁에 긴 분량을 할애하면서도, 소수주주권의 행사요건이 숨 가쁘게 개정되었던 증권거래법 시절의 개정 및 그 취지에 관하여는 아무 언급 없이 2009년 개정만을 다루고 있다.[74)]

그러나 이는 납득하기 어렵다. 소수주주권에 관한 일반규정 및 특례규정은 1997년부터 2001년까지 순차적인 상법 및 증권거래법 개정에 의하여 2001년에는 거의 현재의 모습을 갖추었다. 2009년 개정은 자본시장법 시행 및 증권거래법 폐지를 앞두고 증권거래법에 있던 특례규정을 상법으로 옮기는 데 중점이 있었고, 이는 당시 관보에서 개정이유를 "법적용의 계속성을 유지하고 회사법제의 완결성을 추구"하기 위한 것이라고 밝힌 데에도 드러난다.[75)] 만약 (필자는 동의하지 않지만) 위 결정의 판시처럼 2009년의 개정에 실질적인 의의가 있다고 하더라도, 그때까지의 입법경위와 취지를 무시하고 2009년 개정만을 따로 떼어 검토함으로써 입법취지를 제대로 이해할 수 있다고는 생각되지 않는다.

(2) 둘째, 같은 맥락에서 위 결정이 2009년 개정의 의미를 정확히 이해하였는지 의문이 든다. 2009년 개정에서 소수주주권과 관련하여 실제로

---

74) 증권거래법 당시에 관한 거의 유일한 언급은 2009년 개정 이전에 구 증권거래법의 상장법인 특례조항과 상법 일반조항의 관계에 관하여 아무 조항이 없어 "학계와 실무에서 혼란이 있었다"는 것이다(8면). 그러나 2000년대에 회사법 실무에 종사했던 필자가 아는 바로는 2004년 대법원 판례 이후에는 둘의 관계에 관해 아무 혼란이 없었다.

75) 2009년 2월 4일 시행 법률 제9362호 개정이유. 한진칼 사건의 제1심 결정문은 이 점을 정당하게 지적하고 있다.

변경된 것은 거의 없고, 다만 주주총회소집청구권 및 검사인선임청구권 특례규정의 행사지분율이 상법상 일반규정과 같았으므로 이를 1,000분의 30에서 1,000분의 15로 인하한 것이 유일한 변경이라는 점은 전술하였다.

그런데 위 결정은 2009년에 소수주주권의 행사요건에 관하여 전면적인 재검토와 개정이 이루어졌다고 오해하는 것이 아닌가 생각된다. 예컨대 2009년 위원회안의 "개정 주요내용"에 주주총회소집청구권과 검사인선임청구권의 지분율 인하만이 나타나 있다는 점을 지적하면서, "소수주주권에 관한 위 제542조의6 각 항에는 주주총회 소집청구권과 검사인선임청구권 이외에도 주주제안권 등 여러 권리가 있으나, 그중 위 조 제1항에 규정된 권리에 관하여만 대표적으로 기재한 것으로 보이고, 소수주주권 전체에 관하여 동일한 취지로 성안하였다고 봄이 타당하다"고 한다.[76] 이는 사실과 다르다. 두 권리만 대표적으로 기재한 것이 아니라 두 권리만 변경된 것이다. 나머지 소수주주권들은 내용 변경 없이 증권거래법 제9장 제3절에서 상법 제3편 제4장 제13절로 위치만 바뀌었다. 따라서 2009년 개정의 의미를 그렇게 과대평가하는 이유를 납득하기 어렵다.

(3) 셋째, '입법자의 의도'를 탐구하려는 열의에서 '입법자'의 범위 및 근거 자료의 범위를 너무 넓힌 것은 아닌지 우려된다.

제정법 해석이론이 발달한 미국의 예를 들면 최근 문언주의(textualism)의 대두에도 불구하고 입법자의 의도를 중시하는 의도주의(intentionalism)와 그보다 추상화된 입법목적을 중시하는 목적주의(purposivism)는 여전

---

76) 결정문 10면.

히 가치를 인정받고 있다. 그런데 의도주의 내지 목적주의는 헌법상 국민의 대표인 입법부에서 입법권을 가진다는 점에서 그 정당화 근거가 확보된다.[77] "We the People"의 대표자들이 법률을 만들기 때문에 그들의 의도나 목적이 준거로서의 가치를 가질 수 있는 것이다. 이 점은 우리나라에서도 마찬가지라고 할 것이다. 즉 우리가 '입법자의 의도'를 법률해석의 준거로 사용하려고 할 때 입법자는 원칙적으로 입법부인 국회이고, 적법한 입법절차에 따라 법률안 작성에 관여한 사람들의 의도 역시 제한적으로 고려될 수 있을 것이다.

따라서 '입법자의 의도'를 탐구하는 자료로 법률안에 나타난 개정이유, 국회 본회의 또는 상임위원회 회의록, 관보에 나타난 개정이유 등 입법절차의 정규 텍스트를 참고하는 것은 타당할 것이다. 그러나 이를 넘어 입법과정에 관여한 여러 사람들과 그 과정에서 생성된 여러 문서들을 널리 참고하다 보면 "과연 입법자가 누구인가", "누구의 의도가 입법자의 의도인가"라는 정당한 의문을 낳게 된다.

위 요약에서도 나타났듯이 위 결정은 매우 다양한 자료를 근거로, 매우 다양한 맥락에서 "입법자의 의도"를 파악하고 있다. 결정문에는 2009년 개정상법에 관한 "입법자의 의도"를 파악하는 과정에서, 정부가 제출한 개정법률안의 개정이유는 물론 법무부 보도자료, 국회 전문위원의 검토보고서, 2009년 상법개정 이후에 새로 제출되어 2011년 폐기된 다른 상법개정안, 다른 국회의원이 2013년에 대표발의한 다른 상법개정안, 2007년에 재정경제부가 발의한 '상장법인에 관한 법률안', 2007년에 입법된 자본시장법, 법무부 연구용역 발주에 따라 상법학자가 제출한 연구보고서 등

77) William N. Eskridge, Jr. etc., Legislation and Statutory Interpretation (2nd, 2006), 221-222면, 228-229면.

실로 다양한 문서가 등장한다.[78] 당연히 여기에서 말하는 "입법자"가 누구인지도 경계를 짓기 모호해진다.[79] 보도자료를 작성한 법무부 담당 공무원은 입법자인가? 검토보고서를 작성한 국회 전문위원은? 연구용역을 수행한 교수는?

만약 법원이 입법자의 의도를 이처럼 다양한 경로를 통해 파악하려고 한다면, 이것이 여러 이해관계자들에게 보내는 메시지는 명확하다. 그들은 기나긴 입법절차의 도처에서 자신에게 유리한 의견의 편린을 남기려고 노력할 것이다. 기업과 각종 단체의 대관업무 담당자들과 관료들은 입법조사처의 보고서에, 전문위원의 검토보고서에, 담당 행정부처의 보도자료에, 의원보좌관이 작성하는 국정감사 질의서에, 공무원이 작성하는 국회 답변자료에, 해당 정부부처에서 발주한 용역보고서에, 다른 법률안에, 나중에 필요한 문구나 의견을 은근슬쩍 담기 위해 노력할 것이다. 이것이 바람직하지 않은 메시지임은 다언을 요하지 않는다.

(4) 넷째, 개정 법률의 의미가 불확실할 때에 기준점이 되어야 할 당시의 확고한 판례에 대한 존중이 충분했는지 의문이다. 중첩적 적용설을 취한 2004년 대법원 판결은 결코 일회성 판결이나 사소한 판결이 아니다. 당시 실무적으로 매우 중요한 판시로 여겨졌고, 각 로펌에서는 신속하게 그 내용을 구성원들에게 회람하였으며, 지금까지도 대부분의 회사법 교

---

78) 그러나 놀랍게도 개정법률 공포 시 관보에 제시된 입법이유는 결정문에 등장하지 않는다. 필자는 관보에 제시된 입법이유야말로 입법자의 의도를 보여 주는 가장 정제되고 신뢰할 만한 자료라고 생각한다. 국회에 제출된 법률안에 적혀 있던 입법이유를 기본으로 하면서도 국회 상임위원회 및 본회의, 국무회의를 거치면서 자연스럽게 관련자들이 동의하는 문구가 남게 될 가능성이 높기 때문이다. 각주 75 참조.

79) 이 점은 입법자의 의도를 강조하는 해석방법론을 비판하면서 드워킨도 지적한 바 있다. 로널드 드워킨 / 장영민 (역), 법의 제국 (2004), 447-448면.

과서에 인용된다. 2009년 이후에도 이 판결이 여전히 유효하다는 전제에서 여러 학자와 하급심 결정이 중첩적 적용설을 취하고 있음은 앞에서 보았다.

그렇다면 2009년 개정상법이 이 판결을 번복한 것이라고 해석하려면 그만큼 그 법의 문언과 개정취지가 명확해야 할 것이다. 그러나 결정문에서 2004년 판결은 "그런 판결도 있었지만 이제는 유효하지 않다"는 정도의 톤으로 간략히 소개될 뿐이다.[80] 설령 (필자의 견해와 달리) 2009년 개정으로 인해 2004년 판례가 변경되어야 한다는 입장을 취하더라도, 결정문에서 2004년 판결은 지금보다 훨씬 더 중요한 논의의 대상이자 극복의 대상이 되었어야 한다고 생각한다.[81]

나아가 이 사건 결정이 그토록 많은 자료와 문건을 언급하면서도 막상 동일한 법원의 동일한 쟁점에 관한 선례인 2011년 서울고등법원 결정[82]을 거의 언급 없이 무시한 점도 이해하기 어렵다. 이 2011년 결정은 2009년 개정 이후의 사실관계에 관한 것으로서, 상장회사 주주가 6개월 보유기간 요건을 갖추지 못한 경우에도 일반규정에 따라 주주총회소집청구권을 행사할 수 있다고 판시하여 중첩적 적용설을 따랐다. 간략하면서도 탄탄한 논거를 제시하고 있는 이 결정은 각급 법원 판례공보에 게재되어 공간되었고,[83] 대법원의 즉시항고 기각으로 확정되어 비록 형식적이지

80) 결정문 13면, 20면.

81) 2009년 상법개정 당시 상법개정위원이었던 임재연 변호사는 당시 여러 차례 개정회의를 하면서도 2004년 대법원 판결을 입법으로 변경하여 배타적 적용설을 취한다는 논의는 하지 않았는데 이 사건 결정에서 2009년 개정 당시 '입법자의 의도'가 배타적 적용설이라고 판시하니 놀랍다는 취지로 발언하였다(2019. 5. 10. 한국상사판례학회 춘계학술대회 플로어 발언).

82) 서울고등법원 2011. 4. 1.자 2011라123 결정.

83) 각급 법원 판례공보 2011하 733.

만 대법원의 판단도 받았다.[84] 하급심 결정으로는 이례적으로 대법원 법률정보 사이트 해당 판결문 페이지에 열거된 관련문헌만 16건에 이를 정도로 학계의 높은 관심을 받았고,[85] 채권자(신청인) 측에서도 변론 과정에서 강조한 결정이었다. 이처럼 선례로서 중시되던 동일 법원의 선행결정이었던 만큼, 그것과 다른 결론을 취한 이유를 최소한이라도 밝히는 것이 재판의 설득력이라는 측면에서 바람직하지 않았을까 하는 아쉬움이 든다.

V. 결어

대법원은 법해석의 준칙에 관하여 다음과 같이 설시하였다. "법해석의 목표는 어디까지나 법적 안정성을 저해하지 않는 범위 내에서 구체적 타당성을 찾는 데 두어야 한다. 나아가 그러기 위해서는 가능한 한 법률에 사용된 문언의 통상적인 의미에 충실하게 해석하는 것을 원칙으로 하면서, 법률의 입법 취지와 목적, 제·개정 연혁, 법질서 전체와의 조화, 다른 법령과의 관계 등을 고려하는 체계적·논리적 해석방법을 추가적으로 동원함으로써, 위와 같은 법해석의 요청에 부응하는 타당한 해석을 하여야 한다."[86]

현행법의 합리적인 해석으로 중첩적 적용설이 타당하다는 이 글의 추론은 대법원이 밝힌 위 법해석의 방법에도 부합한다고 생각한다. 즉 "우

84) 대법원 2011. 8. 19.자 2011그114 결정.

85) 2019년 6월 12일 현재 열거된 문헌의 개수이고, 16건 모두 이 사건 결정 이전에 간행된 것들이다.

86) 대법원 2018. 6. 21. 선고 2011다112391 판결 (全合).

선하여 적용한다"는 문구를 다른 법령에서 사용되는 용례를 고려하여 통상적인 의미로 해석하였고, 1997년 증권거래법 개정 시부터 이어져 온 상장회사 특례규정의 입법취지와 제·개정연혁을 고려하였으며, 주주와 이사회 의견이 충돌하는 경우의 대처방안으로서 갖는 의미 등을 살펴봄으로써 구체적 타당성도 모색하였다.

사실 이 논란은 법문을 명확히 정리하지 않은 일종의 조문 작성상의 실수(drafting error)에 기인한 것이라고도 볼 수 있다. 일본법의 일부 조문처럼 상장회사에서 6개월 보유를 소수주주권 행사요건으로 명확히 요구하거나, 금융회사지배구조법처럼 중첩적 적용 취지를 명확히 입법했더라면 이런 논란은 없었을 것이기 때문이다. 어쩌면 더 명확한 문구를 넣지 못한 것은 입법 관여자들의 생각이 서로 달랐기 때문인지도 모른다. 각자가 희망하는 최적의 문구를 고집하면 합의가 이루어지지 않을 것이므로 모호한 상태의 문안이 절차를 통과하게 되었을 가능성도 있는 것이다.

그러한 불명확성이 있는 상황이라면 무리해서 입법자의 의도를 탐구하기보다는 입법 당시의 법 상태, 즉 2004년 판결에 따른 중첩적 적용설을 존중하는 것이 위 해석준칙의 하나인 "법질서 전체와의 조화"라는 점에서도 더 바람직한 해석이라고 본다. 특히 국회의원, 담당공무원, 국회전문위원, 의원보좌관 등이 보도자료, 회의록, 검토보고서, 다른 법률안 등 여기저기에 흘린 의견의 편린들을 모아 마치 민사법의 영역에서 의사해석을 하듯이 함부로 "입법자의 의사"를 인정하는 태도는 경계하여야 할 것이다.

다만 이 글의 목적은 해석론으로서 중첩적 적용설이 더 타당함을 논증하는 것이었고, 그것이 법정책적·입법론적으로도 최선의 대안이라고 단정하는 취지는 아니다. 전술한 이른바 "캡처 주주"의 문제와 같이 초단기 보유주주의 주주권 행사는 다른 주주의 이익과 상치될 수 있고, 회사의 장기적 전망을 공유하는 장기보유주주를 우대할 정책적 필요성도 점차 강조되고 있다. 이런 점을 고려하면, 일정한 소수주주권에 대하여는 일정한 지분율을 갖추었더라도 행사에 앞서 일정한 보유기간을 요구하는 것이 합리적일 수도 있다. 다만 이러한 입법설계의 문제는 이 글의 목적을 벗어나므로 별도의 연구과제로 삼고자 한다.

06

스튜어드십 코드의 법적 쟁점*

—국민연금의 경영관여와 주주권 행사를 중심으로—

최문희**

I. 들어가며

회사지배구조 및 자본시장 법령은 전 세계적으로 지속적으로 지각변동을 겪어 왔다.[1] 이러한 변화 중에서 회사법 및 자본시장과 금융투자업에 관한 법률(이하 '자본시장법')의 양 분야에 걸쳐서 최근에 부쩍 관심을 불러일으킨 것이 스튜어드십 코드(stewardship code)이다. 각국마다 코드의 제정 주체에 차이가 있지만[2] 2010년 영국[3]을 필두로 일본[4] 등 주요

---

* 이 글의 일부 내용은 필자의 "스튜어드십 코드와 기관투자자의 경영관여의 몇 가지 논점", 금융법연구 제16권 제2호 (2019); "기관투자자의 주주권 행사와 의결권 자문기관", BFL 제100호 (2020. 3)에 기초하여 대폭 수정·보완한 것임을 밝혀 둔다.

* 강원대학교 법학전문대학원 교수

1) 김건식, "21세기를 맞는 우리 회사법과 회사법학", 회사법연구 I (2010), 12-13면.

2) 상세는 Jennifer G. Hill, "Good Activist / Bad Activist: The Rise of International Stewardshipcodes", 41 Seattle Univ. L. Rev. 497 (2018), 507-508면.

3) 영국 스튜어드십 코드는 2010년 제정, 2012년 1차 개정을 거쳐서 2차 개정된 2020년판

국가에서 스튜어드십 코드가 제정되었다.[5] 유럽연합(European Union. 이하 'EU')은 스튜어드십 코드라는 연성규범(soft law) 형식에서 더 나아가 영국 스튜어드십 코드의 영향을 받아서 동 코드의 '경영관여' 등 사항을 2017년 제2차 주주권지침(the Shareholder Rights Directive II)[6]에 규정하였다. 동 지침을 국내법으로 전환할 의무를 부담하는 EU 회원국 중 2020년 1월 말 현재 22개국이 전환절차를 마쳤다.[7] 독일,[8] 프랑스,[9] 영국[10]은

이 2020년 1월 1일부터 시행되고 있다. Financial Reporting Council (FRC), The UK Stewardship Code, 2020 (https://www.frc.org.uk/investors/uk-stewardship-code). 이 글에서 비교법 관점에서 영국 코드를 인용하는 경우 2020년판뿐만 아니라 우리나라 코드에 영향을 미친 2012년판도 인용한다.

4) スチュワードシップ・コードに関する有識者検討会, 『責任ある機関投資家』の諸原則≪日本版スチュワードシップ・コード≫～投資と対話を通じて企業の持続的成長を促すために～ (2017. 5. 29). 일본 코드는 2014년 제정, 2017년 1차 개정이 이루어졌다. 2019년 12월 20일 2차 개정안이 다시 공표되어, 2020년 1월 31일까지 의견 수렴 후 최종 개정판을 공표할 예정이다(https://www.fsa.go.jp).

5) 영국, 캐나다(2010), 네덜란드(2011), 스위스(2013), 일본(2014), 이탈리아(2015), 홍콩·대만·싱가포르 등 아시아 국가(2016). EY, Q & A on Stewardship Code (Aug. 2017), 4면.

6) Directive (EU) 2017 / 828 of the European Parliament and of the Council of 17 May 2017 amending Directive 2007 / 36 / EC as regards the encouragement of long-term shareholder engagement. 이하 제2차 주주권지침은 문맥상 다른 지침과 구별할 필요가 없는 한 '지침'으로 인용한다.

7) 회원국별 지침의 국내법 전환 현황에 관해서 상세는 https://eur-lex.europa.eu.

8) 제2차 주주권지침 전환 법률(Gesetz zur Umsetzung der zweiten Aktionärsrechterichtlinie; ARUG II. 이하 'ARUG II') vom 12. Dezember 2019, Bundesgesetzblatt Teil 1 (BGBl. I), Nr. 50, S. 02637 f. 이 법은 일부 규정을 제외하고 2020년 1월 1일 시행되며, 주식법(Aktiengesetz), 상법(Handelsgesetz), 증권거래법(Wetpapierhandelsgesetz), 은행법(Kreditwesengesetz), 보험감독법(Versicherungsaufsichtsgesetz), 공시법(Publizitätgesetz), 투자법(Kapitalanlagegesetz) 등 다수 법률을 개정하는 내용으로 구성되어 있다.

9) LOI no 2019-486 du 22 mai 2019 relative à la croissance et la transformation des entreprises, Journal Officiel de la République Française (JORF), 2019. 5. 23.

10) 영국은 EU 회원국 지위를 보유하던 기간(2020. 1. 31.까지)에 제2차 주주권 지침의 국내법 전환절차를 마쳤다. 기관투자자의 경영관여와 의결권 자문회사에 관한 사항은 다음 법령에 반영되었다. Finacial Conduct Authority (FCA), the Shareholder Rights Directive (Asset Managers and Insurers) Instrument 2019, 2019. 5. 30; Financial

지침의 국내법 전환을 위하여 각각 주식법, 상법, 자본시장 관련 자국 법령을 개정하였다. 영국에서 연성규범으로 출발한 스튜어드십 코드의 내용이 EU 지침에 수용되고 회원국의 국내 법령에도 반영되어서 경성규범(hard law)의 변모도 초래한 것이다.

우리나라에서도 금융위원회가 2015년 자본시장 개혁을 위한 정책과제로서 기관투자자의 스튜어드십 코드의 제정을 표방한 이후 영국, 일본의 논의에 영향을 받아 2016년 한국형 "기관투자자의 수탁자 책임에 관한 원칙"[11)]이 제정되고, 다수의 기관투자자가 코드를 도입하였다.[12)] 스튜어드십 코드는 강행규범이 아니라 '원칙 준수 및 예외 설명(comply or explain)'[13)]이라는 연성규범 형식으로 도입되었지만, 스튜어드십 코드 도입의 이행을 촉구하는 분위기가 형성되면서 도입 여부가 기관투자자를 평가하는 잣대로 인식되어 왔다. 최근에는 스튜어드십 코드의 행사를 저해하는 법적 제약, 법 위반의 불확실성을 제거하려는 목적에서 자본시장법 시행령이 개정[14)]되는 등 스튜어드십 코드는 간접적 법령 개정에도 영향을 미치는 실정이다.

Services And Markets The Proxy Advisors (Shareholders' Rights) Regulations 2019, come into force on 10th June 2019; FCA, Listing and Disclosure Sourcebooks (Shareholder Rights Directive) Instrument 2019, FCA 2019/73.

11) 한국기업지배구조원 스튜어드십 코드 제정위원회, 기관투자자의 수탁자 책임에 관한 원칙 (2016. 12. 16).

12) 스튜어드십 코드의 등록을 담당하는 한국기업지배구조원에 의하면 2020년 2월 말 현재 연기금 3개, 보험사 5개, 자산운용사 43개, PEF운용사 37개, 증권사 3개, 투자자문사 2개, 의결권 자문기관 등 서비스기관 4개, 은행 2개, 기타 25개로 124개사가 가입하였다(http:// sc.cgs.or.kr/participation/investors.jsp).

13) 스튜어드십 코드 제정위원회, 앞의 원칙 각주 11, "원칙"의 적용 4. 이 용어의 정확한 의미는 "코드를 준수하거나 준수하지 않는 경우 설명하라"는 의미이다.

14) 주식 등의 대량보유보고제도를 개정한 2020년 1월 29일 자본시장법 시행령 개정이다. 대통령령 제30381호, 2020년 1월 29일 일부개정, 시행 2020년 2월 1일. 상세는 최문희, "기관투자자의 주주권 행사와 의결권 자문기관", BFL 제100호 (2020. 3).

스튜어드십 코드는 기관투자자 주주가 보유주식에 대해 '권한'으로서 주주권을 행사하는 것에서 나아가 주주권을 행사할 '의무'를 부과하는 것이다. '권한을 행사할 의무'라는 생소한 개념은 회사법의 개별 규정의 지엽말단적 개정을 초월하는 회사법의 토대를 이루는 기존의 사고관(思考觀)의 변화를 가져오는 것이다. 여기에서 기관투자자의 의무의 대상이 누구인지에 대해서도 의문이 있을 수 있다. 자산운용사나 국민연금의 의결권 행사에 관한 규정에 따르면 궁극적 수익자 또는 자본제공자(ultimate provider of capital)가 대상인데 이들에 대한 의무를 이행해야 하는 기관투자자가 투자대상회사(발행회사)에 대해서 주주활동, 경영관여[15]를 해야 한다는 것은 언뜻 보기에는 모순된 것처럼 보이기도 한다. 당연히 다양한 유형의 기관투자자에 대해 스튜어드십 코드의 도입을 실현시키는 것은 쉽지 않았다. 의무의 성격이 모호한 상황에서 투자대상회사에 적극적으로 관여할 인센티브가 크지 않은 자에게 관여를 촉구하기 때문이다.

기관투자자 일반에 대해서 스튜어드십 코드의 준수를 강제하는 데에는 스튜어드십 코드의 연성규범적 성질, 기관투자자의 인센티브 부재라는 본질적 한계가 있다는 점과 아울러, 2015년의 삼성물산과 제일모직의 합병 사안[16]에서 국민연금의 의결권 행사방향에 대한 비판은 자연스럽

15) 경영관여는 영국 스튜어드십 코드의 'Engagement'에 해당하는 것으로, 이 원어는 경영개입, 경영관여, 경영참여, 관여활동, 주주활동 등으로 번역되어 사용되나 이 글에서는 주주활동, 경영관여라는 용어를 사용한다.

16) 주주총회소집통지 및 결의금지 가처분(서울고등법원 2015. 7. 16.자 2015라20485 결정), 자기주식처분 금지 가처분(서울고등법원 2015. 7. 16.자 2015라20503 결정). 이 사건의 쟁점에 관해서 상세는 박 준 외, "좌담회: 삼성물산 합병의 회사법적 쟁점", BFL 제74호(2015. 11), 67면; 김건식, "삼성물산 합병 사례를 통해 본 우리 기업지배구조의 과제", BFL 제74호 (2015. 11), 83면. 합병비율 문제에 관해서 노혁준, "합병비율의 불공정성과 소수주주 보호: 유기적 제도설계를 향하여", 경영법률 제26권 제2호(2016), 87면; 소수주주권 행사요건, 위법행위유지청구권, 합병무효의 문제에 관해서 천경훈, "계열회사 간 합병과 이사의 의무", 상사법연구 제36권 제3호 (2017), 253면.

게 국민연금에 대해서 스튜어드십 코드 가입을 촉구하는 것으로 연결되었다. 연기금, 자산운용사 등이 손실이 예상되는 경우에도 의결권을 소극적으로 행사한다는 비판도 스튜어드십 코드의 준수를 강제하는 분위기에 한몫하였다. 마침내 2018년 7월 국민연금이 스튜어드십 코드에 가입하면서 스튜어드십 코드의 가입 건수가 늘어났고, 국민연금에서 스튜어드십 코드의 세부사항 이행에 수반되는 법적 쟁점에 대한 논의가 본격적으로 이루어졌다.

이처럼 국내외적으로 스튜어드십 코드와 기관투자자의 상장회사에 대한 경영관여는 경영자의 행동의 질을 향상시키고 상장회사의 가치를 제고하고, 연기금의 수급자 등 투자연결고리(investment chain)의 최종 수익자의 이익을 위한 수단이며, 나아가 국민경제와 공공의 이익에도 이바지할 것이라는 믿음을 바탕으로 각광받고 있다. 이 글은 스튜어드십 코드의 운영이 본격화되고 있는 현실에서 스튜어드십 코드 준수와 스튜어드십 코드의 목적 실현에 최선봉의 지위에 있는 국민연금의 스튜어드십 코드에 의한 상장회사에서의 주주권 행사 관련 법적 쟁점을 전반적으로 정리하는 것을 목적으로 한다.

이 글에서는 선행연구[17]에서 거듭 다루어졌던 법적 쟁점은 제외하고 스튜어드십 코드와 기관투자자의 적극적 주주권 행사의 일환인 경영관

---

17) 다음 선행연구에서 검토하였기에 필자가 특별히 재론의 필요가 없는 한 이들을 참조하기로 하고 새삼 논하지 않는다. 강정민, “국민연금 등 기관투자자의 적극적 주주권 행사를 가로막는 법 · 제도상 제약과 그 개선방안”, 경제개혁이슈 2019-4호 (2019. 2); 김순석, “스튜어드십 코드 도입에 따른 법적 검토 과제”, 증권법연구 제17권 제2호 (2016); 김우찬, “기관투자자의 주주권 행사에 대한 법 · 제도상의 제약과 개선방안”, BFL 제97호 (2019. 9); 김주영,“기관투자자의 주주권행사에 대한 법률적 제약에 관한 연구”, 법학평론 제8권 (2018. 4); 심 영, “영국의 스튜어드십 코드의 제정과 운영의 시사점”, 기업법연구 제30권 제2호 (2016); 안수현, “기관투자자의 수탁자책임에 관한 원칙”, 증권법연구 제18권 제1호 (2017).

여, 주주활동이 제기하는 근본적 문제를 다루고자 한다. 우선 기초적 고찰로 앞에서 제기한 문제로서 주주인 국민연금이 투자대상 상장회사에 관여할 의무를 부과하는 성격을 규명하기 위하여 스튜어드십 코드 제정 당시에 논의가 미진했던 근본적 쟁점을 논의하여 스튜어드십 코드에 대한 이해를 재정립하고, 향후 코드의 세부 내용의 중·장기적 점검 시에 개정 방향을 지적한다(II).[18] 이어서 국민연금의 주주권 행사 시 국민연금 내부의 의사결정 과정의 독립성, 전문성, 공정성을 담보하기 위한 국민연금 지배구조의 문제를 정리한다(III). 각론적으로 스튜어드십 코드상 기관투자자의 경영관여와 주주권 행사의 자본시장법 쟁점, 회사법 쟁점을 다룬다(IV).

II. 기초적 고찰: 스튜어드십 책임의 의미, 스튜어드십 코드의 도입배경과 목적

1. 문제의 제기

국민연금 등 기관투자자에게 투자대상회사의 주주로서 주주권을 행사하라고 촉구하는 스튜어드십 코드는 기관투자자로 하여금 상충하는 두 가지 목적을 추구하라는 것처럼 보일 수 있다. 국민연금 의무의 대상이 연기금 가입자, 수급권자라면 이들의 이익 극대화를 위해서 투자대상을 적절히 선정하고 운용하는 것이 중요한데, 투자대상회사의 경영에 적극

18) 한국기업지배구조원은 2년 주기로 코드 세부 내용의 적정성을 점검할 것을 권고할 것을 예정하고 있다. 스튜어드십 코드 제정위원회, 앞의 원칙 각주 11, 15면 권고 1.

적으로 관여하는 주주활동이 의무의 이행과 어떻게 연결되는지 의문이 생긴다. 이러한 의문에 답하기 위하여 스튜어드십 책임의 의미와 목적을 명확히 논구할 필요가 있다. 우리나라 스튜어드십 코드는 영국의 스튜어드십 코드[19]와 일본의 스튜어드십 코드[20]를 모델로 한 것이지만, 외국 코드의 도입배경과 제정목적에 대한 정치한 검토에 터 잡아 우리나라 코드의 목적을 설정한 것처럼 보이지 않는다.

이 절에서는 기초적 고찰로서 스튜어드십 책임의 의미, 스튜어드십 코드의 도입배경과 목적을 명확히 하고자 한다.[21] 먼저 비교법적 고찰을 바탕으로 스튜어드십 책임 또는 수탁자 책임의 의미를 파악한다. 우리나라의 스튜어드십 코드의 제목은 "기관투자자의 수탁자 책임"이라고 되어 있고 도입목적 부분에서도 '수탁자 책임'을 정의하고 있기 때문에 수탁자 및 수탁자 책임의 의미파악이 전제되어야 하기 때문이다. 다음으로 코드가 어떠한 목적을 달성하기 위하여 도입한 것인지 살펴본다.

2. 스튜어드십 책임과 수탁자 책임의 의미

(1) 스튜어드와 스튜어드십 책임의 의의

우리나라의 스튜어드십 코드의 이름인 "기관투자자의 수탁자 책임"에

19) FRC, UK Stewardship Code, 2012 (Sep. 2012).

20) スチュワードシップ・コードに関する有識者検討会, 앞의 자료 각주 4.

21) 스튜어드십 코드의 목적에 터 잡아 코드의 적용범위의 부합문제를 다룬 것으로 최문희, "스튜어드십 코드와 기관투자자의 경영관여의 몇 가지 논점", 금융법연구 제16권 제2호 (2019), 99면 이하. 우리나라 스튜어드십 코드의 적용대상은 전통적 기관투자자로서 코드상 '자산소유자(asset owner)'와 '자산운용자(asset manager)'로 구분되고, 자산운용자에는 자산운용사가 대표적으로 포함되며, 연기금 · 보험회사 등이 자산소유자의 주요 유형으로서 명시되어 있으므로, 이들이 스튜어드십 코드의 적용대상이다.

서 수탁자 책임의 의미가 무엇인가? 스튜어드십 코드가 유래한 영국에서 스튜어드십 책임의 의미는 명확하지 않다는 비판이 있고,[22] 스튜어드십 코드는 이 개념을 정의하지 않는다. 스튜어드(steward)의 사전적 의미는 "타인의 자산, 특히 저택 또는 토지를 관리하기 위해 고용된 사람", 영국사적으로 "영국 왕가의 영지의 관리인" 또는 "무엇인가를 관리할 책임(responsibility)을 부담하는 사람"이다.[23] 역사적으로 스튜어드란 영국에서 왕가의 고용인, 특히 장원의 집사 · 재산관리인이었고,[24] 스튜어드는 자신에게 자산을 맡긴 자에게 충성(royal)할 책임과 충성을 증명할 의무가 있었다. 따라서 스튜어드십이란 타인과의 관계에서 그의 자산을 관리하는 관계에 있는 경우 그 타인의 이익을 위해서 행동해야 한다는 현상으로 정리할 수 있다.[25]

위와 같은 어원과 역사의 '스튜어드'를 '기관투자자'에 대입하면, 투자회사, 연기금, 투자자문회사와 같은 기관투자자는 그 고객으로부터 돈을 받아 관리하고 있기 때문에 고객의 스튜어드이다. 스튜어드의 어원에 기초하면 스튜어드십 코드는 "기관투자자는 투자를 위해서 돈을 맡긴 고객에게 충성하여야 하고, 고객의 스튜어드로서의 책임(responsibility)을 다해야 한다"는 점을 논거로 한다. 책임 이행을 위해서 투자대상회사(investee company)의 주주로서의 권리를 잘 행사해야 한다는 것이다.

---

22) Arad Reisberg, "The UK Stewardship Code: On the Road to Nowhere?", Journal of Corporate Law Studies, Volume 15, 2015 Issue 2, 10면.

23) The Oxford Dictionary.

24) The Oxford Dictionary.

25) 스튜어드십을 타인의 재산을 관리 · 운영하는 자가 그 직무를 수행함에 있어서 갖추어야 할 책임의식이나 덕목, 이러한 책임의식과 덕목으로 무장된 사람이나 조직을 말하는 것이라는 설명으로, 권종호, "엘리엇 사태에 비추어 본 기관투자자의 의결권 행사의 쟁점: 국민연금의 의결권행사와 스튜어드십 코드를 소재로", 경영법률 제26권 제2호 (2016), 56면.

(2) 신인의무자의 책임, 스튜어드십 책임, 수탁자 책임

가. 한정된 범주의 신인의무자

우리나라 스튜어드십 코드는 '수탁자 책임'이라는 용어로 표현되지만, 영국 코드는 'responsibility for stewardship(스튜어드십 책임)', 일본 코드는 '스튜어드십 책임(スチュワードシップ責任)'으로 규정한다. 위에서 설명한 개념에 따르는 경우 스튜어드십은 신인의무자(fiduciary)가 사익을 취하지 않고 그 수익자(beneficiary)의 이익을 위해서만 행동해야 한다는 '신인의무(fiduciary duty)'의 논거와 본질적으로는 유사하다.

여기에서 신인의무자 책임과 스튜어드 책임, 수탁자 책임의 의미는 동일한 것은 아니다. 신인의무자는 스튜어드에 포함되나 신인의무자가 아닌 스튜어드도 있기 때문이다. 종래 기관투자자의 책임은 신인의무자 책임의 범주 내에서 인정되었지만, 아래에서 보는 것처럼 투자연결고리가 복잡해짐에 신인의무자로 파악되지 않는 자가 등장하여서 보다 넓은 범위의 자를 포함하기 위해 스튜어드십 책임이라고 표현한 것이다.

① 신인의무를 부담하는 자

일본에서는 신인의무를 부담하는 주체인 신인의무자를 '受認者' 또는 '受託者'로 번역하기도 하는데,[26] 신인의무를 부담하는 자가 그와 신인관계(fiduciary relationship)에 있는 자에게 부담하는 책임을 일본에서는 '受託者責任'이라는 용어로 표현한다. 따라서 기관투자자의 수탁자 책임의 수범자는 고객, 수익자와의 사이에서 신인관계에 있는 자이다.[27] 신인의무자(또는 일본에서는 수탁자라는 용어를 사용하기도 한다)라는 영미법에서

26) 藤田友敬, "忠実義務の機能", 法学協会雑誌 제117권 제2호 (2000), 137면.
27) 神作裕之, "機関投資家のスチュワードシップ責任: 受託者責任との比較", 信託フォーラム Vol.2 (2014. 9), 42면.

유래한 용어로서 신인관계를 전제로 하므로[28] 신인의무자는 그 고객과의 관계가 법률상, 계약상 제한된 범위에서만 존재한다.[29]

기관투자자와 고객 사이에 계약상 · 법률상 신인관계에서는 예는 자산운용회사와 자산의 소유자인 연기금의 관계, 연기금과 연금수급권자의 관계를 들 수 있다.[30] 자본시장법이나 국가재정법 및 국민연금의 하위지침상 자산운용업자 등의 의무나, 의결권 행사 및 공시의무는 신인의무 측면에서 규정된 것으로 이해할 수 있다. 스튜어드십의 적용대상 중 신인의무를 부담하는 자를 살펴보자.

연기금은 연금가입자 및 연금수급권자에 대해서 신인의무자의 지위에 있다. 헌법재판소 결정[31]이 국가 또는 국민연금공단이 연금가입자 및 연금수급권자에 대해 신인의무를 부담하지 않는다고 본 것이라고 해석하

28) 신탁(trust), 신인관계, 신인의무 법리 자체가 오랜 기간에 걸쳐서 형성된 영미법상 법리인바 지면관계상 이 글에서 상론하지는 않고자 한다. 국문 소개로 김건식, "회사법상 충실의무법리의 재검토", 회사법연구 I (2010), 56면 이하.

29) Gen Goto, "The Logic and Limits of Stewardship Codes: The Case of Japan", The University of Tokyo Business Law Working Paper, Series No. 2018-E-01 (Aug. 2018), 6면.

30) 최문희, "의결권 자문회사에 관한 입법 과제와 법적 쟁점", 서울대학교 法學 제57권 제2호(2016. 6), 196면.

31) 헌법재판소 1996. 10. 4. 96헌가6 전원재판부 결정: "연금의 주요재원인 연금보험료의 일부를 수급권자 자신이 부담한다는 점과 이는 재산적 가치가 있는 권리라는 점에서 헌법 제23조에 의하여 보장되는 재산권의 성격을 갖는데 ... 국가는 법률에 정해진 요건을 갖춘 수급권자에 대하여 법률에 정해진 급여를 지급할 의무를 부담한다. ... 현실적 연금지급업무는 국민연금관리공단이 이를 수행하고 있으나 국민연금관리공단은 보건복지부장관의 위탁에 따라 이를 수행할 뿐이고 연금기금 자체가 독립한 법인격체로서 급여의무의 주체가 되는 것도 아니어서 결국은 국가가 종국적으로 국민연금법에 의한 급여의무를 부담하는 것이다. 국가가 연금기금의 운영성과와 관계없이 국민연금법에 정해진 지급기준에 따라 연금지급을 해야 하는 종국적 책임을 부담하고 있다면, 비록 연금수급권이 재산권의 성격을 갖고 있다고 할지라도, 연금기금은 헌법규정 및 재산권보장에 관한 헌법규정과 국민연금법의 입법목적(제1조)에 부응하도록 정부가 그 합리적 재량에 따라 이를 관리 · 운용할 수 있다 ... "라고 결정하였다.

는 입장이 있을 수 있으나 국민연금기금은 신인의무를 부담한다고 파악된다. 국민연금법 자체는 신인의무를 명시하지 않지만, 연금기금은 연금급여에 대한 책임준비금으로서 연금수급권자의 신탁자산으로 볼 수 있고, 국가는 기금 운용자로서 신인의무자의 지위에 있다. 국가는 법률의 규정에 의하여 타인(연금가입자)의 재산을 운용하는 자이므로 신탁관계와 유사한 관계에서 신인의무를 부담한다. 국가의 위탁에 따라 연기금의 운용사무를 담당하는 국민연금공단도 연금가입자 혹은 수급자에 대하여 '신인의무자'로서 주의의무와 충성의무를 부담한다. 나아가 국가재정법상 연기금이 기금의 이익을 위해 신의성실에 따라 의결권을 행사하고, 국민연금 가입자, 가입자이었던 자 및 수급권자에게 이익이 되도록 신의에 따라 성실하게 의결권을 행사하여야 하고, 의결권 행사 내역을 공시하도록 하는 규정은 신인의무가 구체화된 것이다(국가재정법 제64조; 국민연금기금 수탁자 책임 활동에 관한 지침 제3조 제2항, 제25조).

자본시장법상 자산운용회사, 투자자문회사, 투자일임업자 등 금융투자업자에 대해서는 각각 신인의무가 명시되어 있는 것은 아니나, 자본시장법의 신의성실의무, 선관주의의무 및 충실의무에 관한 다수의 규정(제37조, 제79조, 제96조, 제102조; 제87조, 제112조)은 신인의무가 반영된 것으로 볼 수 있다.[32] 따라서 연기금이 자산운용회사 등에 기금 관리를 맡긴 경우 이들은 연기금에 대한 관계에서 신인의무를 부담한다고 할 수 있다.

② 신인의무를 부담하지 않는 자

(i) 기관투자자와 연기금의 최종수익자

신인관계의 주요 특징은 신인의무자의 재량과 권한, 신뢰와 신임 및 상대방에 대한 보호 필요성으로 요약할 수 있다.[33] 투자연결고리 또는

32) 김건식 / 정순섭, 자본시장법 (제3판, 2014), 917면.

흐름(investment chain)이 복잡해지고 고리에 엮인 자가 늘어나면 신인관계가 성립하지 않는 관계가 존재하고, 전통적인 신인의무자 개념으로는 의무의 주체를 포섭하는 데 한계가 있다. 예를 들어 연기금이 투자자문회사에 기금을 맡긴 경우 투자자문회사와 연기금의 최종 수익자와는 아무런 직접 관계가 없고, 수익자에 대한 관계에서 신인의무자가 아니다.

(ii) 은행, 보험회사와 보험수익자, 예금자

우리나라에서 각각 보험회사와 보험계약자, 은행과 예금자와의 관계는 신인관계가 아니다. 생명보험회사가 생명보험계약자가 낸 보험료를 투자하는 경우에도 보험회사와 보험계약자 또는 보험수익자는 계약관계에 설 뿐이지 신인관계는 아니다.[34] 보험업법은 보험회사의 자산운용 규제를 위해서 보험회사가 안정성, 유동성, 수익성, 공익성이 확보되도록 해야 하고(제104조 제1항), 보험회사는 선량한 관리자의 주의로써 자산을 운용해야 한다고 규정한다(제104조 제2항). 여기에서 선관주의의무는 자산운용상 주의의무를 규정한 것인데, 보험회사의 보험계약자에 대한 의무를 규정한 것이라기보다는 의무 위반 시 공법상 책임을 묻기 위한 것에 불과하다.[35]

은행도 그 예금자와의 관계에서 계약관계가 있을 뿐이지 신인의무를 부담하는 것은 아니다.[36] 은행은 은행법에 따른 업무를 취급할 때 은행이용자의 권익을 보호해야 한다는 규정이 존재하나(제52조 제1항 본문),

---

33) 김정연, 자본시장에서의 이익충돌에 관한 연구 (서울대학교 법학전문박사학위논문, 2016), 49면 이하.

34) 보험회사가 보험계약자가 맡긴 돈을 투자하는 경우에도 양자의 관계는 계약관계일 뿐 신인관계는 아니라는 설명으로 Paul L. Davies / Sarah Worthington, Gower: Principles of Modern Company Law (10th Ed., 2016), 417면.

35) 한기정, 보험업법 (제1판, 2019), 658-659면.

36) Tamar Frankel, Fiduciary Duties, in The New Palgrave Dictionary of Economics and the Law, Vol.2 (1998), 128면.

이 규정은 일반적 원칙에 불과하다. 은행이 은행이용자와의 모든 거래에서 보호의무, 신인의무를 부담한다고 보기는 어렵고, 개별 상품이나 거래의 기능과 위험, 은행이용자의 거래지식이나 경험을 포함한 전문성 등 다양한 사정을 종합적으로 고려하여 신인의무 유무를 판단할 수 있을 뿐 예금거래에서 일반적으로 신인의무를 인정할 수는 없다.[37]

은행, 보험회사의 업무가 각각 예금자나 보험계약자·보험수익자의 이익에 다소 영향을 미치는 것은 사실이나, 전자들의 행위가 후자의 이익에 영향을 미친다고 해서 양자의 관계가 신인관계는 아니다. 은행, 보험회사가 예금자, 보험수익자를 위해서 해야 할 일은 신인의무를 부담하는 기관투자자에 비하여 명확하다. 예금자, 보험수익자에게 각각 예금 및 보험금을 제대로 지급하고 만기 전에 보험금지급이나 예금반환의 위험수준을 부당하게 높이지 않는 것이다. 이것은 보험회사, 은행과 각각 보험계약자, 예금자와의 보험계약, 예금계약에 의해 정할 수 있고 이를 통해 보험계약자 및 보험수익자, 예금자의 이익은 보호될 수 있다.

(iii) 의결권 자문회사와 기관투자자, 연기금

자산운용회사나 연기금이 의결권 행사방향에 도움을 얻기 위하여 의결권 자문회사와 자문계약을 체결한 경우 의결권 자문회사가 자산운용회사나 연기금에 대해 신인의무를 부담하는지 문제 된다. 의결권 자문회사는 그 고객인 기관투자자와 자문계약을 체결한 데 지나지 않기 때문에, 기관투자자에 대해서 신인의무를 부담한다고 보기는 어렵다.[38]

미국에서 투자자문업자는 의결권 행사를 포함하여 고객의 이익을 위

---

37) 정순섭, 은행법 (2017), 240-241면.

38) 최문희, 앞의 논문 각주 30, 243면. 의결권 행사 방향에 대해 자문보고서를 작성하여 조언하는 업무를 취급하는데, 이러한 업무를 수행하는 자에게 신인의무자의 지위를 인정하기는 어렵다.

해서 수행하는 모든 업무에 관하여 충실의무와 신인의무를 부담하는 신인의무자로 인정된다.[39] 대표적인 의결권 자문회사인 ISS는 미국 투자자문업자로 등록되어 있기 때문에 이러한 의무를 부담한다. 이에 대해 투자자문업자로 등록되지 않은 다른 의결권 자문회사는 회사의 경영자와는 달리 신인의무를 부담하지 않는다고 보고 있다.[40] 의결권 자문회사가 기관투자자에 대해서 신인관계에서 인정되는 바와 같은 재량과 권한이 인정되는지는 의문이 있고, 의결권 권고에 터 잡아 기관투자자가 스스로 의결권을 행사한다는 점까지 보태어 고려하면 신인관계는 부정된다고 보아야 할 것이다. 연기금 등 기관투자자가 의결권 자문회사의 권고를 그대로 수용하는 것이 아니라 독자적 판단의 기초자료로만 활용하고 있는 경우에는 이 점이 두드러진다.

나. 신인의무에 기초한 책임을 초월하는 스튜어드십 책임

이처럼 스튜어드십 책임은 신인의무를 부담하는 기관투자자(fiduciary investors)[41]가 아니어서 신인의무자의 지위에 서지는 않지만, 투자 흐름의 범주에 있는 다양한 유형의 자들도 포섭하여 그들에게 일정한 행위를 요구한다는 의미에서 광범한 범주의 책임주체를 인정하기 위한 것이고, 신인의무에 따른 책임과 구별되는 스튜어드십 책임이라는 용어를 사용한 것이라고 할 수 있다.[42]

---

39) Section 206 of the Advisers Act [15 U.S.C. 80b-6]). SEC v. Capital Gains Research Bureau, Inc., 375 U.S. 180 (1963), 194면.

40) Tamara C. Belinfanti, "The Proxy Advisory and Corporate Governance Industry", 14 Stan. J. Law, Bus. & Fin. 384 (2009), 422면.

41) 신인의무를 부담하는 기관투자자라는 의미로 이 용어를 사용하는 예로 Davies / Worthington, 앞의 책 각주 34, 417면.

42) 神作裕之, 앞의 논문 각주 27, 42면; Goto, 앞의 논문 각주 29, 6면.

다. 우리나라 코드명의 적절성

스튜어드, 스튜어드십의 용어의 연원과 스튜어드십 책임의 의미를 종합적으로 고려하면 우리나라 스튜어드십 코드상의 '수탁자 책임'이라는 용어는 책임의 주체를 협소하게 파악하도록 오해를 줄 수 있고, 스튜어드십 코드의 목적을 담는 데 한계가 있다. 신탁관계에서 수탁자(trustee)의 책임과도 혼동의 여지가 있으므로 적절한 용어는 아니다.

우리나라에서 스튜어드십 코드의 제정을 시급한 과제로 인식하다 보니 코드 제정 과정에서 정치한 논의가 이루어졌는지 의문이 있다. 향후 코드의 점검 시에 이러한 고려를 바탕으로 우리나라 스튜어드십 코드의 제명의 개정이 이루어져야 한다.[43)]

3. 스튜어드십 코드의 목적과 도입배경

(1) 스튜어드십 코드의 목적

전술한 것처럼 기관투자자 중 일부는 고객에 대해서 신인관계에 있으므로 신인의무를 부담하는데 스튜어드십 코드가 따로 필요한 이유에 대해서 의문이 있을 수 있다. 그 이유는 투자흐름 내지 연결고리에 속한 자들 중에 신인관계가 성립하지 않는 관계가 존재하는데, 신인의무자에 해당하지 않는 주체에게 스튜어드십 책임을 부과하기 위함이다. 그런데 스튜어드십 책임이 부과되는 다양한 유형의 기관투자자를 코드의 적용대상으로 포괄하는 것이 스튜어드십 코드의 도입배경 및 도입목적의 관점에서 적절한지 의문이 있다. 각국의 코드상의 목적은 차이가 있고, 스

---

43) 김순석, 앞의 논문 각주 17, 194면.

튜어드십 코드의 목적이 무엇인지 명확하지 않다.

가. 우리나라

우리나라 스튜어드십 코드는 "수탁자 책임이란 투자대상회사의 중 · 장기적인 가치 향상과 지속가능한 성장을 추구함으로써 고객과 수익자의 중 · 장기적인 이익을 도모할 책임을 의미한다"라고 하고,[44] "수탁자 책임의 성공적 이행은 회사의 중 · 장기적인 발전을 유도하고, 투자자의 이익을 증진하는 데 기여할 뿐 아니라 자본시장과 경제 전반의 건전하고 내실 있는 성장과 발전을 뒷받침한다"[45]라고 규정한다. 〈원칙 2〉에 관한 안내지침에서는 "고객과 수익자의 이익을 최우선"에 두고 행동할 의무를 규정하여 우선순위를 분명히 하고 있다.

나. 일본

일본의 스튜어드십 코드[46]는 "본 코드에서 스튜어드십 책임[47]이란 기관투자가가 투자대상회사 및 그 사업환경 등에 관하여 깊은 이해를 바탕으로 건설적인 '목적을 가진 대화'(engagement) 등을 통해서 당해 회사의 기업가치 향상과 지속적 성장을 추구함으로써 '고객 · 수익자'(최종수익자를 포함한다)의 중 · 장기적 투자수익 확대를 도모할 책임을 의미한다"라고 규정한다.

우리나라와 일본의 스튜어드십 코드의 목적은 공통적으로 고객과 수

44) 스튜어드십 코드 제정위원회, 앞의 원칙 각주 11, "원칙"의 도입 목적과 의의 1.
45) 스튜어드십 코드 제정위원회, 앞의 원칙 각주 11, "원칙"의 도입 목적과 의의 2.
46) スチュワードシップ・コードに関する有識者検討会, 앞의 자료 각주 4.
47) 스튜어드십 코드 영문버전에서는 "Stewardship Responsibilities"라고 한다. Principles for Responsible Institutional Investors ≪Japan's Stewardship Code≫ – To promote sustainable growth of companies through investment and dialogue –.

익자의 이익 도모에 초점이 맞추어져 있고, 그 수단은 투자대상회사의 (중·장기적) 가치향상과 지속가능한 성장을 추구하는 것이다.

다. 영국

우리나라 코드에 영향을 미친 영국의 2012년 스튜어드십 코드의 목적은 "스튜어드십은 최종 자본 제공자(ultimate providers of capital)도(also) 번영시키는 방법으로서 발행회사의 장기적 성공(long-term success)을 촉진하는 것을 목적으로 한다. 효과적 스튜어드십은 발행회사, 투자자 그리고 전체 경제에 이익이 된다"고 규정하였다.[48]

2020년 스튜어드십 코드에서는 "고객과 수익자를 위한 장기적 가치 창조(create long-term value for clients and beneficiaries)"에 의해 "경제, 환경, 사회에 대한 지속적인 이익"이라고 표현하여 제1차적 목적이 고객과 수익자의 이익에 있는 것처럼 바뀌었다.[49] 자산소유자 및 자산운용자에 관하여 적용되는 원칙들[50] 중 〈원칙 1〉에서도 스튜어드십 코드의 목적에 관하여 동일하게 명시한다.[51]

---

48) FRC, UK Stewardship Code, 2012, Stewardship and the Code para. 1: "Stewardship aims to promote the long term success of companies in such a way that the ultimate providers of capital also prosper. Effective stewardship benefits companies, investors and the economy as a whole."

49) FRC, UK Stewardship Code, 2020, Introduction.

50) 2020년판 코드는 스튜어드십 코드의 원칙을 자산운용자 및 자산소유자에 대한 원칙과 의결권 자문기관 등 서비스제공자에 대한 그것으로 구분하여 규정한다.

51) FRC, UK Stewardship Code, 2020, PRINCIPLES FOR ASSET OWNERS AND ASSET MANAGERS PURPOSE AND GOVERNANCE Principle 1: "[...] stewardship that creates longterm value for clients and beneficiaries leading to sustainable benefits for the economy, the environment and society."

라. 검토

각국의 코드는 모두 공통적으로 스튜어드십 코드의 두 가지 목적을 언급하고 있다. 한편으로는 최종 수익자의 이익[우리나라와 일본은 고객과 수익자의 중·장기적 (투자)수익; 영국 2012년판은 최종 자본 제공자의 번영; 영국 2020년판은 고객과 수익자의 장기가치]과 다른 한편으로는 투자대상회사의 가치향상/지속가능한 성장(우리나라와 일본) 또는 장기적 성공(영국)이 그것이다. 다만 영국의 2020년판에는 경제, 환경, 사회의 지속적인 이익만 명시한다.

코드의 방점은 상이하다. 우리나라와 일본의 코드의 목적은 전자에 초점이 맞추어져 있지만, 영국의 2012년 코드는 발행회사의 장기적 성공에 초점이 맞추어져 있었다.[52] 영국에서 발행회사의 성과에 초점이 맞추어져 있다는 점은 코드의 두 번째 문단에서 분명하다. "스튜어드십 책임은 공유하는 것이다. 일차적 책임은 발행회사의 경영진을 감독하는 이사회에 있다. 발행회사의 투자자도(also) 발행회사의 이사회가 스튜어드십 책임을 완수하도록 하는 데 중요한 역할을 한다"라고 하고 있기 때문이다.[53] 여기에 국민경제와 공공의 이익이 목적에 추가되어 있다.

우리나라 코드는 "수탁자 책임의 성공적 이행은... 자본시장과 경제 전반의 건전하고 내실있는 성장과 발전을 뒷받침한다"라고 하는바 영국 코드의 "효과적 스튜어드십은... 전체 경제에 이익이 된다"와 유사하다.

---

52) 영국 코드는 원칙(The Principles of the Code) 부분에서는 "최종 수익자에게 귀속되는 가치를 보호하고 증진시키기 위하여" 기관투자자가 지켜야 할 원칙이라고 하므로 최종 수익자에 초점이 맞추어져 있다.

53) FRC, UK Stewardship Code, 2012, Stewardship and the Code para. 2: In publicly listed companies responsibility for stewardship is shared. The primary responsibility rests with the board of the company, which oversees the actions of its management. Investors in the company also play an important role in holding the board to account for the fulfilment of its responsibilities.

스튜어드십 코드에서 기대하는 일차적 목적이 무엇인지는 차이가 있다. 스튜어드십 코드가 투자대상회사의 가치제고와 회사지배구조 개선을 위한 것인가? 보다 넓게는 회사지배구조개선을 통해 공공의 이익을 위한 것인가? 아니면 기관투자자의 최종 수익자의 이익을 위한 것인가? 투자대상회사의 회사지배구조가 개선되면 회사의 가치가 증대되어 궁극적으로 기관투자자의 소유주식의 가치도 증가되고, 최종 수익자의 이익에도 도움이 된다. 이처럼 전2자는 후자의 목적에 이바지하기는 하지만 양자의 이익이 반드시 일치하는 것은 아니다.

자산운용사인 기관투자자의 수탁자 책임의 대상이 투자대상회사인지, 투자대상회사의 기타 주주인지, 아니면 자산운용을 위탁한 국민연금인지, 국민연금의 연금 가입자 및 연금 수급자 등 최종 수익자인지 문제된다. 책임의 대상이 국민연금 및 그 최종 수익자라면 자산운용업자는 투자 주식의 수익률이 낮으면 바로 주식을 팔고 수익률이 높은 주식에 투자하는 것이 자금을 맡긴 자와 그 최종 수익자의 이익을 위한 길이다. 이 측면만 고려하면 자산운용업자에게 적극적인 의결권 행사를 하도록 하거나 비용을 들여서 투자대상회사의 경영에 관여하도록 하는 것이 스튜어드십 책임을 다하는 것인지 의문이 있을 수 있다.

이처럼 목적이 다양하면 스튜어드십 코드의 목적이 두루뭉술해질 수 밖에 없고, 오히려 그 목적은 이상에 불과하여 실효성을 기대하기 어려울 수 있다.[54] 코드에 명시된 목적, 목적 달성을 위한 수단, 부수적 효과가 다기(多岐)하면 코드가 어떠한 진단에 대한 처방인지가 불분명해진다. 스튜어드십 코드가 무엇에 대처하기 위해 등장하였는지 그 도입배경을

---

54) 같은 취지로 Reisberg, 앞의 논문 각주 22, 10면; Iris H-Y Chiu, "Institutional Shareholders as Stewards: Toward a New Conception of Corporate Governance", 6 Brooklyn Journal of Corporate, Financial & Commercial Law 387 (2012), 427면.

살펴볼 필요가 있다.

(2) 스튜어드십 코드의 도입배경과 코드의 개정

가. 영국

영국의 2012년 코드의 일차적 목적은 투자대상회사의 장기적 성공에 있다고 하므로 최종 수익자의 이익보다 기관투자자의 (주주로서의) 책임에 방점이 놓여 있는 것처럼 보이는데, 스튜어드십의 본래의 의미와 부합하는지 의문이 없지 않다. 이것은 스튜어드십 코드 제정의 배경이 된 회사지배구조에 관한 일련의 보고서에 기인한다. 마이너스 리포트(Myners Report),[55] 워커 리뷰(Walker Review),[56] 케이 리뷰(Kay Review)[57]에 이르기까지 기관투자자가 소극적이고 투자대상회사에 대한 관여 수준이 필요한 수준보다 낮다고 보고, 역할의 강화가 강조되어 왔다.[58] 이러한 문제는 영국 회사들의 경영진에게 부정적인 영향을 미치는 회사지배구조의 문제라고 인식하였다.[59]

① 워커 리뷰

세계적 금융위기 이후 2009년에 워커 경(Sir David Walker)이 주도하여 작성한 보고서인 워커 리뷰는 글로벌 금융위기에서 영국 은행의 회사지배구조를 재점검하기 위한 것이었다. 금융위기의 원인으로 금융위기 이

---

55) Paul Myners, Institutional Investment in the United Kingdom: A Review (March 2001).

56) Sir David Walker, A Review of Corporate Governance in UK Banks and Other Financial Industry Entities: Final Recommendations (November 26, 2009).

57) The Kay Review of UK Equity Markets and Long-Term Decision Making: Final Report (July 2012).

58) Davies / Worthington, 앞의 책 각주 34, 414면.

59) The Kay Review, para.3.54.

전에 은행에 대한 감독과 금융규제에 심각한 결함뿐만 아니라 은행 내 관리의 실패, 즉 은행이 과도한 위험을 감수하도록 한 것이 지적되었다. 워커 리뷰는 금융보고위원회(FRC)가 기관투자자 및 펀드매니저의 스튜어드십(집사로서의 기능)에 관한 모범관행 원칙을 정하고, "기관주주위원회(Institutional Shareholders' Committee. 이하 'ISC')의 기관투자자 책임에 관한 코드"[60]를 FRC가 승인하여 스튜어드십 코드로 정해야 한다고 제안했다.

워커 리뷰는 주식투자의 수익추구를 위해서 과도한 위험을 감수하는 은행의 행태를 기관투자자와 시장이 묵인해 왔다는 점에서 기관투자자의 역할에 주목한 것이다. 기관투자자는 성과가 높은 경우 수익은 모두 취하면서 성과가 나쁠 경우 손실책임은 지분에만 국한되는데, 주주로서 기관투자자는 투자대상회사에서 유한책임을 부담하면서도, 은행이 도산에 이르면 납세자(국민)가 무한책임을 부담하게 된다는 점을 지적하였다.

이러한 맥락에서 소유자인 주주(기관투자자인 주주)의 책임성을 강조하고, 상당한 지분을 가지면서 주주의 유한책임을 누리는 기관투자자가 스튜어드십 의무(duty of stewardship)를 부담하여야 한다고 보았다. 투자대상회사의 과도한 위험감수행위 저지를 위해서 경영진을 감독함으로써 일반 공중(general public)에 대한 책임을 다해야 한다는 것이다.[61]

② ISC Code

워커 리뷰에서는 FRC로 하여금 민간기구인 ISC가 마련한 ISC Code를 승인하도록 하였는데, 정작 ISC Code의 목적은 워커 리뷰와는 차이가 있

60) Code on the Responsibilities of Institutional Investors. The Walker Review, Recommendations 16 and 17.

61) 일반적으로 우리나라에서도 스튜어드십의 의무를 부과시키는 것이 일반 공중에 대한 책임을 다하기 위한 수단으로서 적절한지에 관해서는 의문이 있으나, 영국에서는 금융위기 시에 도산한 은행에 국민의 세금이 투입된다는 점에서 스튜어드의 책임과 공공의 이익이 보다 자연스럽게 연결된다.

다. ISC Code에서 "기관투자자의 의무는 그 최종 수익자, 고객에게 부담하는 의무이지 넓은 범위의 공중에 대해 부담하는 것이 아니다"[62]라고 선언하였기 때문이다. ISC Code는 목적의 우선순위를 "리스크 감소"나 "회사지배구조에 대한 책임성"보다는 "주주에 대한 장기수익 증진"에 두었다. 이 점은 전술한 워커 리뷰와는 차이가 있다.

워커 리뷰는 투자대상회사에 관여하는(engage) (기관)투자자가 투자대상회사에 문제가 발생한 경우 투자를 회수하는 것은 최후의 수단이어야 하고, 기관투자자는 "장기 주주"이며, 금융위기 이전에 드러났던 "레버리지를 증가시킨다거나 기업인수 같은 단기적 이익을 추구하는 자"가 아니라고 전제하였다.[63] 그러나 이러한 가정은 기관투자자의 행태와는 차이가 있었다.

③ Kay Review

2012년 케이 리뷰(Kay Review)[64]는 스튜어드십 코드의 기능을 더 광범하게 파악하였다. "스튜어드십 코드는 전략적 문제뿐만 아니라 회사지배구조의 문제에도 초점을 맞추고 스튜어드십이 보다 확장성, 포괄성을 지니도록 발전되어야 한다"라고 하였기 때문이다. 이처럼 스튜어드십 코드의 기능의 확장에는 다음과 같은 생각이 전제되어 있다.

케이 리뷰에서 기대하는 스튜어드십의 목적은 "영국 산업 및 금융에서 장기적으로 좋은 의사결정"이 이루어지는 것,[65] 기관투자자의 단기실적

62) Institutional Shareholders' Committee (ISC), the Code on the Responsibilities of Institutional Investors (November 2009), 2면.

63) Walker Review, para.5.16, para.5.27-5.29. 이러한 생각은 금융위기 전 기관투자자의 행태에 비추어 보면 지나치게 순진한 가정이라고 비판되고 있다. Iris H-Y Chiu / Dionysia Katelouzou, "Making a Case for Regulating Institutional Shareholders' Corporate Governance Roles", 2018 Journal of Business Law 67, 76면.

64) The Kay Review of UK Equity Markets and Long-Term Decision Making: Final Report (July 2012).

주의(short-termism)를 억제하는 것이다. 케이 리뷰가 투자대상회사의 경영진의 좋은 의사결정을 유도함으로써 영국의 연금 수익자의 수익도 높아진다는 점을 강조하기는 하지만, "최종 수익자의 수익"보다는 영국 회사(즉 기관투자자의 투자대상회사)의 장기 수익증진에 초점을 맞추었다.

④ 2010년, 2012년, 2020년 UK Stewardship Code

2010년 스튜어드십 코드(이하 '2010년 코드')는 워커 리뷰의 제안에 따라 ISC Code를 대폭 수용하였지만, 목적의 방점은 ISC Code와 차이가 있다. 투자대상회사의 지배구조 개선과 그 성과가 강조되었다.[66] ISC Code를 스튜어드십 코드로 채택하면서도, ISC Code의 서두에 등장하는 "기관투자자의 의무는 그 최종 수익자, 고객에게 부담하는 의무이지 넓은 범위의 공중에 대해 부담하는 것이 아니다"라는 문구를 삭제한 것이다.

2012년 스튜어드십 코드(이하 '2012년 코드')도 2010년 코드의 목적을 기본적으로 따랐다. "스튜어드십은 최종 자본 제공자(ultimate providers of capital)도(also) 번영시키는 방법으로써 발행회사의 장기적 성공(long-term success)을 촉진하는 것을 목적으로 한다"라고 하기 때문이다. 2012년 코드의 문구는 투자대상회사의 "장기적 성공"을 "최종 수익자의 이익"보다 강조한 것이다.

2020년 스튜어드십 코드(이하 '2020년 코드')는 스튜어드십을 재정의하면서 "고객과 수익자를 위한 장기적 가치 창조"를 위하여 책임 있는 자본배분, 운용 및 감시라고 규정하여 고객과 수익자의 이익을 위한 것임을 명시하였다. 이 목적 부분에 주목하면 2012년 코드와 비교할 때 방점이

---

65) The Kay Review of UK Equity Markets and Long-Term Decision Making: Final Report (July 2012), para.6.27.

66) FRC, Consultation on a Stewardship Code for Institutional Investors (January 2010), para.1.3, para.1.11.

다소 변화된 것처럼 보이고 ISC Code와 유사한 점이 있다.

나. EU

EU는 영국 2010년 코드, 2012년 코드의 영향을 받아서 스튜어드십 코드의 기관투자자의 경영관여와 관련된 사항을 제2차 주주권 지침[67]에 규정하였다. 이 지침도 2007~2009년까지의 금융위기가 금융기관의 과도한 단기실적주의 추구, 기관투자자, 자산운용회사의 경영관여가 부적절하였다는 점에 대한 반성적 고려에 기인한 것이다.

기관투자자와 자산운용사가 EU의 상장회사에서 중요한 주주들인데 회사지배구조뿐만 아니라 회사의 정책과 장기성과에 중요한 역할을 수행할 수 있음에도 불구하고 그렇지 않았다는 점을 경영관여를 규정한 배경으로 명시하고 있다. EU에서 기관투자자와 자산운용사는 투자대상회사의 경영에 관여하지 않고, 주식시장은 상장회사의 경영자로 하여금 단기성과에 치중하여 경영하도록 압박하였으며, 이 때문에 회사의 지속가능한 성장에 해를 가하고 궁극적으로 회사 및 그 투자자의 장기성과에 부정적 영향을 미쳤다는 것이다.[68]

이러한 배경에서 이 지침은 영국의 스튜어드십 코드[69]와 Best Practice Principles Group(BPPG)이 제정한 행위규준[70]을 본받아 기관투자자와

---

67) Die Richtlinie (EU) 2017 / 828 des Europäischen Parlaments und des Rates vom 17. Mai 2017 zur Änderung der Richtlinie 2007 / 36 / EG im Hinblick auf die Förderung der langfristigen Mitwirkung der Aktionäre (ABl. L 132 vom 20.5.2017).

68) Erwägungsgrund 2 & 15, Richtlinie 2017 / 828 / (EU); Freitag, AG 2014, 647, 649.

69) FRC, UK Stewardship Code, 2012 (https://www.frc.org.uk/investors/uk-stewardship-code).

70) Report of the Chairman of the Best Practice Principles Group Developing the Best Practice Principles for Shareholder Voting Research & Analysis (2014. https:/ bppgrp.info/the-principles/the-principles-detail).

자산운용사의 경영관여정책에 관한 사항(지침 제3g조), 기관투자자의 투자전략과 자산운용사 사이의 합의에 관한 사항(지침 제3h조), 그리고 자산운용사의 투명성에 관한 사항(지침 제3i조)을 규정하였다.[71]

다. 일본

2014년 스튜어드십 코드는 영국의 스튜어드십 코드에 크게 영향을 받았지만[72] 일본 실정에 맞추어 제정된 것이다. 도입배경은 영국, EU와 차이가 있다. 직접적 계기는 국가 경제의 성장전략과 강하게 연결되어 있다. 즉 "일본재부흥전략2013"에서 기관투자자가 제대로 스튜어드십 책임을 다함으로써 기업의 지속적 성장을 촉구하기 위한 것으로, 코드 도입의 배경은 두 가지로 정리할 수 있다. 첫째, 기관투자자가 의결권 행사를 비롯하여 주주권 행사를 제대로 행사하고 투자대상회사에 대해 적절하게 관여(engagement)하면 일본 기업의 가치가 증대될 것이라는 기대를 전제한다. 둘째, 그동안 일본에서 기관투자자가 충분한 주주권 행사를 통해 회사지배구조 향상에 기여하지 않았다는 점이다. 일본의 코드의 목적은 회사지배구조 개선목적의 연장선에 있다고 볼 수 있다.

(3) 각국 코드의 비교 · 검토

영국의 2012년 스튜어드십 코드는 과도한 위험감수행위와 단기주의를 억제하여 기관투자자의 일반 공중에 대한 책임, 공공의 이익, 투자대

71) 상세는 최문희, "유럽연합의 제2차 주주권 지침의 경영관여에 관한 소고", 강원법학 제56권 (2019. 2), 11면 이하.

72) 神作裕之, "スチュワードシップ・コードと信託のこれから", 信託フォーラム Vol. 8 (2017. 9), 5면.

상회사의 장기적 성공에 초점을 맞추었다. 투자대상회사의 이익과 기관투자자의 고객 또는 궁극적 수익자의 이익이 불일치하는 경우에 스튜어드인 기관투자자가 발행회사의 장기이익 제고를 위해서 행동하거나 공공의 이익을 우선시하는 것이 스튜어드로서의 책임을 다하는 것인지는 의문이 있다. 이 때문에 영국 코드상 스튜어드십 책임은 일차적 목적과 스튜어드십 개념이 양립할 수 없다는 비판이 제기될 수 있다.[73] 국내외의 비판을 의식한 탓인지는 분명하지 않으나 2020년 코드에서는 고객과 궁극적 수익자의 장기가치 창조에 초점을 맞추는 것으로 표현이 바뀌었다.

스튜어드십 코드에 거는 기대가 컸던 것은 투자대상회사의 지배구조 개선과 가치 증대를 통하여 최종적으로 고객과 수익자의 중·장기적 이익도 도모할 수 있다고 보았기 때문이다. 전자의 목적과 후자의 목적은 분리될 수 없고 양립할 수 있기 때문에 회사가치 증대에 따라 궁극적 고객과 수익자의 중·장기적 이익, 공공의 이익도 증대되므로 양자가 불일치하지 않는다는 주장이 있을 수 있고, 이러한 주장은 스튜어드십 코드의 다목적성에 부합한다. 반면 연기금의 투자대상회사가 광범위한데 연금수급권자의 이익을 위해서 특정 투자대상회사의 수익전망이 밝지 않으면 그 회사의 지배구조에 관여하는 데 비용을 치르기보다는 주식을 팔고 장래 전망이 밝은 회사로 투자대상을 바꾸어야 한다는 주장도 가능하다.

한편 우리나라와 일본의 스튜어드십 코드는 고객, 최종 수익자의 중·장기적 투자수익 확대에 초점을 맞춘다. 코드상 일차적 목적은 기관투자자의 스튜어드십 책임의 개념에 보다 부합한다. 반면 우리나라와 일

73) Goto, 앞의 논문 각주 29, 41면.

본 양자 모두 코드의 도입배경과 코드의 목적이 부합하지 않는다는 비판도 제기될 수 있다.

우리나라 스튜어드십 코드는 문언상 목적은 "고객과 수익자의 중·장기적인 이익"인데, 코드 도입의 배경은 회사지배구조 개선, 대규모 기업집단의 부실경영, 기관투자자의 주주권 행사의 소극성에 대처하기 위한 것이었다.[74] 코드의 목적에 초점을 맞추면 기관투자자가 고객, 수익자에 대한 신인의무를 다하였는지가 중요한 문제가 된다.[75] 원론적으로는 투자대상회사의 회사지배구조 개선은 고객과 수익자의 중·장기적 이익 증대와 자연스럽게 연결된다. 그러나 회사지배구조 개선이 담을 수 있는 폭넓은 목적 중에 최종수익자 이익에 부합하지 않는 것이 있을 수 있다. 명목적으로는 회사지배구조 개선이지만 실제는 특정 이익집단의 가치실현이나 이익을 도모하기 위하여 경영관여를 하는 경우도 상정해 볼 수 있다. 예를 들어 고배당을 요구하면서 이에 응하지 않는 경영진을 해임하려는 시도나, 특정 근로자집단을 감사위원이나 사외이사 후보로 내세우려는 시도는 궁극적 수익자의 중·장기적 이익과 부합하지 않는다.

우리나라 코드의 목적문구는 코드의 도입배경과 실제 코드가 회사지배구조개선, 재벌 개혁 수단으로 활용되는 상황을 고려하면 제대로 조문화된 것인지 의문이다. 코드에 투자대상회사의 회사지배구조 개선 목적이 드러나도록 명시했어야 했다.

---

74) 송민경, 한국형 스튜어드십 코드 도입 방향과 세부내용: "기관투자자의 수탁자 책임에 관한 원칙" (2015 스튜어드십 코드 도입 공청회 발표자료, 한국기업지배구조원/자본시장연구원, 2015), 4-5면; 정윤모, 기관투자자의 수탁자 책임과 스튜어드십 코드의 도입 (2015 스튜어드십 코드 도입 공청회 발표자료, 한국기업지배구조원/자본시장연구원, 2015), 2면.

75) Goto, 앞의 논문 각주 29, 41면.

III. 국민연금의 스튜어드십 코드의 도입과 국민연금의 지배구조

1. 서

우리나라 스튜어드십 코드의 일차적 목적은 고객과 수익자의 중·장기적 (투자)수익이고 이를 통해 투자대상회사의 가치향상을 도모한다. 코드의 문면상으로는 무엇보다도 고객과 수익자의 중·장기적 투자수익에 방점이 놓여져 있다. 현실에서는 투자대상회사의 회사지배구조 개선에 초점이 맞추어져 운용되고 있는 양상이다. 이 점은 국민연금의 스튜어드십 코드의 도입배경을 보면 두드러진다. 국민연금이 코드를 도입하게 된 계기는 여러 가지가 있으나 국민연금이 기업집단의 지배주주의 사익추구행위에 대한 통제, 회사지배구조 개선에 중요한 역할을 할 것이라는 점이 손꼽히는 이유였다.

기관투자자 일반에도 적용되는 주주권 행사의 법적 쟁점 문제는 절을 바꾸어 살펴보고, 이 절에서는 스튜어드십 코드의 적용대상 중에서 우리나라 코드 도입의 확산에 촉매제의 역할이 기대되는 국민연금의 스튜어드십 코드 준수에 따르는 특유한 쟁점을 다룬다. 국민연금을 위시한 연기금의 주주권 행사에 관해서는 주식투자의 원칙적 허용 여부, 의결권 행사의 방향,[76] 정치력이 연기금에 영향을 미칠 수밖에 없는 국민연금의 내부지배구조에 관하여 논란이 있어 왔다.

---

76) 공적 연기금의 의결권 행사의 문제에 관해서는 최문희, "공적 연기금의 의결권 행사: 국민연금의 회사지배구조에서의 역할과 의결권 행사의 개선방안", 상장 2015년 8월호, 30면.

2. 국민연금의 투자비중과 중요성

국민연금에 대해서 스튜어드십 코드의 확산에 의한 회사지배구조의 개선에 주도적 역할을 요구하는 이유는 무엇인가? 국민연금의 투자규모가 크기 때문이다. 과거 연기금의 주식투자는 2005년 전에는 원칙적으로 허용되지 않았다.[77] 연기금의 주식투자 허용 여부에 관해서는 오랫동안 정치권에서 첨예한 의견대립이 있었는데,[78] 2005년 1월 기금관리법의 개정[79]에서 상반되는 입장을 조율하여 기금의 다양한 자산운용을 통하여 기금의 수익률을 제고하려는 취지에서 주식에 대한 투자를 원칙적으로 허용하였다(구 기금관리법 제3조 제3항 삭제).

이후 국민연금의 국내 주식투자는 괄목할 만한 수준으로 증대되었다. 뒤의 〈표 1〉에서 보는 것처럼 2000년과 2019년을 비교하면 국내주식투자 규모는 1조 8,000억 원에서 122조 3,000억 원, 국내 주식시장에서 차지하는 비중(%)은 0.8%에서 6.93%로 증가했다. 주식투자 비중이 부쩍 늘어난 2014년 이후 5% 이상 보유한 기업의 수도 2014년 252개사에서 2019년 313개사로 증가하였다.

이처럼 주식투자 규모가 크면 문제의 투자대상회사의 전망이 좋지 않

---

77) 구 기금관리법은 기금운용원칙으로서 "기금관리주체는 기금으로 주식과 부동산을 매입할 수 없다"고 하고(제3조 제3항 본문), "기금의 설립목적과 공익에 위배되지 아니하는 범위 안에서 기금운용계획에 반영된 경우에만 허용된다"(제3조 제3항 단서)고 규정하였다.

78) 한국경제신문 2001. 12. 20.자, "'연기금 주식투자 전면허용' 유보". 연기금의 수익증대와 경기상승, 심지어 국내 회사의 경영권 방어 등을 위해 특히 국민연금기금의 주식투자를 허용해야 한다는 입장과 국민의 노후복지와 생활안정을 위한 공익목적의 연기금을 불확실한 주식시장에 투입하는 것은 위험하므로 연기금은 주식투자는 적절히 제한되어야 한다는 반대입장이 있었다.

79) 법률 제7385호, 2005년 1월 27일 일부개정.

〈표 1〉 국민연금의 국내 주식투자 추이(연말 기준)

연도	2000	2014	2015	2016	2017	2018	2019
국내 주식투자 규모(조 원)	1.8	83.9	94.9	102.4	131.5	108.9	122.3
국내 주식시장 비중(%)(시가 총액 기준)	0.8	6.29	6.57	6.78	6.96	6.93	7.1
지분 5% 이상 (괄호 안은 10% 이상) 회사(개)	-	252 (57)	271 (79)	265 (74)	276 (96)	292 (80)	313 (96)

자료: 국민연금, 상장회사협의회

더라도 주식을 매도하는 것(소위 'wall street rule')이 곤란하게 된다. 이 때문에 투자대상회사 기업에 적극적으로 관여하여 대상회사의 가치를 제고하는 주주활동을 하는 것이 수익의 증대에도 부합하게 된다.

3. 국민연금의 독립성과 회사지배구조

(1) 국민연금의 지분규모

일반적 기관투자자의 소극적 주주권 행사 문제에 대한 대처로 주식투자 비중이 높은 국민연금이 주목받아 왔다. 의결권 행사에서 주도적 역할을 하고 회사지배구조에 큰 영향을 미칠 수 있기 때문이다. 자산운용회사 등 기관투자자가 투자대상회사의 사업관계 때문에 제대로 목소리를 내지 못하는 데 반하여 국민연금은 기업집단 소속 회사로부터 더 독립적일 것이라는 기대도 있었다.

의결권 행사에 국한하여 보면 국민연금은 자산운용사 등 기관투자자

보다는 적극적으로 의결권을 행사한 것으로 보인다. 〈표 2〉에서 보는 것처럼 반대투표 비율은 2006년 3.7%에서 2019년 17.5%로 지속적으로 증가하는 추세를 보였다.[80)]

〈표 2〉 국민연금의 의결권 행사 추이(2006~2019)

연도	행사내역(%)			연도	행사내역(%)		
	찬성	반대	중립 / 기권		찬성	반대	중립 / 기권
2006	95.8	3.7	0.5	2013	89.2	10.8	0.0
2007	95.0	5.0	0.0	2014	90.8	9.0	0.2
2008	94.5	5.4	0.1	2015	89.6	10.1	0.3
2009	93.1	6.6	0.3	2016	89.5	10.1	0.4
2010	91.9	8.1	0.0	2017	86.9	12.9	0.2
2011	93.0	7.0	0.0	2018	80.6	18.8	0.6
2012	82.8	17.0	0.2	2019	79.5	20.4	0.1

자료: 국민연금

이처럼 국민연금의 지분규모가 상당하다는 점과 더불어 다른 연기금, 공제회가 국민연금의 의사결정을 따르는 경향이 있다는 점, 국민연금에게 의결권 자문서비스를 제공하는 의결권 자문기관의 권고가 의결권 행사방향을 정하는 데 중요하다는 점을 두루 고려하면 국민연금은 회사지배구조와 자본시장에서 가장 영향력 있는 주체(player)이다.

그런데 국민연금이 의결권 행사를 통해서 회사의 지배구조개선에 기여해야 하는지, 국민연금의 중요한 기능이 지배구조개선에 있는지, 적극

80) 2012년에 개정상법을 반영하기 위한 정관변경 안건이 많았기 때문에 반대비율이 급증한 것은 예외로 한다.

적으로 주주권을 행사해야 하는지에 관하여 찬반론이 있다.

(2) 찬성론

2015년 합병비율 불공정 시비가 있던 삼성물산 합병[81] 사건에서 캐스팅보트를 쥐고 있던 국민연금이 절차 면에서 문제가 있는 의사결정과정을 거쳐서 합병에 찬성하여[82] 합병 안건이 가결되는 데 중요한 역할을 한 이후로 국민연금에 대한 비판이 거세어졌다. 당시 국민연금의 내부 기금운용지침에 의하면 공단에서 찬성 또는 반대의 판단을 하기 곤란한 안건은 주식 의결권 행사 전문위원회에서 결정하여야 했고(제17조 제5항), 하위규정인 의결권 행사지침에 의하면 의결권 행사는 원칙적으로 기금운용본부 산하 투자위원회가 결정하나(제8조 제1항), 찬반의 판단이 곤란한 안건은 각계의 이해관계를 대표하는 외부 전문가로 구성된 주식 의결권 행사 전문위원회에 결정을 요청할 수 있었다(제8조 제2항). 이 사건에서는 종전에 의결권 행사 전문위원회에 결정을 요청한 것과는 다르게 이 위원회에 대한 결정요청 과정을 거치지 않고 투자위원회가 찬성표를 던진 것은 문제가 있었다.[83]

삼성물산 합병 이후 국민연금이 정치권, 재벌기업으로부터 독립하여 국민연금기금을 보호하고 투명하게 운용해야 한다는 의견이 팽배하였다.

---

81) 박 준 외, 앞의 좌담회 각주 16, 78면 이하.

82) 당시 국민연금의 의사결정 과정에 대한 상세는 보건복지부장관 갑, 국민연금공단 기금운용본부장 을이 국민연금공단 기금운용본부 담당자들에 대하여 영향력을 행사하여 의사결정 과정에 개입하였다는 이유로 직권남용 등의 죄로 기소된 사건에 관한 형사판결문에 잘 서술되어 있다. 서울중앙지법 2017. 6. 8. 선고 2017고합34, 183 (병합) 판결.

83) 김건식, 앞의 논문 각주 16, 94면.

국민연금이 적극적인 의결권 행사를 통해서 회사지배구조에 기여해야 한다는 논거로는 다음 세 가지를 생각해 볼 수 있다.

첫째, 대다수 소수주주가 의결권 행사에 무관심하고 다른 기관투자자도 경영진의 견제 역할을 하지 못하는 상황에서 국민연금이 경영진의 감시역할을 수행할 수 있고, 또한 그렇게 해야 한다는 것이다. 공적 연기금은 자산운용사 등 여타 기관투자자와는 달리 투자대상회사와 사업 관계와 이해관계가 맞물려 있지 않으므로, 바람직하지 못한 의사결정에 반대할 수 있는 입장에 서 있다.[84] 그동안의 의결권 행사 상황에 비추어 보면 국민연금이 주주총회 안건에 반대한 비율은 여타 기관투자자나 자산운용사가 반대한 비율보다도 높다는 점에서 이 주장은 설득력이 없지 않다. 예를 들어 금융감독원의 2015년 의결권 행사점검에 의하면,[85] 자산운용사의 반대비율이 평균 2.2%, 은행 등 기타 기관투자자의 반대비율이 0.6%인데 비하여 국민연금의 반대비율은 9.1%였다.

둘째, 국민연금은 개별 회사의 지분소유 구조, 즉 국민연금의 지분율, 최대주주의 지분율, 지분의 분산 정도 등에 따라서 해당 회사의 의사결정에 영향을 미치거나, 경영권 분쟁이나 주주 간 의견 대립이 있는 경우 주주총회 결의의 향배에 중요한 역할을 할 수 있다. 실제로도 삼성물산 합병 건에서 삼성물산과 엘리엇의 지분확보 경쟁에서 11%를 상회하는 지분을 가진 국민연금이 캐스팅보트의 역할을 하기도 하였다.

셋째, 국민연금의 의결권 행사를 통해 기업지배구조를 개선하는 것은 연금기금의 수익률 제고를 위해서도 필요하다는 입장이다.

---

84) Roberta Romano, "Public Pension Fund Activism in Corporate Governance Reconsidered", 93 Colum. L. Rev. 795 (1993); John C. Coffee Jr., "Liquidity versus Control: The Institutional Investors As Corporate Monitor", 91 Colum. L. Rev. 1277 (1991), 1321면.

85) 금융감독원 보도자료, 자산운용사의 의결권 행사 점검 결과 (2015. 7. 7).

(3) 반대론

국민연금에 대해서 회사지배구조 개선을 기대해서는 아니 되며 회사지배구조개선이 국민연금의 의무가 아니라는 입장이다. 첫째, 국민연금의 주식투자 자체에 대한 비판에서 원용되던 논거로 국민연금의 적극적 주주권 행사가 연금사회주의(Pension Fund Socialism)의 반영이라는 비판이다. 주지하듯이 연금사회주의는 미국의 피터 드러커(Peter F. Drucker)가 1976년 저서[86)]에서 고안한 개념이다. 미국의 기관투자자로서 연기금이 1950년대부터 기업의 주요주주 지위에 있었는데, 그 연기금의 투자금은 노동자가 낸 노후자금(퇴직연금)이 모인 것이므로 노동자가 돈을 내고 연기금을 통해 기업을 지배하는 현상을 비판하는 데 사용된 용어이다. 드러커는 1985년까지 형태를 막론하고 종업원연기금이 미국 회사의 절반 이상의 지분을 차지할 것이라고 예고한 바 있다. 드러커는 위 저서에서 '드라마틱한 조용한 혁명(silent revolution)'이 일어나고 있는데, 이 혁명의 결과 (연기금이) 막대한 정치적 · 사회적 · 경제적 영향력을 가질 수 있다고 서술하였다.

우리나라 상황에 위 용어를 차용하여 국민연금이 정치적인 영향력을 받거나[87)] 정치권의 힘의 지원을 바탕으로 지배주주의 사익추구 수단이 될 수 있다는 비판이 있었다. 국민연금의 의결권 행사가 회사나 주주의 최대이익을 위해서가 아니라 정치인 또는 특별한 이익집단의 개인적 이익에 터 잡아 이루어질 수 있다는 것이다.[88)] 국민연금의 운영주체는 정부

86) Peter F. Drucker, The Unseen Revolution: How Pension Fund Socialism Came to America (Harper & Row, 1976).
87) 2005년 기금관리기본법 개정 논의 시에 기금의 주식투자 원칙적 허용에 대한 반대입장을 취했던 당시 야당(한나라당)의 주요 논거였다.

이므로 정부가 회사지배구조 개선을 구실로 회사에 대해 통제를 가할 수 있는데, 의결권 행사를 통해 원하는 인사를 이사로 선임하거나, 거슬리는 인사가 이사로 선임될 수 없도록 영향력을 행사할 수 있다는 것이다.

둘째, 회사지배구조 개선의 의미와 측정 지표가 불분명하기 때문에 국민연금의 의결권 행사 방향이 회사지배구조 개선에 긍정적 영향을 주는지 여부가 불분명하다는 비판도 있다.

셋째, 국민연금은 연금 가입자 · 수급권자의 이익에 초점을 맞추어 행사되어야 하는데, 회사지배구조 개선에 초점을 맞추는 경우 당장의 가입자 · 수급권자의 이익에 부합하지 않는 방향으로 의결권이 행사될 가능성도 있다.

4. 국민연금의 지배구조와 의사결정과정의 문제

(1) 국민연금 자체의 지배구조 개선의 필요성

국민연금이 대규모 지분, 예를 들어 5% 이상 보유한 투자대상회사에서의 의결권 행사의 오류위험을 분산하기 위해서 의결권을 어떻게 행사해야 하는가라는 논의를 예외로 하면, 국민연금이 아예 의결권을 행사하지 않아야 한다는 입장은 옳지 않다. 국민연금의 회사지배구조 개선의 역할 여부와 정도는 이견이 있겠으나, 투자대상회사에서 적극적으로 의결권을 행사할 필요가 있다는 점에는 거의 다툼이 없다.[89] 국민연금이

88) Roberta Romano, 앞의 논문 각주 84, 800-803면.

89) 이 점은 법상으로도 인정된다. 국가재정법은 기금 보유 주식의 의결권을 기금의 이익을 위하여 신의에 따라 성실하게 행사해야 하고, 그 행사내용을 공시해야 한다는 규정(제64조)을 두고 있다. 동법은 연기금이 투자주식을 포함한 자산의 운용에 관하여 자

정치적 영향력 및 그와 연계된 재벌 지배주주의 영향력을 받을 수 있다는 점도 2015년 삼성물산 합병 사안에서 여실히 드러나 있다.[90]

현재는 국민연금의 지배구조, 의사결정 과정의 개선을 통해서 주주권을 어떻게 행사하여야 하는지가 핵심 쟁점이 되고 있다. 국민연금의 주주권 행사의 관치, 재벌 지배주주, 제3의 영향력에 관한 논란을 해소하기 위해서는 기금운용의 의사결정의 독립성을 담보하는 것이 무엇보다도 중요한 쟁점이 된다. 종래 의결권 행사방향에 관한 의사결정과정의 문제로 인하여 국민연금의 내부지침의 개정이 이루어졌다.

(2) 의결권 행사에 관한 구 지침의 해석상 문제

국민연금의 의결권 행사방향에 관해서는 내부 기금운용지침에서 "의결권 행사는 원칙적으로 공단에서 행사하되, 공단에서 찬성 또는 반대의 판단을 하기 곤란한 안건은 주식 의결권 행사 전문위원회에서 결정한다"라고 규정하고 있었다(제17조 제5항). 기금운용지침의 하위지침인 의결권지침은 의결권 행사는 원칙적으로 기금운용본부 산하 '투자위원회'가 결정하지만(제8조 제1항), 찬성 또는 반대의 판단이 곤란한 안건은 각계의 외부 전문가로 구성된 주식 의결권 행사 전문위원회(이하 '의결권 위원회')에 결정을 요청할 수 있다고 규정하였다(제8조 제2항).

여기에서 의사결정 과정에 관하여 해석상 문제가 있었다.[91] 기금운용지침 제17조 제5항의 '결정한다'의 의미가 반드시 의결권 위원회의 결정을

산운용지침을 정할 의무와 그 자산운용지침에는 보유주식의 의결권 행사에 대한 기준과 절차에 관한 사항을 포함하도록 하고 있다(제79조 제1항, 제3항 제4호).

90) 사실관계에 관하여 상세는 서울중앙지방법원 2017. 6. 8. 선고 2017고합34, 183 (병합) 판결.

91) 김건식, 앞의 논문 각주 16, 94면.

거쳐야 하는 강제적 의미를 지니는 것인지 여부이다. 의결권지침 제8조 제2항의 '투자위원회가 결정을 요청'할 수 있도록 규정한 부분의 해석이 모호하다는 문제도 있다. 기금운용지침 제17조 제5항의 '찬성 또는 반대의 판단이 곤란한 안건'을 무엇을 기준으로 판단하는지도 문제였다.[92)]

하위지침의 해석이 모호한 상황에서 투자위원회는 어느 경우에는 의결권 위원회의 결정을 거쳤지만 다른 경우에는 의결권 위원회에 결정을 요청하지 않았는데 양자의 구분 기준이 불분명하였다. 이 문제를 심각하게 대두시킨 사안이 삼성물산 합병이다. 이 사건 이전에 있었던 SK와 SK C&C 사이의 합병의 경우 의결권위원회에 결정을 요청한 것과 달리 삼성물산 합병에서는 투자위원회가 직접 의사결정을 하고 합병에 찬성하였다.[93)]

국민연금이 삼성물산 합병에 찬성한 것과 관련하여 국민연금의 의사결정 과정과 지배구조의 문제가 거센 비판에 직면하였다. 투자위원회 위원장은 기금운용본부장이 맡고 기금운용본부 실장급 7명, 팀장급 3명 등 투자위원회 위원 총 12명이 기금운용본부장의 지휘·감독을 받는 자로 구성되기 때문에 국민연금의 이익보다 정치적 영향력 또는 제3자의 이익을 위하여 의결권 행사가 이루어질 수 있는 구조였다.[94)]

(3) 수탁자책임 전문위원회의 설치

국민연금이 2018년 7월에 스튜어드십 코드를 도입하면서[95)] 국민연금

92) 최문희, 앞의 글 각주 76, 34면.

93) 이러한 사실관계와 기존의 투자위원회의 의결현황에 관해서는 서울중앙지방법원 2017. 6. 8. 선고 2017고합34, 183 (병합) 판결.

94) 상세는 서울중앙지방법원 2017. 6. 8. 선고 2017고합34, 183 (병합) 판결.

95) 주요 경과는 국민연금 기금운용위원회 하부 성과평가보상전문위원회가 '스튜어드십

의 지배구조 개선도 전기를 맞이하였다. 국민연금은 스튜어드십 코드를 이행하기 위하여 '국민연금기금 수탁자 책임에 관한 원칙',[96] '국민연금기금 수탁자책임 활동에 관한 지침'[97](이하 '수탁자책임 지침')을 제정하고, 종전의 '국민연금기금 의결권 행사지침'을 폐지하였다.[98] 기존 주식 의결권 행사 전문위원회를 해체하여 새로이 외부 독립기관으로 '국민연금기금 수탁자책임전문위원회'를 구성하도록 하였다.

수탁자책임 지침에 의하면 수탁자책임 활동을 위한 의사결정주체는 투자위원회이지만, 의결권 행사의 경우 '국민운용규정'에서 다르게 정할 수 있다(제5조 제1항). 제1항에도 불구하고 다음의 일정한 수탁자 책임활동은 수탁자책임전문위원회가 결정하고 그에 따라 기금운용본부가 행사한다(제5조 제2항). 수탁자책임기금운용본부가 판단하기 곤란하여 전문위원회에 결정을 요청한 사안(제5조 제2항 제1호), 전문위원회 주주권 행사 분과위원 3명 이상이 장기적 주주가치에 미치는 영향이 크다고 판단하여 전문위원회에 회부할 것을 요구하는 사안(제5조 제2항 제2호)이다.

위 지침에 따라 2018년 7월부터 제1기 수탁자책임전문위원회가 구성되어 2020년 1월 7일까지 활동하였다. 위원회 구성은 주주권분과 9명, 책

코드 도입 검토'를 제언(2017. 7), 외부에 '국민연금 스튜어드십 코드 연구용역' 추진(2017. 7～2018. 3), 이해관계자 의견수렴 토론회 개최 및 기금운용위원회에서 '국민연금 수탁자책임에 관한 원칙,' '수탁자책임활동 지침,' '수탁자책임 전문위원회 운영규정'의 논의(2018. 4), '국민연금기금 수탁자책임활동에 관한 원칙'(2018. 7)과 이 원칙의 수탁자 책임활동의 세부 가이드라인인 '국민연금기금 수탁자책임 활동 지침'(2018. 7. 30)을 제정하였다. 이 지침은 2019년 3월 29일, 2019년 11월 29일, 2019년 12월 27일, 2020년 2월 5일 4차례 개정되었다.

96) 보건복지부 / 국민연금공단, 국민연금기금 수탁자 책임에 관한 원칙 도입방안 의결(2018. 7. 30. 2018년도 제6차 국민연금기금운용위원회).

97) 보건복지부 / 국민연금공단, 국민연금기금 수탁자 책임 활동에 관한 지침 (2018. 7. 30).

98) 보건복지부 / 국민연금공단, 앞의 지침 각주 97, 부칙 제2조.

임투자분과 5명으로 구성되어 있고, 주주권분과에는 사용자 추천, 근로자 추천, 지역가입 추천, 정부 추천 각 2명, 연구기관 추천 1명으로 되어 있었다. 그런데 이 위원회는 기금운용위원회의 전문성 부족을 보완하고 기금운용위원회를 보좌하는 기구이나, 위원의 독립성 · 전문성을 담보하기 위한 요건이 불비하다는 비판이 있었다.[99] 위원의 구성에 정부나 추천 영역의 대표자가 관여하기 때문에 외부 영향력에 취약할 수 있는 것처럼 보이고, 자격요건이 없기 때문에 종래의 의결권위원회와 크게 차이가 없다는 비판도 가능하였다.

마침내 2020년 1월에 국민연금법 시행령 개정[100]에 따라 수탁자책임전문위원회의 구성이 보다 정비되었다. 국민연금기금운용위원회의 심의 · 의결 사항을 사전에 전문적으로 검토 · 심의하는 투자정책전문위원회, 수탁자책임전문위원회 및 위험관리 · 성과보상전문위원회가 설치되도록 하였다(국민연금법 시행령 제80조의3). 여기에서 수탁자책임전문위원회는 위원장을 포함한 9명의 위원으로 구성하며, 각 전문위원회에 공동으로 두는 3명의 상근(常勤)위원이 위원장이 되도록 하고, 위원장이 추천하는 6명의 전문가로 구성되도록 되어 있다(제80조의3 제4항). 여기에서 상근위원은 "금융, 경제, 자산운용, 법률 또는 연금제도 분야의 업무에 5년 이상 종사하고 있거나 종사했던 사람(이하 '관계 전문가')이어야 하는 자격요건을 정하고 있다(동조 제4항 제1호). 위원의 임기는 보장되고(3년) 1회에 한하여 연임할 수 있다(동조 제5항). 여기에서 무엇보다도 중요한 상근위원장의 구성 권한이 매우 큰 것으로 보이는데, 상근위원장 선정 자체가 공정하고 투명하게 이루어지는 것이 관건이 된다.

99) 박창균 / 김민기 / 황세운, 국민연금의 주주활동: 의미와 제반이슈 (자본시장연구원 국민연금의 주주활동 가이드라인 공청회, 2019. 6. 4), 49-50면.

100) 대통령령 제30371호, 2020년 1월 29일 일부개정, 시행 2020년 1월 29일.

IV. 국민연금의 경영관여와 주주권 행사의 법적 쟁점

1. 경영관여의 의의와 범위

(1) 스튜어드십 코드의 경영관여

스튜어드십 코드는 기관투자자의 경영관여 책임을 정하고 있다. 기관투자자는 이사회가 그 책임을 충실히 이행하는지 점검하고 필요에 따라 이사회와 적극 대화하는 등 건설적인 관여활동에 나설 책임이 있다.[101] 관여활동의 범위는 의결권 행사뿐만 아니라, 기업 경영전략과 성과, 위험관리, 지배구조 등 핵심 경영사항에 대한 점검과 이사회 등과의 협의를 포함하며, 주주제안과 소송 참여 등 보다 적극적인 형태의 활동을 포괄하며, 회사와의 대화를 포함하는 광범위한 주주활동에 미친다.[102]

코드에 명시된 관여활동은 영국 코드의 'engagement'를 번역한 것이다. 이 원어는 경영개입, 경영참여, 관여활동, 주주활동, 경영관여 등으로 사용된다. 이 글에서는 engagement에 대한 가치판단을 내재하지 않은 중립적이고 포괄적 의미의 '경영관여', '관여활동,' 또는 '주주활동'이라는 용어를 사용한다.

스튜어드십 코드에서 관여의 범위는 정하고 있지만 경영관여에 관하여 통일된 정의는 존재하지 않는다. 경영관여가 주주행동주의(Aktionärsaktivismus; shareholder activism)와 동일한 의미로 사용되는지 여부, 보다 협소한 범위의 활동에 국한되는지 여부, 주주행동주의와 비교할 때 협력

101) 스튜어드십 코드 제정위원회, 앞의 원칙 각주 11, "원칙"의 의의 3.
102) 스튜어드십 코드 제정위원회, 앞의 원칙 각주 11, "원칙"의 의의 5.

적이고(collaborative) 비대립적인(non-confrontational) 행위를 의미하는지에 관하여 논란이 있었다.[103)]

경영관여는 '공개적인 반대의견 표시'나 '회사의 경영진과 대립관계'에서 행하는 주주행동주의보다도 투자대상회사에 대해서 보다 잘 이해하기 위하여 의사소통을 한다는 의미가 있으므로 주주행동주의와는 다른 의미로 이해된다. '간단한 전화회의, 이메일 교신, 회의'와 같이 유형을 막론하고 경영자와의 교신이 포함된다.

경영관여는 주주로서의 권리에 터 잡아 부여되는 경영에 관여할 권한을 적극적으로 활용하여, 회사의 경영진의 의사결정에 영향을 미치기 위해서 상법상 주주의 공식적 권한 이외에 비공식적 수단, 기타의 방법으로 적극적으로 경영에 관여하는 일련의 활동을 포함하는 개념으로 보다 유연하게 이해하는 것이 옳다.

(2) 국민연금의 수탁자책임 활동 원칙과 지침상 경영관여

경영관여와 관련하여 스튜어드십 코드 〈원칙 4〉는 기관투자자가 투자대상회사와 공감대 형성을 지향하고, 필요한 경우 수탁자 책임 이행을 위한 활동 전개 시기와 절차, 방법에 관한 내부지침을 마련하도록 한다. 국민연금의 수탁자책임 활동 원칙과 그 세부사항을 정한 지침의 경영관여 관련 내용은 다음과 같다.

---

103) 독일, EU, 미국의 용어례를 정리한 것으로 Inci, Shareholder Engagement, Nomos, 2018, S.71 f. 또한 Fleischer, ZGR 2011, 155, 167; Schäfer, NZG 2007, 900, 900; Stuart L. Gillan / Laura T. Starks, The Evolution of Shareholder Activism in the United States, 19 J. of Applied Corp. Fin. 55 (2007); Matthew J. Mallow / Jasmin Sethi, Engagement: The Missing Middle Approach in Bebchuk-Strine Debate, 12 NYU J. Law & Bus. 385 (2016).

가. 수탁자책임 활동〔원칙〕상 주주활동

스튜어드십 코드의 수탁자책임활동원칙(이하 '〔원칙〕')의 〈원칙 4〉에 따라 기금은 수탁자 책임 활동에 관한 지침을 마련하고 공개하고, 지침은 수탁자 책임 활동 목적과 기본원칙, 수탁자 책임 활동 유형, 수탁자 책임 활동 대상기업을 정하는 기준, 절차 등에 관한 사항을 규정한다. 기금은 지침에서 정한 바에 따라 다음과 같은 다양한 수탁자 책임 활동을 이행할 수 있고, 수탁자 책임 활동 이행 여건 등을 감안하여 활동 범위는 점진적 · 단계적으로 확대해 나간다고 한다.

〔원칙〕에 포함된 활동은 의결권행사, 중점관리사안 선정, 사실관계 확인, 기업의 입장표명 요청, 현황 파악을 위한 자료 · 정보 요청, 기업의 조치사항 확인, 개선대책 요구 등, 이사회 · 경영진 등 회사를 대표할 수 있는 자와의 면담, 질의서 · 의견서 발송 등, 비공개중점관리기업, 공개중점관리기업 선정, 공개서한 발송, 의결권행사 연계, 주주 대표소송, 투자자 손해배상소송 제기, 이사회 구성 · 운영, 이사 · 감사선임 등 관련 가이드라인 마련, 그 밖에 기금운용위원회에서 의결로 정한 주주권 행사가 규정되어 있다.

나. 수탁자책임 활동 지침의 주주활동

① 활동의 내용

〔원칙〕을 이어받아 주주활동은 기금운용위원회가 정한 국민연금기금의 수탁자 책임활동에 관한 지침[104)](이하 '〔지침〕')에 명시되어 있다. 지침은 책임투자 및 주주권 행사 등 수탁자 책임 활동의 이행의무에 관한 기본원칙(제3조), 수탁자 책임활동의 내용(제4조)을 규정한다. 수탁자책임

104) 국민연금기금 수탁자 책임활동에 관한 지침. 최근 개정은 2020년 2월 5일.

활동으로서 기금은 투자대상주식 및 채권에 대해서 비공개대화뿐만 아니라 책임투자를 이행할 수 있다(제4조 제1항). 책임투자(제4조 제1항)에는 투자대상 관련 환경 · 사회 · 지배구조 등 비재무적 요소의 고려(제1호), 환경 · 사회 · 지배구조와 관련한 중점관리사안 등(제2호)이 포함된다. 제2호의 주주활동은 다음에 서술하는 제4조 제2항 각 호를 통해서도 이행할 수 있다(제4조 제3항).

상장주식에 대해서는 별도로 〔지침〕 제4조 제2항에서 정하고 있다. 비공개대화 이외에도 의결권행사(제1호), 중점관리사안에 대한 비공개 대화, 비공개 중점관리기업 선정, 공개 중점관리기업 선정, 공개서한 발송, 주주제안 등(제2호), 예상하지 못한 우려에 대한 비공개 대화, 공개서한 발송, 주주제안 등(제3호), 소송제기(제4호)가 있다. 기타 기금운용위원회는 위원장이 필요하다고 인정하는 사안 또는 기금운용위원회가 의결한 사안에 대해 수탁자 책임활동을 이행할 수 있다(제4조 제4항). 〔지침〕 제4조는 일반적인 활동내용을 규정하므로 주주활동을 위한 공개중점관리기업과 비공개중점관리기업의 선정, 중점관리사안의 선정이 중요하게 된다. 이에 관해서는 〔지침〕 제13조 이하에서 세부사항을 정하고 있다.

② 중점관리사안

중점관리사안은 제13조에 열거되어 있다. 기금의 장기적이고 안정적인 수익 증대를 위하여 정한 기업의 배당정책 수립, 임원 보수한도 적정성, 법령상의 위반 우려로 기업가치의 훼손 내지 주주권익을 침해할 수 있는 사안, 지속적으로 반대의결권을 행사하였으나 개선이 없는 사안, 정기 ESG 평가결과가 하락한 사안, 그 밖에 기금운용위원회 위원장이 필요하다고 인정하는 사항(제13조 제1호 내지 제6호)이다.

위와 같은 중점관리사안은 일반적 기준에 불과하므로 구체적 기준이 문제 될 수 있는데, 〔지침〕 별표 4에서 이를 정하고 있다. (가) 기업의 배당정책 수립에 관해서 합리적인 배당정책을 수립하지 않거나, 합리적인 배당정책에 따른 배당을 하지 않을 경우, (나) 임원보수한도의 경우 보수금액, 기업의 경영성과 등과 연계되지 않은 이사보수한도를 제안하여 주주권익을 침해하는 경우, (다) 법령상의 위반 우려로 기업가치를 훼손하거나 주주권익을 침해할 수 있는 사안은 국가기관의 조사 등 객관적 사실에 근거하여 (i) 당해 회사와 관련한 횡령, 배임 행위, (ii) 부당하게 특수관계인 또는 다른 회사를 지원하는 행위(부당지원행위), (iii) 특수관계인에게 부당한 이익을 귀속시키는 행위(경영진의 사익편취)이다. (라) 지속적으로 국민연금이 반대의결권을 행사하였으나 개선이 없는 사안, (마) 정기 ESG평가 결과가 하락한 사안은 정기 ESG평가 결과, 종합 ESG 등급이 2등급 이상 하락하여 C등급 이하에 해당하는 경우이다.

2. 국민연금의 경영관여의 쟁점 개관

경영관여에 관해서는 기관투자자 일반에 대해서 자본시장법과 회사법적 쟁점이 논의되고 있다. 스튜어드십 코드와 국민연금의 〔원칙〕 및 〔지침〕의 기관투자자 주주의 주주관여 활동은 회사지배구조 개선을 위해 투자대상회사에 대한 의결권 행사에 국한되는 소극적 주주권 행사가 아니라 적극적 주주권 행사를 해야 한다는 것이다. 이러한 관여활동이 자본시장법의 공시규제나 내부자규제에 위반할 가능성이 있다. 유럽이나 미국에서 감독기관과 학계에서는 자본시장법령, 특히 공정공시에 관한 규정들이 주주와 이사 사이의 비공식적 의사소통을 금지해서는 아니 된다고 파악한다.[105)]

105) Recital 19 MAR; Joseph W. Yockey, "On the Role and Regulation of Private

우리나라에서 경영관여는 기관투자자가 투자대상회사와 대화하는 과정에서 내부정보를 얻고 주식거래를 하는 경우 미공개중요정보 이용행위(자본시장법 제174조), 시장질서 교란행위(동법 제178조의2), 주식 등의 대량보유보고의무 부담 여부(동법 제147조), 공정공시(한국거래소 유가증권시장공시규정 제15조 제1항 및 제4항, 코스닥시장 공시규정 제12조 제1항 및 제4항) 의무 부담 여부, 단기매매차익반환의무 부담 여부(자본시장법 제172조)가 문제 된다. 이들 쟁점 중 일부에 관하여 선행연구에서[106] 법적 제약을 제거하는 해석론이 필요하다는 점을 지적하였지만, 경영관여, 주주활동과 관련하여 법위반 여부의 불확실성이 완전히 해소된 것은 아니다.

국민연금 〔원칙〕의 〈원칙 4〉는 기금은 수탁자 책임 활동 과정에서 자본시장법 등의 관련 법규를 준수하며, 미공개중요정보, 공정공시 대상정보 등을 원하거나 요구하지 않는다고 밝히고 있다. 나아가 수탁자 책임 활동과정에서 의도하지 않게 미공개중요정보에 해당할 가능성이 있는 정보를 얻은 경우, 기금은 해당 정보의 공시 또는 공개를 기업에 요청하거나 직접 공개하는 등의 필요한 조치를 취할 수 있다고 한다. 미공개중요정보 이용행위나 공정공시의 문제에 비해 불확실성이 있는 부분은 대량보유보고의무 부담 여부와 단기매매차익 반환의무이므로 따로 살펴본다.

한편 국민연금의 〔원칙〕 및 〔지침〕상 주주활동 중 투자대상회사와의 비공개 대화 등과 관련하여 주주평등의 원칙, 비공개대화의 주체, 그리고 의결권 위임 시 의결권의 불통일행사와 같은 회사법적 쟁점이 있다.

Negotiations in Governance", 61 South Carolina L. Rev. 171 (2009), 211면.

106) 각주 17의 문헌.

3. 대량보유보고의무

(1) 구법상 경영관여의 제약요소와 제도 개선의 필요성

5% 이상을 보유한 주주가 스튜어드십에서 정한 기관투자자의 적극적 주주활동, 경영관여를 하는 데에는 자본시장법령의 규제가 걸림돌이 되었다. 상장회사의 의결권 있는 주식을 5% 이상 보유한 자는 보유상황과 보유목적 등을 금융위원회와 거래소에 보고하여야 하는데(제147조), 일단 5% 이상을 보유한 경우에는 후에 추가로 1% 이상 취득할 때도 보고의무를 부담한다.

보유목적에 관하여 과거 '경영참가목적'과 '단순투자목적'을 구분하여 전자의 경우에는 상세한 정식보고가 요구되고, 후자의 경우에는 약식보고 특례가 허용되었다. 정식보고는 지분변동일로부터 5일 이내에 보고하여야 하지만, 경영권에 영향을 주기 위한 것이 아닌 경우나 전문투자자인 경우에는 변동이 있었던 날의 다음 달 10일까지로 보고기한이 연장되는 특례가 적용되었다(자본시장법 제147조 제1항, 동법 시행령 제154조 제3항, 제4항). 국민연금은 전문투자자로서 원칙적으로 약식보고 특례의 적용을 받지만(제147조 제1항 후단, 시행령 제154조 제2항), 경영권에 영향을 주기 위한 경우(시행령 제154조 제1항 각호)이거나 투자대상회사나 임원에 대하여 사실상 영향력을 행사하는 것으로 인정되는 경우에는 정식보고 대상이 되었다(법 제147조 제1항 후단).

경영참가목적인지 단순투자목적인지에 관하여 분쟁이 끊이지 않고 있으며, 하급심 판결[107]이 유연하게 경영참가목적을 해석하고 있다는 점에

---

107) 서울행정법원 2008. 9. 5. 선고 2008구합23276 판결. 단순투자목적으로 보고한 사안

서 국민연금이 경영권 영향 목적은 없지만 배당관련 주주제안 등 적극적 유형의 스튜어드십 주주활동을 하는 경우 경영참가목적으로 인정될 가능성이 높아서 정식보고를 해야 하므로 주주활동을 하는 데 걸림돌이 될 수 있었다.

배당정책, 지배구조 개선 등의 적극적 주주활동이 증가하는데, 기존 대량보유보고제도는 '경영권에 영향을 주기 위한 것'과 아닌 것으로 구분하여 설계되어 있기 때문에 적극적 주주활동은 어느 한쪽으로 파악하기 어려운 측면이 있다. '경영권 영향 목적'이 없는데도 전자로 보고하지 아니하면 보고의무 위반으로 이루어질 가능성도 없지 않았다. 예를 들어 '단순투자'목적으로 공시하였는데 배당정책 합리화를 공개적으로 요구하면 경영권에 영향을 주기 위한 목적으로 해석될 수도 있다는 것이다.

한편 국민연금 같은 대형 공적 연기금은 지분변동 내역을 신속하게 공시하는 경우 추종 매매에 노출될 우려도 있었다.

스튜어드십 코드의 채택 확산, 투자자들의 주주활동 관심 증가 등 최근 투자환경의 변화를 감안하여 보고내용의 범위 및 시기 등을 판단하는 기준의 하나인 '경영권에 영향을 주는 것'의 범위를 합리적으로 조정하여 적극적 주주 활동을 지원하고, 경영참여 또는 단순투자 등 주주로서의 권리 행사 방식에 따라 보고의무를 차등적으로 부여하는 것으로 개정되었다.

에서 '경영참가목적이란 목적이 확정적인 경우뿐만 아니라 향후 거래실정에 따라 경영참가목적의 행위를 하겠다는 의사가 있는 경우'도 포함한다고 판시하였다.

(2) 신법상 경영참가목적의 축소

가. 경영권 영향 목적의 축소

주주활동에 제약이 되는 규제를 해소하기 위하여 2020년 1월 29일 자본시장법 시행령이 개정[108]되었다. 기관투자자들의 주주활동이 활발해지는 추세를 감안하여 대량보유보고의무를 합리적으로 차등화할 필요가 있다는 시장의 요구에 응하여 보고목적이 재조정되었다.[109]

〈표 3〉 자본시장법 시행령 제154조 제1항 경영참여 목적 신구조문 대비

개정 전	개정 후
1. 임원의 선·해임 또는 직무 정지 2. 이사회 등 회사기관 관련 정관 변경 3. 자본금 변경 4. 배당 결정 (이하 후략)	1. 임원의 선·해임 또는 직무정지(단, 위법행위 대응하는 권한행사 제외) 2. 이사회 등 회사기관 관련 정관 변경(단, 사전공개 원칙에 따른 지배구조 개선작업 제외) 3. 자본금 변경(단, 신주발행 유지청구 제외) 4. (삭제) (이하 후략)

주식 등의 보유 목적으로서 '경영권에 영향을 주기 위한 것'의 의미가 재조정되어 있다(제154조 제1항 제1~3호, 구법 제154조 제1항 제4호 삭제). 〈표 3〉에서 보는 것처럼 경영참여의 범위는 개정 후 구법보다 축소되어 있다.

구법상 임원의 선·해임 또는 직무 정지는 일괄적으로 경영참가목적

---

108) 대통령령 제30381호, 2020년 1월 29일 일부개정, 시행 2020년 2월 1일.

109) 금융위원회 보도참고자료, 공정경제 뒷받침할 상법·자본시장법·국민연금법 시행령 개정안 국무회의 의결 (2020. 1. 21), 5면.

으로 파악되었지만, 회사나 임원의 위법행위에 대응하는 상법상의 권한 행사는 경영참가목적에서 제외된다(제1호). 과거 국민연금이 위 경영참가목적에 속하는 사항에 관하여 주주제안권이나 임시주주총회 소집청구권을 행사하는 경우, 만일 국민연금의 요구가 수용되지 않는 경우 주주제안권 등을 행사할 수 있다는 의사결정이 내려진 경우, 목적이 취득 당시에는 확정적이지 않았으나 향후 거래실정에 따라 경영참여목적의 행위를 가진 것으로 인정되는 경우(판례)에는 일괄적으로 경영참가목적이 있다고 보게 되었지만, 신법에서는 경영참여목적이 부정된다. 단순한 의견표명이나 대외적 의사표시도 제외된다. 단 임원의 선·해임, 합병 등을 위한 주주제안은 사실상 영향력 행사에 해당하는 것으로 보아서 경영권에 영향을 주기 위한 것에 해당하게 된다.

자본금 변경에 관한 사항도 상법상 신주발행유지청구권의 행사(제424조의2)의 일환으로 이루어지는 경우 경영에 영향을 주기 위한 것에서 제외된다(제3호). 사전에 공개한 원칙에 따른 기업지배구조 개선을 목적으로 하는 정관변경 추진도 경영참여에 해당하지 않을 수 있다(제2호). 단 정관변경이 특정 기업의 지배구조개편을 타깃으로 하거나 특정 임원의 선·해임에 즉각적 영향을 주는 경우에는 경영권에 영향을 주는 것이라고 보아야 할 것이므로 규제의 특례대상이 되지 않는다. 주주의 기본적 재무적 권리인 배당과 관련된 주주활동도 경영참여목적에서 제외된다.

나. 보유목적과 공시의무 차등화

배당요청, 지배구조 개선 등 스튜어드십 코드에 따른 적극적 주주활동이 확대되므로 약식보고 대상을 '일반투자'와 '단순투자'로 구분하였다. 전문투자자가 아닌 자의 투자목적에 따라 보고의무를 차등화하였다(제

154조 제3항).

전문투자자가 아닌 자의 투자목적이 의결권, 신주인수권 등 보유주식 수와 상관없이 법률에 따라 보장되는 권리만을 행사하기 위한 경우와 그 밖의 목적인 경우로 구분하여 보고내용과 보고시기를 달리 규정하였다. 일부 전문투자자의 투자 목적에 따른 보고의무를 차등화하였다(제154조 제5항 신설).

〈표 4〉 대량보유보고제도 신구대비

<table>
<tr><td colspan="7">〈구법〉</td></tr>
<tr><td></td><td colspan="4">경영권 영향 목적 있음</td><td colspan="2">경영권 영향 목적 없음</td></tr>
<tr><td>주주활동</td><td colspan="2">임원 선·해임 등에 대한 주주제안 등 '사실상 영향력' 행사</td><td colspan="2"></td><td colspan="2">그 외</td></tr>
<tr><td>보고의무</td><td colspan="4">5일, 상세</td><td colspan="2">(일반투자자) 월별 보고(신규: 5일), 약식
(공적연기금) 분기보고 약식</td></tr>
<tr><td colspan="7">〈신법〉</td></tr>
<tr><td rowspan="2">보유목적</td><td colspan="2" rowspan="2">경영권 영향 목적 있음</td><td colspan="4">경영권 영향 목적 없음</td></tr>
<tr><td colspan="2">일반투자</td><td colspan="2">단순투자</td></tr>
<tr><td>주주활동</td><td colspan="2">임원 선·해임 등에 대한 주주제안 등 '사실상 영향력' 행사
(배당, 보편적 지배구조 개선 관련 주주활동 등 제외)</td><td colspan="2">경영권 영향 목적은 없으나 적극적인 유형의 주주활동
(예: 배당, 감사위원의 자격제한 등 보편적 지배구조 개선 관련 관련 주주활동)</td><td colspan="2">단독주주권만 행사
(예: 의결권, 신주인수권)</td></tr>
<tr><td rowspan="2">보고의무</td><td>(일반투자자)</td><td>5일, 정식</td><td>(일반투자자)</td><td>10일(신규: 5일), 약식</td><td>(일반투자자)</td><td>월별 보고(신규: 5일), 약식</td></tr>
<tr><td>(공적연기금)</td><td>5일, 약식</td><td>(공적연기금)</td><td>월별, 약식</td><td>(공적연기금)</td><td>분기보고 약식</td></tr>
</table>

'단순투자'는 의결권 등 지분율과 무관하게 보장되는 권리만을 행사하

는 경우로 한정하여 최소한의 공시의무만 부과한다. '경영권 영향' 목적은 없으나 적극적 주주활동을 하는 경우를 '일반투자'로 분류하여 단순투자보다 강한 공시의무를 부여한다. 여기에는 앞의 가.에서 설명한 경영권 영향 목적에서 제외되는 주주활동, 예를 들어 배당정책의 합리화나 감사위원의 자격강화 같은 것이 포함된다. 앞 〈표 4〉는 자본시장법 시행령 신구 제도를 비교한 것이다. 표에서 음영부분은 신법에 의해 일반투자로 변경된 영역이다.

대량보유보고의무가 적대적 기업인수의 맥락에서 인정되는 것이라는 점을 고려하면 경영권에 대한 공격과 무관한 상황에도 일괄적으로 보고의무를 동일하게 적용하는 것은 의문이 있다.

반면 주식의 대량보유정보가 일반투자자의 투자판단에도 중요한 요소라는 점을 고려하면 적대적 기업인수가 없는 경우에도 예외를 인정할 필요가 없다는 주장도 가능하다. 신법은 국민연금 같은 연기금에 대해서 보고시기의 특례 등을 인정하고 있다는 점에서 절충적 입장을 취하고 있다.

다. 국민연금 등 공적연기금에 대한 특례

공적연기금에 대해서는 종래 '경영권에 영향을 주기 위한 것이 아닌 경우' 보고기한과 보고내용에서 완화된 규제가 적용되었다. 신법에서도 공적연기금에 대해서는 특례가 인정되었다. '일반투자'의 경우 일반투자자는 10일 내 약식보고를 해야 하지만, 공적연기금은 월별 약식보고를 하면 된다. 경영권에 영향을 주기 위한 목적인 경우에는 누구든 5일 내 보고해야 하며, 일반투자자는 정식보고를 해야 하지만, 공적연기금은 약식보고를 하면 된다.

4. 단기매매차익 반환의무

(1) 종래 규제와 문제점

자본시장법상 주식 등을 10% 이상 보유한 주요주주가 매수 후 6개월 이내에 매도하거나 매도 후 6개월 이내에 매수하여 이익을 얻은 경우 투자대상회사는 주주에게 그 이익을 반환할 것을 청구할 수 있다(제172조 제1항). 이것은 미공개중요정보 이용행위의 입증이 어렵다는 점을 고려한 규정으로서 미공개중요정보 이용행위요건을 충족하지 않더라도 반환의무의 대상이 되었다.

자본시장법 시행령에 따라 '미공개중요정보를 이용할 염려가 없는 경우'에 한하여 반환의무가 면제되었다(제198조). 국민연금이 2019년 말 기준 10% 이상 보유한 회사가 90개사에 이르므로 단기매매차익 반환의무의 적용대상 회사가 적지 않다. 국민연금 등 공적연기금에 대해서는 '경영권에 영향을 주기 위한 것이 아닌 경우'에 미공개정보취득 및 이용가능성이 낮다고 파악하여 특례가 인정되어 왔다. 즉 국민연금은 단순투자목적으로 매매하는 때에는 예외 규정에 의해서 단기매매반환의무가 면제되었다. 자본시장법 시행령 제198조 제13호, '단기매매차익반환 및 불공정거래 조사·신고 등에 관한 규정'(이하 '단차규정') 제8조 제6호에 따라 국민연금기금, 공무원연금기금, 사립학교교직원연금기금이 기금의 관리나 운용을 위한 매매인 경우 투자대상회사의 경영권에 영향을 주기 위한 것(임원의 선임, 해임 또는 직무의 정지, 이사회 등 회사의 기관과 관련된 정관의 변경 등 시행령 제154조 제1항이 정하는 것을 말한다)이 아닌 한 반환이 면제되었다.

위 단차규정의 괄호부분은 '경영권에 영향을 주기 위한 것'에 해당하고 단순투자목적이 아니라고 보아 단기매매차익반환의무를 부담하였다. 스튜어드십 코드 도입에 의해 주주활동을 위해 비공개경영진 면담 등 미공개정보접근이 가능한 주주활동이 증가하는데, 경영권에 영향을 주기 위한 것이 아닌 경우도 있을 수 있다.

단차규정의 괄호부분의 해석이 불거진 사안이 2019년 대한항공과 한진칼 정기주주총회이다. 당시 국민연금은 대한항공 11.56%, 한진칼 7.16%를 갖고 있었다. 국민연금 수탁자책임전문위원회는 단차규정의 괄호부분의 이사해임과 정관변경 요구 등 경영참여형 주주권 행사 관련 안건을 검토했지만, 단기매매차익 반환의무를 부담하게 된다는 이유로 반대한 위원들이 많았다. 금융위원회는 단기매매차익 반환의무의 예외에 해당하는지에 관한 문의에 대해서 이사 해임, 사외이사 선임, 정관변경 같은 적극적 주주권을 행사하면 경영참여로 볼 수밖에 없어서 단기매매차익 반환의무를 부담한다고 유권해석을 한 바 있다. 이러한 해석은 국민연금의 적극적 주주권 행사에 걸림돌이 될 수밖에 없었다. 국민연금은 한진칼에 대해서는 경영참여목적의 주주권 행사를 도모한 반면, 대한항공에 대해서는 경영참여목적의 주주권 행사를 포기하였다.

한편 국민연금은 국내주식 중 46% 정도를 간접운용하고 있는데,[110] 투자일임업자에게 투자를 맡기고 있는 경우에 불가피하게 단기매매차익 반환규제가 적용되는 경우가 있다.[111] 국민연금이 투자일임업자에게 투자를 위탁한 경우 일임업자는 국민연금 명의로 주식을 매매하게 된다. 따라서 국민연금, 이로부터 위탁을 받은 일임업자가 각자는 6개월 이내 매도와 매수를 하지 않았더라도, 누구든 어느 한쪽이 매도 후 6개월 이내

110) 2019년 1/4분기 말 기준 국내주식 자산대비 직접운용 비중이 54.1%..
111) 김우찬, 앞의 논문 각주 17, 86면 이하.

다른 쪽이 매수하여 전체적으로 이익을 본 경우가 있을 수 있다. 이 경우 단기매매차익 반환의무를 부담해야 할 수 있다.

(2) 개선방안

이러한 문제의 해결을 위해서 몇 가지 방안이 제시되었다. 국민연금이 국민연금 명의로 운용하는 투자일임업자 대신 사모펀드의 명의로 운용하는 펀드에 기금운용을 맡기는 방법, 대상회사 주식에 대한 거래정지 및 6개월 후 일괄매매, 그리고 법문상 경영참가 목적 주주권 행사에 관한 규정을 개정하는 것이다.[112]

이 문제는 근본적으로 단차규정의 '경영권에 영향을 주기 위한 것'의 괄호부분을 개정하는 것으로 해결하는 것이 바람직하다. 전술한 것처럼 단차규정의 괄호부분의 임원의 선·해임 또는 직무정지, 이사회 등 회사기관 관련 정관변경 사항은 자본시장법 시행령 제154조 제1항 개정에 의해 대량보유보고의무규제에서는 경영참가목적에서 제외되었다. 자본시장법 시행령의 개정에 따라서 단차규정도 바로 개정되었어야 했던 사항이다.

뒤늦은 감이 있지만 마침내 단차규정 중 발행인의 경영권에 영향을 주기 위한 것(영 제154조 제1항이 정하는 것을 말한다)의 종전 괄호부분이 개정[113]되었다. 단차규정은 경영권에 영향을 주기 위한 것이 아니어야 한다는 소극적 요건(제8조 제6호 가목)과 함께 미공개중요정보의 이용을 방지하기 위하여 공적연기금이 주주활동 부서와 자산운용 부서 간 물적 독

---

112) 김우찬, 앞의 논문 각주 17, 89면 이하.
113) 금융위원회 고시 제2020-7호, 2020년 2월 5일. 단기매매차익 반환 및 불공정거래 조사·신고 등에 관한 규정 일부 개정(시행 2020. 2. 5).

립 등을 포함한 정보교류 차단장치 및 내부통제기준을 마련하도록 하고, 증권선물위원회가 정보교류 차단장치 및 내부통제기준의 적정성에 대하여 의결로써 인정한 경우에만 단차 반환의무 특례를 허용(제8조 제6호 나목)한다.

5. 국민연금의 의결권 위임과 의결권의 불통일행사

종래 자본시장법령에서는 연기금이 투자일임업자(위탁운용사)에 자금운용을 맡겨도 의결권은 국민연금이 직접 행사하는 것이 강제되었다(자본시장법 시행령 제99조). 투자일임업자가 일임받은 주식의 의결권 행사도 위임받는 것은 투자일임업자의 불건전영업행위로서 금지(자본시장법 제98조 제2항 제9호 다목)되었다. 그런데 국민연금의 지분율이 상당한 경우 국민연금의 의사결정의 오류의 위험, 의결권 행사에 따른 위험을 분산시킬 필요가 있고, 전문성 · 정치적 독립성에 의문이 있는 국민연금의 영향력이 과도하다는 의문이 적지 않았다.

이러한 비판에 대응해서 국민연금의 위탁운용주식에 대해 의결권을 위임할 수 있도록 자본시장법 시행령이 개정되어 의결권 위임이 허용되었다(제99조 제2항 제5호 자목). 투자자의 이익을 보호하기 위하여 금융위원회가 정하여 고시하는 요건을 갖춘 투자일임업자가 시행령 제10조 제3항 제12호에 따른 기금 또는 같은 항 제13호에 따른 법인으로부터 위임받은 의결권의 행사가 허용된다. 국민연금의 〔지침〕도 공단은 기금운용위원회가 정한 방법에 따라 위탁운용사에 대해 의결권 행사방향 결정을 위임하여 그 결정에 따라 의결권을 행사할 수 있다(제5조 제3항)고 정하고 있다.

국민연금이 위탁운용사에 의결권을 위임하는 경우 두 가지 문제에 봉

착한다. 첫째는 위탁운용사가 의결권 행사 대상회사와 계열관계에 있거나 퇴직연금 등 거래관계가 있을 경우 오히려 이해상충의 소지가 있다는 점이다. 계열관계에 있는 경우 의결권 위임은 금지되지만, 거래관계에 있는 경우 이해상충의 소지가 있다.

둘째는 설령 위탁운용사가 이해상충의 문제를 야기하지 않고 공정하게 의결권을 행사하는 경우라도 위탁운용사와 국민연금이 특정 회사에서 의결권을 나누어 행사하는 경우에는 상법상 의결권불통일행사의 문제가 생긴다(제368조의2). 의결권의 불통일행사란 2개 이상의 의결권을 가진 주주가 이를 통일하지 않고 행사하는 것이다.[114] 흔히 복수의 주식을 가진 주주가 의결권을 찬성, 반대로 나누어 행사하는 것을 예로 들지만, 의결권을 행사하는 경우와 행사하지 않는 경우도 포함된다. 일부는 의결권을 대리시키고 일부는 직접 행사하는 경우도 포함된다고 보아야 한다.

불통일행사를 위해서는 주주가 주주총회 전 3일 전에 통지하여야 하고, 통지 없이 의결권을 불통일행사한 경우에 회사는 결의 후에 승인할 수 없다는 것이 통설이다.[115] 회사가 승인할 수 있다고 본다면 회사가 결의의 성부를 사후에 선택하게 되어 부당하므로 승인할 수 없고, 그 결의는 결의취소의 소의 원인이 된다는 것이다.

불통일행사에 대해서는 회사의 거부가 인정된다(상법 제368조의2 제2항). 주주가 주식의 신탁을 인수하였거나 타인을 위하여 주식을 가지고 있는 경우 이외에는 회사는 거부할 수 있다(상법 제368조의2 제2항).[116] 거부의

114) 권기범, 현대회사법론 (제4판, 2012), 623면; 김건식 / 노혁준 / 천경훈, 회사법 (제4판, 2020), 318면; 김홍기, 상법강의 (제4판, 2019), 503면; 송옥렬, 상법강의 (제10판, 2020), 935면; 이철송, 회사법강의 (제27판, 2019), 540면; 정찬형, 상법강의(상) (제20판, 2017), 891면; 한국상사법학회 / 김재범(집필), 주식회사법대계 II (제3판, 2019), 130면.

115) 각주 114의 문헌들.

취지에 관하여 명의주주와 실질주주가 다른 경우 외에는 의결권의 불통일행사의 실익이 없고 오히려 주주총회의 운영의 혼란만 가중시키기 때문이라고 설명한다.[117]

국민연금 등이 위탁운용을 일임한 주식에 대해서 의결권 행사 위임까지 한 경우는 법문상 의결권불통일행사가 허용되는 사유에 해당한다고 보기 어렵다. 따라서 해당 회사가 의결권 행사를 거부한다면 의결권 행사를 할 수 없고, 결국은 어느 한쪽의 의견으로 의결권을 행사할 수밖에 없고, 국민연금이 단일하게 의결권을 행사하는 경우와 마찬가지의 결과를 야기한다.

필자는 원론적으로 회사법상 불통일행사의 금지 제도 자체에 관하여 의문이 없지 않다. 첫째, 불통일행사에 의해서 주주총회 운영의 혼란이 어느 정도 가중되는지 의문이다. 나아가 의결권행사의 혼란이 가중된다고 하더라도 국민연금 등이 단독으로 의결권을 행사하는 경우의 단점을 상쇄할 수 있다면 회사법에서 의결권 불통일행사를 원천적으로 가로막는 것은 재고할 필요가 있다. 상법 규정이 엄연히 존재하는 상황에서 국민연금 〔지침〕은 상장주식 발행회사가 의결권 불통일행사 수용을 번복하는 경우에는 이사회안에 반대하거나 주주제안에 찬성하는 방향으로 의결권을 행사할 수 있다고 규정하고 있다(제5조 제4항). 이 규정은 이사회안이 올바르지 않거나 주주제안 안건이 옳다는 전제를 바탕으로 하는데 합리적 논거가 없다. 발행회사의 불통일행사 거부시에는 당초 의결권 위

116) 판례는 위와 같은 경우 외에는 회사가 주주의 의결권 불통일행사를 거부할 수 있는 것이므로, 주주가 위 요건을 갖추지 못한 채 의결권불통일행사를 위하여 수인의 대리인을 선임하고자 하는 경우에는 회사는 역시 이를 거절할 수 있다고 한다. 대법원 2001. 9. 7. 선고 2001도2917 판결.

117) 정찬형, 앞의 책 각주 114, 870면.

임의 취지를 실현할 수 없기 때문에 상법상 불통일행사 규정의 개정에 의해 해결해야 한다.

6. 주주평등의 원칙

스튜어드십 코드와 국민연금의 〔원칙〕 및 〔지침〕상 주주활동은 의결권 행사, 열람등사청구권, 주주제안권, 주주총회 결의하자의 소 등 회사법적 수단뿐만 아니라, 사적인 대화, 언론을 통한 여론전 등 광범위한 활동을 포함한다. 스튜어드십 코드에서 열거한 사적인 대화나 접촉은 중요한 경영관여의 수단이 되지만, 회사가 특정의 선택된 기관투자자만 만나서 정보를 공유하는 것에 대해서는 비판이 있을 수 있다. 내부정보 제공의 문제는 논외로 하고, 이사가 특정 주주만 만나 대화하는 것이 회사법상 주주평등원칙 위반에 해당하는가의 논란이다.[118] 특정 주주로부터 그들의 이야기만 듣고 명시적 요구에 응하고, 회사 문제에 관하여 상의하는 것이 주주평등원칙 위반인가?

회사법상 명문규정이 없지만 회사는 주주를 평등하게 취급하여야 한다. 이때의 평등은 동일한 조건하에서 동등하게 취급되어야 한다는 것이므로, 다른 조건하에서의 차별은 허용되고 같은 조건의 주주를 부적절하게 차별하는 것만 금지된다.[119] 따라서 상당한 지분을 가진 국민연금과 소수주주를 상이하게 취급하는 것은 양자가 회사에 대해서 상이한 이익을 갖고 있고, 회사에서의 비중에 차이가 있다는 점을 고려하면 정당화된다.[120]

---

118) Holger Fleischer, ZGR 2009, 505.
119) Uwe Hüffer / Jens Koch, Komm. zum AktG (12.Aufl., 2016), § 53a, Rn.4, 8, 10.
120) H.-C. Hirt / K. J. Hopt / D. Mattheus, AG 2016, 725, 737면.

상당한 지분을 가지는 주주를 우대하는 근거는 무엇인가? 이들과의 대화가 회사에 이익이 된다는 점이다. 회사에 상당한 지분을 갖고 있는 주주에 대해서 증자의 가능성에 관한 정보를 사전에 제공하거나, 회사의 중요한 의사결정에 관하여 이들의 지원을 얻기 위하여 정보를 제공하는 것은 회사의 이익에 부합하므로 허용된다.[121] 경영진에 대한 공개적 불평을 피하기 위해서 주요 주주의 사전 동의나 지원이 필요한 상황으로서 합병, 기업인수, 신주발행, 정관변경 등 주주총회 안건이 나중에 주주총회에서 부결되는 경우 수반되는 비용의 문제를 생각해 보자. 이사회 권한 사항인 경우에도 기관투자자와의 사전 대화가 없었다면 나중에 이사회 결정이 공개되는 경우 투자자들의 반대의견이 있을 수 있고, 주가하락이나 회사의 평판에 영향을 미칠 수 있다.

스튜어드십 코드에서 기관투자자의 주주활동을 촉구하고 있기 때문에 투자대상회사의 이사회가 스튜어드십 코드의 적용을 받는 주주의 주주활동에 응하는 것이 나머지 주주에 대한 주주평등원칙 위반에 해당한다고 판단되지는 않을 것이다. 스튜어드십 코드의 적용을 받는 기관투자자들을 지분규모에 따라 다르게 취급하는 것은 논란이 있겠으나, 국민연금 등 기관투자자 쪽에서 적어도 주주활동의 대상회사에 대한 최저 지분요건을 정하고 있기 때문에 이러한 문제가 발생할 가능성은 크지 않다.

7. 이사회의 비밀준수의무

회사와 특정 기관투자자의 대화가 주주평등원칙의 위반 혐의에서는 벗어나더라도 투자대상회사의 이사가 국민연금 등과 선택적 대화를 한

121) Hirt / Hopt / Mattheus, 앞의 논문 각주 120, 737면.

경우 그에 관해서 일차적 책임이 있다고 할 수 있다. 스튜어드십 코드는 기관투자자 쪽의 활동을 규정한 것이므로 투자대상회사의 이사가 어떻게 관여에 임하여야 하는지의 가이드라인은 아니다. 회사법상으로는 이사들은 여전히 사적으로 대화하는 데 제약을 받는 것 아닌가? 예를 들어 사전 대화를 통해서 이사의 비밀준수의무를 위반하게 되는 상황이 있을 수 있다. 앞에서 언급한 것처럼 기관투자자와의 접촉에서 사전의 정보제공이 회사의 이익을 위한 것이며, 이사로서의 역할을 '합리적으로' 수행하는 데 필요한 경우 의무위반이 아니라고 보아야 한다.[122)]

8. 투자대상회사의 기관투자자 접촉 담당자

스튜어드십 코드는 필요에 따라 "이사회와 적극 대화"하는 등 건설적인 관여활동에 나설 책임이 있다고 규정하므로, 기관투자자와 대화를 담당하는 자는 투자대상회사의 이사회이다. 그런데 이사회가 회의체로서 대화에 참여하는 것은 비현실적이다. 이사회가 통일된 하나의 의견으로 하나의 목소리로 대화하는 것을 상정하겠으나, 이사회와 대화하려는 기관투자자가 이사회 구성원이 출석한 면전에서 대화하는 것만 허용된다고 할 수는 없다. 만일 기관투자자들이 전체 이사회가 아니라 이사들을 비공식적 채널로 만나는 것을 원한다면 이것도 허용될 수 있다.

대표이사나 상무를 담당하는 이사가 아닌 사외이사도 대화의 상대방이 될 수 있는가? 국민연금의 〔지침〕은 비공개대화는 이사회 경영진 등

122) 영국 FCA(Financial Conduct Authority) Handbook MAR 1.4에 의하면 제3자에 대한 내부정보 제공이 이사의 역할을 '합리적으로' 수행하는 데 필요한 경우로서 그 정보를 제공받는 상대방이 비밀준수의무를 부담하는 경우에는 위법하지 않다고 하고 있다.

회사를 대표할 수 있는 자와 면담하는 것이라고 하므로(제14조 제3항) 회사의 대표자와의 면담을 전제한다. 기관투자자와 비집행이사와의 대화는 영국에서는 오래전부터 관행이었고,[123] 좋은 회사경영의 징표라고도 일컬어졌다.[124] 외국에서는 많은 회사들이 20대 규모의 중요한 기관투자자들과 대화를 하며, 정기적으로 이사회 의장이나 보수위원회 위원장과도 대화를 한다고 한다. 독일에서도 감독이사회(Aufsichtsrat)가 내부기관이기 때문에 투자자와 접촉하는 것은 감독이사회의 권한 범위를 초월한 것인가에 관한 논의가 있었지만, 다수의 입장은 감독이사회가 순전히 내부기관에 불과하다는 입장에는 반대하고,[125] 기관투자자와의 대화의 주체가 될 수 있다고 본다.[126]

최근 우리나라에서 경영관여 활동을 하는 기관투자자가 나서서 사외이사를 만나기를 청하는 경우도 있다고 한다. 전통적으로 사외이사들은 이러한 기관투자자들의 지원을 받는 경우 그 감독기능을 더 잘 수행한다고 한다는 흥미로운 연구결과도 있다[127]는 점을 고려하면 사외이사의 관여도 허용되어야 한다.

---

123) Hirt / Hopt / Mattheus, 앞의 논문 각주 120, 727면. 이 논문의 공동저자인 Hirt의 영국 실무 경험에 근거한 서술이다.

124) Hirt / Hopt / Mattheus, 앞의 논문 각주 120, 727면.

125) 주식법 등 많은 규정이 이를 뒷받침한다고 한다. 예를 들어 주식법 제171조 제2항의 심사보고서, 주식법 제176조 제1항 제2문의 감독이사회 의장의 보고의무. 나아가 주식법 제161조 제1항의 DCGK의 준수 여부에 관한 입장 표명, HGB 제289a조(회사경영에 대한 설명), WpÜG 제27조 제1항에 따라 공개매수시 대상회사의 감독이사회와 경영이사회의 입장 표명(감독이사회는 MBO의 경우 경영이사회와 다른 의견 표명을 할 수도 있음)에 관한 규정.

126) Hirt / Hopt / Mattheus, 앞의 논문 각주 120, 731면.

127) Paul L. Davies / Klaus J. Hopt, Corporate Boards in Europe: Accountability and Convergence, 61 American. J. Comp. L. 301 (2013), 366면.

V. 결론에 갈음하여: 기관투자자의 경영관여 인센티브 제고

1. 스튜어드십 코드 안착 전제

우리나라의 스튜어드십 코드는 “수탁자 책임이라는 투자대상회사의 중·장기적인 가치 향상과 지속가능한 성장을 추구함으로써 고객과 수익자의 중·장기적인 이익을 도모할 책임을 의미한다”라고 규정하고, “수탁자 책임의 성공적 이행은 회사의 중·장기적인 발전을 유도하고, 투자자의 이익을 증진하는 데 기여할 뿐 아니라 자본시장과 경제 전반의 건전하고 내실 있는 성장과 발전을 뒷받침 한다”라고 규정한다. 이 문구는 스튜어드십 코드가 모두를 두루 이롭게 한다는 솔깃한 표현이나 바로 이 지점에서 스튜어드십 코드가 무엇을 추구하기 위한 것인지, 기관투자자로 하여금 투자대상회사의 장기적 성공, 즉 회사지배구조 개선을 위하여 회사경영에 관여할 의무를 부담시키는 것이 정말 왕도인지 의문이 제기된다.[128]

국민연금처럼 정치권이나 국민 여론에 의해서 경영관여를 촉구받는 것이 아닌 한 인센티브가 없는 주주에게 의무를 부담시키기 때문이다. 기관투자자가 경영관여를 할 재무적 인센티브가 부재한 경우 과연 경영관여를 할 것인지, 또는 경영관여를 강제하는 것이 타당한 것인지 문제된다.

기관투자자는 투자대상회사의 주주의 지위에서 회사법상 출자의무(상법 제303조, 제331조) 이외에는 아무런 의무도 부담하지 않는다는 점을 감

128) Gregor Bachmann, WM 2011, 1301, 1305면; Holger Fleischer / Christian Strothotte, AG 2011, 221, 224면 이하.

안하면 기관투자자에 대해 경영관여의 책임을 부과하는 것은[129] 회사법상 기본원칙에 대한 예외를 설정하는 것이다. 스튜어드십 코드를 통해 기관투자자로 하여금 회사지배구조 개선과 경영에 관여하도록 의무지우는 것이 이상적 방법인지, 나아가 이 방법이 실효적으로 기능할 수 있는지에 관해서는 의문이 없지 않다.[130] 기관투자자가 소수주주권 행사와 같은 회사법적 경영관여 장치뿐만 아니라 투자대상회사에 대해 대화 요청 등을 하지 않고 소극적인 태도를 보이는 데에는 합리적 근거가 있을 수 있다. 기관투자자는 재무적 동기에 따라 소제기 등 소수주주권을 행사하거나 경영관여의 비용(내부비용, 외부접촉비용)에 비해 수익이 클 경우에만 적극적으로 관여활동을 하는 것이 옳기 때문이다. 따라서 기관투자자의 비용절감을 위한 경우나 투자대상회사의 전망이나 사업기회가 불확실한 경우에는 장기적으로 계속 관여하는 것이 아니라 경영관여를 자제하는 것이 합리적일 것이다.

2. 기관투자자의 인센티브 제고 방안

기관투자자의 합리적 행동양식을 감안하면 기관투자자로 하여금 실질적으로 관여활동을 하도록 하기 위한 기관투자자의 인센티브가 중요하다. 기관투자자에 대해 경영관여 의무를 부과하는 데 그치지 않고 의무에 상응하는 인센티브를 부여하는 것이다.

---

129) 스튜어드십 코드가 법적 의무나 책임을 부과하는 것이 아니라 'comply or explain'의 형식으로 기관투자자의 자율적 선택에 의한 준수의 대상이므로 경영관여가 강제적 의무사항이 아니기는 하다. 그러나 스튜어드십 코드의 준수 여부와 정도에 관하여 감독기관, 시장, 정치적 영향력에 의해 통제가 이루어지기 때문에 기관투자자는 준수에 부담을 느낄 수밖에 없다.

130) Bachmann, 앞의 논문 각주 128, 1305면.

회사법적 관점에서 장기적으로 회사의 경영에 관여하는 기관투자자에 대한 인센티브 부여 방안[131)]으로는 차등의결권을 생각해 볼 수 있다. 이러한 복수의결권은 현행법상 허용되지 아니한다(상법 제369조 제1항). 1주 1의결권 원칙이 주주평등원칙에 바탕을 두고 있고, 주주평등이 절대적 평등이 아니라 동일한 조건하에서의 평등을 의미한다면 해석상 장기적으로 경영관여의 책임을 부담하는 기관투자자에 대하여는 의결권을 복수로 부여하는 것도 허용된다는 입론도 있을 수 있다. 그러나 상법상 1주1의결권 원칙에 관한 규정은 강행규정으로서 우리나라 법원은 이 원칙을 엄격하게 해석하고 있고,[132)] 법문상 허용되지 않는 한 해석상 예외를 허용할 수는 없다.

입법론적으로 장기주주를 우대하는 복수의결권 규정을 신설하는 것은 어떠한가?[133)] 우리나라에서 차등의결권 또는 복수의결권은 두 가지 맥락에서 논의되었다. 우선 벤처회사나 비상장회사의 창업자의 장기비전과 기업가적 혁신정신을 옹호하고 비상장회사의 안정적 성장을 뒷받침하기 위한 목적으로 주장되어 왔다.[134)] 복수의결권 주식은 비상장회사의 IPO를 적극적으로 유도할 수 있다는 장점이 있다. 벤처기업의 창업자는

---

131) 장기소유주주에 관하여 유사한 주장은 EU집행위원회(European Commission)가 소집한 전문가 그룹의 보고서에서 개진되었다. European Commission, Report of the Reflection Group On the Future of EU Company Law (April 5. 2011), 3.1.3. The Reflection Group은 유럽연합 집행위원회가 2010년 12월 설립한 전문가집단으로서 유럽연합의 회사법의 현안을 분석하고 제안을 하기 위해 구성되었다.

132) 대법원 2009. 11. 26. 선고 2009다51820 판결.

133) 차등의결권 제도의 도입을 여러 각도에서 검토한 문헌으로 김정호, "차등의결권 주식의 도입가능성에 대한 연구", 경영법률 제24권 제2호 (2014).

134) 벤처기업육성에 관한 특별조치법 일부개정법률안(2018. 8. 30. 의원발의: 의안번호 15156). 벤처기업이 신주발행을 통해 자금을 조달하는 경우 지분율 희석에 의해 창업자의 경영권이 불안정해지는데, 차등의결권주식의 발행을 허용하면 자금조달을 용이하도록 하면서도 창업자의 경영권을 안정적으로 유지할 수 있다.

증자를 해도 자신의 지배권이 희석될 우려가 없고, IPO 후의 수익이 일반 대중에게 귀속된다면 사회적으로도 바람직하다고 볼 수 있다. 둘째, 지분이 분산되고 외국인 지분이 높은 상장회사에서 경영권 방어수단의 필요성을 역설하는 입장에서[135] 차등의결권 도입을 옹호하여 왔다.

장기주주인 기관투자자의 경영관여 촉진을 위한 목적으로 차등의결권 또는 복수의결권 제도를 인정하는 것은 회사법상 1주1의결권 원칙을 대폭 수정하는 것이다. 경영관여를 하는 기관투자자인 장기주주에 대한 복수의결권 인정 문제는 이 문제에 국한하여 미시적으로 검토할 문제는 아니다. 일반적으로 차등의결권의 효용과 남용의 우려를 함께 고려하여야 하고,[136] 상법에 복수의결권을 어떠한 요건에서 어떠한 회사에 대하여 인정할지 다각도의 검토가 필요한 문제이다. 지면관계상 이 글에서 전면적으로 다룰 수 없는 문제이나, 장래에 장기주주에 대한 인센티브 제고 방안으로서 복수의결권을 논의할 때에는 복수의결권의 대상회사(비상장회사와 상장회사를 구분할지 여부, 비상장회사의 IPO 시에 인정할지 여부), 복수의결권을 상법 등 성문법 규정 · 상장규정 또는 연성규범으로 인정할지 등 법령의 형식, 복수의결권의 부여 한도 등 관련 쟁점을 병행하여 검토할 필요가 있다.

---

135) 상법 일부개정법률안(2015. 8. 4. 의원발의: 의안번호 16309호). 제안이유에 관하여 적대적 인수합병의 경우 경영권 방어를 위하여… 차등의결권제도를 도입한다고 서술한다(안 제344조 제1항, 제344조의3제1항 및 제369조 제1항). 법무부도 2008년 상법개정 논의 시에 복수의결권을 도입하는 신설안(제344조의7 신설)을 마련해 두고 있었는데, 복수의결권 도입의 논거로는 적대적 기업인수에 대한 방어권을 인정할 필요가 있다는 점이 주장되었다.

136) 차등의결권의 장단점에 관해서는 고창현, "차등의결권제도의 도입과 상장", 기업법연구 제29권 제3호 (2015. 9), 78면 이하 참조.

07

지배주주인 이사의 보수 통제*

황남석**

I. 서론

상법 제388조는 '이사의 보수'라는 표제하에 "이사의 보수는 정관에 그 액을 정하지 아니한 때에는 주주총회의 결의로 이를 정한다"라고 규정하고 있다. 이사의 보수를 주주총회의 결의로 정하도록 한 이유는 보수의 결정이 이사와 회사 간에 이익이 상충되는 자기거래적 성격을 갖기 때문이다. 이처럼 상법 제388조는 이사의 자의적 보수 결정에 따르는 회사의 손해를 방지하고 그 재산적 기초를 확보하며 자본금충실을 도모하기 위한 것으로서 이에 위반하여 결정한 이사의 보수는 무효로 본다.[1)]

---

* 이 글은 『외법논집』 제44권 제1호(2020. 2)에 게재되었던 글을 수정 · 보완한 것이다.

** 경희대학교 법학전문대학원 교수

1) 대법원 1992. 12. 22. 선고 92다28228 판결; 김건식 / 노혁준 / 천경훈, 회사법 (제3판, 2018), 446면; 한국상사법학회(편) / 문상일(집필), 주식회사법대계 II (제3판, 2019), 426면; 정동윤(집필대표) / 권재열(집필), 주석 상법: 회사 III (제5판, 2014), 237-238면.

여기에서 초점을 지배주주가 이사인 경우로 옮겨 보면, 지배주주인 이사의 과다보수는 앞에서 본 문제점에서 한 걸음 더 나아가 지배주주가 회사의 이익을 우회적으로 배당을 받는 수단으로 악용될 수 있다. 종래 이사의 보수에 관한 논의는 주로 일반적인 이사의 보수를 대상으로 행해졌다. 이 글에서는 특히 지배주주인 이사의 경우를 논의의 대상으로 삼고자 한다.[2)]

이사의 보수에 관한 논의와 관련하여서는 상법 제388조의 요건을 충족하지 못하는 경우 이사의 보수청구권을 어떻게 보호하여야 할 것인가의 문제도 있을 수 있으나, 이 글에서는 그 측면을 다루지 않는다. 또한 이사의 보수를 통제하는 사후적 · 간접적 방안으로 공시제도를 들 수 있으나,[3)] 이 글에서는 직접적인 통제수단에 국한하여 검토하기로 한다.[4)]

---

2) 실제로 기업경영의 현실을 보면 지배주주의 영향으로 선임된 임원에게 과다한 보수가 지급되는 경우가 있다고 한다. 김진오, "상법상 과다한 이사 보수의 규제 및 그 보수를 결의한 주주총회 결의의 효력", BFL 제79호 (2016), 161면.

3) 간략하게 현행 자본시장법에 따른 이사 보수의 공시 내용을 정리하면 다음과 같다. 자본시장법 제159조 제2항은 주권상장법인 등 사업보고서 제출대상법인이 사업보고서를 제출할 때 ① 임원보수(상법, 그 밖의 법률에 따른 주식매수선택권을 포함하되, 대통령령으로 정하는 것에 한한다), ② 임원 개인별 보수와 그 구체적인 산정기준 및 방법(임원 개인에게 지급된 보수가 5억 원 이상인 경우에 한한다), ③ 임원 개인별 보수와 그 구체적인 산정기준 및 방법(임원 개인에게 지급된 보수가 5억 원 이상인 경우에 한한다), ④ 보수총액 기준 상위 5명의 개인별 보수와 그 구체적인 산정기준 및 방법(개인에게 지급된 보수가 5억 원 이상인 경우에 한정한다)에 관한 사항을 기재하고 대통령령으로 정하는 서류를 첨부하도록 하고 있다. 그러나 위 제도에 관하여는 미등기임원의 대부분과 비상장회사 임원, 5억 원 미만의 보수를 받는 임원의 개인별 보수가 공시되지 않는다는 한계가 있다. 정성숙, "이사보수의 공시와 관련된 최근의 동향", 경영법률 제27집 제2호 (2017), 108면.

4) 따라서 입법례를 고찰할 경우에도 공시에 관한 부분은 검토하지 않기로 하였다.

II. 이사의 보수에 관한 규율의 일반론

1. 보수의 범위

보수는 명칭 여하를 불문하고 이사의 직무수행에 대한 보상으로 지급되는 일체의 대가를 의미한다.[5] 구체적으로 그 대상이 될 수 있는 항목으로 다음의 것들이 있다.

(1) 급여 및 상여금

급여와 상여금은 보수에 속하는 대표적인 항목이다. 상장회사는 급여와 상여금이 전체 보수에서 차지하는 비중은 낮아지고 인센티브형 보수의 비중이 높아지는 추세라고 한다.[6]

(2) 주식매수선택권

상법은 주식매수선택권의 유형으로 자기주식양도형과 신주발행형을 규정하고 있다.

(3) 퇴직(위로)금 및 해직보상금

회사의 임직원이 퇴직할 때 받는 금전적 보상을 퇴직금이라고 한다.

---

5) 김건식 / 노혁준 / 천경훈, 앞의 책 각주 1, 446면; 이철송, 회사법강의 (제27판, 2019), 677면.
6) 한국상사법학회(편) / 문상일(집필), 앞의 책 각주 1, 427면.

대법원은 회사가 규정에 따라 임원에게 퇴직금을 지급하더라도 그 퇴직금은 근로기준법상의 퇴직금이 아니라 보수에 해당한다고 본다.[7] 대법원은 퇴직위로금[8] 및 퇴직금 중간정산금[9]에 관하여도 동일한 입장을 취하고 있다. 다음으로 해직보상금이 문제 될 수 있다. 대법원은 상법 제388조의 규정을 유추적용하여야 한다는 입장이다.[10]

2. 보수의 결정절차

상법 제388조는 강행규정으로 해석된다. 그렇다면 개별 이사의 보수를 주주총회 결의로 정하여야 한다는 의미인가? 통설 및 판례는 주주총회가 보수의 총액만을 결정하고 각 이사에 대한 개별 보수액은 이사회에 위임할 수 있다고 해석하고 있다.[11] 그리고 실제 실무도 정기주주총회에서 독립된 안건으로 '임원의 보수에 관한 건'이 상정되어 결의될 때 이사에 대한 연간 보수총액에 대하여만 결의가 이루어지고 개별 보수액은 이사회에서 배분한다고 한다.[12] 그러나 이와 같은 실무가 상법 제388조의 입법취지에 부합하는 것인지 의문이 제기되고 있다. 즉 정관 규정이나 주주총회의 결의 내용이 이사회에 의한 배분방법까지도 구체적으로 규정하는

---

7) 대법원 2003. 9. 26. 선고 2002다64681 판결.
8) 대법원 2004. 12. 10. 선고 2004다25123 판결; 대법원 2003. 10. 24. 선고 2003다24123 판결; 대법원 2000. 12. 26. 선고 99다72484 판결 등.
9) 대법원 2019. 7. 4. 선고 2017다17436 판결.
10) 대법원 2006. 11. 23. 선고 2004다49570 판결. 이러한 판례의 입장에 대한 비판론으로는 이철송, 앞의 책 각주 5, 682-683면.
11) 대법원 2012. 3. 29. 선고 2012다1993 판결.
12) 김건식 / 노혁준 / 천경훈, 앞의 책 각주 1, 448면; 윤영신, "이사 보수의 회사법적 문제", BFL 제65호 (2014), 42면; 이철송, 앞의 책 각주 5, 678면; 임재연, 회사법 II (제6판, 2019), 370면; 한국상사법학회(편) / 문상일(집필), 앞의 책 각주 1, 434면.

것이어야 한다는 비판이다.[13)] 상법 제388조의 입법취지를 생각한다면 위 비판도 일리가 있다. 그러나 지배주주가 존재하는 회사의 경우에는 설사 정관 규정이나 주주총회 결의로 배분방법을 정하더라도 그 기준 자체가 지배주주의 의사에 의해 좌우될 수 있다는 문제점이 있다. 이 문제를 더 검토하기에 앞서 주요 국가의 입법론을 개관하여 본다.

III. 비교법적 검토

이하에서는 미국, 독일, 일본, 프랑스의 입법례를 살펴본다.

1. 미국법

(1) 개관

미국법상 이사의 보수 규제는 ① 자기거래규제 및 충실의무에 의한 규제, ② 일정한 형태의 보수지급 금지,[14)] ③ 보수위원회에 의한 통제, ④ 주주총회의 권고안 결의에 의한 통제 등을 들 수 있다. 그중 '일정한 형태의 보수지급을 금지하는 형태'는 2009년 경제회복 및 재투자법(American Recovery and Reinvestment Act of 2009) 제7000~7002조 사이에 규정되어 있는 것으로 부실자산구제 프로그램(Troubled Asset Relief Program, TARP)하에 있는 기업에 한하여 적용되므로 일반적인 제도라고 할

---

13) 한국상사법학회(편) / 문상일(집필), 앞의 책 각주 1, 434면.

14) 다만 위와 같은 제한은 2009년 경제회복 및 재투자법(American Recovery and Reinvestment Act of 2009)이 적용되는 경우에 한하여 적용되므로 일반적인 성격의 제한은 아니다.

수는 없으므로 검토의 대상에서 제외한다.

(2) 자기거래규제 및 충실의무에 의한 규제

각 주 회사법은 자기거래규제에 관한 규정을 두고 있는데 그 적용범위가 광범위하기 때문에 이사회에 의한 이사 보수결정도 규율의 범위에 들어가는 것이 일반적이다. 캘리포니아주 회사법 제310조, 델라웨어주 회사법 제144조, 뉴욕주회사법 제713조가 그 예이다. 따라서 보수를 받는 자와 보수를 결정하는 자가 동일인이라면 엄격한 사법심사(close judicial scrutiny)의 대상이 된다. 다만 이사의 보수 결정이 자기거래규제에 관한 규정의 요건을 충족하면 경영판단원칙이 적용될 수 있다. 자기거래규제에 관한 제정법이 없는 경우 법원이 제정법을 적용하는 것과 유사하게 보수 결정의 상황을 심사한다.[15] 이 경우 이사가 자기의 보수에 관하여 의결할 때에는 경영판단원칙이 적용되지 않는다.[16]

보수가 과다한지 여부를 판단할 때 미국의 판례는 과거 균형성 기준(proportionality test)을 적용하였으나 최근에는 훼손 기준(waste test)이 널리 적용된다고 한다.[17]

(3) 보수위원회에 의한 통제

도드-프랭크법(Dodd-Frank Wall Street Reform and Consumer Protection

15) Freedman v. Redstone, 753 F.3d 416 (3d Cir. 2014); Moran v. Edson, 493 F.2d 400 (3d Cir. 1974); McDonald v. Sealift Terminals, Inc., 505 So.2d 675 (Fla. Dist. Ct. App. 1987); Landstreet v. Meyer, 29 So.2d 653 (Miss. 1947).

16) 이상 Cox / Hazen, Treatise on the Law of Corporations (2019), § 11: 4.

17) 상세는 임재연, 미국기업법 (2009), 606면.

Act) 제952조는 보수위원회에 관한 규정을 두고 있다. 그에 따르면 보수위원회(compensation committee)에 관한 요건을 충족하지 못하는 회사는 원칙적으로 상장될 수 없다. 도드-프랭크법은 보수위원회가 독립성(independence)을 갖출 것을 요구한다. 독립성요건은 보수위원회의 이사가 이사회의 구성원이고 독립성을 갖출 것을 의미한다. 여기에서 독립성이 있는지 여부는 보수의 재원과 이사회의 구성원이 해당 회사, 해당 회사의 자회사, 그 특수관계인과 사이에 특수관계가 있는지를 고려하여 결정한다[도드-프랭크법 제952조(a)].

이에 따라 뉴욕증권거래소 상장규정 제303A조0.5는 보수위원회 이사 전원이 독립성요건(independence requirements)을 갖추도록 요구하고 나스닥규정 제5605조(d)는 대표집행위원(CEO), 그 밖의 집행임원의 보수를 원칙적으로 독립이사가 과반수인 이사회나 독립이사로만 구성된 보수위원회에서 결정하도록 규정하고 있다.[18] 보수위원회는 보수 결정과 관련하여 자문인을 둘 수 있는데 그 자문인 역시 독립성이 확보되어야 한다.

(4) 주주총회의 권고안 결의 제도(say on pay)

도드-프랭크법 제951조는 이사의 보수와 관련하여 주주총회의 권고제도를 도입하고 있다. 그에 따르면 일정 규모 이상의 상장회사에 한하여 이사회에서 결정한 임원의 보수액을 공개하고 이에 대하여 주주총회는 구속력 없는 권고안으로 의견을 표명할 수 있으며 이사회는 그 권고안의 내용을 임의로 반영할 수 있다.[19] 주주총회는 최소한 3년에 1회 이상은

18) Cox / Hazen, 앞의 책 각주 16, §9: 3; 한국상사법학회(편) / 문상일(집필), 앞의 책 각주 1, 442면.

19) 이를 '권고적 결의(advisory vote)'라고도 한다. Kraakman, Reinier et al. / 김건식 외

임원보수에 관한 권고안을 채택하여야 한다. 또한 황금낙하산(golden parachute)에 관하여도 주주총회의 구속력 없는 권고안의 결의를 하도록 규정하고 있다.[20]

2. 독일법

(1) 개관

독일주식법상으로 이사의 보수는 감사위원회(Aufsichtsrat)에서 결정된다. 독일은 2009년 옴니버스 입법으로 이사보수의 적정성에 관한 법률(Gesetz zur Angemessenheit der Vorstandsvergütung)을 제정하면서 독일주식법, 독일상법, 독일유한회사법의 임원 보수 관련 규정을 일괄적으로 개정하였다. 독일주식법에 한하여 그 개정 내용을 살펴보면 다음과 같다.

(2) 보수의 범위

독일주식법 제87조는 총보수(Gesamtbezüge)를 그 규율 대상으로 하는데 총보수는 개념적으로 회사에 대한 활동의 대가로 받는 모든 급부를 의미한다.[21] 위 규정은 구체적으로 급여(Gehalt), 이익분여(Gewinnbeteilingungen), 실비변상(Aufwandsentschädigungen), 보험금(Versicherungsentgelte), 실적수당(Provisionen), 주식매수선택권(Aktienbezugsrechte)과 같은 실적지

(역), 회사법의 해부 (2014), 134면.

20) Cox / Hazen, 앞의 책 각주 16, § 9: 18; 김희철, "미국과 우리나라의 상장회사임원 보수규제에 관한 법적 구조의 비교", 중앙법학 제16집 제4호 (2014), 143면.

21) Spindler in Münchener Kommentar zum Aktiengesetz, Bd. 2 (5.Aufl., 2019), § 87 Rn.24.

향 보수(anreizorientierte Vergütungszusagen) 등을 그 예로 들고 있다.

(3) 적정성(Angemessenheit)의 기준

독일주식법 제87조는 감사위원회가 이사의 총보수를 결정할 때 총보수가 이사의 업무 및 직무성과, 회사의 상황과 적정한 관계(angemessener Verhältnis)에 있어야 하고 특별한 이유 없이 통상적인 보수를 초과하여서는 안 된다고 규정함으로써 적정성 기준을 규정하고 있다. 그러나 구체적으로 어떤 경우에 총보수가 적정한 것인지 기준을 제시하지 않고 있기 때문에 상당한 논란을 야기하여 왔다.[22] 여기에서는 법문의 내용을 분설하여 본다.

가. 이사의 업무(Aufgabe)

여기에서 주로 문제가 되는 것은 이사에게 맡겨진 업무의 종류(Art)이다. 또한 특별한 능력, 지식, 경험, 재직기간 등이 고려될 수 있다. 가족관계와 같이 직무능력과 직접 관련이 없는 요소가 고려될 수 있는지 여부에 관하여는 견해 대립이 있다.[23]

나. 이사의 직무성과(Leistung)

이사의 직무능력도 고려하여야 하는데, 직무성과의 개념 자체가 분명하지 않다. 다만 이사가 거둔 실적에 주목하여 판단하여야 한다는 견해가 유력하다.[24]

---

22) Grunewald, Gesellschaftsrecht (10.Aufl., 2017), §10 Rn.55.
23) Spindler, 앞의 책 각주 21, §87 Rn.46.
24) Spindler, 앞의 책 각주 21, §87 Rn.48.

다. 회사의 상황(Lage der Gesellschaft)

회사의 상황은 이사의 업무에 대응하는 기업의 경제적 상황의 총체(Gesamtsituation)를 가리킨다. 특히 기업의 재산상황 이외의 이익상황 및 미래의 발전가능성까지를 포함한다.[25)]

라. 보수의 통상성(Üblichkeit der Vergütung)

이사의 보수는 특별한 이유 없이 통상적인 보수를 초과할 수 없다. 앞에서 본 바와 같이 총보수는 이사의 업무, 직무성과, 회사의 상황과 적정한 관계에 있어야 하는데 그렇다 하더라도 원칙적으로 통상적 보수를 초과할 수 없다는 것이다. 즉 보수의 통상성은 적정한 보수의 상한(Obergrenze)이 된다. 보수의 통상성은 보수를 구체화하는 척도가 되면서 동시에 적정한 보수를 한계짓는 기능을 한다.[26)] 보수의 통상성은 다시 수평적 통상성(Horizontale Üblichkeit)과 수직적 통상성(Vertikale Üblichkeit)으로 나뉜다.

① 수평적 통상성

수평적 통상성은 업종, 규모, 국가별 관계에서 도출되는 개념이다. 우선 앞의 두 척도는 동일 업종의 유사한 규모 및 복잡성(Komplexität)을 가진 기업에서 지급하는 보수를 비교의 대상으로 삼는 것이다. 그러나 실제로 그런 비교 대상 기업을 찾기가 쉽지는 않다. 마지막 척도는 원칙적으로 독일 기업을 비교의 대상으로 삼으라는 취지이다. 물론 국제적 기업의 이사가 지급받는 보수는 독일 기업의 보수를 비교의 대상으로 삼을 수 없다.[27)]

---

25) Spindler, 앞의 책 각주 21, §87 Rn.53.
26) Spindler, 앞의 책 각주 21, §87 Rn.56.
27) Spindler, 앞의 책 각주 21, §87 Rn.57-58.

② 수직적 통상성

수직적 통상성이란 예컨대 특정한 이사의 보수가 가장 낮은 보수체계에 속하는 근로자가 받는 보수의 20배를 초과할 수는 없다는 것을 말한다. 다만 수직적 통상성은 수평적 통상성에 비해 보조적인 기능을 한다. 즉 수직적 통상성이 수평적 통상성과 상충하는 경우 수평적 통상성이 우선한다.[28)]

(4) 상장회사의 특례

독일주식법 제87조는 상장회사의 경우 그 보수구조(Vergütungsstruktur)는 해당 기업의 영속적인 발전을 고려한 것이어야 한다고 규정하고 있다. 이 규정은 회사의 존속을 위협하는 무책임한 보수구조를 도입하지 못하도록 하기 위한 것이다. 즉 이사들이 장기적 관점에서 기업의 몰락을 대가로 하는 단기적인 성과에 유혹을 느끼지 못하도록 금지하는 규정이다.[29)]

3. 일본법

(1) 개관

이사의 보수, 상여, 그 밖의 직무집행의 대가로서 회사로부터 받는 재산상의 이익(보수 등)에 대하여는 정관에 정함이 없으면 주주총회의 결의에 의한다(일본회사법 제361조 제1항). 일본의 경우에도 실무적으로는 주

---

28) Fleischer in Spindler / Stilz, Kommentar zum Aktiengesetz, Bd. 1 (4.Aufl., 2019), AktG §87 Rn.18.

29) Weber in Hölters, Aktiengesetz Kommentar (3.Aufl., 2017), §87 Rn.30.

주총회에서 이사보수의 총액을 결정하는 것에 그치고 개별적인 이사의 보수는 실질적으로 대표이사가 결정하므로 규제가 실효성을 갖지 못하는 형편이라고 한다.[30]

예외적으로 지명위원회 등 설치회사의 경우 보수위원회가 개인별 보수 등의 내용을 결정한다(일본회사법 제404조 제3항). 지명위원회 등 설치회사의 경우 주주총회에는 이사의 보수 결정권한이 없다. 그 이유는 적절한 보수 결정을 위하여 고도의 경영상 지식이 필요하기 때문에 사외이사를 중심으로 하는 보수위원회가 보수 등을 결정하도록 하는 것이라고 한다.[31]

(2) 통제의 내용

다음은 지명위원회 등 설치회사가 아닌 회사에 적용되는 일본회사법 제361조를 중심으로 통제의 내용을 살펴본다.

가. 확정보수액

확정보수액의 경우 그 액을 정한다(일본회사법 제361조 제1항 제1호). 실무상으로는 주주총회에서 이사 전원의 보수총액에 관한 최고한도를 정하고 그 범위 내에서 이사의 개인별 보수액의 결정은 이사회(비이사회 설치회사는 이사의 과반수로 결정)에 일임하는 경우가 많다.[32] 실무상으로는 이사회가 다시 결정권한을 대표이사에게 재위임하는 경우가 적지 않으며[33]

30) 田中 亘, 會社法 (제2판, 2018), 326면.
31) 田中 亘, 앞의 책 각주 30, 326-327면.
32) 판례는 그러한 실무가 적법하다고 본다. 일본최고재판소 1985. 3. 26. 判例時報 제1159호, 150면.
33) 판례는 이런 실무도 적법하다고 본다. 일본최고재판소 1956. 10. 5. 民集 제23호, 409면; 일본최고재판소 1983. 2. 22. 判例時報 제1076호, 140면; 江頭憲治郎, 株式會社法 (제7판, 2017), 452면.

보수의 상한을 개정하지 않는 이상 주주총회가 새롭게 필요하지 않으므로 10년이 넘는 기간 동안 주주총회결의가 없는 예도 있다고 한다.[34]

나. 불확정보수액

이를테면 회사의 영업이익의 1%를 이사의 보수로 지급한다는 등과 같이 금액이 사전에 확정되지 않은 보수는 주주총회에서 그 산정방법을 정하여야 한다(일본회사법 제361조 제1항 제2호). 이 경우에도 주주총회는 이사 전원에 대하여 그 상한을 정하면 된다. 불확정보수액은 확정보수액에 비하여 주주가 그 필요성이나 합리성을 판단하는 것이 상대적으로 어렵기 때문에 불확정보수를 정할 때에는 그 의안을 제안한 이사는 주주총회에서 그 상당한 이유를 설명하여야 한다(일본회사법 제361조 제4항).[35]

다. 비금전보수

사택을 제공하는 경우와 같이 금전이 아닌 보수 등을 이사에게 지급하는 경우 주주총회가 그 구체적인 내용을 정한다(일본회사법 제361조 제1항 제3호). 이 경우에도 이사는 주주총회에 출석하여 상당한 이유를 설명하여야 한다(일본회사법 제361조 제4항). 이에 속하는 대표적인 예로 주식매수선택권, 주식보수 등을 들 수 있다.

(3) 적용범위

봉급, 상여는 물론이고 퇴직위로금,[36] 주식매수선택권, 주식보수 등이

---

34) 田中 亘, 앞의 책 각주 30, 252면.
35) 田中 亘, 앞의 책 각주 30, 252면.
36) 일본최고재판소 1964. 12. 11. 民集 제18권 제10호, 2143면.

모두 적용 대상이다.[37)]

4. 프랑스법

프랑스상법 제225-45조가 이사의 보수에 관하여 규정하고 있다. 그에 따르면 이사는 출석수당(jetons de présence)이라는 명칭으로 보수를 지급받는다. 주주총회는 정관의 규정이나 종전 결정에 구속받지 않고 그 총액을 결정하며 이사회가 개별적인 이사가 지급받을 금액을 결정한다. 그 밖에도 개별적인 이사는 이사회로부터 위임받은 업무에 관하여 특별 보수를 지급받을 수 있다(프랑스상법 제225-46조). 이사는 원칙적으로 위 경우 이외에는 보수를 지급받을 수 없다(프랑스상법 제225-44조). 원래 프랑스 회사법은 상여금에 관한 규정도 두고 있었는데 과도한 상여금에 관한 비판이 지속적으로 제기되자 프랑스는 1975년 상여금의 근거 규정이었던 1966년 상사회사법 제351조, 제353조를 삭제하기에 이르렀다.[38)]

IV. 절차적 측면에서의 통제

1. 문제의 소재

절차적 측면에서의 통제는 이사의 보수 자체가 아니라 보수가 결정되는 과정을 통제하는 방법을 말한다. 상법 제388조가 취하는 방식이다. 그

37) 田中 亘, 앞의 책 각주 30, 253-255면.
38) 그러나 그렇다고 하여 영업이익에 상응하는 특별 보수의 지급이 금지되는 것은 아니라고 한다. Germain / Magnier, Les sociétés commerciales (21e, 2014), 464면.

러나 상법 제388조에 따른 통제는 입법취지를 충분히 살리기 어려운 근본적인 문제가 있다. 지배주주가 이사인 경우를 전제한다면 그 지배주주가 스스로에게 과다한 보수를 지급하는 안건을 자신이 지배하는 주주총회에서 쉽게 승인하도록 할 수 있을 것이기 때문이다.[39] 이 문제를 해결하려면 다음과 같은 추가적 고려가 필요하다.

2. 주주총회결의에 의한 통제의 실효성 확보

(1) 의결권의 제한

지배주주인 이사가 주주로서 주주총회에서 의결권을 행사하는 경우를 전제하여 보자. 여기에서 지배주주가 특별이해관계인에 해당한다면 의결권을 행사하지 못하게 되므로 특별이해관계인에 해당하는지 여부를 검토할 필요가 있다. 현재 기업실무는 보수 결정의 대상이 되는 이사가 주주총회에서 주주로서 혹은 이사회에서 이사로서 의결권을 갖게 되더라도 특별이해관계인이 아니라고 해석하는 것으로 보인다.[40] 반면 학설상으로는 임원인 주주는 주주총회에서 임원의 보수총액을 결의할 때 특별이해관계인에 해당한다는 주장이 지배적이다.[41]

그러나 지배주주인 이사가 주주총회에서 특별이해관계인에 해당한다고 보더라도 구체적인 보수를 배분하기 위한 이사회 결의 시에는 특별이

39) 송옥렬, 상법강의 (제9판, 2019), 996면.
40) 김희철, 앞의 논문 각주 20, 150-152면.
41) 김건식 / 노혁준 / 천경훈, 앞의 책 각주 1, 295면; 윤영신, 앞의 논문 각주 12, 43면; 이철송, 앞의 책 각주 5, 537면; 임재연, 앞의 책 각주 12, 370면. 하급심 판결 중 같은 취지로 서울중앙지방법원 2008. 9. 4. 선고 2008가합47805 판결. 반대 취지의 견해로는 김진오, 앞의 논문 각주 2, 163-164면.

해관계인에 해당하지 않는다는 견해가 역시 지배적이다. 그 이유로는 이미 보수총액의 한도가 주주총회결의에서 정해졌기 때문에 회사에 손해를 가할 우려가 적고 만일 이사의 의결권을 제한하면 실제로 이사회 결의를 하는 것 자체가 어렵게 된다는 점을 든다.[42)]

우선 이사회 결의의 경우 해당 이사를 특별이해관계인으로 보면 보수의 배분을 위한 이사회 결의 자체가 불가능해질 소지가 크다. 이사 보수의 배분은 상관적(相關的)으로 결정되기 때문이다. 이 경우 주주총회결의에서도 지배주주가 특별이해관계인이 아니라고 보게 되면 상법 제388조는 실질적으로 작동하기 어렵게 된다. 현재 실무는 주주총회결의로 이사 보수총액의 상한만을 정하면 족하다고 보기 때문에 지배주주가 주주총회결의로 그 상한을 넉넉하게 정한 후에 역시 자신이 지배하는 이사회에서의 결의로 자신의 보수를 유리하게 배분하는 데 어려움이 없을 것이기 때문이다. 따라서 우선 지배주주는 상법 제388조에 따른 주주총회에서는 특별이해관계인에 해당한다고 해석할 필요가 있다. 현재 지배적인 견해가 그렇게 해석하므로 큰 문제가 없다고 볼 수도 있으나 상법 제368조 제4항의 적용범위가 모호하기 때문에 여전히 논란은 있을 수 있다. 따라서 상법 제388조에 별도의 특칙을 두어 지배주주의 의결권을 배제하는 방안을 고려할 필요가 있다.

(2) 보수 배분의 기준 설정 강제

현행 기업실무는 정관 또는 주주총회에서 임원 보수총액의 상한을 규정한 이상 정관이나 주주총회에서 합리적 한계나 기준을 설정하지 않은

42) 김건식 / 노혁준 / 천경훈, 앞의 책 각주 1, 366면; 윤영신, 앞의 논문 각주 12, 44면.

채 보수의 결정을 이사회 또는 대표이사에게 백지 위임할 수 있다고 본다.[43] 그러나 지배주주인 이사가 보수를 배분하는 이사회 결의에서 의결권을 행사할 수 있다고 해석하는 이상, 위와 같은 기업실무 또는 해석은 상법 제388조를 무력화하는 결과를 가져올 위험성이 크다. 보수총액의 상한에 관하여 주주총회 결의를 거친 후 이사회에서의 배분 결정 시 지배주주가 보수총액 중 대부분을 가져가더라도 이를 문제삼기 어려울 수 있기 때문이다. 결국 이 문제를 해결하기 위하여는 정관 또는 주주총회결의 시에 보수총액의 배분 기준도 함께 승인받도록 할 수밖에 없다고 본다. 학설상으로도 보수의 배분 결정을 이사회나 대표이사에게 백지 위임하는 정관 규정이나 주주총회 결의는 무효라고 보는 입장이 유력하다.[44] 위 결론은 상법 제388조의 합리적인 해석을 통해서도 도출될 수 있으나 현재의 기업실무를 일신하기 위해서는 역시 입법적인 보완이 요구된다고 본다.

3. 보수위원회 설치의 법정화

한편 주주총회결의에 의한 통제의 실효성 확보 이외의 방법으로는 이사회 내 위원회로서 주로 사외이사로 구성되는 보수위원회를 설치하도록 강제하는 방안을 고려할 수 있을 것이다. 현행법 중에서는 금융회사의 지배구조에 관한 법률(이하 '금융회사지배구조법')이 보수위원회에 관한 규정을 두고 있다(금융회사지배구조법 제16조 제1항).[45] 그에 따르면 보수위원회는 과반수 이상의 사외이사로 구성되어야 하고 사외이사가 대표를 맡는

43) 송옥렬, 앞의 책 각주 39, 995면.
44) 서울중앙지방법원 2008. 7. 24. 선고 2006가합98304 판결; 송옥렬, 앞의 책 각주 39, 995면; 윤영신, 앞의 논문 각주 12, 42면.
45) 이에 관한 상세는 정영철, "금융회사 임원의 보수와 보수위원회 시론", 기업지배구조리뷰 제83호 (2016), 64면 이하.

다(금융회사지배구조법 제16조 제3~4항). 보수위원회는 일정한 범위의 임직원에 대한 보수와 관련하여 ① 보수의 결정 및 지급방식에 관한 사항, ② 보수지급에 관한 연차보고서의 작성 및 공시에 관한 사항, ③ 그 밖에 금융위원회가 정하여 고시하는 사항 등에 관한 사항을 심의 · 의결한다(동법 제22조 제1항).

위 규정의 대부분은 비금융회사 중 일정 규모 이상의 회사에 관하여도 적용이 가능할 것으로 생각된다. 실제로 기업실무상 대규모 상장회사에서는 이사회 내 위원회로서 보상위원회를 두는 경우가 늘고 있다.[46)]

보수위원회에게 이사 보수 배분의 권한을 부여함으로써 이사의 과다한 보수에 관하여 절차적 통제가 상당한 수준으로 실질화될 수 있을 것으로 기대된다. 여러 입법례에서 보수위원회를 두도록 하는 것도 참고할 필요가 있다.

V. 실체적 측면에서의 통제

실체적 측면의 통제는 이사의 구체적 보수가 적정한 수준에서 결정되도록 통제하는 것을 말한다. 현재 한국 상법은 이 측면에서 명시적인 규정을 두지 않고 있다.

1. 이사 보수의 적정성에 관한 개입의 가능성

우선적으로 따져 보아야 할 것은 과연 보수의 적정성에 관하여 제3자,

---

46) 김건식 / 노혁준 / 천경훈, 앞의 책 각주 1, 449면.

특히 법원이 개입할 필요가 있는지 혹은 개입할 수 있는지의 문제이다. 이 문제를 사적 자치의 관점에서 바라본다면 법원의 개입은 불필요하거나 필요하더라도 최소한에 그쳐야 한다는 입장이 있을 수 있다. 즉 회사의 경제적 소유자라고 볼 수 있는 주주가 회사의 수임인인 이사에게 지급하기로 결정한 금액은 원칙적으로 존중되어야 한다는 논리인 것이다.[47]

미국의 경우에도 법원이 보수의 적정성 판단에 개입한 사례는 극히 적으며 그 사례들도 전적으로 폐쇄회사에 관한 것에 국한되어 있다.[48] 다른 주요 국가들도 정도의 차이는 있으나 법원의 태도는 대체로 비슷하다고 한다.[49]

그러나 주식회사는 유한책임이라는 특권을 누리는 법제도이기 때문에 사적 자치의 관점에서만 바라볼 수는 없다. 특히 지배주주인 이사가 스스로 과다 보수를 받아 감으로써 회사의 자본적 기초를 악화시켜 그 회사가 도산에 이른 경우를 생각해 본다면 쉽게 수긍이 갈 수 있는 지적이다. 따라서 이사의 보수는 적정한 수준에서 결정되어야 할 것이며 적정한 수준을 초과할 경우 제3자, 특히 법원의 개입이 가능하다고 본다.[50] 그럼에도 불구하고 적정한 수준인지 여부의 판단이 쉽지 않기 때문에 제3자의 개입은 본질적으로 제한적일 수밖에 없을 것이다.

---

47) 같은 취지로 권재열, "이사보수의 결정을 둘러싼 몇 가지 쟁점의 검토", 법학논고 제57집 (2017), 156-158면.

48) Cox / Hazen, 앞의 책 각주 16, § 11: 5.

49) Kraakman, Reinier et al. / 김건식 외 (역), 앞의 책 각주 19, 265-266면; 윤영신, 앞의 논문 각주 12, 58면(일본의 판례도 같은 입장이라는 취지).

50) 김진오, 앞의 논문 각주 2, 156면; 임재연, 앞의 책 각주 12, 371면은 이사의 보수가 과다할 경우 자본금충실원칙, 실질적인 주주평등원칙에 각각 반하고 회사채권자의 이익을 해하며 다수결의 남용에 해당한다고 한다. 다수의 학자들은 묵시적으로 이사의 과다한 보수는 제한될 수 있다는 입장을 전제하고 있는 것으로 보인다.

2. 판례와 학설의 동향

우리 판례는 상법상 명문의 규정이 없음에도 이사의 구체적 보수가 적정한 수준을 넘어선다고 판단하면 해당 보수 약정을 무효로 보는 입장을 취하고 있다.

그 입장이 잘 드러난 대표적인 판결은 대법원 2015. 9. 10. 선고 2015다213308 판결로서 그 판결에서 핵심이 되는 판시사항은 다음과 같다.

> 이사·감사의 보수는 직무 수행에 대한 보상으로 지급되는 대가로서 그 이사·감사가 회사에 대하여 제공하는 반대급부와 그 지급받는 보수 사이에는 합리적 비례관계가 유지되어야 하므로 그 보수가 합리적인 수준을 벗어나서 현저히 균형성을 잃을 정도로 과다하거나, 오로지 보수의 지급이라는 형식으로 회사의 자금을 개인에게 지급하기 위한 방편으로 이사·감사로 선임하였다는 등의 특별한 사정이 있는 경우에는 보수청구권의 일부 또는 전부에 대한 행사가 제한되고 회사는 합리적이라고 인정되는 범위를 초과하여 지급된 보수의 반환을 구할 수 있다고 봄이 타당하다. 이때 보수청구권의 제한 여부와 그 제한 범위는, 소극적으로 직무를 수행하는 이사·감사가 제공하는 급부의 내용 또는 직무 수행의 정도, 지급받는 보수의 액수와 회사의 재무상태, 실질적인 직무를 수행하는 이사 등의 보수와의 차이, 소극적으로 직무를 수행하는 이사·감사를 선임한 목적과 그 선임 및 자격 유지의 필요성 등 변론에 나타난 여러 사정을 종합적으로 고려하여 판단하여야 한다.

실제 위 사건에서 대법원은 스스로 밝힌 일반론에도 불구하고 해당 사안의 경우 이사의 보수는 과다한 것은 아니라고 보았다. 대법원이 위 논리에 기하여 이사의 보수청구권을 부인한 사건은 대법원 2016. 1. 28. 선고 2014다11888 판결이었다. 위 사건에서 대법원은 앞에서 설시하였던 일반론과 유사한 취지로 다음과 같이 설시하고 있다.

상법이 정관 또는 주주총회의 결의로 이사의 보수를 정하도록 한 것은 이사들의 고용계약과 관련하여 사익 도모의 폐해를 방지함으로써 회사와 주주 및 회사채권자의 이익을 보호하기 위한 것이므로, 비록 보수와 직무의 상관관계가 상법에 명시되어 있지 않더라도 이사가 회사에 대하여 제공하는 직무와 그 지급받는 보수 사이에는 합리적 비례관계가 유지되어야 하며, 회사의 채무 상황이나 영업실적에 비추어 합리적인 수준을 벗어나서 현저히 균형성을 잃을 정도로 과다하여서는 아니 된다(밑줄은 필자). 따라서 회사에 대한 경영권 상실 등에 의하여 퇴직을 앞둔 이사가 회사로부터 최대한 많은 보수를 받기 위하여 그에 동조하는 다른 이사와 함께 이사의 직무내용, 회사의 재무상황이나 영업실적 등에 비추어 지나치게 과다하여 합리적 수준을 현저히 벗어나는 보수 지급 기준을 마련하고 그 지위를 이용하여 주주총회에 영향력을 행사함으로써 소수주주의 반대에 불구하고 이에 관한 주주총회결의가 성립되도록 하였다면, 이는 회사를 위하여 직무를 충실하게 수행하여야 하는 상법 제382조의3에서 정한 의무를 위반하여 회사재산의 부당한 유출을 야기함으로써 회사와 주주의 이익을 침해하는 것으로서 회사에 대한 배임행위에 해당하므로, 주주총회결의를 거쳤다 하더라도 그러한 위법행위가 유효하다 할 수는 없다.

앞 판결이 구체적으로 어떤 법리에 근거하여 이사의 보수 청구권을 부정한 것인지에 관하여는 견해의 대립이 있다.[51] 분명한 것은 대법원이

51) 구체적으로 살펴보면, ① 해당 주주총회결의의 내용이 이사의 충실의무 등 법령위반 또는 다수결남용에 해당하므로 결의무효사유에 해당한다는 입장(김진오, 앞의 논문 각주 2, 171-172면; 김건식 / 노혁준 / 천경훈, 앞의 책 각주 1, 451면), ② 보수규정 그 자체는 가치중립적이므로 결의내용은 무효로 볼 수 없다는 입장〔권재열, 앞의 논문 각주 47, 150면; 이철송, "2016년 회사법 관련 판례의 동향", 선진상사법률연구 제77호 (2017), 427면〕 등으로 나뉜다. 사견으로는 결의 내용이 법령위반에 해당하므로 주주총회 결의무효사유에 해당한다고 본다. 다만 해당 사건에서 원고가 주주총회 결의무효확인을 구할 이유가 없었고 판례가 주주총회 결의무효확인판결의 법적 성격을 확인판결로 보는 입장이어서 선결적으로 주주총회 결의의 무효 여부가 확정될 필요가 없었기 때문에 대법원이 해당 주주총회 결의의 무효 여부에 관하여는 판단을 하지 않은 것으로 보인다.

상법상 명문 규정 없이 이사의 보수 청구권을 부정하기 위하여 일련의 사실관계가 위법행위라는 결론을 도출하였다는 점이다. 또한 대법원은 단순하게 과다한 보수라면 보수청구권이 무효라는 입장은 아니고 '현저한 불균형'을 요구함으로써 예외적이고 극단적인 경우에 한하여 개입하겠다는 입장을 밝힌 것으로 보인다. 그러나 판례의 위 입장은 이론구성이 우회적이고 법적 안정성이 떨어진다는 점에서 비판의 여지가 있다.

한편 학설상으로는 미국법에서 시사를 얻어 임원 보수로 인하여 회사의 정상적인 영업 및 투자에 장애가 되는 수준이면 과다한 보수에 해당한다는 견해가 주장되고 있다.[52] 결국 이 문제는 입법에 의한 보완이 필요할 것으로 생각된다.

3. 이사 보수의 적정한 산정 기준의 입법화

우선 대법원 2016. 1. 28. 선고 2014다11888 판결이 설시한 일반론을 명문화할 필요가 있다. 이를 통해 위법행위라는 우회로 없이도 이사의 과다한 보수청구를 직접적으로 제한할 수 있을 것이다. 실제로 위 판결이 설시한 일반론은 이사 보수의 적정성을 요구하는 독일주식법 제87조 제1항 제1문의 문언과 상당히 유사하다.

문제는 위와 같은 규정을 두더라도 실제로 사실관계를 판단할 때 구체적인 지침은 될 수 없다는 것이다. 따라서 가급적 그 내용을 구체화할 수 있는 하위 규정을 두는 것이 바람직할 것이다. 이와 관련하여 지배주주인 이사의 경우 법인세법에 참고할 만한 규정이 있다.

---

52) 임재연, 앞의 책 각주 12, 371면.

법인세법 제26조는 과다경비 등을 손금에 산입할 수 없다고 규정하고 있는데, 이를 구체화한 동법 시행령 제43조 제3항은 "법인이 지배주주(특수관계에 있는 자를 포함한다. 이하 이 항에서 같다)인 임원 또는 직원에게 정당한 사유 없이 동일 직위에 있는 지배주주 등 외의 임원 또는 직원에게 지급하는 금액을 초과하여 보수를 지급한 경우 그 초과금액은 이를 손금에 산입하지 아니한다"라고 규정하고 있다.[53] 위 규정을 함께 입법한다면 지배주주인 이사에게 배분되는 과다 보수는 상당 부분 실질적으로 통제가 가능할 것으로 여겨진다. 물론 지배주주가 다른 임직원에 비하여 더 많은 보수를 받을 만한 정당한 사유가 있는 경우에는 그러한 보수 지급이 정당화될 수 있다.[54]

VI. 결론

기업실무에서 지배주주인 이사가 과다 보수를 받는 경우, 상법 제388조를 중심으로 하는 현행법상으로는 이를 통제할 장치가 제대로 가동되기 어렵다. 따라서 필자는 지배주주인 이사가 과다 보수를 받는 상황에 관한 통제를 위하여 절차적 측면과 실체적 측면으로 나누어 해석론과 입법론을 각각 개진하였다. 저자는 해석론 차원으로 문제를 해결하는 데에는 한계가 있다고 생각한다. 궁극적으로는 입법론적 개선이 필요하다고 보며 특히 상법이 적정 보수의 판단 기준을 제시하려는 노력을 기울여야 할

53) 위 규정의 세법상 의미에 관하여는 황남석, "과다한 임원 보수의 손금 불산입", 법조 제726호 (2017), 585-586면.

54) 법인세법 시행령 제43조 제3항은 과다 보수를 손금에 산입하지 않음으로써 법인세 세액을 증가시키는 간접적인 기능을 한다. 따라서 법인세법에 규정이 있다고 하더라도 상법에 동일한 취지의 규정을 두는 것이 중첩적인 것은 아니다.

필요가 있다고 본다. 그 관점에서 법인세법상 지배주주인 이사의 과다 보수에 관한 손금불산입 규정과 유사한 규정을 상법에 도입할 것을 제안한다.

08

상장회사 이해관계자 거래 규제의 실무상 쟁점*

김지평**

I. 서설

우리나라의 대규모 상장회사들은 다른 상장회사와 계열관계 등 특수한 이해관계를 가지고 있는 경우가 많다. 이는 지주회사 형태, 사업을 영위하는 모회사가 다른 상장회사를 지배하는 모자회사 형태, 상장회사 상호 간의 순환출자 형태 등 다양한 형태로 나타난다. 그리고 이러한 이해관계자 회사 상호 간에 상품 및 용역 등에 대한 경상 거래, 신용제공이나 보증 등의 신용공여 거래, 그룹 공통의 회계, 전산, 총무관리 등의 서비스 거래, 상표권 및 브랜드 사용 관련 거래, 지분 출자 등의 자본 거래가 상당히 다양한 형태로 빈번하게 이루어지고 있다. 이러한 이해관계자 거래

---

* 본 논문은 필자가 개인적으로 작성하여 『선진상사법률연구』 제81호(2018)에 게재한 것을 일부 수정한 것이다.

** 김 · 장법률사무소 변호사, 법학박사

는 상장회사의 주요주주 내지는 계열회사의 이익을 위하여 상장회사 자체의 이익을 훼손하는 거래로 악용될 우려가 있는 것이 사실이다. 그러나 이해관계자 회사 상호 간의 시너지 창출, 비용 절감 및 효율성 증대, 양질의 제품 및 서비스의 안정적인 공급, 그룹 전체적인 브랜드 및 경영 비전 등의 일관성 확보 등을 위하여 필요한 측면도 크다. 그러므로 이를 규제함에 있어서 양자의 측면을 모두 고려하는 것이 필요하다.

이러한 상장회사의 이해관계자와의 거래를 직접 규제하는 규정이 상법 제542조의9이다. 상법 제542조의9 제1항에서는 상장회사의 일정한 이해관계자에 대한 신용공여를 금지하고 있다. 또한 상법 제542조의9 제3항 및 제4항에서는 일정한 대규모 상장회사는 일정한 이해관계자를 상대방으로 하거나 그를 위하여 일정 규모 이상의 대규모 거래를 하려는 경우에는 이사회의 승인을 받아야 한다고 규정하고, 이에 대해서 주주총회에 대한 사후보고도 규정하고 있다.

상장회사의 이해관계자 거래에 있어서 상법 제542조의9가 실무상 빈번하게 문제 되고 있다. 그러나 이와 관련한 다양한 실무상 쟁점에 대한 판례 및 이론적 논의는 아직 풍부하게 정립되어 있지 않아서 실무상 불명확한 점이 많다. 특히 상법 제542조의9 제1항에서는, 상법 제542조의9 제3항 이하의 대규모 이해관계자 거래 규제나 상법 제398조의 이사 및 주요주주와의 자기거래 규제에서 요구하고 있는 이사회 승인 요건 및 이해관계자 거래의 절차와 내용의 공정성 요건 등을 갖춘 경우에도 상장회사의 이해관계자에 대한 신용공여가 일반적으로 금지되도록 규정하고, 문언상 신용공여의 범위 등도 상당히 넓게 규정되어 있다. 따라서 그 적용범위와 관련하여 실무상 문제가 되는 경우가 빈번하다. 그러므로 위 규정의 취지를 존중하면서도 상장회사의 이해관계자 거래의 실질적인 필요성 및 경영의 유연성을 훼손하지 않는 조화로운 해석이 요구된다.

본 논문에서는 이러한 상법 제542조의9의 상장회사의 이해관계자 규제의 실무상 쟁점과 관련하여 상장회사의 이해관계자에 대한 신용공여 금지 규제 및 대규모 상장회사의 이해관계자에 대한 대규모 거래 규제를 나누어서 각각 규제 대상 거래의 범위, 거래의 상대방, 규제 적용의 예외가 인정되는 거래, 규제 위반의 효과 등에 대해서 살펴본다. 이를 통해서 실무상 명확한 기준이 없어서 문제가 되었던 부분들에 대해서 합리적인 해석을 제안하고, 비효율적이거나 불필요한 규제에 대한 개선 방안을 검토해 보고자 한다.

II. 상장회사의 이해관계자에 대한 신용공여 금지 규제

상법 제542조의9 제1항에서는 상장회사는 주요주주 및 그의 특수관계인, 이사 및 집행임원, 감사를 상대방으로 하거나 그를 위하여 신용공여를 하여서는 아니된다고 하여 일정한 이해관계자에 대한 신용공여를 일률적으로 금지하고 있다. 이해관계자 거래와 관련하여 이미 상법 제542조의9 제3항 이하의 대규모 이해관계자 거래 규제나 상법 제398조의 이사 및 주요주주와의 자기거래 규제에서 이사회 승인 및 이해관계자 거래의 절차와 내용의 공정성 요건 등을 요구하고 있다. 이는 이사의 충실의무에 기초한 것이다. 선관주의의무의 범위로서 사익추구금지를 포함시키는 등 선관주의의무를 탄력적으로 해석하는 것이 가능하므로 충실의무는 선관주의의무를 구체화한 것에 불과하다는 반대견해도 있지만,[1] 상법

1) 고창현, "이사의 충실의무", 주식회사법대계 II (제2판, 2016), 663-664면; 김건식 / 노혁준 / 천경훈, 회사법 (제2판, 2016), 388면; 송옥렬, 상법강의 (제7판, 2017), 1024면; 이철송, 회사법강의 (제25판, 2017), 736면, 정찬형, 상법강의(상) (제20판, 2017), 1018-

제382조의3에서 상법 제382조 제2항 및 민법 제681조에 의한 이사의 선관주의의무와 별개로 이사의 충실의무를 규정하고 있는 이상, 충실의무는 회사의 일반적인 업무집행에 대해서 적용되는 이사의 선관주의의무와는 별개의 의무로서 보는 것이 타당하다. 그러므로 이는 영미법상의 충실의무(duty of loyalty)를 반영한 것으로서 이해관계자 거래를 포함하여 이사와 회사 사이에 이해충돌이 발생할 수 있어서 선관주의의무만으로는 적절한 이해조정을 할 수 없는 행위영역에 적용된다고 보는 것이 보다 합리적이다.[2] 상법 제542조의9 제1항에서는 이러한 충실의무를 준수하고, 이사회 승인 및 이해관계자 거래의 절차와 내용의 공정성 요건 등을 갖춘 경우에도 신용공여가 금지되도록 규정하고 있어서 실무상 유의할 필요가 있다.

1. 신용공여의 범위

(1) 규정의 내용

상법 제542조의9 제1항에서는 신용공여에 대해서 금전 등 경제적 가치가 있는 재산의 대여, 채무이행의 보증, 자금 지원적 성격의 증권 매입, 그 밖에 거래상의 신용위험이 따르는 직접적 · 간접적 거래로서 대통령령으로 정하는 거래를 말한다고 규정하고 있다.

위 규정 및 상법 시행령 제35조 제1항, 자본시장과 금융투자업에 관한 법률(이하 '자본시장법') 시행령 제38조 제1항 제4호 및 제5호, 금융투자업

1019면; 최준선, 회사법 (제10판, 2015), 510-511면 등

2) 권기범, 현대회사법론 (제6판, 2015), 789-794면; 김정호, 회사법 (제4판, 2015), 465면; 정동윤 편집대표, 주석상법 회사 III (제5판, 2014), 215-216면 등.

규정 제3-72조 제1항에 의하면 신용공여 거래는 ① 금전 등 경제적 가치가 있는 재산의 대여, ② 채무이행의 보증, ③ 자금 지원적 성격의 증권매입, ④ 담보를 제공하는 거래, ⑤ 어음(전자어음의 발행 및 유통에 관한 법률에 따른 전자어음을 포함함)을 배서(어음법 제15조 제1항에 따른 담보적 효력이 없는 배서는 제외함)하는 거래, ⑥ 출자의 이행을 약정하는 거래, ⑦ 위 ①~⑥의 어느 하나에 해당하는 거래의 제한을 회피할 목적으로 하는 거래로서 제3자와의 계약 또는 담합 등에 의하여 서로 교차하는 방법으로 하는 거래 혹은 장외파생상품거래, 신탁계약, 연계거래 등을 이용하는 거래, ⑧ 채무의 인수, ⑨ 자산유동화회사 등 다른 법인의 신용을 보강하는 거래, ⑩ 그 밖에 이해관계자의 지급불능 시 이로 인하여 회사에 손실을 초래할 수 있는 거래로 나뉜다.

(2) 실무상 신용공여의 범위가 문제 되는 경우에 대한 합리적인 해석론

위와 같이 금지되는 신용공여의 범위가 상당히 넓고 포괄적으로 규정되어 있다. 그러므로 상장회사가 이해관계자와 체결하는 거래 중 상당 부분이 이에 해당할 수 있다. 실무상 신용공여 해당 여부가 주로 문제되는 경우는 아래와 같다.

가. 영업거래에 수반하는 신용 제공의 신용공여 해당 여부

상장회사와 이해관계자 간의 영업거래에 있어서도 일반적인 영업거래와 동일하게 상품 혹은 용역의 제공 이후에 그 대금은 2개월 혹은 3개월 등의 기간을 두고 지급받는 경우가 많다. 상품 또는 용역의 지급대가로 현금이 아닌 기업어음 등을 지급하는 경우도 실질적으로 동일한 결과가 된다. 이러한 경우 상장회사가 이해관계자에게 대금지급 기간을 유예함에 따라서 이해관계자에 대해서 신용을 공여한 것으로 볼 수 있는지가 문제 된다.

신용공여에는 "그 밖에 이해관계자의 지급불능 시 이로 인하여 회사에 손실을 초래할 수 있는 거래"도 포함되도록 포괄적으로 규정되어 있다. 그러므로 위와 같은 영업거래에 수반하는 신용제공의 경우에도 신용공여로 문제 될 수 있다는 입장도 있을 수 있다. 그러나 상법 제542조의9 제1항의 신용공여 금지 규제의 대상은 자금의 대여 및 보증 혹은 담보의 제공 등 상품 또는 용역의 거래와는 관련이 없는 자금지원 거래를 주된 대상으로 하고 있다. 따라서 상품 혹은 용역의 거래 과정에서 통상적인 범위 내에서 대금지급기한을 유예하는 경우까지 이에 해당한다고 보기는 어렵다. 위와 같은 대금지급기한의 유예는 상대방에게 신용을 공여하려는 의도보다는 상품 및 용역 제공 이후의 품질 검사 및 하자 여부의 확인 등에 일정한 기한이 필요하다는 점 등을 고려한 것이기 때문이다. 게다가 위와 같이 해석한다면 상장회사는 현금 교환 거래를 하지 않는 이상 이해관계자와의 상품 및 용역거래 자체가 금지된다는 불합리한 결론이 된다.

따라서 영업거래에 수반하는 신용제공은 신용공여에 해당하지 않는다고 해석하는 것이 타당하다. 다만 예외적으로 이해관계자와 원래 체결한 계약상의 대금 지급조건을 이례적으로 변경하여 대금지급기한을 상당히 길게 설정하고 그에 대해서 이자도 지급받기로 합의한다면[3] 이는 기존

3) 독점규제 및 공정거래에 관한 법률 제23조 제1항 제7호 및 동법 시행령 제36조, 공정거래위원회 부당한 지원행위의 심사지침에 의하면 외상매출금, 용역대금을 약정기한 내에 회수하지 아니하거나 지연하여 회수하면서 이에 대한 지연이자를 받지 아니한 경우에는 부당지원행위에 해당할 수 있다. 그러므로 상품이나 용역 대금의 약정기한을 연장하는 경우에는 이자 지급에 대한 합의를 하는 경우가 많다.

의 상품 및 용역거래와는 별개의 거래로 보아서 신용공여 규제의 대상이 된다고 해석할 여지가 있다. 이는 민법 제605조에 의한 준소비대차에 해당한다고 볼 수 있기 때문이다. 또한 통상적인 대금 지급기한보다 상당히 길게 대금지급기한을 유예하는 경우에는 거래 상대방인 이해관계자의 신용위험의 변동에 장기간 노출되게 되므로 실제로 위 상품 및 용역대금을 지급받은 뒤 다시 이를 대여해 준 경우와 실질적인 차이가 없기 때문이다.

나. 자금지원적 성격의 증권 매입의 범위

① 규정의 내용

위에서 본 바와 같이 상법 제542조의9 제1항에서는 신용공여의 한 유형으로 자금 지원적 성격의 증권 매입을 규정하고 있다. 이해관계자에 대한 자금지원[4]을 목적으로 하여 이해관계자가 발행한 증권을 매입하는 경우를 의미한다.

② 문제점 및 관련 사례

이와 관련하여 매입의 대상이 되는 증권의 범위가 실무상 자주 문제된다. 자본시장법 제4조 제2항에 의하면 증권은 채무증권, 지분증권, 수익증권, 투자계약증권, 파생결합증권, 증권예탁증권으로 구분된다. 이와 관련하여 상장회사가 이해관계자의 사채나 어음 등 채무증권을 매입하는

---

4) 독점규제 및 공정거래에 관한 법률 제23조 제1항 제7호 및 동법 시행령 제36조, 공정거래위원회 부당한 지원행위의 심사지침에 의하면 부당지원행위 규제에 있어서 지원행위는 지원주체가 지원객체에게 제공하는 경제적 급부의 정상가격이 그에 대한 대가로 지원객체로부터 받는 경제적 반대급부의 정상가격보다 높거나 현저한 규모로 거래하여 지원주체가 지원객체에게 과다한 경제상 이익을 제공하는 행위를 말한다고 하고 있다. 그러나 상법 제542조의9 제1항에서는 이자율이나 변제 기한 등 거래조건의 불공정성 여부를 불문하고 신용공여행위를 일률적으로 금지하고 있다. 따라서 위 규정에서의 "자금지원적 성격"은 실제로 대여 등에 준하여 자금이 공급되는 거래 일체를 포함하고 거래조건의 불공정성 여부와는 관계가 없다.

경우에는 신용공여의 실질을 부정하기 어렵다. 그러나 그 이외의 증권, 특히 상장회사가 이해관계자가 발행한 주식 등 지분증권을 매입하는 경우에 대해서도 이를 신용공여 금지의 대상이 된다고 볼 수 있는지가 자주 문제 된다.

이와 관련하여 주식회사 만도가 그 100% 자회사인 유한회사 마이스터를 통해서 주요주주인 주식회사 한라의 유상증자에 참여한 사례가 문제가 되었다. 주식회사 한라는 2013년 4월 3,435억 원의 제3자배정 유상증자를 실시했다. 이때 주식회사 만도는 유한회사 마이스터를 통해 유상증자 대상 주식 98.84%를 인수했다. 당시 주식회사 한라는 주식회사 만도의 주식을 19.99% 보유하고 있었다. 경제개혁연대는 이에 따라 2013년 5월 8일 공정거래위원회에 주식회사 만도의 계열사 부당지원 여부에 대한 조사요청을 하였고, 2013년 6월 26일 주식회사 만도 및 정몽원 회장 등 주식회사 만도의 경영진을 상법 제542조의9 제1항의 신용공여 금지 위반 혐의로 검찰에 고발했다. 이에 대해서 검찰은 주식회사 만도의 주식회사 한라의 유상증자 참여가 신용공여에 해당되는 것은 사실이나 이는 상법 제542조의9 제2항의 신용공여 금지의 예외로서 경영상 목적 달성을 위해 필요한 경우로 인정된다고 하여 불기소처분 결정을 내렸다.[5)]

---

5) 중소기업신문, 2014. 4. 16.자, "더욱 뜨거운 만도의 부실계열사 한라 지원 위법논란" (http://www.smedaily.co.kr/news/articleView.html?idxno=46717)에 의하면 검찰은 ① 5년 후의 한라건설 주식회사 지분가치가 상승할 것으로 예상되어 유상증자에 참여하더라도 손실이 발생하지 않을 것으로 판단하였던 점, ② 실제 유상증자 후 한라건설 주식회사의 재정안정성이 확보되어 주가가 상승하였다는 점, ③ 주식회사 한라가 추진 중인 사업에 유한회사 마이스터가 지분참여를 하고 있었기 때문에 주식회사 한라의 재무구조 악화를 방지해야 할 필요성이 있었다는 점, ④ 주식회사 한라의 유동성 문제가 해소되지 못하여 주식회사 만도에 대한 경영권을 상실하게 될 경우 주식회사 만도의 지속적인 성장 동력을 상실하게 될 가능성이 있는 점(주식회사 만도와 현대차그룹의 특수관계 등 고려), ⑤ 주식회사 한라가 자금 경색을 해결하기 위해 2012년 1월부터 지속적으로 자구책을 시행하여 유동성 문제를 해결해 나가고 있어 한라의 경영정상화

③ 자금지원적 성격의 증권매입의 범위에 대한 합리적인 해석론

그러나 채무불이행에 따른 신용위험과 관련이 없는 주식 등 지분증권을 취득하는 경우에는 신용공여로 볼 수 없다고 해석하는 것이 타당하다. 상법 제542조의9 제1항에서는 신용공여에 대해서 금전 등 경제적 가치가 있는 재산의 대여, 채무이행의 보증, 자금 지원적 성격의 증권 매입, 그 밖에 거래상의 신용위험이 따르는 직접적 · 간접적 거래라고 규정하고 있기 때문이다. 즉 기본적으로 자금 지원적 성격의 증권 매입에 있어서도 거래상의 신용위험이 수반되어야 한다. 여기에서 신용위험은 거래상대방의 채무불이행에 따른 위험을 말한다고 보는 것이 일반적인 신용위험의 의미에 부합하는 해석이다.[6)]

신용공여를 규제하는 다른 금융 관련 법령도 마찬가지 태도를 취하고 있다. 은행법 제2조 제7호에서 신용공여를 대출, 지급보증 및 유가증권의 매입(자금지원적 성격인 것만 해당함), 그 밖에 금융거래상의 신용위험이 따르는 은행의 직접적 · 간접적 거래라고 정의하고 있고, 보험업법 제2조 제13호에서는 신용공여를 대출 또는 유가증권의 매입(자금 지원적 성격인

가 이루어질 것으로 판단하였던 점 등을 근거로 경영상 목적 달성을 위하여 필요한 경우에 해당된다고 판단했다.

6) 일반적으로 재무관리에 있어서 증권 등 금융상품의 가격을 결정하는 위험(risk)의 종류에는 시장위험, 신용위험, 유동성위험 등이 있다고 논의된다. 시장위험이란 시장에서의 주가, 이자율, 환율 등의 변동에 따른 위험이고, 신용위험은 거래상대방의 채무불이행에 따른 위험이며, 유동성 위험이란 해당 금융상품의 처분이 원활하게 이루어지지 못할 위험을 의미한다. 이러한 위험이 클수록 해당 금융상품에 투자하기 위하여 필요한 요구수익율이 높아지게 된다. Ross Westerfield Jordan / 박원규 · 박상수 (역), Fundamentals of Corporate Finance (제9판, 2010), 510–511면. 즉 동일한 미래 현금흐름이 예상될 경우 위험이 큰 금융상품일수록 요구수익율, 즉 미래 현금흐름에 대한 할인율이 높아지게 되어서 가격이 낮게 평가된다. 예를 들어 박정식 / 박종원 / 조재호, 현대재무관리 (제6판, 2004), 299면에서는 주식의 가치는 주식을 소유했을 때의 현금흐름과 주식의 적절한 할인율에 의해 결정되고, 이때 미래 현금흐름을 할인하는 데 이용되는 적절한 할인율은 바로 주식투자의 위험을 고려한 기대수익률이라고 설명한다.

것만 해당함)이나 그 밖에 금융거래상의 신용위험이 따르는 보험회사의 직접적 · 간접적 거래로서 대통령령으로 정하는 바에 따라 금융위원회가 정하는 거래라고 정의하여 상법 제542조의9 제1항과 유사한 태도를 보이고 있다. 그런데 은행법 시행령 제1조의3 제1항 제4호, 보험업법 시행령 제2조 제1항 제2호는 위 유가증권의 매입의 개념을 어음 및 채권의 매입에 한정하고 있다.

상법 제542조의9 제1항은 거래조건의 공정성 여부 등과 상관없이 신용공여를 일률적으로 금지하고 있다는 점에서 상장회사의 경영상 유연성 확보를 위해서도 위와 같이 한정적으로 해석하는 것이 필요하다. 이해관계자의 지분증권에 대한 투자까지 이에 해당한다고 한다면 이는 독점규제 및 공정거래에 관한 법률(이하 '공정거래법') 제9조의2의 순환출자 규제와 중복되게 되어서 실무상의 혼선을 초래할 수 있다. 또한 주요주주 및 임원에 대한 신용공여를 방지하고자 하는 상법 제542조의9의 원래 취지에서 벗어나게 된다. 현재 상법 제542조의9 제1항은 증권거래법 제191조의19 제1항의 규정[7)]을 증권거래법이 자본시장법으로 개정되면서 승계한

7) 구 증권거래법 제191조의19 제1항은 미국에서 엔론사 및 월드컴사 등의 회계부정 스캔들에 따라서 제정된 회계개혁법인 사베인-옥슬리법 제402조를 국내에 도입한 것이다. 이에 대한 자세한 입법경과로는 안수현, "회계제도개혁법의 입법 현황과 실무상 몇 가지 고려점: 미국 Sarbanes-Oxley Act와의 비교를 통하여", 증권법연구 제4권 제2호 (2003), 235면 이하; 김병태, "임원보수의 공시기준에 관한 최근의 쟁점과 미국의 시사점", 법학논집 제19권 제1호 (2014), 220면 이하; 정쾌영, "회계제도 선진화 관련 법률 개정안의 문제점과 개선방향", 기업법연구 제14집 (2003), 240면 이하 등 참고. 위 법은 ① 임원 등에 대한 대여금 제한, 감사위원의 전문성 강화, 내부고발자 보호 등을 통한 회사 경영진의 책임 강화, ② 회계감사인의 독립성 제고, ③ 회계부정에 대한 처벌 강화 등을 내용으로 하고 있다. 특히 위 법 제402조(k)(1)에서 상장회사의 이사, 집행임원 또는 이에 상당하는 사람[any director or executive officer (or equivalent thereof) of that issuer]에 대한 개인적 대여(personal loan)를 원칙적으로 금지하고, 제402조(k)(2)에서는 일정 요건을 갖춘 주택대출, 소비자신용 등에 대하여는 위 (1)이 적용되지 않음을 명시하고 있다. 이러한 입법 연혁에 비추어도 상법 제542조

것이다.[8)] 위 증권거래법에서는 금지되는 신용공여를 대여, 담보제공, 채무보증으로 한정적으로 열거하였으나, 상법 제542조의9 제1항은 신용공여의 범위를 상당히 넓게 규정하고 있다. 그러나 이와 같이 신용공여라는 일반개념을 도입하고 상법 시행령에서 이를 구체화하도록 위임한 취지는 신용위험에 노출되지 않는 지분증권에 대한 투자까지 제한하고자 하는 것은 아니다. 오히려 구 증권거래법 제191조의19 제1항은 거래의 성격과 규모를 불문하고 금지대상 거래유형을 규정하였으나, 거래의 성격과 규모에 비추어 금지대상으로 삼을 필요가 없는 경우도 충분히 있을 수 있으므로 제외대상을 상법 시행령에 위임한 것이라고 한다.[9)] 국회 심의 과정에서도 상법 제542조의9 등은 구 증권거래법 제191조의19 등과 차이가 없다는 점이 지적되었을 뿐, 법안과 관련하여 특별히 심도 있는 논의가 행해지지 않았다.[10)]

(3) 출자의 이행을 약정하는 거래의 범위

출자의 이행을 약정하는 거래도 신용공여로서 금지되고 있다. 출자의 의미에 대해서는 상법에서 별도로 규정하고 있지 않으나, 일반적으로 사업을 영위하기 위한 자본으로 금전 기타의 재산 · 신용 · 노무를 조합 · 회사 · 기타 법인에게 출연하는 것을 말한다.[11)] 참고로 유가증권시장 공시

의9 제1항의 상장회사 신용공여 금지는 대출 및 보증 등 거래 상대방의 신용위험에 노출되는 행위만을 규제하기 위한 것이라고 보아야 한다.

8) 김광록, "기업지배구조 개선을 위한 최근의 상법상 변화", 비교사법 제21권 제4호 (2014), 1783면.

9) 정동윤 감수, 상법 회사편 해설 (2014), 452면.

10) 법제사법위원회회의록(법안심사제1소위원회) (2009. 1. 6), 1면 이하.

11) 두산백과(http://terms.naver.com/entry.nhn?docId=1147789&cid=40942&categoryId=31909) 참고.

규정 제7조 제1항 제2호 나목 (3)에서는 타 법인이 발행한 주식 또는 출자증권의 취득을 출자라고 정의하고 있다. 그러므로 출자의 이행을 약정하는 거래는 기본적으로 주식 또는 출자증권 등 지분증권의 취득을 약정하는 거래를 의미한다.

그러나 여기에서의 출자의 이행 약정은 채무불이행에 따른 신용위험의 발생을 전제로 한 출자의 이행 약정에 한정된다고 해석하는 것이 타당하다. 자금지원적 성격의 증권매입과 관련해서 논의한 바와 같이 주식 등 지분증권에 대한 출자의 이행을 하거나 이행을 약정하는 거래를 포괄적으로 신용공여에 해당한다고 해석하는 것은 불합리하기 때문이다. 예를 들어 상장회사가 이해관계자의 채권자와 자금보충약정[12] 등을 체결하여 이해관계자의 변제자금 부족으로 채무불이행이 예상될 경우 상장회사가 이해관계자에게 주식 등 지분증권의 출자를 하여 변제자금을 보충하여 주기로 약정하는 경우에는 신용공여로 규제될 수 있다. 위와 같은 자금보충약정은 그 실질은 보증과 동일하지만 보증에 따른 공시규제 등의 회피를 위하여 이루어지는 경우가 많다. 그러므로 이해관계자를 위한 보증 제공과 동일한 규제를 하는 것이 실질에 부합한다.

가. 신용공여 규제를 회피할 목적으로 장외파생상품거래, 신탁계약, 연계거래 등을 이용하는 거래

신용공여 규제를 회피할 목적으로 장외파생상품거래, 신탁계약, 연계거래 등을 이용하는 거래도 신용공여로서 금지된다. 장외파생상품거래,

12) 이러한 자금보충약정은 주로 프로젝트 금융거래에서 많이 이용되는데, 추가출자형식의 자금보충약정과 후순위대출 형식의 자금보충약정으로 구분된다. 임지웅 / 김도경, "계열회사에 대한 채무보증의 법적 효력: 사법적 효력을 중심으로", BFL 제33호 (2009), 78-81면.

신탁계약, 연계거래 등은 신용공여의 실질을 가지면서도 형식은 신용공여로 보이지 않게 될 수 있어서 이러한 규제 회피행위를 방지하기 위한 규정이다.[13)]

이해관계자가 상장회사에게 특정 주식이나 기타 자산을 매각하면서 일정 기간 도과 후에 상장회사로부터 최초 매각대금에 고정이율을 적용하여 산정된 대가를 지불하고 해당 자산을 다시 매입하는 약정을 체결하거나 이러한 매입의무를 부담하게 되는 경우에는 상장회사가 위 이해관계자에 대해서 대출을 제공하면서 위 자산을 담보로 제공받은 것으로 볼 수 있다. 상장회사가 해당 자산의 가치변동에 따른 위험을 부담하기 때문이다. 총수익스왑(Total Return Swap, TRS) 약정을 체결하거나 put option 및 call option 약정을 체결한 경우가 이에 해당한다.[14)]

---

13) 다른 규제에서도 장외파생상품거래, 신탁계약, 연계거래 등을 통한 규제회피를 규제하는 규정은 찾아볼 수 있다. 예를 들어서 자본시장과 금융투자업에 관한 법률 제249조의14 제6항 및 동법 시행령 제271조의20 제2항에서는 경영참여형 사모집합투자기구의 업무집행사원이 경영참여형 사모집합투자기구에 대한 자본시장과 금융투자업에 관한 법률 제249조의11부터 제249조의18까지의 규정에 따른 금지나 제한을 회피할 목적으로 하는 행위로서 장외파생상품거래, 신탁계약, 연계거래 등을 이용하는 행위를 경영참여형 사모집합투자기구 업무집행사원의 불건전행위로서 금지하고 있다.

14) K-IFRS 제1039호 '금융상품: 인식과 측정' 부록 A. 적용지침 AG40에서도, 시장위험을 다시 양도자에게 이전하는 총수익스왑과 함께 금융자산을 매도한 경우에는 양도자가 소유에 따른 위험과 보상의 대부분을 보유하는 경우로 본다고 규정한다. 또한 위 회계기준 AG51에 의하면 매도가격에 양도자에게 금전을 대여하였더라면 그 대가로 받았을 이자수익을 더한 금액 또는 미리 정한 가격으로 재매입하는 계약에 따라 금융자산을 매도하거나, 양도자에게 반환하는 계약에 따라 금융자산을 대여한다면, 양도자가 소유에 따른 위험과 보상의 대부분을 보유하고 있으므로 당해 금융자산은 제거하지 아니한다. 양도자는 양수자에게 금융자산을 매도하고 양수자와 총수익스왑계약을 체결하는 경우에도 자산의 제거는 금지된다. 즉 자산은 여전히 양도자가 보유하는 것으로 본다. 금융감독원 유권해석 2014-009, 2014. 12. '총수익스왑 조건부 주식양도의 회계처리'도 같은 취지이다.

나. 신용위험을 수반하는 거래로서 이해관계자의 지급불능 시 손실을 초래할 수 있는 거래 금지 규정의 타당성

일종의 포괄규정으로서, 신용위험을 수반하는 거래로서 이해관계자의 지급불능 시 손실을 초래할 수 있는 거래가 신용공여로서 모두 금지되고 있다. 이해관계자의 신용위험에 노출되는 일체의 거래가 모두 신용공여 금지의 대상이 된다.

그러나 신용공여 금지 규제와 관련하여 위와 같은 포괄규정을 두는 것은 입법론상 타당하지 않다고 생각한다. 상법 제542조의9 제1항에서 해당 신용공여 거래가 상장회사 입장에서도 경영상 필요하거나 그 거래조건의 공정성을 인정할 수 있는 경우에도 이를 일률적으로 금지하면서, 동시에 위와 같은 포괄규정을 통해서 신용공여 거래를 상당히 넓게 규정하는 것은 상장회사 경영의 유연성을 저해한다.[15] 또한 신용공여 금지 여부에 대한 예측을 어렵게 하여 법적 안정성을 약화시키는 문제가 있다.

---

15) 대규모 상장회사의 경우 계열사 간 금전대여나 채무보증이 빈번하게 이루어지므로, 상법 제542조의9 제1항에서 신용공여를 원칙적으로 금지하는 것에 대해서 기업들이 부담을 많이 느끼고 있다는 조사결과로는 한국상장회사협의회, 상장법인 특례제도 개선방안: 상장법인의 인식조사를 통하여 (상장협연구자료, 2010. 12.), 85-86면. 이에 대해서 상장회사의 이사, 임원, 지배주주와 그 외 내부자에 대한 금전대여 등을 규제할 필요성은 국제적으로 인정되고 있다는 반론도 있다. 안수현, "상장회사특례규정상의 주요주주 등 이해관계자와의 거래에 관한 규제 재검토", 선진상사법률연구 제58호 (2012), 15면. OECD의 입장도 이와 같다(OECD, White Paper on Corporate Governance in Asia, http://www.oecd.org/dataoecd/4/12/2956774.pdf, 26면). 반면에 회사의 규모나 업종 등에 관계 없이 상장회사가 주요주주 등과 신용공여거래를 할 수 없도록 금지하는 것은 상장회사의 거래(영업)의 자유를 너무 제한하고 필요에 따라 적절히 대응할 수 있는 유연성을 박탈하는 것으로서 입법적인 재검토가 필요하다는 견해로는 정찬형, "2009년 개정상법 중 상장회사에 대한 특례규정에 관한 의견", 상사법연구 제28권 제1호 (2009), 313면.

2. 신용공여의 상대방

상법 제542조의9 제1항에서는 상장회사는 특정 이해관계자를 상대방으로 하거나 그를 위하여 신용공여를 하여서는 아니 된다고 규정하고 있다. 즉 특정 이해관계자가 직접 상대방이 되는 거래 이외에도 간접적으로 이해관계자를 위하여 하는 거래도 신용공여 금지의 대상이 된다.

(1) 신용공여의 상대방인 이해관계자의 범위

가. 주요주주 및 그의 특수관계인

주요주주 및 그 특수관계인이 신용공여가 금지되는 이해관계자에 해당한다. 주요주주는 상법 제542조의8 제2항 제6호에 의하여 누구의 명의로 하든지 자기의 계산으로 해당 상장회사의 의결권 없는 주식을 제외한 발행주식총수의 100분의 10 이상의 주식을 소유하거나 이사 · 집행임원 · 감사의 선임과 해임 등 상장회사의 주요 경영사항에 대하여 사실상의 영향력을 행사하는 주주를 의미한다. 주요주주의 특수관계인은 주요주주가 개인인 경우와 법인 또는 단체인 경우에 따라서 상법 제542조의8 제2항 제5호, 상법 시행령 제34조 제4항에 의하여 규정된다.[16)]

---

16) 상법 제542조의8의 사외이사 독립성 요건에 관한 상법 시행령 제34조 제4항의 특수관계인 규정을 이해관계자 거래에 관한 상법 제542조의9에 그대로 적용하는 것은 문제가 있다고 하면서, 혈족 및 인척의 범위는 지나치게 넓어 이를 완화할 필요가 있으며, 동시에 상법 제398조 제3호와 같이 배우자의 직계 존 · 비속을 특수관계인에 포함할 필요가 있다는 견해로는 안수현, 앞의 논문 각주 15, 18-19면. 이외에 친족에 대한 특수관계인 규정들이 최근의 핵가족화 현상을 반영하지 못하는 점 등의 이유로 그 범위를 합리적으로 축소할 필요가 있다는 견해로는 이인권, "특수관계인 관련 규정의 위헌성 검토 및 대안 모색", Issue Paper 5 (2006), 18-21면 및 57-63면과 김봉철, "경제 / 기업법령상 친족인 '특수관계인' 관련 규정의 문제점과 개선방향", 외법논집

나. 이사, 감사, 집행임원 및 상법 제401조의2의 사실상의 업무집행지시자

상법 제542조의9 제1항 제2호에서는 상장회사의 신용공여가 금지되는 이사에는 상법 제401조의2 제1항 각 호에 해당하는 상장회사에 대한 업무집행지시자를 포함한다고 규정하고 있다. 그러므로 등기 이사가 아닌 경우에도 상장회사의 업무집행에 대해서 사실상 영향력을 행사하는 자에게는 신용공여가 금지될 수 있다.[17)]

(2) 이해관계자를 위하여 하는 거래의 범위

가. 규제의 내용 및 쟁점

상법 제542조의9 제1항 본문에서는 이해관계자를 상대방으로 하는 거

제33집 제4호 (2009), 261-262면 및 264면 참고. 문상일, "상법 회사편상 특수관계인 범위의 합리적 재조정을 위한 제언: 2012년 개정 상법시행령 제34조와 제35조를 중심으로", 상사법연구 제31권 제2호 (2012), 95-96면 및 98면에서는 같은 취지로 친족의 범위를 축소할 필요가 있다고 하고, 동시에 사외이사 결격사유에 대한 특수관계인 규제와 이해관계자 거래에 대한 특수관계인 거래 규제를 동일하게 적용하는 것도 문제이므로 전자의 경우에는 2촌 이내의 친족으로, 보다 규제의 필요성이 큰 후자의 경우에는 3촌 이내의 친족으로 규정하는 것이 타당하다고 한다.

17) 고창현/김연미, "기업회계관련법의 분석과 평가", BFL 제4호 (2004), 46면에서는 업무집행지시자는 회사에 대한 채권자 및 거래관계에 있어서 우월한 지위에 있는 자 등을 포함하는 등 상당히 넓게 해석될 수 있다는 점을 지적하면서, 기본적으로 업무집행지시자는 그 업무집행행위로 인하여 회사에 손해가 있을 경우 이에 대한 손해배상책임과 관련하여서만 회사의 기관으로 의제하는 개념이므로, 상장회사 이해관계자 거래 규제와 같이 손해 여부와 상관없이 일정 유형의 이해관계자 거래를 일률적으로 금지하는 경우에는 업무집행지시자를 좁게 해석할 필요가 있다고 한다. 김교창, "상장회사의 특례에 관한 2009년 개정상법의 논점", 인권과 정의 제396호 (2009), 74면 및 최준선, "상법상 상장회사법규의 개선방향", 성균관법학 제23권 제2호 (2011), 344면에서도 같은 취지로 업무집행지시자는 사후적인 개념이므로 사전적인 거래 금지 규제에 위 개념을 적용하는 것은 지나친 규제라고 한다.

래 이외에 이해관계자를 위하여 신용공여 거래를 하는 경우도 금지하고 있다. 즉 이해관계자가 직접 당사자가 아닌 경우에도 이해관계자가 이익을 얻는 신용거래는 금지하고 있다. 이와 관련하여 이해관계자를 위한 신용공여 거래는 상당히 넓게 해석될 수 있어서 그 범위가 문제 된다.

나. 견해의 대립 및 판례의 입장

이에 대하여 상장회사의 경영 건전성 저해 방지라는 규제 취지상 이해관계자를 위한 신용공여는 이해관계자의 계산으로 거래하는 자를 상대방으로 한 신용공여로 넓게 해석해야 한다는 견해가 있다.[18] 반면에 법적 안정성 등의 측면에서 이해관계자를 위한 거래를 넓게 해석할 수는 없고, 이해관계자의 신용위험에 노출되는 거래로 한정하여야 한다는 견해도 있을 수 있다.[19]

대법원 판례는 상장법인이 동일 기업집단 내에 있는 비상장법인 또는 개인 명의로 자금을 대여한 후 상장법인의 이사들이 위 비상장법인 혹은 개인 등으로부터 다시 그 각 금원을 대여받은 사안에서 전자의 입장을 취했다. 대법원 판례는 현재 상법 542조의9에 해당하는 구 증권거래법 제191조의19 제1항 제1호 가목이 문제 된 사안에서 위 규정은 일정한 금

18) 김건식 / 노혁준 / 천경훈, 앞의 책 각주 1, 424면; 임재연, 회사법 II (개정3판, 2016), 465면; 정동윤 편집대표, 앞의 책 각주 2, 592-593면; 정찬형, 앞의 책 각주 1, 1039면 등.

19) 천경훈, "신세계 대표소송의 몇 가지 쟁점: 경업, 회사기회유용, 자기거래", 상사법연구 제33권 제1호 (2014), 168-169면에서는 상법 제398조의 적용범위를 문언을 넘어 '실질적 · 거시적 기준'에 따라 지나치게 넓게 해석해서는 곤란하다고 하면서, 자회사의 신주발행에 대해서 모회사가 실권하여 모회사의 이사가 자회사 실권주를 배정받게 된 경우, 이를 통해서 실질적으로 모회사 이사가 이익을 보게 되었다고 하여 모회사의 실권 결정을 모회사와 모회사 이사 간의 자기거래라고 보기는 어렵다고 하고 있다. 이러한 해석은 상법 제398조와 취지를 같이하는 상법 제542조의9의 해석에 있어서도 참고할 필요가 있다.

전 등의 대여행위를 금지함으로써 상장법인의 건전한 경영을 도모하고 이를 통하여 일반 투자자들을 보호하려는 데 있다고 하면서, 이러한 입법 취지와 함께 위 규정이 '이사 등을 상대방으로 하는' 금전 등의 대여행위와 아울러 '이사 등을 위하여 하는' 금전 등의 대여행위도 금지하고 있는 점 등을 고려하면, 위 규정에서 금지하고 있는 금전 등의 대여행위에는 상장법인이 그 이사 등을 직접 상대방으로 하는 경우뿐만 아니라, 그 금전 등의 대여행위로 인한 경제적 이익이 실질적으로 상장법인의 이사 등에게 귀속하는 경우와 같이 그 행위의 실질적인 상대방을 상장법인의 이사 등으로 볼 수 있는 경우도 포함된다고 해석하여야 한다고 판시하였다.[20]

다. 검토

상법 제542조의9의 이해관계자를 위한 신용공여의 범위는 신용공여의 유형 중 채무이행의 보증, 담보를 제공하는 거래, 어음의 배서 등 이해관계자의 채권자를 상대방으로 하는 신용보강행위로서 이해관계자의 신용위험에 직접적으로 노출되는 거래에 한정된다고 보는 것이 타당하다. 사실상 이해관계자에게 이익이 제공되는 경우 모두를 이해관계자를 위한 신용공여로 보아서 일률적으로 금지하는 것은 상법 제542조의9의 범위를 지나치게 확장하는 것이다. 또한 어디까지가 이해관계자를 위한 신용공여인지가 불분명하게 되어 법적 안정성을 해하게 된다. 회사의 이해상충행위 및 이에 따른 회사 및 주주의 손해를 방지하고자 한다는 점에서 상법 제542조의9와 취지를 같이하는 상법 제398조의 경우에도[21] 위 규

---

20) 대법원 2013. 5. 9. 선고 2011도15854 판결.

21) 대법원 2007. 5. 10. 선고 2005다4284 판결에서는 상법 제398조 전문이 이사와 회사 사이의 거래에 관하여 이사회의 승인을 얻도록 규정하고 있는 취지는, 이사가

정의 적용을 받는 주요주주 혹은 이사 등을 위한 거래는 주요주주 혹은 이사의 채권자에 대한 보증 혹은 담보의 제공 등 간접거래에 한정되는 것으로 해석하고 있다.[22)]

위 대법원 판례는 명시적으로 밝히고 있지는 않지만 사실상 신용공여 금지 규제를 우회하기 위하여 중간에 다른 법인 내지 개인을 개입시켜 이사들에게 신용공여를 한 것으로 판단한 것으로 생각된다.[23)] 즉 실질적으로는 이사들에게 직접 신용공여를 한 것과 동일하게 볼 수 있는 사정이 있다고 판단한 것으로 보인다. 그러나 이러한 예외적인 사정이 있는 경우가 아니고, 상장회사로부터 신용공여를 받은 비상장법인 등이 상장회사의 이해관계자에게 신용을 공여할 것으로 예상되는 것에 그치는 경우에 이를 이해관계자에 대한 신용공여로 보아 규제하는 것은 타당하지

그 지위를 이용하여 회사와 거래를 함으로써 자기 또는 제3자의 이익을 도모하고 회사 나아가 주주에게 불측의 손해를 입히는 것을 방지하고자 함에 있다고 판시하였다.

22) 권윤구, "이사 등의 자기거래", 주식회사법대계 II (제2판, 2016), 727-728면; 김건식/노혁준/천경훈, 앞의 책 각주 1, 413면; 김정호, 앞의 책 각주 2, 493면; 송옥렬, 앞의 책 각주 1, 1043면; 이철송, 앞의 책 각주 1, 756-757면; 임재연, 앞의 책 각주 18, 446-448면; 정동윤 편집대표, 앞의 책 각주 2, 341면; 정찬형, 앞의 책 각주 1, 1032-1033면; 최준선, 앞의 책 각주 1, 525면 등. 권기범, "이사의 자기거래", 저스티스 제119호 (2010), 178-179면에 의하면 이사와 회사 사이의 직접거래뿐만 아니라 이사를 매개로 한 회사와 제3자 사이의 거래, 즉 간접거래도 이해충돌의 우려가 있는 한 자기거래에 포함된다고 하는 것이 일반적인 학설과 판례의 입장이라고 한다. 위 논문에서는 간접거래의 형태로서 판례가 인정한 사례에 대해서, 대표이사가 변태 지출한 경비를 회사의 차입금으로 처리하는 행위(대법원 1980. 7. 22. 선고 80다341, 342 판결), 이사의 채무에 대하여 회사가 보증을 하거나 채무인수를 하는 행위(대법원 1965. 6. 22. 선고 65다734 판결), 양 회사의 대표이사를 동일인이 겸임하고 있는 경우에 어느 회사를 대표하여 다른 회사에 연대보증을 하는 행위(대법원 1996. 5. 28. 선고 95다12101, 12118 판결) 등으로 유형화하여 설명하고 있다.

23) 김택주, "2013년 회사법 판례회고", 상사판례연구 제27집 제2권 (2014), 61면에서도 같은 취지에서 위 판례 사안에서는 대여금이 중간과정을 거쳐서 결국 이사들에게 전달되었으므로 이는 우회적인 이사들에 대한 대여행위로 보아 신용공여 금지 규정이 적용된다고 하고 있다.

않다. 이해관계자의 채무불이행이나 신용위험 여부와 관계없이 위 비상장법인 등에게 채무이행청구를 할 수 있기 때문이다.

3. 신용공여 금지의 예외

상법 제542조의9 제2항에서는 동조 제1항에도 불구하고 일정한 경우에는 신용공여를 허용하고 있다. 상법 제542조의9 제1항에서 금지하고 있는 신용공여의 범위가 매우 넓다는 점에서 실무적으로는 동조 제2항의 신용공여의 예외 해당 여부가 중요하게 검토된다. 특히 중요한 것이 상법 제542조의9 제2항 제3호의 예외이다. 상법 제542조의9 제2항 제3호에서는 상장회사의 경영건전성을 해칠 우려가 없는 금전대여 등으로서 대통령령으로 정하는 신용공여를 신용공여 금지의 예외로 정하고 있다. 제3항에서는 이를 구체화하여 회사의 경영상 목적을 달성하기 위하여 필요한 경우로서 일정한 이해관계자를 상대로 하거나 그를 위하여 적법한 절차에 따라 이행하는 신용공여를 예외적으로 허용하고 있다.

(1) 경영상 목적을 위한 신용공여의 상대방

가. 법인인 주요주주(상법 시행령 제35조 제3항 제1호)

법인인 주요주주에는 상법상의 회사인 주요주주뿐 아니라 민법상의 법인이나 외국법인인 주요주주 등도 신용공여 금지의 예외대상이 될 수 있다고 해석된다.[24]

---

24) 임재연, 앞의 책 각주 18, 466면은 상법 시행령 제35조 제3항 제1호가 법인인 주요주주라고 표현한 것은 상법상 회사인 주주뿐만 아니라 민법상 법인인 주주도 포함하기 때문이라고 한다. 유사한 취지로는 권윤구, 앞의 논문 각주 22, 718면. 또한 권윤구,

나. 법인인 주요주주의 특수관계인 중 회사(자회사를 포함)의 출자지분과 해당 법인인 주요주주의 출자지분을 합한 것이 개인인 주요주주의 출자지분과 그의 특수관계인(해당 회사 및 자회사는 제외)의 출자지분을 합한 것보다 큰 법인(상법 시행령 제35조 제3항 제2호)

현재 상법 시행령 제35조에 해당하는 개정 전 상법 시행령 제14조[25)] 에서는 상법 제542조의9 제2항 제3호에서 대통령령으로 정하는 신용공여란 회사의 경영상 목적을 달성하기 위하여 필요한 경우로서 법인인 주요주주(그의 특수관계인을 포함)를 상대로 하거나 그를 위하여 적법한 절차에 따라 행하는 신용공여를 말한다고 단순하게 규정하고 있었다. 그리고 위 법인인 주요주주 및 그의 특수관계인의 범위에 대해서 실무적으로는 법인인 주요주주와 주요주주의 특수관계인 중 법인의 경우에는 모두 신용공여가 허용되고, 개인인 주요주주 및 주요주주의 특수관계인 중 개인에 한하여 신용공여가 금지되는 것으로 해석되었다.[26)] 우리나라의 경우 상장회사가 여러 계열회사와 기업집단 관계를 이루면서 상호 거래관계에 의존하는 경우가 많아서 상장회사의 법인인 특수관계인에 대한 신용공여 허용 필요성이 많다는 점을 고려한 것이다.

그러나 이러한 해석에 의하면 개인인 주요주주가 자신이 100% 지분을

"개정상법상 이사의 자기거래와 실무상의 문제", 상장협연구 제66호 (2012), 75-76면은 주요주주 혹은 제398조 제4~5호가 지칭하는 회사에 외국회사도 포함되는지 여부에 관하여 상법에서 '회사'에는 외국회사가 포함하는 예가 적지 않고, 외국회사라고 하여 이를 배제할 합리적인 이유를 찾기 어려우므로 외국회사도 포함된다고 한다.

25) 2012년 4월 10일 대통령령 제23720호로 개정되기 전의 상법 시행령 제14조를 말한다.

26) 금융감독원, 기업공시 실무안내 (2011. 7), 486면에서는 회사의 경영상 목적을 달성하기 위하여 필요한 경우로서 법인인 주요주주(그 특수관계인 포함)를 상대로 하거나 그를 위하여 적법한 절차에 따라 행하는 신용공여는 허용된다고 하고, 이때 법인인 주요주주(그 특수관계인 포함)란 거래상대방인 주요주주 또는 그 특수관계인이 법인인 경우를 말하며 법인인 주요주주의 개인 특수관계인과의 행위는 금지된다고 하고 있다.

출자한 회사나 법인을 설립하여서 상장회사로부터 신용공여를 받는 것이 가능해진다. 그래서 상법 시행령 개정을 통하여 법인인 주요주주에게만 신용공여를 허용한다는 점을 명확히 하고, 주요주주의 특수관계인인 경우는 신용공여를 받는 회사의 지분을 기준으로 신용공여를 주는 회사 및 그 자회사의 지분과 법인인 주요주주[27]의 지분의 합이 개인인 주요주주 및 특수관계인의 지분보다 큰 경우에 신용공여를 허용하는 것으로 규정한 것으로 보인다.[28]

다. 개인인 주요주주의 특수관계인 중 회사(자회사를 포함)의 출자지분과 상법 시행령 제35조 제3항 제1호 및 제2호에 따른 법인의 출자지분을 합한 것이 개인인 주요주주의 출자지분과 그의 특수관계인(해당 회사 및 자회사는 제외)의 출자지분을 합한 것보다 큰 법인(상법 시행령 제35조 제3항 제3호)

① 규정의 내용 및 취지

위 규정은 앞에서 본 상법 시행령 개정의 취지에 따라 법인인 주요주주가 없는 상장회사에 있어서도 해당 상장회사 내지 그 자회사가 출자한 지분이 개인인 주요주주 및 그 특수관계인이 직접 출자한 지분보다 큰 회사에 대해서는 개인인 주요주주의 이해관계보다 상장회사 자신의 이해관계가 더 크다는 점에서 신용공여의 예외를 인정한 것이다. 위와 같은

---

27) 신용공여를 하는 당해 회사의 주요주주를 의미한다. 김순석, "이사 등의 자기거래", 기업법연구 제31권 제1호 (2017), 184면 및 김 춘, "신용공여가 허용되는 계열사 판단 기준", 상장 제480호 (2014), 41면도 같은 취지이다.

28) 상법 시행령 개정안 및 법무부의 보도자료 등 입법자료에서 구체적인 시행령 개정 이유에 대해서 언급하고 있지는 않은 것으로 보이고, 김재호, "개정상법 시행령 주요 내용 해설", 상장 (2012), 101-102면에서 상법 시행령 개정을 통해서 신용공여금지의 예외로서 인정되는 거래상대방의 범위를 세분화하였다고 설명하고 있다.

경우에는 신용공여가 개인인 주요주주에 대한 자금지원이 아니라 상장회사 자신의 경영상 필요에 의하여 이루어지는 경우가 많다는 점을 고려한 것으로 생각된다.

② 실무상의 문제점 및 입법론적 대안

그러나 현실적으로는 신용공여 금지의 예외에 있어서의 거래상대방을 위와 같이 한정하여 열거함에 따라서 실무적인 문제점이 발생하고 있다.

대표적으로 공정거래법 제8조에 의하여 지주회사 체제로 전환한 기업집단의 경우, 지주회사가 손자회사에 대해서 신용공여 등 자금지원을 하는 것이 자회사 및 손자회사를 지배하고 그 경영을 관리하는 지주회사의 기능에 비추어 경영상 필요함에도 불구하고[29] 신용공여의 예외로 인정되기 어렵다. 지주회사의 경우에는 개인 주요주주 이외에 다른 법인 주요주주는 존재하지 않는 경우가 많고, 공정거래법 제8조의2 제2항 제3호에 따라서 지주회사가 손자회사 주식을 직접 보유하지 못한다. 또한 상법상의 자회사 기준은 상법 제342조의2에 따라서 발생주식총수의 50%를 기준으로 하지만, 공정거래법 제8조의2 제2항 제2호에서는 공정거래법상의 지주회사는 자회사 주식을 발행주식 총수의 40%(상장회사의 경우 20%)만 보유하면 되기 때문에 공정거래법상 지주회사의 자회사도 상법상으로는 지주회사의 자회사가 아닌 경우가 많다. 결국 위 상법 시행령 제35조 제3항 제3호의 기준상 상장된 지주회사의 손자회사에 대해서 개

29) 금융지주회사법 제15조 및 동법 시행령 제11조 제1항 제2호 가목에서는 자회사 등(금융지주회사법 제4조 제1항 제2호에 의하여 자회사, 손자회사, 증손회사 등을 포함)에 대한 자금지원(금전 · 증권 등 경제적 가치가 있는 재산의 대여, 채무이행의 보증, 그 밖에 거래상의 신용위험을 수반하는 직접적 · 간접적 거래를 포함)을 금융지주회사의 업무로 명시하고 있다. 공정거래법상의 일반지주회사에 대해서는 이러한 명시적인 규정은 없지만, 금융지주회사 및 일반지주회사 모두 지주회사의 본질적 기능에는 차이가 없다는 점에서 일반지주회사가 손자회사에 대한 자금지원을 하는 것을 지주회사의 본질적 기능이 아니라고 하기는 어렵다.

인인 주요주주의 특수관계인 중 회사 및 자회사의 출자지분과 제1호 및 제2호에 따른 법인의 출자지분을 합한 지분은 0이 되는 경우가 많고, 개인인 주요주주의 출자지분과 그의 특수관계인(해당 회사 및 자회사는 제외)의 출자지분은 0 또는 일정 소액지분이 되는 경우가 있어서 전자가 후자보다 크지 않은 경우가 대부분이다.[30)]

그러므로 상법 시행령 제35조 제3항을 개정하여 여기에서의 자회사 개념은 공정거래법 상 자회사 지분율을 기준으로 정하도록 수정하거나, 지주회사 체제의 기업집단에 대해서는 지주회사가 손자회사 혹은 증손회사에 대하여 신용공여를 하는 것은 허용하는 예외규정을 두는 것이 필요하다.

(2) 회사의 경영상 목적을 달성하기 위하여 필요할 것

가. 거래의 필요성

상법 제542조의9 제2항 제3호 및 상법 시행령 제35조 제3항에 의하면 위의 상대방에 대한 신용공여가 회사의 경영상 목적을 달성하기 위하여 필요한 경우에 한하여 신용공여의 예외로서 인정된다. 상장회사가 그 자회사의 경영을 지원하기 위하여 신용공여를 할 필요가 있고, 이를 통해 발생한 자회사의 이익을 바탕으로 한 배당 혹은 자회사 주식가치 증가 등으로 인하여 모회사인 상장회사의 이익이 증대될 수 있는 경우가 대표적인 예이다.[31)] 또한 자회사가 아닌 계열회사에 대한 자금지원의 경우에

---

30) 유사한 취지에서 상장회사에 있어서 개인인 주요주주만 존재하는 경우에 그 특수관계인이 법인이라고 하더라도 신용공여가 대부분 불가능하다는 지적으로는 김순석, 앞의 논문 각주 27, 184면.

31) 이외에 기업구조조정 및 회사회생의 필요성이 큰 기업에 대한 차입매수(Leveraged Buyout. 이하 'LBO')에 대하여는 해당 회사에 대한 신용공여 금지 규정 적용에 대한

는 지분관계를 통한 이익 증대가 인정되기 어렵지만, 해당 계열회사가 당해 상장회사의 영업에 상당한 기여를 하고 있어서 자금지원을 통해 당해 상장회사의 영업을 유지할 필요성이 있다면 경영상 필요성이 인정될 여지가 있다.

계열회사 간의 신용공여 등 자금지원행위에 대한 최근의 대법원 판결에서는 동일한 기업집단에 속한 계열회사 사이의 지원행위가 합리적인 경영판단의 재량 범위 내에서 행하여진 것인지를 판단하기 위해서는 지원을 주고받는 계열회사들이 자본과 영업 등 실체적인 측면에서 결합되어 공동이익과 시너지 효과를 추구하는 관계에 있는지, 이러한 계열회사들 사이의 지원행위가 지원하는 계열회사를 포함하여 기업집단에 속한 계열회사들의 공동이익을 도모하기 위한 것으로서 특정인 또는 특정회사만의 이익을 위한 것은 아닌지, 지원 계열회사의 선정 및 지원 규모 등이 당해 계열회사의 의사나 지원 능력 등을 충분히 고려하여 객관적이고 합리적으로 결정된 것인지, 구체적인 지원행위가 정상적이고 합법적인 방법으로 시행된 것인지, 지원을 하는 계열회사에 지원행위로 인한 부담이나 위험에 상응하는 적절한 보상을 객관적으로 기대할 수 있는 상황이었

예외를 인정할 필요가 있다는 견해로는 나 경, "LBO거래에 대한 법적 규제: 이사의 배임죄 성부 및 법적 규제의 필요성과 방식에 관하여: 대법원 2006. 11. 9. 선고 2004도7027 판결, 대법원 2010. 4. 15. 선고 2009도6634 판결을 중심으로", 재판실무연구(광주지방법원, 2012), 285-286면 및 이승준, "합병형 차입매수(LBO)의 배임죄 성부 판단", 형사정책연구 제24권 제1호 (2013), 110면 참고. LBO를 위한 신용공여의 경우에는 일반적인 경영상의 거래를 위한 신용공여와는 구별하여 규제체계를 달리하여야 한다는 측면에서 LBO를 위한 신용공여에 대한 주주총회 특별결의를 통한 승인, 총인수대금의 일정 비율을 기준으로 한 차입금 제한, 배당가능이익 범위 내로의 신용공여 제한 등을 제시하고 있는 견해로는 송종준, "이탈리아의 LBO 규제 개혁과 법적 시사점", 상사법연구 제29권 제2호 (2010), 378면 이하 및 송종준, "주식회사 법정자본제도의 국제적 개혁동향과 입법 과제: 주주와 채권자의 이해조정을 중심으로", 경영법률 제20집 제1호 (2009), 27면 이하 참고.

는지 등까지 충분히 고려하여야 한다고 판시하였다.[32] 위 판결은 기업집단을 구성하는 계열회사 간의 지원의 경우에도 개별 법인별로 자금지원 행위에 따른 이익 여부 및 손해발생 위험성 여부를 고려하여 배임죄를 판단하던 기존의 시각에서 벗어나서 기업공동의 이익 및 시너지를 고려하였다는 점에서 의미가 있다. 위 판결은 직접적으로는 배임죄와 관련한 것이지만 신용공여 금지 규정의 예외로서 계열회사 간의 지원의 경영상 필요성에 대한 판단과 관련해서도 참고할 만한 기준을 제공한다고 생각된다.

나. 거래조건의 적정성

상법 제542조의9 제2항 및 상법 시행령 제35조에서는 신용공여거래의 예외요건으로 거래의 경영상 필요성만을 규정하고, 거래 조건의 적정성[33]에 대해서는 따로 규정하고 있지 않다.

그러나 해당 신용공여 거래의 경영상 필요성 이외에 거래조건의 적정성도 인정되는 경우에 신용공여 금지의 예외로 인정될 수 있다고 생각된다. 관계회사 간의 거래에 있어서 이사가 주의의무 및 충실의무를 다하여 적법한 의사결정을 하였는지 여부를 검토하기 위해서는 실체적 정당성 측면에서 거래의 필요성 및 거래조건의 적정성이 인정되어야 하고, 절차적 정당성 측면에서 이사회 결의 및 공시 등 법률상 필요한 절차를 거쳤다는 점이 인정되어야 하기 때문이다.[34] 거래조건의 정당성이 인정되

---

32) 대법원 2017. 11. 9. 선고 2015도12633 판결.

33) 지배주주와의 거래에 있어서의 거래 조건의 공정성에 대한 미국의 판례들을 소개하면서, 이에 대한 판단 기준을 제시하는 논의로는 윤광균, “회사와 그 지배자 간 거래의 공정성 판단기준에 관한 고찰”, 법조 제640호 (2010), 153면 이하.

34) 대법원 2008. 5. 29. 선고 2005도4640 판결에서도 회사의 이사가 그 회사의 이사, 주주 등 특수관계자와 교환의 방법으로 그 회사가 보유 중인 다른 회사 발행의 주식을

지 않고, 상대방에게 일방적으로 유리한 거래라면 상장회사 입장에서 해당 거래의 경영상 필요성도 인정되기 어렵다는 점에서도 그러하다.

물론 신용공여의 예외 여부 판단에 있어서는 거래의 경영상 필요성만을 심사하고, 예외로 인정되어 허용되는 신용공여에 대해서 이사의 주의의무 및 충실의무 준수 여부를 판단함에 있어서는 거래의 경영상 필요성 및 거래조건의 적정성을 심사하여야 한다는 입장도 있을 수 있다. 그러나 위와 같이 분석하는 것은 지나치게 도식적이다. 상법 제542조의9 제2항 및 상법 시행령 제35조의 취지는 일정한 거래 상대방에 대해서 상장회사 입장에서 필요하고 정당한 신용공여 거래를 적법한 절차에 의하여 진행하였다면 예외를 인정하겠다는 취지로 보아야 한다.

대법원 판례는 회사의 이사 등이 타인에게 회사자금을 대여하거나 타인의 채무를 회사 이름으로 지급보증함에 있어 그 타인이 이미 채무변제능력을 상실하여 그를 위하여 자금을 대여하거나 지급보증을 할 경우 회사에 손해가 발생하리라는 점을 충분히 알면서 이에 나아갔거나, 충분한 담보를 제공받는 등 상당하고도 합리적인 채권회수조치를 취하지 아니한 채 만연히 대여해 주었다면, 그와 같은 자금대여나 지급보증은 타인에게 이익을 얻게 하고 회사에 손해를 가하는 행위로서 회사에 대하여 배임행위가 되고, 이러한 이치는 그 타인이 자금지원 회사의 계열회사라 하여 달라지지 않는다고 판시하였다.[35] 그러므로 계열회사 등에 대한 신

양도하고 그 특수관계자로부터 제3의 회사 발행의 주식을 취득하는 경우, 그 거래의 목적, 계약체결의 경위 및 내용, 거래대금의 규모 및 회사의 재무상태 등 사정에 비추어 그것이 회사의 입장에서 볼 때 경영상의 필요에 의한 정상적인 거래로서 허용될 수 있는 한계를 넘어 주로 교환거래를 하려는 특수관계자의 개인적인 이익을 위한 것에 불과하다면, 업무상 배임죄의 임무위배행위에 해당한다고 하여, ① 경영상의 필요성이 있을 것 및 ② 거래조건이 정상적일 것을 임무 위배 여부의 판단 기준으로 제시하고 있다.

35) 대법원 2013. 9. 26. 선고, 2013도5214 판결.

용공여에 있어서 거래조건의 정당성이 인정되기 위해서는 상대방의 채무 변제 자력에 대한 분석, 이에 기초한 적절한 대여이자율 혹은 보증수수료율 등의 결정 및 채권회수를 확보하기 위한 담보 확보 등이 필요하다.

(3) 회사의 경영건전성을 해칠 우려가 없을 것

상법 제542조의9 제2항 제3호에서는 상장회사의 경영건전성을 해칠 우려가 없는 금전대여 등으로서 대통령령으로 정하는 신용공여라고 명시하고 있으므로, 비록 이를 구체화한 상법 시행령 제35조 제3항에서는 경영건전성에 대한 별다른 규정이 없지만, 경영건전성 요건도 요구된다고 보아야 한다.[36)]

이와 관련하여 대법원은 회사가 매입한 비상장주식의 실거래가격이 시가에 근접하거나 적정한 가격으로 볼 수 있는 범위 내에 속하여 실거래가격과의 차이가 명백하지 않은 경우라고 하더라도, 그 거래의 주된 목적이 비상장주식을 매도하려는 매도인의 자금조달에 있고 회사로서는 그 목적 달성에 이용된 것에 불과하다고 보이는 등의 특별한 사정이 있다면, 비상장주식을 현금화함으로써 매도인에게 유동성을 증가시키는 재산상의 이익을 취득하게 하고 반대로 회사에 그에 상응하는 재산상의 손해로

36) 안수현, 앞의 논문 각주 15, 23면에서는 상법상 경영건전성 개념을 구체적으로 제시하지 않아 모호한 데다 이를 명확히 하여야 할 상법 시행령에서 경영상의 목적이라는 추상적 개념을 사용하고 있는 것은 규제의 취지상 바람직하지 않다고 하여, 해석상으로는 상법 시행령상의 경영상의 목적이 경영건전성 개념까지 포함하는 것으로 볼 수 있는 것처럼 기술하고 있다. 그러나 상법의 문언상 경영상 목적을 포함하여 상법 시행령으로 정하는 요건 이외에 경영 건전성 요건도 별도로 요구되는 것으로 해석하는 것이 보다 합리적이라고 생각한다.

서 그 가액을 산정할 수 없는 손해를 가한 것으로 볼 수 있다고 하였다. 다만 기업의 경영과 자금운영에 구체적 위험을 초래하지 않았음에도 단지 현금유동성의 상실만을 이유로 배임죄의 성립요건인 재산상 위험이 발생하였다고 인정하는 것은 신중을 기하여야 한다고 하였다.[37] 그러므로 해당 상장회사가 유동자산으로 유동부채를 모두 상환하기 어려운 상황에 있는 등 유동성이 상당히 부족하여 신용공여를 하는 경우 경영 및 자금운영에 구체적인 위험이 초래되는 상황이라면, 해당 신용 공여는 회사의 경영건전성을 해칠 우려가 있어서 신용공여의 예외로 인정되기 어렵다.

(4) 적법한 절차에 따라 이루어질 것

상장회사의 이해관계자에 대한 신용공여는 상법 제542조의9 제3항의 이해관계자와의 대규모 거래 요건에 해당하거나 혹은 상법 제398조의 이사와 주요주주 등 간의 거래에 해당하게 되는 경우 이사회 결의가 필요하다. 특히 상법 제398조에 해당하는 경우에는 이사회의 승인은 이사 3분의 2 이상의 수로써 하여야 한다. 이외에 공정거래법 제11조의2의 대규모 내부거래 이사회 승인 및 공시, 자본시장법 제159조, 제160조 및 자본시장법 시행령 제168조, 기업공시서식 작성기준 제10-1-1조에 의한 대주주 및 그 특수관계인에 대한 신용공여 등에 관한 사업보고서, 반기보고서 및 분기보고서 공시, 자본시장법 제391조에 의한 한국거래소 공시규정상의 수시공시 등의 절차도 거쳐야 한다.

---

37) 대법원 2008. 5. 29. 선고 2005도4640 판결.

4. 신용공여 금지 규제 위반의 효과

(1) 거래의 효력

신용공여 금지 규제의 경우도 자기거래 규제 등 상법상의 관계자 거래 규제와 동일하게 효력규정으로 보되,[38] 위 규정 위반의 경우 거래 상대방을 보호할 필요성을 고려하여 자기거래 규제 위반의 경우와 유사하게 상대적 무효[39]로 보는 것이 타당하다는 견해가 일반적이다.[40] 상법 제542조의9는 주요주주 및 그 특수관계인 등 이해관계자와의 거래에서의 이해상충 문제를 규제하는 것이라는 점에서 상법 제398조와 유사한 성격을 가

38) 현재 상법 제542조의9 제1항이 도입되기 전의 증권거래법 제191조의19 제1항의 상장회사 주요주주 등 신용공여 금지 규정에 대해서, 서울중앙지방법원 2009. 6. 2. 선고 2009가합414 판결에서는 이를 단속규정으로 파악하여 사법적 효력에는 영향이 없다고 보았다. 같은 취지에서 증권거래법하에서의 계열회사 신용공여 금지규정을 위반하여 체결된 보증의 사법상 효력을 무효라고 보기는 어렵다는 견해로는 임지웅/김도경, "계열회사에 대한 채무보증의 법적 효력: 사법적 효력을 중심으로", BFL 제33호 (2009), 69면이 있다. 그러나 증권거래법이 자본시장법으로 개정되면서 위 규정이 상법으로 편입된 이상 위 규정도 자기거래 규제와 동일하게 효력규정으로 보아야 한다는 견해가 일반적이다.

39) 권기범, 앞의 논문 각주 22, 191-192면 및 양명조/문화경, "2011년 개정 상법상 주식회사 이사의 자기거래에 있어서의 공정성 요건", 법조 제660호 (2011), 173면에 의하면 상법 제398조의 자기거래에 대한 이사회 승인을 받지 못한 거래는 원칙적으로 무효이지만 선의의 제3자에게는 대항하지 못한다는 상대적 무효설이 통설이라고 한다. 대법원 2004. 3. 25. 선고 2003다64688 판결도 같은 입장이며, 특히 제3자가 선의였다 하더라도 중대한 과실이 있음을 입증한 경우에는 악의인 경우와 마찬가지라고 한다. 중과실의 경우에도 악의의 경우와 동일하게 취급하는 것이 공평의 관점에서 타당하다는 견해로는 한 승, "이사회의 승인이 없는 이사와 회사 간의 자기거래행위의 경우 중대한 과실이 있는 선의의 제3자에 대한 효력", 대법원판례해설 제49호 (2004), 348-349면.

40) 김건식/노혁준/천경훈, 앞의 책 각주 1, 425면; 송옥렬, 앞의 책 각주 1, 1052-1053면; 이철송, 앞의 책 각주 1, 764면; 임재연, 앞의 책 각주 18, 467면; 김순석, 앞의 논문 각주 27, 186면.

지므로,[41] 위와 같이 해석하는 것이 타당하다고 본다. 그러므로 신용공여 금지 규정 위반의 경우 해당 신용공여는 무효로 보되, 보증행위의 채권자 등 거래 상대방이 선의이고 중과실이 없는 경우에는 해당 상대방과의 관계에서는 무효가 아니라고 보아야 한다. 다만 신용공여의 범위나 상장회사로부터 신용공여를 받는 자가 이해관계자 관계에 있다는 점 등은 객관적으로 확인이 가능한 것이므로 이에 대해서 상대방이 선의 무과실을 주장하기는 용이하지 않고, 결국 신용공여 금지의 예외요건인 경영상 필요성 요건 등에 대해서 선의 무과실인 경우 등에 한하여 상대방이

---

41) 구 증권거래법상의 상장회사 이해관계자 거래 규제 규정이 상법상 자기거래 규정의 특례로서의 성격을 가진다는 지적으로는 정경영, "상장법인의 특례규정에 관한 입법적 과제", 상사판례연구 제20집 제3권 (2007), 11-12면 참고. 정경영, "기업조직재편과 과세: 회사법 개정안의 주요쟁점에 관한 고찰—주식회사의 지배구조를 중심으로", 조세법연구 제12집 제2호 (2006), 458면에 의하면 독일법에서는 오히려 이사의 자기거래를 일반적으로 규제하고 있지는 않고 이사에 대한 신용 제공행위만을 규제한다고 한다. 상장회사의 경우 상법 제398조의 자기거래 규제와 상법 제542조의9의 이해관계자 거래 규제가 중첩적으로 적용되는지 혹은 상법 제542조의2 제1항에 따라서 상장회사 특례규정인 상법 제542조의9만이 적용되고 상법 제398조는 적용되지 않는지 여부에 대해서 논의하면서 중첩적 적용이 타당하다고 하는 견해로는 안수현, 앞의 논문 각주 15, 10면 이하 및 김순석, 앞의 논문 각주 27, 187-188면; 손영화, "기업집단 내 내부거래에 관한 연구: 2011년 개정상법을 중심으로", 상사법연구 제32권 제1호 (2013), 206면 참고. 인천지방법원 2010. 3. 4.자 2010카합159 결정 등에서는 주주제안권의 행사요건과 관련하여 상장회사 특례규정이 배타적으로 적용된다고 판시하였으나, 아직 상법 제542조의2 제1항에 따른 상장회사 특례규정과 일반 상법 규정의 관계에 대해서 확립된 대법원 판결이 있지 않은 상황이고, 반대되는 취지의 하급심 결정도 있다. 특히 위 하급심 결정에서 문제 된 주주제안권의 경우와는 달리 상법 제398조의 자기거래 규제의 규제대상 거래, 거래의 상대방, 규제의 효과 등은 상법 제542조의9의 이해관계자 거래 규제와 차이가 있기 때문에 상법 제542조의9가 상법 제398조의 특별규정이어서 상장회사에 대해서는 상법 제542조의9만이 적용된다고 해석하기는 어렵다. 실무적으로도 상법 제398조가 상장회사에 대해서도 적용된다는 점에 대해서는 별다른 의문이 없는 상황이다. 상법 제398조와 상법 제542조의9를 통합 및 재정비하여 그 적용대상을 분명히 하고 중첩되는 내용을 합리적으로 재조정하여야 한다는 입법론적 견해로는 정준우, "상법 제398조와 제542조의9의 적용대상에 있어서의 상관관계 검토", 증권법연구 제14권 제2호 (2013), 263면 이하 참고.

보호받을 수 있을 것으로 생각된다.

(2) 형사처벌

상법 제624조의2에서는 상법 제542조의9 제1항을 위반하여 신용공여를 한 자는 5년 이하의 징역 또는 2억 원 이하의 벌금에 처한다고 규정하고 있다.

III. 대규모 상장회사의 이해관계자에 대한 대규모 거래 규제

상법 제542조의9 제3항 및 제4항에서는 자산 규모 등을 고려하여 대통령령으로 정하는 대규모 상장회사는 최대주주, 그의 특수관계인 및 그 상장회사의 특수관계인으로서 대통령령으로 정하는 자를 상대방으로 하거나 그를 위하여 대통령령으로 정하는 규모 이상의 대규모 거래를 하려는 경우에는 이사회의 승인을 받아야 한다고 규정하고, 이에 대해서 주주총회에 대한 사후보고도 규정하고 있다. 이는 상법 제398조의 회사와 주요주주 등과의 거래 등 자기거래 규제와 관련하여 상장회사에 적용되는 추가적인 특칙을 정한 것이라고 할 수 있다. 이외에 공정거래법 제11조의2에서는 상호출자제한 기업집단에 속하는 상장회사가 계열회사에 대해서 대규모 내부거래를 하는 경우에는 해당 거래에 대하여 미리 이사회 혹은 이사회 내 위원회인 내부거래위원회의 결의를 거친 후 이를 공시하도록 하고 있다. 결국 상호출자제한 기업집단에 속하는 상장회사의 경우에는 이해관계자 거래와 관련하여 상법 제398조의 자기거래 규제, 상법 제542조의9 제3항 및 제4항의 규제 및 공정거래법 제11조의2의 규제를

받는다.[42)]

1. 규제 대상 상장회사

상법 제542조의9 제3항 및 상법 시행령 제35조 제4항에 의하면 최근 사업연도 말 현재의 자산총액이 2조 원 이상인 대규모 상장회사에 한하여 위 규제가 적용된다. 그러나 입법론적으로는 모든 상장회사에서 대규모 내부거래에 의한 이해충돌 문제가 있을 수 있으므로 거래의 규모요건을 충족한다면 해당 회사의 자산 규모는 불문하고 규제를 적용하는 것도 고려할 수 있다.[43)]

2. 규제 대상 거래 규모 및 종류

상법 제542조의9 제3항 및 상법 시행령 제35조 제6항 및 제7항에 의하면, 해당 상장회사가 금융위원회의 설치 등에 관한 법률 제38조에 따른 검사 대상 기관인 경우에는 단일 거래규모가 해당 회사의 최근 사업연도 말 현재의 자산총액의 100분의 1, 그렇지 않은 회사의 경우에는 단일 거래규모가 최근 사업연도 말 현재의 자산총액 또는 매출총액의 100분의 1 이상인 거래는 이사회 승인 및 주주총회 보고가 필요하다. 또한 해당 사업연도 중에 특정인과의 해당 거래를 포함한 거래총액이 해당 상장회사가 금융위원회의 설치 등에 관한 법률 제38조에 따른 검사 대

---

42) 이러한 다양한 이해관계자 거래 규제의 연혁 및 근거에 대한 종합적인 검토로는 송옥렬, "기업집단 내부거래 및 일감몰아주기 규제 근거의 검토", 상사법연구 제33권 제3호(2014), 312면 이하 참고

43) 같은 취지로는 안수현, 앞의 논문 각주 15, 29면.

상 기관인 경우에는 해당 회사의 최근 사업연도 말 현재의 자산총액의 100분의 5, 그렇지 않은 회사의 경우에는 해당 회사의 최근 사업연도 말 현재의 자산총액 또는 매출총액의 100분의 5 이상인 경우에도 이사회 승인 및 주주총회 보고가 필요하다. 금융위원회의 설치 등에 관한 법률 제38조에 따른 검사 대상 기관인 금융회사의 경우에는 금융관련 수수료 수익 등이 매출이 아니라 영업수익으로 계상되는 경우가 많고, 매출원가가 포함되어 매출의 규모가 상당히 큰 제조업 등 영위회사와는 달리 금융회사의 금융관련 수수료 수익의 규모는 자산에 비하여 크지 않으므로 자산만을 대규모 거래 여부의 기준으로 하고 있는 것으로 생각된다.

상법 제542조의9 제3항에서는 규제대상 거래의 규모만을 제한하고 있을 뿐 그 종류에 대해서는 제한이 없다. 그러므로 물품이나 서비스 등에 대한 경상거래 이외에 사채 발행, 유상증자, 감자 등의 자본거래의 경우에도 위 규정의 적용이 가능하다. 위와 같은 거래의 경우에는 상법 등에서 이사회 결의 및 납입절차, 채권자 보호절차 및 주권제출 절차 등 별도의 절차를 두고 있으므로 상법 제542조의9 제3항의 대상이 되지 않는다는 견해도 가능하다.[44] 하지만 법문상 제한을 두고 있지 않고 자본거래의 경우에도 이해관계자에 대한 이익 제공 및 이를 통한 회사 및 소액주주의 손해 가능성은 동일하므로 위 규제가 적용된다고 보는 것이 보다 합리적이다.[45]

44) 상법 제398조의 이사의 자기거래 규제와 관련하여 제3자 배정 유상증자, 실권주 재배정, 합병 등 자본거래에 관해서는 별도의 법적 절차가 마련되어 있다는 점 등의 이유로 제398조가 적용되지 않는다는 견해로는 권재열, "모회사의 이사에 대한 자회사의 실권주 배정에 관련된 몇 가지 쟁점의 검토", 선진상사법률연구 제65호 (2014), 31-32면; 홍복기, "개정상법상 자기거래규제의 범위와 이사회결의", 증권법연구 제14권 제2호 (2013), 220면; 정동윤 편집대표, 앞의 책 각주 2, 338-339면 등이 있다.

45) 같은 취지의 견해로는 천경훈, "개정상법상 자기거래 제한 규정의 해석론에 관한 연구", 저스티스 제131호 (2012), 81-82면. 상법 제398조에 따라 금지되는 자기거래에

3. 거래 상대방

상법 제542조의9 제3항 및 상법 시행령 제35조 제5항에 의하면 위 규제의 거래 상대방은 상법 시행령 제34조 제4항에서 규정하는 당해 상장회사의 특수관계인을 말한다. 당해 상장회사의 특수관계인을 직접 상대방으로 하는 거래 이외에 특수관계인을 위한 보증을 제공하거나 담보를 제공하는 거래 등 특수관계인을 위한 간접 거래도 이에 해당한다.[46]

4. 규제의 내용

(1) 이사회의 승인

가. 이사회의 승인 결의 요건

상법 제542조의9 제3항에서는 단순히 이사회의 승인을 요구하고 있고, 그 정족수에 대해서는 특별한 규정이 없다. 그러므로 상법 제391조 제1항에 의하여 이사과반수의 출석과 출석이사의 과반수에 의한 보통결의로 족하다. 그러나 위 규정은 상법 제398조의 자기거래 제한과 그 취지를 같이하는 것이다.[47] 그리고 상법 제398조에 의한 자기거래의 상대

자본거래가 포함된다는 견해로는 권윤구, 앞의 논문 각주 22, 732-734면; 김건식/노혁준/천경훈, 앞의 책 각주 1, 415면; 송옥렬, 앞의 책 각주 1, 1048면; 이철송, 앞의 책 각주 1, 757면 등이 있다.

46) 상법 제398조의 자기거래 혹은 상법 제542조의9의 이해관계자 거래 규제의 대상이 되는 간접거래의 범위에 대해서는 박세화, "상법상 자기거래 규제제도에 관한 판례상 주요 쟁점의 분석 및 향후 전망", 경영법률 제27집 제2호 (2017), 176면 이하 참고.

47) 참고로 대법원 2017. 8. 18. 선고 2015다5569 판결에서는 구 상법(2011. 4. 14. 법률 제10600호로 개정되기 전의 것. 이하 같다) 제398조는 "이사는 이사회의 승인이 있는 때에 한하여 자기 또는 제3자의 계산으로 회사와 거래를 할 수 있다. 이 경우에는

방이 주요주주 및 주요주주의 자회사와 손자회사까지 확대되어 있으므로 상법 제542조의9 제3항이 적용되는 경우에 있어서 상법 제398조가 중첩 적용되는 경우가 많다. 그런데 상장회사의 일정 규모 이상의 이해관계자 거래에 대해서만 적용되는 특별규정인 상법 제542조의9 제3항의 이사회 승인은 보통결의로 족하다고 하면서 일반규정인 상법 제398조에 의한 이사회 승인은 이사 3분의 2 이상의 수로써 승인을 하여야 한다고 하는 것은 균형이 맞지 않는다. 따라서 상법 제398조와 동일하게 상법 제542조의9 제3항의 경우에도 이사 3분의 2 이상의 수로써 승인을 하여야 한다고 규정하는 것이 입법론적으로는 타당하다.

민법 제124조의 규정을 적용하지 아니한다"라고 정하고 있다. 그러나 회사의 채무부담행위가 구 상법 제398조에서 정한 이사의 자기거래에 해당하여 이사회의 승인이 필요하다고 할지라도, 위 규정의 취지가 회사와 주주에게 예기치 못한 손해를 끼치는 것을 방지함에 있으므로, 그 채무부담행위에 대하여 주주 전원이 이미 동의하였다면 회사는 이사회의 승인이 없었음을 이유로 그 책임을 회피할 수 없다고 판시하면서, 다만 2011년 4월 14일 법률 제10600호로 개정되어 2012년 4월 15일부터 최초로 체결된 거래부터 적용되는 현행 상법 제398조는 "상법 제542조의8 제2항 제6호에 따른 주요주주의 경우에도 자기 또는 제3자의 계산으로 회사와 거래를 하기 위해서는 미리 이사회에 해당 거래에 관한 중요사실을 밝히고 이사회의 승인을 받아야 한다"고 정하고 있다고 판시하였다. 그러므로 위 판례의 취지에 의하면 자기거래의 상대방을 주요주주에게까지 확대한 위 현행 상법상의 자기거래 규정하에서는 주주 전원의 동의가 있다고 하더라도 이사회의 승인이 없으면 자기거래가 유효하다고 보기 어려울 수 있다. 이는 횡령죄와 배임죄 등에 있어서 소위 법인격 독립론에 입각하여 주주와 이사를 구분하는 대법원 판례의 입장(대법원 1989. 5. 23. 선고 89도570 판결 등)과 일관된 것으로 생각된다. 위 판례에 대한 최근의 논의로는 이상훈, "주주전원 동의에 의한 자기거래 승인: 부정설 비판과 긍정설의 재구성", 기업법연구 제32권 제3호 (2018), 168면 이하; 이상훈, "자기거래와 주주전원의 동의: 주주의 비례적 이익, 패러다임 전환을 제안하며 자기거래 규율의 대상, 취지, 구조 분석을 토대로", 선진상사법률연구 제84호 (2018), 51면 이하; 송종준, "주주전원동의에 의한 이사의 자기거래의 효력 대법원 2017. 8. 18. 선고 2015 다5569 판결", 법조 통권 제728호 (2018), 717면 이하 참고. 다만 본 논문에서 분석하고 있는 상장회사 이해관계자 거래 승인과 관련해서는 현실적으로 주주 전원의 동의를 얻는 것이 불가능하므로 위 쟁점에 대해서는 자세히 검토하지 않는다.

위 이사회 결의를 이사회 내 위원회 결의로 갈음할 수 있는지 여부가 문제 된다. 상법 제393조의2 제2항에서는 이사회는 주주총회의 승인을 요하는 사항의 제안, 대표이사의 선임 및 해임, 위원회의 설치와 그 위원의 선임 및 해임 및 정관에서 정하는 사항을 제외하고는 그 권한을 위원회에 위임할 수 있다고 하고 있다. 그러므로 다른 특별한 법령상 제한이 없는 이상 상법 제542조의9 제3항에 의한 이해관계자 거래 승인도 위원회에 위임할 수 있다고 해석하는 것이 합리적이다. 그러나 일정한 비중의 사외이사 등 독립성이 보장되지 않은 위원회에서 이를 위임받아 거래를 승인하고 그로 인하여 회사에 손해가 발생한 경우에는, 위 거래승인 결정을 위원회에 위임하도록 결정한 이사들 및 실제 거래를 승인한 위원회 위원인 이사들의 의무 위반에 따른 민형사상 책임이 문제 될 수 있다.

실무상으로는 상법 제542조의9 제3항에 의한 이해관계자 거래 승인을 위원회에 위임하는 것을 상장회사들이 부담스러워하는 경우가 많다. 이는 공정거래법 제11조의2 제5항의 규정도 영향을 끼친 것으로 보인다. 위 규정에서는 대규모 내부거래 이사회 승인의무와 관련하여 일정한 요건을 갖춘 내부거래위원회에서 이를 승인하는 경우에만 이사회 승인을 거치지 않을 수 있는 것으로 규정하여, 마치 이러한 특별규정이 없으면 위원회에 승인 권한을 위임할 수 없는 것처럼 규정하고 있기 때문이다. 다만 위에서 논의한 대로 대규모 이해관계자 거래에 대한 이사회 승인에 대해서 상법을 개정하여 이사 3분의 2 이상의 수로써 승인을 하여야 한다고 규정하는 경우에는 정족수 확보를 위하여 전체 이사가 참여하는 이사회에서 이를 결의하는 것이 불가피해진다. 그러므로 이사회 내 위원회에 이를 위임하는 것이 물리적으로 어려워질 것으로 보인다.

나. 이사회의 승인을 거치지 않은 경우의 제재 및 거래의 효력

① 이사회의 승인을 거치지 않은 경우의 제재

상법 제635조 제3항 제4호에 의하면 상법 제542조의9 제3항을 위반하여 이사회 승인 없이 거래한 경우 회사의 이사, 감사 등에게 5,000만 원 이하의 과태료를 부과한다.

② 이사회의 승인을 거치지 않은 경우의 거래의 효력

이에 대해서는 신용공여 금지 규제 위반의 효과에 대해서 살펴본 바와 같이, 위 규정 위반의 경우 거래상대방을 보호할 필요성을 고려하여 상대적 무효로 보는 것이 타당하고, 일반적인 견해이기도 하다.[48] 이와는 별도로 이사회의 승인 없이 거래를 진행하여 회사의 손해가 발생한 경우 해당 이사의 의무 위반에 따른 민형사상 책임이 문제 될 수 있다.[49]

다. 이사회의 승인을 거치지 않은 경우 사후추인의 가능성

상법 제398조가 현재와 같이 개정되기 전에는 단순히 이사는 이사회의 승인이 있는 경우에 한하여 자기거래를 할 수 있다고 규정하고 있었다. 이에 대해서 대법원 판례는 이사회의 승인을 얻지 아니하고 회사와 거래를 한 이사의 행위는 일종의 무권대리인의 행위로 볼 수 있고 무권

---

48) 김건식 / 노혁준 / 천경훈, 앞의 책 각주 1, 425면; 송옥렬, 앞의 책 각주 1, 1052-1053면; 이철송, 앞의 책 각주 1, 764면; 임재연, 앞의 책 각주 18, 467면; 손영화, 앞의 논문 각주 41, 205-206면.

49) 상법 제398조와는 달리 상법 제542조의9 제3항에서는 거래의 공정성 요건을 요구하고 있지 않다. 상법 제398조의 거래의 공정성 요건 위배 시 당해 거래의 무효 여부 및 이사의 책임 문제에 대한 논의로는 김정호, "이사와 회사 간 자기거래에 있어 적법한 이사회승인의 효과: Marciano v. Nakash 사건의 평석을 겸하여", 상사법연구 제32권 제1호 (2013), 237면 이하; 양명조 / 문화경, 앞의 논문 각주 39, 165면 이하 참고. 그러므로 거래조건이 불공정한 경우에도 이사회 승인을 얻은 이상 해당 거래가 무효라고 보기는 어렵고, 다만 이사의 의무위반에 따른 책임이 문제 될 수 있다.

대리인의 행위에 대하여 추인이 가능한 점에 비추어 보면, 상법 제398조가 이사회의 사전 승인만을 규정하고 사후 승인을 배제하고 있다고 볼 수는 없다고 판시하였다.[50] 개정된 상법 제398조에서는 명시적으로 미리 이사회의 승인을 받아야 한다고 규정하여 이사회 승인의 시기를 제한하고 있으므로, 사후추인의 허용 여부에 대해서는 논란이 있다.[51] 그러나 상법 제542조의9 제3항에서는 이사회 승인에 대해서 이러한 시기적 제한을 두고 있지 않으므로 종전의 상법 제398조에 대한 해석론과 동일하게 사후추인이 가능하다고 생각한다. 이사회가 사후추인을 하였음에도 해당 거래를 무효로 볼 실질적인 필요성이 부족하고 오히려 법률관계의 안정만을 해하게 된다는 점에서도 그러하다. 그러나 이는 상법 제398조와 상법 제542조의9 제3항이 중첩적용되지 않는 경우에 한한다. 앞에서 살펴본 대로 상법 제398조와 상법 제542조의9 제3항이 중첩적용되는 경우가 많고, 이 경우에는 상법 제398조에 따라서 사전 승인이 원칙

---

50) 대법원 2007. 5. 10. 선고 2005다4284 판결.

51) 상법 제398조의 문언상 사전 승인만이 가능하고 사후추인은 불가능하다는 견해로는 이철송, 회사법강의 (제25판, 2017), 760면; 임재연, 앞의 책 각주 18, 452면; 정동윤 편집대표, 앞의 책 각주 2, 344면; 정찬형, 앞의 책 각주 1, 1034-1035면; 최준선, 앞의 책 각주 1, 528면 등이 있다. 반면에 이사의 사전승인 의무 위반에 따른 책임 문제와는 별개로, 사후적으로 이사회가 해당 거래를 승인하였다면 법률관계를 안정시키기 위하여 개정상법하에서도 사후추인이 가능한 것으로 보아야 한다는 견해로는 권기범, 앞의 책 각주 2, 819-829면; 권윤구, 앞의 논문 각주 22, 736-737면; 김건식 / 노혁준 / 천경훈, 앞의 책 각주 1, 418면; 김정호, 앞의 책 각주 2, 495면; 송옥렬, 앞의 책 각주 1, 1050면 등이 있다. 입법적으로 사후승인도 인정하는 것이 바람직하다는 견해로는 김재범, "이사 자기거래와 회사기회유용의 제한: 2008년 상법개정안 검토", 법학논고 제29집 (2008), 87-88면이 있다. 양명조 / 문화경, 앞의 논문 각주 39, 199면에서도 거래의 경제성 및 급변하는 경영상항을 반영하여 일정한 경우 입법적으로 사후 승인을 인정하여야 한다고 한다. 일본회사법 제356조에서는 자기거래에 대해서 사전승인의무를 규정하고 있지만, 사후승인도 가능하다고 해석된다고 한다. 江頭憲治郎, 株式會社法 (第6版, 2015), 440면.

적으로 필요하고, 사후승인 여부에 대해서는 위에서 살펴본 논란이 있을 수 있다.

(2) 주주총회 보고

가. 보고 시기 및 대상

상법 제542조의9 제4항 및 상법 시행령 제35조 제8항에 의하면 상장회사는 대규모 이해관계자 거래에 대한 이사회의 승인 결의 후 처음으로 소집되는 정기주주총회에 해당 거래의 목적, 상대방, 거래의 내용, 날짜, 기간 및 조건, 해당 사업연도 중 거래상대방과의 거래유형별 총거래금액 및 거래잔액을 주주총회에 보고하여야 한다.

나. 보고를 하지 않은 경우 거래의 효력

주주총회에 대한 보고는 사후보고로서 주주들에게 정보를 제공하기 위한 목적이고, 해당 주주총회에서 당해 이해관계자 거래의 효력을 결정할 수 있는 것은 아니다. 그러므로 주주총회 사후보고를 하지 않은 경우에도 주주들의 당해 거래의 효력에 대한 의사결정권한을 침해하였다거나 당해 거래의 효력이 무효가 된다고 보기는 어렵다.

5. 규제의 예외

(1) 상장회사가 경영하는 업종에 따른 일상적인 거래로서 약관에 따라 정형화된 거래

상법 제542조의9 제5항 제1호 및 상법 시행령 제35조 제9항에 의하면 약관의 규제에 관한 법률 제2조 제1호의 약관에 따라 이루어지는 거래는 이사회 승인은 요구되지 않고, 다만 주주총회 보고의무는 적용된다. 위 예외 규정의 취지는 약관에 따라서 정형화되어 반복적으로 이루어지는 거래의 경우에는 불특정 다수의 거래상대방에게 동일한 조건이 적용되므로 회사에게만 손해가 발생할 위험이 적고, 이를 일일이 이사회 승인을 받는 것은 상장회사의 실무적 부담을 가중시키기 때문으로 보인다. 상법 제398조의 자기거래 규제의 경우에도 같은 취지에서 약관에 따라 정형화된 거래의 경우에는 이사회의 승인이 필요하지 않은 것으로 해석하고 있다는 점에서[52] 타당한 입법이라고 생각된다. 다만 약관에 의한 거래라고 하더라도 해당 약관 자체 혹은 약관 이외에 당사자의 개별적 협상에 따라서 결정될 수 있는 거래 조건 등이 회사에 부당하게 불리하여 회사에 손해를 발생시키는 경우에는 이러한 거래를 결정한 이사의 의무 위반 및 이에 따른 책임이 문제 될 수 있다.[53]

약관에 의한 거래의 경우 주주총회 보고의무는 면제되지 않는데, 이는 앞에서 본 대로 약관에 의한 거래의 경우에도 그 조건의 공정성은 담보되지 않으므로 이사회 승인의무는 면제하더라도 이를 주주총회에 보고하여 주주들이 이에 대해서 검토하고 필요할 경우 이의를 제기할 수 있도록 하기 위함으로 보인다. 다만 이를 주주총회 보고 안건으로 하는 경우에는 주주총회 소집 이사회에서 해당 보고안건을 확정하는 결의를 하여야 해서 이사회 승인을 면제하는 효과가 감소하고, 주주총회 진행에 있어서도 번거로운 점이 있을 수 있다. 특히 상법 제398조에서 규정하는 자기거래 이사회 승인도 필요하지 않다는 점에서, 단지 주주총회를 위하여

52) 이철송, 앞의 책 각주 1, 757면; 송옥렬, 앞의 책 각주 1, 1048면; 정찬형, 앞의 책 각주 1, 1030면.

53) 같은 취지로는 안수현, 앞의 논문 각주 15, 38면.

이사회를 개최할 것을 요구하는 것은 불필요하다고 볼 수 있다. 따라서 주주총회 시점 이전의 공시 등으로 주주총회 보고에 준하여 주주에 대한 정보 제공이 이루어진 경우에는 보고의무를 대체할 수 있도록 하는 것도 입법적으로 고려할 수 있다고 생각된다.[54)]

(2) 상장회사가 경영하는 업종에 따른 일상적인 거래로서 이사회에서 승인한 거래총액의 범위 안에서 이행하는 거래

상법 제542조의9 제5항 제2호에 의하면 상장회사가 경영하는 업종에 따른 일상적인 거래로서 이사회에서 승인한 거래총액의 범위 안에서 이행하는 거래에 대해서는 개별 거래 시 이사회 승인은 요구되지 않고, 그 거래내용을 주주총회에 보고하지 않을 수 있다

가. 동종 거래에 대해서 거래 총액을 승인하는 이사회에서 거래총액 이외에 구체적 거래조건에 대해서 승인할 필요가 있는지 여부

상법 제542조의9 제5항 제2호의 법문상 동종 거래에 대해서 거래총액을 승인하는 이사회에서 반드시 가격결정 방식 등 구체적인 거래조건을 승인할 필요는 없다. 실무적으로도 거래총액만을 승인하고 구체적인 거래조건에 대해서는 승인하지 않는 경우도 많다.[55)] 거래총액 승인에 따른 예외를 인정하는 취지는 위 승인에 의하여 해당 거래가 포괄적으로 이사회승인을 받았으므로 그후의 개별 거래에 대해서는 추가적인 이사회 승

54) 약관에 의한 거래의 경우에도 입법적으로 주주총회 보고의무를 배제해야 한다는 견해로는 정찬형, 앞의 논문 각주 14, 315면.

55) 관련 공시도 해당 거래 명칭 등 안건만 공시되고 구체적인 거래조건은 공시되지 않는 경우가 많다.

인이 필요하지 않기 때문이다. 그러므로 전체 거래에 대한 포괄적 승인에 있어서 상법 제542조의9 제3항에 따른 대규모 이해관계자 거래에 대한 이사회 승인에 준하여 거래총액 이외에도 구체적인 거래조건 혹은 거래조건의 결정방식에 대해서도 이사회 승인이 필요한 것으로 규정하는 것이 입법론적으로는 타당하다고 생각된다. 상법 제398조의 자기거래 규제의 경우에도 이사회에서 승인한 거래총액의 범위 안에서 이행하는 거래에 대해서는 이사회의 승인이 필요하지 않은 것으로 해석하고 있다.[56)] 그러나 이 경우에도 거래총액 승인 시 구체적인 거래조건 혹은 거래조건의 결정방식에 대해서도 이사회 승인이 필요한 것으로 해석하는 것이 타당하다고 생각한다.

나. 거래총액 승인 이사회 결의의 주주총회 보고 필요 여부

상법 제542조의9 제3항 제2호에 의하여 해당 사업연도 중에 특정인과의 해당 거래를 포함한 거래총액이 앞에서 살펴본 상법 시행령 제35조 제7항으로 정하는 규모 이상이 되는 경우에는 동종 거래에 대해서 거래총액을 승인하는 경우에도 해당 이사회 결의 자체는 상법 제542조의9 제4항이 적용되어 주주총회 보고가 필요하다. 앞에서 살펴본 대로 이 경우 상법 제542조의9 제4항 및 동법 시행령 제35조 제8항에 의하여 거래의 내용, 기간 및 조건 등도 보고하여야 하므로 이러한 점에서도 거래총액 승인 이사회에서 구체적인 거래조건 혹은 거래조건의 결정방식도 승인하는 것이 필요하다. 그리고 이러한 거래총액 승인 이사회 및 주주총회 보고가 이루어진 후에 이에 기반하여 이루어지는 개별 거래는 이사회 승인

56) 이철송, 앞의 책 각주 1, 760면; 송옥렬, 앞의 책 각주 1, 1050면; 정찬형, 앞의 책 각주 1, 1035면.

및 주주총회 보고가 필요 없다고 해석하는 것이 상법 제542조의9 제3항, 제4항 및 제5항의 체계에 부합한다고 생각한다.

IV. 결어

본 논문에서는 상법 제542조의9와 관련하여 상장회사의 이해관계자에 대한 신용공여 금지 규제 및 대규모 상장회사의 이해관계자에 대한 대규모 거래 규제를 나누어서 각각 그 실무상 쟁점들을 살펴보고, 이를 통해 실무상 명확한 기준이 없어서 문제가 되었던 부분들에 대해서 합리적인 해석을 제안하고, 비효율적이거나 불필요한 규제에 대한 개선 방안을 검토해 보았다.

특히 상법 제542조의9 제1항은 이사회 승인 및 거래의 필요성 및 조건의 공정성 등 이해관계자 거래의 절차와 내용의 공정성 요건을 갖춘 경우에도 상장회사의 이해관계자에 대한 신용공여를 일반적으로 금지하고, 문언상 신용공여의 범위 등도 상당히 넓게 규정되어 있다. 따라서 위 규정의 취지를 존중하면서도 상장회사의 이해관계자 거래의 실질적인 필요성 및 경영의 유연성을 훼손하지 않는 조화로운 해석이 필요하다. 이러한 측면에서 영업거래에 수반하는 신용 제공이나 자금지원적 성격의 증권 매입, 출자의 이행을 약정하는 거래 등은 신용공여의 범위와 관련하여 한정적으로 해석할 필요가 있다. 또한 위 규정에서는 이해관계자를 상대방으로 하는 신용공여 이외에 이해관계자를 위하여 신용공여 거래를 하는 경우도 금지하고 있는데, 이에 대해서도 채무이행의 보증, 담보를 제공하는 거래, 어음의 배서 등 이해관계자의 채권자를 상대방으로 하는 신용보강행위로서 이해관계자의 신용위험에 직접적으로 노출되는 거래가 이에 해당하는 것으로 보는 것이 합리적이다. 신용공여 금지의 예외와 관련해서는 그 상대방 요건과 관련하여 지주회사가 손자회사에 대해서 신용공여 등 자금지원을 하는 것이 자회사 및 손자회사를 지배하고 그 경영을 관리하는 지주회사의 기능에 비추어 경영상 필요함에도 불구하고 현재 규정 문언 상 신용공여의 예외로 인정되기 어려우므로 입법적인 개선이 필요하다. 예외 인정의 실체적 요건과 관련해서는 규정 문언상 불명확한 점이 있지만, 규정의 전체적인 취지를 고려하여 거래의 필요성, 거래조건의 적정성, 회사의 경영건전성을 해칠 우려가 없는지 여부 등을 폭 넓게 판단하는 것이 바람직하다.

상법 제542조의9 제3항 및 제4항의 대규모 상장회사의 이해관계자에 대한 대규모 거래 규제의 적용범위와 관련해서도 규정의 취지를 고려하여 경상거래 이외에 유상증자 및 감자 등의 자본거래의 경우에도 위 규제가 적용된다고 보는 것이 보다 합리적이다. 상법 제542조의9 제3항에서는 단순히 이사회의 승인을 요구하고 있고, 그 정족수에 대해서는 특별한 규정이 없다. 그러나 위 규정은 상법 제398조의 자기거래 제한과 그 취지를 같이하는 것이고, 사안에 따라서는 상법 제398조에 의한 이사회 결의도 중복해서 받아야 하는 경우도 많으므로, 상법 제398조와 동일하게 이사 3분의 2 이상의 수로써 승인을 하여야 한다고 규정하는 것이 입법론적으로는 타당하다고 생각된다. 다만 현재 규정상으로는 이사회 보통결의로 족하다고 생각되고, 이사회 내 위원회에 그 결정권한을 위임할 수 없다는 반대규정이 없는 이상 이사회 내 위원회에 승인권한을 위임하는 것도 가능하다고 해석하는 것이 합리적이다. 위 규제의 예외와 관련해서는 우선 약관에 의한 거래의 경우 이사회 승인의무는 면제되지만 주주총회 보고의무는 면제되지 않는다. 그러나 이를 주주총회 보고 안건으로 하는 경우에는 주주총회 소집 이사회에서 해당 보고안건을 확정하는 결의를 하여야 해서 이사회 승인을 면제하는 효과가 감소하고, 주주총회 진행에 있어서도 번거로운 점이 있을 수 있으므로, 입법적으로는 주주총회 시점 이전의 공시 등으로 주주총회 보고에 준하여 주주에게 정보를 제공하는 경우에는 보고의무를 대체할 수 있도록 하는 것도 고려할 수 있다. 상장회사가 경영하는 업종에 따른 일상적인 거래로서 이사회에서 승인한 거래총액의 범위 안에서 이행하는 거래에 대해서는 개별 거래 시 이사회 승인은 요구되지 않고, 그 거래내용을 주주총회에 보고하지 않을 수 있다. 다만 그 전제가 되는 거래총액을 승인하는 이사회 결의는 대규모 이해관계자 거래에 대한 이사회 승인에 준하는 것이므로 거래총액 이외에도 구체적인 거래조건 혹은 거래조건의 결정방식에 대해서도 이사회 승인이 필요한 것으로 규정하는 것이 입법론적으로는 타당하다고 생각된다.

BFL 총서 16
상장회사법의 쟁점

초판 1쇄 발행 | 2020년 6월 25일

발행인 | 고화숙
발행처 | 도서출판 소화
등록 | 제13-412호
주소 | 서울시 영등포구 버드나루로 69
전화 | 02-2677-5890
팩스 | 02-2636-6393
홈페이지 | www.sowha.com

ISBN 978-89-8410-504-1 94080
ISBN 978-89-8410-284-2 (세트)

값 23,000원

이 도서의 국립중앙도서관 출판예정도서목록(CIP)은
서지정보유통지원시스템 홈페이지(http://seoji.nl.go.kr)와
국가자료종합목록 구축시스템(http://kolis-net.nl.go.kr)에서
이용하실 수 있습니다. (CIP제어번호 : CIP2019020319)